DAS FRÜHE CHRISTENTUM
frühe christliche Gemeinden
im Jahre 600 überwiegend christlich
Patriarchat
Metropolitansitz oder Erzbistum
Bistum
SCHWARZES MEER
MITTELMEER
ROTES MEER
Donau
Viminacium
Ratiaria
Serdica
Tomi
Marcianopolis
Philippopolis
Hadrianopolis
Konstantinopel
Chalkedon
Nicomedia
Nicaea
Scupi
Stobi
Thessalonike
Cyzicus
Larissa
Nicopolis
Korinth
Pergamon
Thyatira
Sardes
Philadelphia
Smyrna
Ephesus
Miletus
Patmos
Rhodos
Laodicea
Perga
Side
Myra
Sinope
Amasia
Gangra
Neocaesarea
Trapezus
Sebastea
Ancyra
Caesarea
Melitene
Amida
Iconium
Anazarbus
Edessa
Nisibis
Mosul
Tarsus
Mopswestia
Seleucia
Antiochia
Aparnea
Salamis
Tripolis
Beirut
Damaskus
Caesarea
Jerusalem
Petra
Alexandria
Gortyna
Ptolemais
Berenice

Klaus-Rüdiger Mai
Der Vatikan

Weitere Titel des Autors:

Benedikt XVI. Joseph Ratzinger:
sein Leben, sein Glaube, seine Ziele

Geheimbünde.
Mythos, Macht und Wirklichkeit

KLAUS-RÜDIGER MAI

DER VATIKAN

GESCHICHTE EINER WELTMACHT IM ZWIELICHT

GUSTAV LÜBBE VERLAG

Gustav Lübbe Verlag in der Verlagsgruppe Lübbe

Originalausgabe

Lektorat: Helmut R. Feller
Textredaktion: Dr. Ulrike Brandt-Schwarze, Bonn
Satz: Bosbach Kommunikation & Design GmbH, Köln
Gesetzt aus der Weiss Antiqua
Druck und Einband: Ebner & Spiegel, Ulm

Printed in Germany
ISBN 978-3-7857-2329-6

5 4 3 2 1

INHALT

»Die Vorsehung hatte den Päpsten die Erziehung der europäischen Souveränität anvertraut.«

Joseph de Maistre

»Écrasez l'infame! – Zermalmt die Unverschämte!«

Voltaire über die katholische Kirche

DAS ERSTE JAHRTAUSEND

TRANSITRAUM DER EWIGKEIT. EIN EINBLICK

Der Vatikan – das ist eine außerordentlich vitale Einheit von menschlichem Leben und lebender Architektur, genauer, der einzige Ort, an dem mit Stein, Mörtel, Macht, menschlichen Schicksalen und Weltpolitik gebaut wurde und wird. Den Vatikan verstehen zu wollen heißt, ihn in all diesen unterschiedlichen Materialien, die ihn ausmachen, wahrzunehmen.

Vatikan – das ist eine Weltmacht. Mangelnde Transparenz und eine wechselvolle Geschichte haben diese Weltmacht des Glaubens in ein schummriges Zwielicht getaucht. Versuchen wir, uns darin zurechtzufinden, wagen wir die Expedition an den Ort des Mysteriums schlechthin! Denn hier finden sich in Wahrheit der Gral und Camelot, das ewige Leben und der ewige Irrtum. Hier ist Golgatha, der Ort, an dem der Mensch sich einer Aufgabe stellen muss, die eigentlich zu groß für ihn ist: Sein Kreuz heißt Macht.

Vatikan – das steht für den Papst. Seit 1870 ist der Heilige Stuhl, also der Papst selbst, Völkerrechtssubjekt, ein Staat im Staate also. Wenn wir vom Vatikan sprechen, sehen wir für gewöhnlich die beiden »Staaten« – den Heiligen Stuhl und die Vatikanstadt – in einem.

Manchmal sah sich ein Papst einer extrem großen Aufgabe gegenüber. So sind heute noch viele der Meinung, dass Pius XII. (1939–1958) zu klein war für das schwierige Unterfangen, das Schiff der Kirche durch die Herrschaft des Antichristen, durch die blutige See der hitlerschen Diktatur zu steuern. Manche sehen in diesem Stellvertreter Christi einen aufopferungsvollen Diplomaten, der zu retten versuchte, was zu retten war, und dabei eine große Verantwortung trug. Für andere wurde er »Der Papst, der geschwiegen hat«, so der Titel eines Buches von John Cornwell. Und hinter manchem Bösewicht auf dem Papstthron wird bei näherem Hinsehen ein Mensch mit einem ganz eigenen, zutiefst zerstörerischen Drama deutlich, das darin bestand, dass er sich mühte und quälte. Nur nutzte es nichts, weil er einfach zu klein war für die große Aufgabe, die auf seinen schwachen Schultern lastete – auch der Heilige Geist ist bei seinen Personalentscheidungen nicht unfehlbar. Ist es nicht überhaupt zu viel für einen Menschen, über göttliche Macht zu verfügen? Oder bilden die Priester das »tertium genus«, das dritte Geschlecht, nicht mehr Mensch und noch nicht Gott?

Vatikan – das bezeichnet einen hinter einen hohen Mauer verborgenen Gebäudekomplex und einen vierundvierzig Hektar großen Zwergstaat, dessen Macht geradezu in umgekehrtem Verhältnis zu seiner Fläche zu stehen scheint und der über einen eigenen Sender verfügt: Seit 1931 trägt Radio Vatikan in heute siebenundvierzig Sprachen die Frohe Botschaft in die Welt. Hier leben über neunhundert Menschen, von denen rund fünfhundert Staatsbürger des Staates der Vatikanstadt sind. Hier wird kräftig Menschheitsgeschichte geschrieben, die Vorgänge im Vatikan haben deutliche Auswirkungen auch auf das Leben von Nichtkatholiken.

Keiner wird hier geboren. Das Staatsbürgerrecht wird nicht durch Geburt erworben, sondern man bekommt es verliehen. So treffen Menschen aus verschiedenen Regionen der Welt im Herzen Roms zusammen. Manche versuchen, in diesem Staat eine Stelle zu bekommen, andere werden an diesen Ort berufen. Der Genius Loci, der Geist des Ortes, der den Vatikan bestimmt, erwartet sie alle, so verschieden sie auch in Bezug auf Alter, Herkunft, Charakter, Befähigung und persönliche Ziele sein mögen. Manche kommen freiwillig, manche aus Pflichtgefühl, manche kämpfen darum, hier sein zu dürfen, manche wehren sich, hier sein zu müssen. Was sie mitbringen, ist die größere oder kleinere Erfahrung ihres menschlichen Daseins, was sie erwartet, ist ein Staat, der ganz aus einem unauflöslichen Gewebe aus Gestern und Heute, aus Geschichte und Gegenwart, aus Ewigkeit und Endlichkeit besteht.

Vatikan – das ist der Vorort des Himmels und zugleich ein ausgesprochen menschlicher Ort. Hier arbeiten, lieben, hoffen Menschen wie anderswo auch. Viele haben im Vatikan ihre Spuren hinterlassen: der Borgiapapst Alexander VI. (1492–1503), dessen Lebensgier Legende ist, römische Mätressen, die zeitweilig die eigentlichen Päpste gewesen sein sollen, gedungene Mörder, Mafiosi, illegitime Kinder, Märtyrer und Gewalttäter, das Opus Dei und die Freimaurer, Heilige und Teufel. Menschen, die zu allen Zeiten zu großen, aber auch zu abscheulichen Taten in der Lage waren, brutal, hinterhältig und skrupellos, aber auch Menschen, die sich bereits auf Erden um Heiligkeit im konkretesten Sinne redlich mühten. Das macht den Vatikan so faszinierend, dass er ein Ort des Menschen, der menschlichen Mühen ist, ein Ort des Menschenwerks mit Anspruch auf den Himmel.

Nach katholischer Auffassung treffen sich im Amt des Papstes – und mithin auch im Vatikan – Erde und Himmel, denn der Papst erhielt über Petrus von Jesus Christus die Vollmacht, zu lösen und zu binden und ihn bis zu seiner Wiederkunft, was man Parusie nennt, zu vertreten. Was der Papst löst, das wird nicht nur auf Erden, sondern auch im Himmel gelöst sein, und alles, was er bindet, wird dereinst auch im Himmel gebunden sein. Und Himmel bedeutet Ewigkeit. Für den sterblichen Menschen steigt die Ewigkeit zur schillernden Kategorie auf. Der Vatikan ist also für nicht wenige Menschen auf dieser Welt der Ort, von dem aus man in den Himmel blicken kann. Andere vermögen weder Heiligkeit noch Magie, weder Mystik und Geheimnis an jenem Ort auszumachen, sondern eher List, Intrige und rücksichtslosen Machtmissbrauch. Alten Männern unter sich wird ja so ziemlich alles zugetraut.

Vatikan – das ist die päpstliche Verwaltung, das Zentrum einer

Weltreligion. Am Ende unserer Expedition wird er weniger ein anonymer, dunkel-schauriger Verschwörerzirkel alter Männer sein als eine zuweilen höchst unvollkommene Bürokratie, die in seltsamer Parallelität zu ihrer Zeit lebt. Die Menschen, die hier arbeiten, unterscheiden sich von anderen Menschen nur in einer, aber vielleicht wesentlichen Hinsicht: darin nämlich, dass sie glauben, an einem Ort zu arbeiten, an dem sie Gott etwas näher sind als der Rest der Menschheit. Dieser Glaube stellt eine große Verführung dar, der Menschen auch immer wieder erliegen. Es ist der Genius Loci, der dazu hinreißt. Manchen von ihnen wird der russische Dichter Boris Pasternak aus dem Herzen sprechen, als er fragte: »He, ihr da draußen, welches Jahrhundert haben wir eigentlich?«

Nach unserem Verständnis gehören Papst und Vatikan zusammen, im Leben wie im Tod: In der Sixtinischen Kapelle werden die Päpste zumeist gewählt – wenn man so will, zum Leben erweckt, geboren, denn sie erhalten als äußeres Zeichen eines neuen Lebens einen anderen Namen, zumindest seit dem 10. Jahrhundert regelmäßig. Und unter dem Petersdom werden sie beigesetzt – dort befinden sich die Gräber einer Großzahl von Päpsten. Ob sich allerdings unsere Vorstellung einer von Papst und Vatikan gebildeten Einheit, die zweifelsohne zutrifft, mit den geschichtlichen Tatsachen in Übereinstimmung bringen lässt, werden wir noch sehen.

»Depono magistratum – ich lege das Amt nieder.« – In einem vor einigen Jahren erschienenen Thriller, der in der Gegenwart spielt, beschließt ein gerade gewählter Stellvertreter Christi, das Amt des Papstes aufzugeben, weil er es als nicht mehr zeitgemäß empfindet. Am Ende seines Romans schildert Jacques Neirynck, wie der Mann, der die Papstkrone niedergelegt hat, befreit und strahlend den Vatikan verlässt – in seiner Wahrnehmung ein erstickendes Gefängnis, ein Grabmal für lebende Tote. Es ist, als sei er einem Albtraum entronnen.

Im Jahr 1914 erschien André Gides Roman »Les Caves du Vatican«, in dem der französische Schriftsteller und Literatur-Nobelpreisträger von den Verliesen erzählt, in denen der Papst gefangen gehalten wurde. Nur von seinen Wärtern erfuhr er etwas über die Vorgänge in der Welt.

Sieht der Papst womöglich den Himmel konkreter als die Erde, über die er nur durch Mittelsmänner Kunde erhält?

Im Gespräch mit Bartholomäus I., dem Patriarchen der griechisch-orthodoxen Kirche, deutete Papst Benedikt XVI. Ende November 2006 an, dass sich über das Zeitgemäße des Papsttums durchaus reden ließe. Diese Nebenbemerkung, die in Zusammenhang mit dem Grund für das noch heute nachwirkende Zerwürfnis zwischen der katholischen Kirche und der Ostkirche stand, ging in der allgemeinen Berichterstattung über den Papstbesuch in der Türkei unter. Teils übersahen die Journalisten die Brisanz der Äußerung, weil sie völlig auf den Konflikt zwischen der katholischen Kirche und radikalen Islamisten fixiert waren, der durch die Regensburger Rede des Papstes mit dem umstrittenen Zitat des spätmittelalterlichen byzantinischen Kaisers Manuel II. Palaiologos zur Rolle der Gewalt im Islam entstanden war. Andere waren sich der Sprengkraft der Äußerung durchaus bewusst, wollten aber nicht zum unbedeutenden und fast zufälligen Auslöser eines Erdrutsches werden, der zuallererst sie selbst unter sich begraben hätte, sofern sie bei ihrer Arbeit auf ein ungetrübtes Verhältnis zum Vatikan angewiesen waren. Wie so häufig in der Geschichte der Berichterstattung schwiegen also die einen, weil sie nichts und die anderen, weil sie zu viel verstanden hatten.

Was der Papst mit dem geistigen Charme eines Intellektuellen, den die Franzosen »esprit« nennen, andeutete, berührte in der Tat wie kein anderes Thema das Selbstverständnis und im buchstäblichen Sinn die Grundfesten der katholischen Kirche. Denn laut dem berühmten »Felsenwort« in Matthäus 16, 17–19 sagte Jesus zu dem Fischer Simon: »Du bist Petrus, und auf diesen Felsen will ich meine Kirche bauen, und die Pforten der Unterwelt werden sie nicht überwältigen. Ich werde dir die Schlüssel des Himmelreiches geben, und was du auf Erden binden wirst, das wird im Himmel gebunden sein, und was du auf Erden lösen wirst, das wird im Himmel gelöst sein.« Der Felsen aber ist heute der Vatikan auf dem vatikanischen Hügel. Der »mons vaticanus« ist einer der sieben Hügel Roms und liegt auf dem rechten Tiberufer.

Mochte der Lateran eine Weile als Sitz der Päpste gedient haben, hatten die französischen Könige die Päpste für ein dunkles Jahrhundert auch nach Avignon verschleppt – angefangen hatte das mit einer Räuberpistole des französischen Königs Philipp des Schönen, des Henkers der Templer –, die Gräber des heiligen Petrus und weiterer Märtyrer aus der Frühzeit der Kirche blieben im Vatikan. Immer wieder kehrten die Päpste hierher zurück. Sie haben dem Vatikan alles zu verdanken! Ohne den Vatikan gäbe es keine Päpste.

Bei kaum einem anderen Thema streben Wertungen und Ansichten weiter auseinander als bei der Beurteilung des Vatikan und seiner Macht. Wäre es da nicht besser, entweder zu schweigen oder sich auf den ausgetretenen Pfaden zu bewegen, also Klischees aufzuwärmen von Machenschaften, Fälschungen und unterdrückten Jesusworten, wie es ständig und geschäftstüchtig praktiziert wird? Für einige Leute ist kein Verbrechen zu abgeschmackt, als dass es nicht seinen Ursprung im Vatikan haben könnte. Der Vatikan also als Hort der Unschuld? Nein, ganz und gar nicht!

Jesus sagt, sein Reich sei nicht von dieser Welt. Und doch haben die Päpste den größten Teil ihrer Zeit, ihrer Mittel und ihrer Kraft dem Ziel verschrieben, Macht in dieser Welt zu gewinnen, und sie haben dabei keinen Weg, nicht den gefährlichsten Pass noch den schlammigsten Trampelpfad ausgelassen, um an ihr Ziel zu gelangen. Um zu erreichen, was sie wünschten, scheuten sie nicht einmal davor zurück, unschuldige Frauen, die zu einer Gefahr für Vatikan und Papst geworden waren, auf den Scheiterhaufen zu schicken. In ihren Mauern beherbergen sie jene Untersuchungs- und Zensurbehörde, die wohl den schlechtesten Ruf hat, den man sich vorzustellen vermag – die heilige Inquisition.

Treu wie das Kreuz begleitete den Vatikan ein Phänomen: seine Macht. Es ist eine irdische Macht, auf ewig beglaubigt durch den Hinweis auf den Himmel, auf die Statthalterschaft Gottes. Die Macht des Vatikan, so verschieden sie sich auch immer zeigte, grenzt an unverständliche, dafür umso wirkungsvollere Zauberei, denn sie stützt sich zuallererst auf Worte und eben nicht auf Armeen. Dass diese Macht auch Armeen in Marsch setzen kann, hat sie in der Geschichte bewiesen. Dennoch ist sie weit umfassender, rührte und rührt sie Seelen und Schwerter, Herrscher und Beherrschte an.

Was hat es mit dieser Macht auf sich, die nicht von dieser Welt zu sein scheint und dennoch sehr selbstbewusst irdisch handelt? Was verbirgt sich hinter der Institution Vatikan, die ebenso im Bann des Geheimnisses steht wie im Ruch des Verrufenen und der dunklen Machenschaften und die gleichzeitig für über eine Milliarde Menschen auf der Erde das Allerheiligste darstellt? Was ist das überhaupt: die Macht des Vatikan? Worauf beruht sie? Wie wurde sie angewendet? Wo patzte der Vatikan, und wo hat er brilliert? Hat er seine ungeheure Macht immer zum Wohle der Menschen, zur Ehre Gottes eingesetzt oder nur zum Eigennutz der Gottesfunktionäre? Wenn man die Macht des Vatikan verstanden hat, dann begreift man Macht im umfassendsten Sinne.

Zwei Besonderheiten zeichnen den Vatikan aus: Zum einen stellt er im Grunde eine Männergesellschaft dar, deren Geschäftsgrundlage die Ewigkeit bildet, zum anderen ist er der Machtmittelpunkt der katholischen Welt. Mag er das im Laufe der Geschichte auch nicht zu allen Zeiten gewesen sein, ihr geistiges und geistliches Zentrum war er immer. Schon das allein machte ihn zum Quell der Macht, denn die Besonderheit der Macht des Vatikan liegt in erster Linie in seiner Spiritualität, in seinem Bezug zu den Märtyrern Petrus und Paulus, die in Rom hingerichtet wurden; der Rest leitet sich davon ab.

Kein Gebäudekomplex in der Geschichte wurde mit einem größeren Maß an Chaos, Gesetzlosigkeit, Machtwillen und »luxuria«, der Todsünde der Eitelkeit und Genusssucht, erbaut als der Vatikan. Und wunderbarerweise hat sich seine Geschichte in seiner Bau-, ja sogar Veränderungsgeschichte niedergeschlagen. Selten gab es ein offeneres und damit besser verstecktes Geheimnis, als es der Vatikan darstellt. Seine gesamte Geschichte, seine Großtaten und auch seine Verbrechen, seine Herrlichkeit und auch seine Niedertracht wurden Stein. Der Vatikan liegt vor uns wie ein steinernes Buch, dessen Seiten in vielen Sprachen – auch geheimen – verfasst wurden. Ihre Entzifferung ist abenteuerlich und spannend zugleich. Eine Vatikangeschichte ließe sich auch von den Gräbern in den Grüften und Kapellen des Petersdoms her schreiben.

Keine Institution der Menschheit ist geschichtsversessener als die katholische Kirche. Zwar ließ sie Fälschungen erstellen, um ihre Macht auszubauen, und zeigte sich hierin nicht gerade zimperlich – gründet doch die Existenz des Vatikan bereits auf einer Fälschung –, andererseits vermied sie die Retusche. Denn der Vatikan hatte so viele Erfahrungen mit seiner Hausgenossin, der Geschichte, gemacht, dass er doch lieber versuchte, alles aufzubewahren – man konnte ja nicht wissen, ob und wann was in welcher Gestalt einem noch einmal von Nutzen sein würde. Was heute noch Gift ist, kann morgen bereits Medizin sein. Der Vatikan hat als erste und wohl auch einzige Weltmacht begriffen, welch wirkungsvolle Waffe ein Archiv sein kann.

Der Vatikan ist der Ort der Geschichte und der Geschichten schlechthin. Seine Wände haben alles gesehen, was man sehen kann, seine Türen alles gehört, was man hören kann, und seine

Fußböden alles ertragen, was man ertragen kann: Glück und Gier, Macht und Schwäche, Hurerei und Enthaltsamkeit, Treue und Verrat, Liebe und Hass, Triumph und Verzweiflung, Gleichgültigkeit und Sorgen. Päpste wurden hier ermordet und Verschwörungen ausgeheckt, aber auch Rettungsaktionen beschlossen, verfolgte Menschen versteckt, und es wurde dem Bösen getrotzt.

In seinen Archiven, die allesamt geheime Abteilungen haben, in denen es noch einmal geheime Kammern gibt, finden sich Momentaufnahmen bewegter Zeiten, die sich zusammensetzen lassen. Ein Teil der Archive ist nicht öffentlich, manche sind schwer zu benutzen, weil zu wenig aufgearbeitet. Ein anderer Teil der Archivalien ging verloren oder wurde vernichtet, was nicht die Schuld der Päpste und Kleriker ist, sondern sie fielen beispielsweise der Gewalttat Napoleons zum Opfer, der das Archiv der Inquisition nach Paris bringen ließ. Es kehrte nur sehr unvollständig zurück. Sollten die Historiker des kleinen Korsen wenigstens die Unterlagen über die schlimmsten Schandtaten vernichten, an denen einflussreiche Franzosen beteiligt waren? Davon existierten nicht wenige. Ging es darum, erhellende Dokumente über die Verfolgung der Templer, über das dreiste Kidnapping der Päpste in Avignon oder später die staatlich gelenkten Drangsale gegen den Jesuitenorden verschwinden zu lassen?

Und wie steht es um die inzwischen legendären Qumran-Texte? Gibt es da, bewacht von einem alten, fast blinden und fanatischen Archivar in einem dunklen Raum, tief, tief unten im Vatikan einen mit Stahlwänden bewehrten Schrank, in dem nicht genehme Texte versteckt sind, die belegen, dass Jesus nicht Gottes Sohn war, mit Maria Magdalena ein Kind zeugte und eine Dynastie begründete? Was hat es auf sich mit der Inquisition und der Päpstin, die auf dem Stuhl Petri gesessen haben soll? Wie viele Hexen schickten die römischen Inquisitoren auf den Scheiterhaufen? Ein wenig bedauerlich an diesen Räuberpistolen – und deshalb sind sie anzusprechen – ist die Tatsache, dass sie mit ihrer Einfältigkeit den Blick auf die eigentlichen Skandale, auf die wirkliche Geschichte verstellen, die nicht weniger aufregend und zuweilen bizarr ist. Erfundene Verbrechen verdecken wirkliche, weit schlimmere Missetaten.

Wer an der Wahrheit statt an Skandalgeschichten interessiert ist, den wird das Verständnis des Vatikan befähigen, bestimmte Spekulationen von vornherein auszuschließen, weil sie nicht in der Logik und noch viel weniger im Interesse des Vatikan liegen. Und seine Interessen wusste der Vatikan von jeher sehr genau zu definieren.

Der Vatikan ist nur aus seiner Geschichte heraus zu verstehen, denn nichts ist für den römischen Klerus gegenwärtiger als diese Geschichte. Wir verstehen unter Geschichte gewöhnlich etwas, das hinter uns liegt, das vergangen ist; für den Vatikan ist die Geschichte etwas Heutiges. Aus dem Blickwinkel der Ewigkeit verkürzt sich jeder für uns Menschen auch noch so lange Zeitstrahl auf ein Minimum, auf eine Episode, einen Wimpernschlag. Für uns bedeuten sechzig, siebzig, achtzig Jahre viel, für die Ewigkeit nichts.

Vielleicht wirkt der Genius Loci im Vatikan so stark und nachhaltig, weil die Dosis Ewigkeit hier so unnatürlich hoch ist. Journalisten fragten den früheren Kardinalstaatssekretär Casaroli einmal, ob er nach dem Zusammenbruch des Kommunismus in der Sowjetunion auch um die Weltmacht Vatikan fürchte. Casaroli verstand die Frage überhaupt nicht. Die Sowjetunion hatte siebzig Jahre bestanden – was war das im Vergleich zu den zweitausend Jahren Geschichte des Vatikan? Dieser habe doch wahrlich eine andere historische Perspektive, tat er kund. Casaroli legte eine große geschichtliche Gelassenheit an den Tag, in der das Bewusstsein mitschwang, dass der Vatikan bis zum Jüngsten Tag existieren werde, eben bis zur Parusie, bis zur Wiederkehr Christi.

Wird er wirklich bis in alle Ewigkeit existieren? Sicher, der

Vatikan hatte alle Zumutungen der Geschichte überstanden, doch genügt das allein für die Zukunft? Welche Herausforderungen wetterleuchten bereits am Zeithorizont, und ist man im Vatikan wirklich vorbereitet auf die Unwetter der Zukunft? Es ist höchste Zeit, den gesellschaftlichen Klimawandel in den Blick zu nehmen, was im politischen Alltagsgeschäft nicht geschieht. Heißt das, dass auch im Vatikan dieses brennende Problem verdrängt wird, an dem Ort, an dem das Übermaß an Ewigkeit auf sterbliche Menschen trifft, die allein dadurch eine andere historische Perspektive haben sollten?

Jesus wollte mit dem Verzicht auf die Endlichkeit die Ewigkeit gewinnen. Die Päpste benutzten als eine Art Zöllner den Transitraum der Ewigkeit dazu, die Macht in der Endlichkeit, auf Erden, zu erringen und zu festigen. Bis auf den heutigen Tag gibt es diesen Widerspruch, und er bestimmt das Handeln und die Tätigkeiten in den Behörden des Vatikan. Es geht um Irdisches mit der Beglaubigung durch den Himmel. Wie sieht er aus, dieser Transitraum, nach welchen Regeln funktioniert er, wo ist er im Vatikan untergebracht?

AM ANFANG STAND DER PUTSCH

Manchmal berühren sich Parallelen tatsächlich im weiten Raum der Geschichte und nicht erst im Unendlichen, auch wenn nach menschlichem Ermessen eine große Distanz zwischen zwei fundamentalen Ereignissen liegt: Mehr als 1870 Jahre abendländischer, europäischer Historie und schließlich Weltgeschichte trennen die Petruskonspiration von der Verschwörung gegen den Antichristen namens Hitler. Es ermangelt nicht einer gewissen Ironie, dass sich im Jahr 1939 diese beiden großen Verschwörungen in einer scheinbar recht unspektakulären Person abbildeten, und zwar in dem deutschen Prälaten Ludwig Kaas.

Als einer der Führer der Zentrumspartei hatte Kaas das Versagen und den Zusammenbruch des politischen Katholizismus 1933 in Deutschland mit zu verantworten. Im Jahr 1939 stellte der Prälat eine Verbindung her zwischen Papst Pius XII. (1939–1958) und einem der stillen Helden des deutschen Widerstands, dem Abwehrgeneral Hans Oster.

Ludwig Kaas und Eugenio Pacelli – der spätere Papst Pius XII. – kannten sich bereits seit den Zwanzigerjahren, aus der Zeit also, als Monsignore Pacelli päpstlicher Nuntius, also »Botschafter«, in Deutschland war. Das erste Mal hatten sie intensiv zusammengearbeitet, als es 1933 um die Verhandlungen um das Reichskonkordat mit Hitler ging. Doch die Verschwörung gegen Hitler war nicht das einzige streng geheime Thema, das den deutschen Prälaten, der inzwischen im Vatikan lebte und nie wieder nach Deutschland zurückkehren sollte, mit seinem italienischen Papst verband. Im Jahr 1939 kam Ludwig Kaas auch mit der Petruskonspiration in Berührung, der ersten Verschwörung um die Macht in der Frühgeschichte der katholischen Kirche, auf der diese und das Papstamt bis heute beruhen.

Ende 1939 hatte Pius XII. beschlossen, in den Grotten unter dem Petersdom Platz schaffen zu lassen für weitere Papstgräber, zunächst für seinen Vorgänger Pius XI. (1922–1939), der gemeinsam mit Kaas und einigen deutschen Bischöfen die berühmte Enzyklika »Mit brennender Sorge«, ein päpstliches Rundschreiben, verfasst hatte. Je nach Anlass, Inhalt und Empfänger tragen die päpstlichen Schreiben verschiedene Namen: zum Beispiel Bulle, Edikt, Dekretale oder Enzyklika.

Als Mitglied der Kongregation des Petersdoms und Vorsteher der Bauhütte von Sankt Peter (deren offizieller Titel »Kurialamt Dombauhütte von Sankt Peter der Römischen Kurie des Vatikan« lautet) oblag es Ludwig Kaas, die Arbeiten in den Grotten zu beaufsichtigen. In jenen Jahren erinnerten die dunklen Gänge und Räume unter dem Petersdom, wo es immer ein wenig nach Moder roch und deren feuchte, fast stoffliche Dunkelheit so manches Geheimnis barg, nicht von ungefähr an die Zeit der frühen Christen, an die Zeit, aus der nur noch Legenden, schwer entzifferbare Inschriften und vage Berichte ragten. Nichtsdestoweniger sind das eben die Legenden und vor allem ist dies eben der Ort, auf dem sich im wahrsten Sinne des Wortes der grandiose Bau der katholischen Kirche erhebt.

Beim Graben und Aufräumen in den Grotten stießen die Arbeiter auf eine Mauer, die in eine unabschätzbare Tiefe führte. Da dies ein Ort war, der aus Heiligkeit bestand, stellte man die Arbeit ein und schickte eilig nach dem Leiter der Bauhütte. Nur wenig Zeit war vergangen, und Monsignore Kaas stieg in die Grüfte der Peterskirche hinab. Zu dieser Zeit gab es noch kein elektrisches Licht in der Unterwelt des Vatikan, und die Grabungen fanden im flackernden Schein von Fackeln und Petroleumleuchten statt. Als Kaas nun im Schemen erzeugenden Halbdunkel an diesem Ort, an dem Päpste, Märtyrer und auch Nichtchristen begraben liegen und der mit Recht als Beinhaus der Geschichte bezeichnet werden kann, vor der geheimnisvollen, sehr alten Ziegelmauer stand, glaubte er zunächst, es handele sich um einen Überrest des »circus neroni«, des Zirkus des römischen Kaisers Nero.

Bereits die Vorstellung, vor einer Mauer dieses Schreckensortes zu stehen, musste einem Christen das Blut in den Adern gefrieren lassen! Der Zirkus des Nero war Schauplatz des unvorstellbaren Martyriums unzähliger Christen – eine »ingens multido«, so der römische Geschichtsschreiber Tacitus, eine ungeheure Menge von ihnen fand hier qualvoll den Tod. Zwei Jahrhunderte lang erscholl hier von Zeit zu Zeit von den Rängen der Ruf des römischen Pöbels: »Werft die Christen den Löwen zum Fraß vor!«

Ursprünglich lag der Vatikan außerhalb der Stadt. Das Wort Vatikan, das den Bergzug bezeichnet, der sich vom rechten Tiberufer bis zum Tyrrhenischen Meer zieht, stammt vermutlich von den Etruskern. Als wild und rau, von Wölfen und von Bären, von Schlangen und Eidechsen und manchem Dämon bewohnt wird uns die Gegend in zeitgenössischen Quellen geschildert. Da innerhalb Roms keine Toten beerdigt werden durften – es sei denn, man erhielt vom Kaiser eine Sondererlaubnis –, lagen die Friedhöfe außerhalb der Stadt, so auch auf dem »mons vaticanus«. Nero ließ um den Hügel Gärten anlegen und auf dem Hügel seinen Zirkus errichten. Mit »panem et circenses«, mit Brot und Spielen gedachte er die Römer zu vergnügen, damit sie sich nicht gegen die Herrschaft des vom »Cäsarenwahnsinn« befallenen Kaisers auflehnten.

An die Berichte über die Leiden der ersten Christen, die auch von nichtchristlichen Autoren überliefert wurden, mag der deutsche Prälat gedacht haben, als er pochenden Herzens Anweisung gab, die Mauer vorsichtig auszugraben. Schaufel für Schaufel trugen die Arbeiter die Erde ab. Trotz des wabernden Halbdunkels waren bald auf den Steinen bunte Verzierungen zu erkennen. Die Spannung stieg, denn die Ornamente widersprachen der Vermutung, dass es die Ausgräber mit einem Teil der alten Zirkusmauer zu tun hatten. Worauf war man gestoßen? Wohin führte die Ausgrabung? Selbst eine banale Erklärung würde an diesem Ort eine Sensation bedeuten!

Schließlich legten die Männer rot bemalte, säulenbewehrte Nischen frei, die Urnen enthielten. Was die Ausgräber vor sich hatten, entpuppte sich als eine Grabkammer aus alter Zeit, ein Mausoleum von sieben mal sieben Metern Größe. Das Dach war irgendwann abgehoben und die Kammer mit Erde aufgefüllt worden, wahrscheinlich in Zusammenhang mit dem Bau der ersten Kirche, dem ersten Petersdom, auch Alt Sankt Peter genannt.

Mit jeder Schaufel Erde, die ausgehoben wurde, waren die kunstvollen Wandmalereien besser zu erkennen. Welch erhebendes Gefühl, mit eigenen Augen annähernd zweitausend Jahre zurückblicken und wie einst die Auftraggeber des Grabmals das Bild einer idyllischen Landschaft bewundern zu können! Kein Zweifel, diese Fresken sollten den geliebten Toten auf das herrliche Leben im Jenseits vorbereiten – eine heitere, friedvolle Welt, in der Widder, Ochsen und Delfine ausgelassen herumtollen und der Mensch mit allen, die er liebt, vereint und glücklich lebt.

Man war also auf einen Teil des Friedhofs gestoßen. Ludwig Kaas berichtete dem Papst von seiner Entdeckung, und im Juni 1940 stiegen beide gemeinsam in die Grüfte des Petersdoms hinab. Fast hatte es etwas Symbolisches, was aber aus nur allzu verständlichen Gründen verschwiegen wurde, dass sich der Papst in den Zeiten der Herrschaft des Antichristen – eines viel brutaleren und abscheulicheren als Nero – zu den Anfängen des Papsttums und des Vatikan zurückbegab, zu der Stelle, an der alles einmal begonnen hatte.

Da stand nun dieser asketische Mann, auf dessen schmalen Schultern schwere Verantwortung lastete für die Christen, aber auch für die Juden, vor den antiken Gräbern. Doch damit nicht genug: Umgeben von den Urnen reicher Römer befand sich in

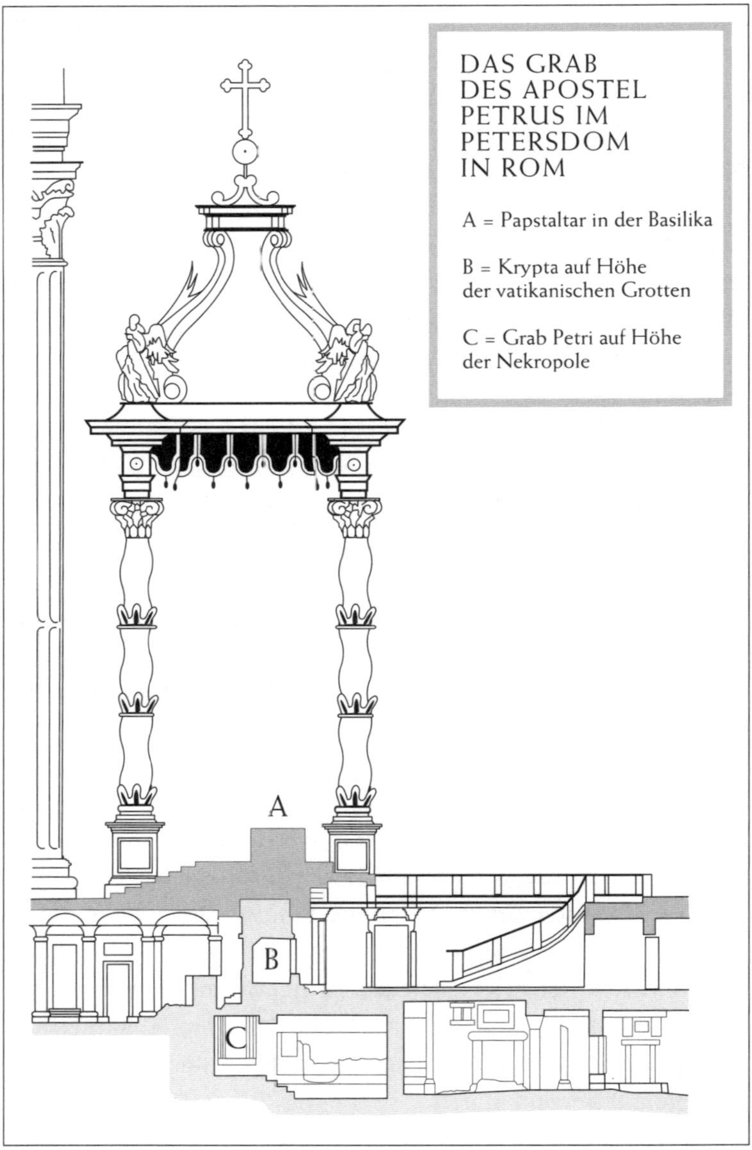

Tief im Vatikan, unter der Kuppel des Petersdoms, unter dem Altarbaldachin, unter der Krypta, in der Tiefe der antiken Totenstadt liegt derjenige begraben, auf dem zwar nicht der Glauben, aber die Kirche beruht: Petrus. Oder wie es in der

der Mitte, im Boden eingelassen, ein Grab mit Taubenmotiven und der Inschrift »Dormit in pace« (Sie ruht in Frieden), das Grab der Christin Aemilia Gorgonia. Und das machte eine alte, inzwischen ein wenig in Vergessenheit geratene Geschichte wieder aktuell: War der erste Petersdom von Kaiser Konstantin tatsächlich über dem Grab des Apostels Paulus errichtet worden, und erhob sich der neue Petersdom im buchstäblichen Sinn anstelle der alten Kirche über den Gebeinen des Apostels Petrus? Wie ja im übertragenen Sinn die Kirche Christi als allein selig machende katholische Kirche, wie es Jesus vorausgesagt hatte, auf dem Felsen ruhte und beruhte, der Petrus war. Sinnbildlich, historisch, biologisch, theologisch wurde das Wort Jesu wieder lebendig: »Du bist Petrus, und auf diesen Felsen will ich meine Kirche bauen, und die Pforten der Unterwelt werden sie nicht überwältigen.« (Mt 16, 17–18)

Vor diesen Pforten stand Pius XII. im Frühsommer 1940 gleich in zweifacher Hinsicht. Die Verheißung, dass die Kirche nicht von der Unterwelt überwältigt würde, mochte in diesen Tagen einen wichtigen Trost für den Papst darstellen. Inzwischen waren viele von den alten Überlieferungen abgerückt und neigten auch in katholischen Kreisen dazu, die Legenden und Geschichten eher theologisch als historisch, eher als Glaubensinhalt statt als nachprüfbare Geschichte zu behandeln. Hier bot sich ihm nun die ausgezeichnete Möglichkeit, mit Hinweis auf die Ausgrabung den historischen Beweis zu erbringen, dass die Gebeine des Apostels Petrus tatsächlich die Fundamente des Petersdoms bildeten – mit Gottes Hilfe und etwas Glück würde sein Grab schon gefunden werden. Musste es dem bedrängten Papst nicht als ein Zeichen Gottes erscheinen, dass er das Grab des Apostelfürsten und die geheiligten Gebeine seines Vorgängers, des ersten Stellvertreters Christi, an dem Ort würde nachweisen können, an dem sie nach der Behauptung der Tradition liegen sollten, einer Tradition, die so viele inzwischen in Frage stellten?

Dieser strahlende Triumph war allerdings mit einem erheblichen Risiko verbunden. Schließlich fanden die Grabungen direkt unter dem Papstaltar statt, und niemand kannte die genaue Statik des Petersdoms. Pfeiler konnten bei den Ausgrabungen beschädigt, das Gebäude gar zum Einsturz gebracht werden. Aus dem ersehnten Triumph würde der weithin sichtbare Zusammenbruch der Kirche.

Am 28. Juni 1940, dem Abend vor Peter und Paul, stand der Papst in der Gruft und wog mit dem Prälaten Kaas die Chancen und Risiken ab. Am Ende entschloss sich Pius getreu seinem Namen – Pius bedeutet der Fromme –, darauf zu vertrauen, dass dieser Fund ein Zeichen Gottes war. Bis Ergebnisse vorlagen, sollten die Grabungen geheim bleiben. Die Arbeiten durften nur nachts von einem kleinen verschworenen Team durchgeführt werden, unter der Aufsicht von Ludwig Kaas, der nicht nur als Leiter der Dombauhütte zuständig war, sondern seine Verschwiegenheit ja bereits in anderen Missionen unter Beweis gestellt hatte.

Eine knappe Woche, nachdem Frankreich vor Hitlerdeutschland kapituliert hatte, in Compiègne der Waffenstillstand unterschrieben worden war und am Tag, an dem die Briten Maréchal de Gaulle als Führer aller Franzosen anerkannten, begann die Geheimaktion in den Grotten des Vatikan: die riskante Suche nach dem Grab des Apostels Petrus. Was war das Besondere an Petrus? Wer war dieser Mann, nach dessen Gebeinen in einer Zeit, wo wahrlich Wichtigeres anstand, wo Europa in Krieg, in Holocaust, in Schutt und Asche zerfiel, in einer Geheimaktion gesucht wurde?

PETRUS SETZT AUF ROM

Die Geschichte des Christentums beginnt mit Jesus – die Historie des Vatikan setzt ein mit Shim'ôn, griechisch Symeon, lateinisch Simon. Dieser war der Sohn eines gewissen Ioann, von dem wir lediglich wissen, dass er noch einen zweiten Sohn namens Andreas hatte und als Fischer in Bethsaida am See Genezareth lebte. Shim'ôn nun, ein verheirateter Mann, der für seine Frau und seine bettlägerige Schwiegermutter vorbildlich sorgte, war wie sein Vater ein braver galiläischer Fischer. Möglicherweise verfügte er über außergewöhnliche intellektuelle Gaben, die jedoch niemand in dieser Zeit bei dem Sohn eines gewöhnlichen Fischers gesucht oder gar ausgebildet hatte.

Ein galiläischer Landsmann von Shim'ôn – und auch wieder nicht ein Landsmann, denn er galt Späteren als der Sohn Gottes – hatte mit einem Blick das Talent dieses einfachen Mannes erkannt und ihm den Beinamen Kephas, griechisch Petros, lateinisch Petrus verliehen, was so viel heißt wie Felsen oder Stein. Unter diesem von Jesus geprägten Namen ging er in die Geschichte ein – für viele als der erste Papst, als der Mann, auf dessen Gebeinen der imposante Bau der katholischen Kirche bis heute ruht. Zu den Zeichen des päpstlichen Amtes gehört der Fischerring mit dem Abbild des Apostels.

Petrus ist aber auch der Anführer einer Verschwörung, der Petruskonspiration, der seinerzeit in Aufsehen erregender Weise durch einen kalten Putsch die Christen, damals eine schwärmerische Sekte, auf den Weg zu einer Weltmacht gebracht hatte, indem er die »Heidenmission« ins Leben rief. Als lebenskluger Fischer war er seinen Mitstreitern, dem Dogmatiker Jakobus, dem Intellektuellen Paulus und dem Mystiker Johannes, auf politischer Ebene überlegen.

Petrus war wohl noch keine dreißig Jahre alt und warf gemeinsam mit seinem Bruder Andreas sein »amphiblestron« – sein Wurfnetz – aus, als ein Mann etwa in seinem Alter, zumindest nicht wesentlich älter, vorbeikam und die beiden Fischer ansprach. Unschwer erkannte Petrus in diesem Wanderprediger den Mann aus Nazareth, der seit einigen Tagen in Kapernaum predigte und dessen Worte und Wundertaten in aller Munde waren. Der Mann lächelte einladend, während er sanft, aber keinen Widerspruch duldend sagte: »Kommt mit, ich will euch zu Menschenfischern machen.« (Lk 5, 10.)

Was damals geschah, war ungeheuerlich und doch auf andere Art für diese Zeit normal. Scharen von Wanderpredigern und Philosophen zogen durch das Römische Reich, das seinen Bewohnern als Inbegriff der zivilisierten Welt galt. Sie predigten und redeten über das Glück, über die Wege zum wahren Leben. Zu dieser Zeit unterschied niemand zwischen Philosophie und Religion – beide wiesen den Menschen Wege in der unüberschaubaren Welt, boten Sinnkonstruktionen an, in die man sein Leben einordnen konnte und so Schutz fand vor dem sinnlosen Ansturm der Ewigkeit. Sich zu quälen, zu schuften, um sich und seine Familie zu ernähren, nur um siech zu werden und schließlich zu sterben, erzeugte eine tiefe Verzweiflung, eine Leere, die auch der ungebildete Tagelöhner empfand. Der Mensch konnte doch nicht nur auf die Welt gekommen sein, um vom Leben ausgequetscht zu werden!

In diese immense Leere nun stießen die Wanderprediger und wandernden Philosophen, um Sinn anzubieten. Die einen sangen ein Loblied auf den Genuss: Nehmt und genießt alles, was ihr bekommen könnt, ins Grab vermögt ihr es doch nicht mitzunehmen. Andere priesen ein Paradies, in das nur käme, wer bußvoll und asketisch lebte, vor allem, wenn er peinlich genau alle Gebote Gottes einhielt. Wieder andere brachten die Kunde von großen Gottheiten aus Ägypten oder Kleinasien ins Land, denen in geheimen Kulten Ehrfurcht zu bezeugen war und geopfert werden musste oder mit denen man sich in seltsamen Choreografien sexuell zu vereinigen hatte. Alles, was sich das menschliche Gehirn vorzustellen vermag – und noch einiges darüber hinaus –, wurde dem staunenden Volk an- und dargeboten.

Unter den Predigern befand sich auch dieser Jesus aus Nazareth. Das Besondere an ihm war seine Ausstrahlung. Seine einzigartige Wirkung entfaltete sich aus seinem überzeugenden Naturell und seiner Lehre, denn er war nicht gekommen, um das

Gesetz der Juden, des jüdischen Gottes umzustoßen – er war gekommen als Sohn Gottes, um Gottes Gesetz zu erfüllen oder besser, es zu vollenden. Um sich versammelte er Schüler, die gleichzeitig seine Gefährten waren. Dass sie ihm folgten, war einerseits nichts Ungewöhnliches; mancher folgte manchem Wanderprediger, es war geradezu eine kleine Völkerwanderung nach Lebenssinn ausgebrochen. Andererseits, wenn man sich vorstellt, dass jemand alles, was er besitzt und ist – seine Arbeit, seine Wohnung, seine Familie –, im Stich lässt, nur mit den Sachen bekleidet, die er am Leibe trägt, um einem Mann zu folgen, der Erlösung und Glück in einer anderen Welt vage in Aussicht stellt, grenzt es an ein Wunder, dass sich Jesus die jungen Menschen in so großer Zahl anschlossen. Die Bedingung, die er stellte, war hart: »Will mir jemand nachfolgen, der verleugne sich selbst und nehme sein Kreuz auf sich und folge mir. Denn wer sein Leben erhalten will, der wird's verlieren, wer aber sein Leben verliert um meinetwillen, der wird's finden. Was hülfe es dem Menschen, wenn er die ganze Welt gewönne und nähme doch Schaden an seiner Seele? Oder was kann der Mensch geben, womit er seine Seele auslöse?« (Mk 8, 34–37.)

Jesus predigte vor diesen einfachen Fischern aus Galiläa, vor Menschen, die hier im Grenzland zu den griechisch geprägten Gebieten der sogenannten Dekapolis im nicht ganz unbegründeten Verdacht standen, halbe Andersgläubige zu sein, weshalb sie bei den Hohepriestern in Jerusalem nicht besonders angesehen waren. Zu diesen Leuten sagte er, dass es eben gerade auf sie ankäme, dass sie »das Salz der Erde« und das »Licht der Welt« seien. Nicht die Hohepriester und Pharisäer, nicht die Übergläubigen, sondern sie, einfache, fehlbare, sündige Menschen, erhielten die Schlüssel zum Himmelreich. Denn, so sagte er: »Die Starken bedürfen des Arztes nicht, sondern die Kranken … Ich bin gekommen, die Sünder zu rufen und nicht die Gerechten.« (Mt 9, 12–13.) Den Perspektivlosen eröffnete er eine Perspektive.

Immer wieder haben später Menschen in der Geschichte versucht, ihnen nachzueifern, dieses frühe Aussteigertum nachzuahmen: Einsiedler und Säulenheilige, die verketzerten Katharer und Waldenser, die Brüder und Schwestern vom Freien Geist, die Wiedertäufer und schließlich die Hippies. Aber in einem unterscheidet sich das Vorbild von den Nachahmern: Geführt wurden diese Galiläer von Gottes Sohn und nicht von selbst ernannten Propheten.

Was dieser Jesus verkündete, war eine große Utopie, die nichts anderes bedeutete als ein kleines Hineinreichen des Himmelreichs und der Ewigkeit in das Jammertal und die Endlichkeit – als eine Art Vorgeschmack. Die Gemeinschaft der Heiligen, der Ge-Heilten hatte sich auf den Weg ins Himmelreich begeben; sie befand sich ohne Frage im Transitraum zur Ewigkeit.

Und dieser Traum sollte plötzlich enden? Denn Jesus wollte nach Jerusalem, damit sich sein Schicksal am Kreuz vollendete. Petrus drang in Jesus, um ihn von dem verhängnisvollen Entschluss abzubringen. Musste man denn wirklich immer den schwersten Weg wählen? Durfte man es nicht einmal ein bisschen einfacher haben im Leben? Doch Jesus fuhr ihn nur an: »Geh weg, Satan! Denn du meinst nicht, was göttlich ist, sondern was menschlich ist.« (Mk 8, 33.) Jesus hatte den Kreuzweg, den Gottesweg gewählt, nicht den Weg des Menschen. Er warnte Petrus vor der Schwäche, die immer wieder zum Vorschein kommen würde, und hieß den galiläischen Fischer, auf der Hut zu sein vor seiner Neigung, sich mit den Verhältnissen zu arrangieren. »Simon, Simon, siehe, der Satan hat begehrt, euch zu sieben wie Weizen. Ich aber habe für dich gebetet, dass dein Glaube nicht aufhöre. Und wenn du dereinst dich bekehrst, so stärke deine Brüder.« (Lk 22, 31–32.) Nicht um Gefälligkeit ging es, sondern um Wahrheit. Wer Jesus folgte, der hatte eine Verantwortung übernommen, der musste zuerst an alle denken. Eigentlich ist es erstaunlich, dass Christus ausgerechnet den fehlbaren Petrus zum Felsen der Kirche erklärte und nicht den »Jünger, den der Herr liebt«, nicht Johannes.

Nach dem Tod ihres Meisters lebte die kleine Urgemeinde nach seinen Regeln. Und so hätte sie noch ein paar Jahrzehnte vor sich hin existieren können, bis sie nach Verfolgung und Not zusammen mit ihren Verfolgern im Jahre 70 untergegangen wäre, in dem Jahr, als die Römer Jerusalem als Reaktion auf den jüdischen Aufstand stürmten und zerstörten.

Doch nun geschah das Erste, und zwar Entscheidende, damit aus der kleinen jüdischen Sekte eine Weltkirche werden konnte: Petrus verkündete die Frohe Botschaft, das Evangelium, auch den Nichtchristen. Noch ging es nicht um Macht, aber bereits um Bekehrung, um Mission. Die Christen hätten sich im Kreis der Urgemeinde auf den Jüngsten Tag vorbereiten können, dessen Ankunft sie in der Zeit des eigenen Erdenlebens noch erwarteten. Mochte es noch fünf oder zehn oder zwanzig Jahre bis zu Christi Wiederkehr als Weltenrichter dauern – einige würden es noch erleben, andere nicht mehr, hatte Jesus vorausgesagt. Aber auch die Verstorbenen würden Erlösung finden. Man hätte sich also auf sich bescheiden und im frommen Einerlei der Tage den Tag der Tage erwarten können. Aber Jesus hatte die Weisung zur Mission erteilt, und Petrus fasste sie als Auftrag zur Bekehrung aller Menschen auf – im Unterschied zu seinen Apostelkollegen in der Urgemeinde, die nur an die Verkündigung innerhalb der jüdischen Gemeinschaft dachten und streng judenchristlich ausgerichtet waren.

Petrus widersprach. Und er hatte dabei einen starken, sehr eigenständigen Verbündeten, nämlich Paulus. Paulus war der Denker, die eigentliche treibende Kraft, aber er war isoliert. Die einfachen Galiläer der Urgemeinde standen dem ehemaligen Pharisäer und Gelehrten mit Misstrauen gegenüber, vor allem, weil er nicht zum Kreis der Jünger zählte. Die Autoritäten in der kleinen judenchristlichen Gemeinde hatten Jesus zu Lebzeiten gekannt, sie waren von ihm erwählt worden und mit ihm durch Galiläa und schließlich nach Jerusalem gezogen. Sie waren Schüler, Zeugen und Gefährten in einem. Für sie stand fest, dass jemand zuerst Jude werden musste, bevor er Christ sein konnte. Jude sein bedeutete in ihren Augen, streng und kompromisslos die Gebote, die Thora einzuhalten. Zur Thora gehörten auch die Ritualgesetze. Das bedeutete in letzter Konsequenz für nichtjüdische Männer, dass sie sich zuerst beschneiden lassen mussten, bevor sie in Christus getauft werden durften.

Paulus argumentierte, dass der Herr ihn beauftragt habe, allen Menschen die Frohe Botschaft zu bringen. Er verwies auf einige Worte Christi und sogar der Propheten, in denen die »Heidenmission« ausdrücklich gefordert wurde. Und da ein Mann der ersten Stunde, nämlich Petrus, dem Jesus die Verantwortung für die Kirche übertragen hatte und der unter den Jüngern eine wichtige und bestimmende Position einnahm, Paulus unterstützte, musste es die Urgemeinde, wahrscheinlich unter Zähneknirschen, akzeptieren.

Paulus und Petrus betrieben die Mission von Nichtchristen mit großem Erfolg, während die Urgemeinde in Jerusalem in immer größere Bedrängnis geriet. Wir wissen nur, dass außer Paulus und Petrus auch Barnabas und Philippus auf Missionsreise gingen, Johannes in Syrien eigene Gemeinden gründete und Thomas bis nach Indien vordrang. Die leidenschaftlichen Diskussionen und grundlegenden Auseinandersetzungen auf der Suche nach dem rechten Weg können uns nur Bewunderung, keinesfalls Parteinahme abnötigen, denn niemand wusste genau, wie es weitergehen sollte. Der Meister, der Rabbi, der ihnen den Weg gewiesen hatte, war nicht mehr da. Selbst wenn jemand die Zeugenschaft des Heiligen Geistes für sich in Anspruch nahm, so tat das mit Sicherheit der Andersdenkende auch.

Wo war also die Wahrheit, was war denn der richtige Weg? Wer sich auf den falschen Weg begab, konnte womöglich sein Seelenheil verspielen. Das war keine abstrakte Vorstellung, sondern stand als eine sehr konkrete Gefahr vor jedem Christen.

Schließlich gingen die Mitglieder der Urgemeinde noch davon aus, dass die Parusie noch zu ihren Lebzeiten bevorstand, dass Jesus sie schon sehr bald nach ihrem Tun auf Erden, nach ihren Taten in seiner Abwesenheit befragen würde.

Im Grunde gab es vier verschiedene Alternativen: erstens den judenchristlichen Weg, den Jakobus mit seinen Anhängern beschritt und der mit seiner Steinigung, der Zerstörung Jerusalems und dem Anwachsen des Heidenchristentums, womit die nichtjüdischen Christen gemeint waren, austrocknete; zweitens den Missionsweg nach Indien, wo wie in China das Thomaschristentum entstand und in kleinen Gemeinden bis heute überlebt hat; drittens das Johannes-Christentum und schließlich viertens den Weg der Apostel Petrus und Paulus zur Missionierung der Andersgläubigen, der Heiden, der Nichtjuden, der eine Weltmacht hervorbringen sollte. Um das Jahr 50 herum konnte niemand wissen, welcher Weg der richtige und der erfolgreiche sein würde.

In den unmittelbaren Jahren nach der Kreuzigung breitet sich unter Leitung von Paulus und Petrus das Christentum im ganzen Römischen Reich aus. Unter den Juden, die sehr zahlreich in Rom lebten, wandten sich einige dem Christentum zu. Durch das unmittelbare und mittelbare Wirken über Schüler traten allerdings auch die ersten römischen Nichtjuden zum Christentum über.

Noch war der Vatikan nicht mehr als ein Hügel in der unmittelbaren Nähe Roms, auf dem sich Bär und Wolf gute Nacht sagen. Vor dem Wein, der an einem Hang des Hügels geerntet und gekeltert wurde, wurde in Rom gewarnt: Er sei so sauer, dass er die Gesundheit ruiniere. Wer unverdünnten Essig zu trinken liebe, solle getrost den Vatikanwein schlürfen, alle anderen sähen besser davon ab. Noch heute soll ja der Messwein Weinliebhaber nicht gerade begeistern.

ROM GLAUBT NICHT AN GOTT

Als Petrus um das Jahr 62 nach Rom kam, fand er bereits einige christliche Gemeinden vor. Zumeist bestanden sie aus freigelassenen Sklaven, von denen einige zu Vermögen gekommen waren, und ärmeren Römern. Römer und vor allem Römerinnen, die dem Adel angehörten, gab es in den Gemeinden noch selten. Erst im 3. und 4. Jahrhundert sollten sich gebildete und reiche Römer in größerer Zahl taufen lassen.

Rom galt in diesen Jahren als Mittelpunkt des Imperiums, der zivilisierten Welt schlechthin. Kulte aus allen Regionen des Römischen Reiches wurden in der Stadt praktiziert, sodass eine schier unüberschaubare religiöse Vielfalt herrschte. Neben den römischen Göttern wurden die ägyptische Isis, der kleinasiatische Mithras und die griechische Demeter, auch Astarte genannt, verehrt. Die verschiedenen Kulte wurden gemischt und in Beziehung gesetzt zu den römischen Reichsgöttern, die jedermann zu ehren hatte.

Die Christen nahmen schon bald eine Sonderstellung ein, denn ihr Gott besaß keine Heimat, sondern er war ein allumfassender Gott, der Regeln des menschlichen Zusammenlebens aufstellte und allen die Aussicht auf Erlösung bot, mit einem Wort, er war universell. In Christo waren alle Brüder und Schwestern gleich, jeder hatte dem anderen zu helfen, jeder gab der Gemeinde, was er entbehren konnte, und diese gab die Almosen an Arme und Bedürftige weiter. Die Religion entwickelte sich zum Sozialverband. Neben dem Priester, Presbyter oder »episkopus« (Bischof) genannt, bildete sich das Amt des Diakons heraus, der für die Armenpflege zuständig war. Und nicht zu vergessen das Amt des Exorzisten, denn die Welt war von Dämonen bevölkert, die flink und geübt in alle Öffnungen des Menschen krabbelten und ausgetrieben werden mussten. In dieser Zeit glaubte jedermann, ganz gleich, welcher Religion er anhing, an die Existenz von Geistern verschiedener Zuständigkeit und Macht. Das

Böse stellte für die Menschen dieser Zeit einen Aspekt des Daseins und nicht der Moral dar, das heißt, es war wirklich. Die großen Christenverfolgungen fanden deshalb zumeist in Zeiten von Krisen, Epidemien oder Erdbeben statt, weil man annahm, dass die Christen die alten Reichsgötter verärgert hätten und diese die Menschen durch die gesandten Plagen bestraften. Aus diesem Grund sahen die römischen Bürger im unmittelbaren und praktischen Sinn die Schuldigen an der Katastrophe in den Christen: Für sie hatten diese das Ungemach ausgelöst, darum mussten sie auch bestraft werden, um die Götter versöhnlich zu stimmen.

Was die Christen von allen anderen unterschied, war neben ihrem universellen Gott die umfassende Gemeinschaft, die sie bildeten. Blut- oder Stammeszugehörigkeiten spielten keine Rolle: Jeder Mensch konnte problemlos Christ werden. Auf Reisen würden ihn Christen unterstützen, die er bis dahin nicht gekannt hatte. Und das Beste von allem: Sein Gott war auf der ganzen Welt anwesend. Der Christ musste nicht an besonderen Orten Kulthandlungen vollziehen, denn sein Gott wohnte nicht in einem Stein, einer Quelle oder einem besonders geformten Felsen, sondern er war in allen Steinen, in allen Quellen, in allen Felsen überall auf der Welt, weil er diese geschaffen hatte, weil er das Eine war, das alles erzeugte. Mehr noch, er ließ sich weder mit anderen Göttern verbinden – wie etwa aus einer griechischen Demeter eine phrygische Kybele oder eine kleinasiatische Astarte wurde –, noch konnte er den Reichsgöttern untergeordnet werden, denn er war der einzige Gott, und niemand war außer ihm.

Dieser Glaube machte die Christen den anderen verdächtig, weil sie sich damit über alle anderen erhoben. Außerdem ruhte das römische Selbstverständnis auf der alltäglichen Einheit von Politik und Religion – der Kaiser galt ebenfalls als Gott. Indem die Menschen den Reichsgöttern opferten – das konnten Jupiter und Juno sein oder der Sonnengott, der gern mit dem griechischen Gott Helios verbunden wurde –, erwirkten sie den Schutz der Götter für Rom und ihr Leben. Nicht den Göttern zu opfern, ganz gleich, welchen Glauben jemand in seiner Freizeit nachging, ob er Isis, Mithras oder Serapis huldigte, bedeutete, den Zorn der Götter zu provozieren, war Majestätsbeleidigung, ein Staatsverbrechen. Im Kaiserkult wurde den Reichsgöttern und dem Reich gehuldigt.

Die nichtchristlichen Religionen gestatteten, anderen Göttern zu opfern, denn sie gingen ja von einer Welt voller Götter aus. Für die Christen aber, die an nur einen Gott glaubten, bedeutete es eine Todsünde, andere Götter anzubeten. Das traf zwar auch für die Juden zu, doch hatten die Römer deren Sonderstellung akzeptiert, weil sie einem sehr alten Gott huldigten, den sie sozusagen ins Römische Reich mitgebracht hatten. Anders die Christen, die aus allen Völkern kamen und sich zu einem neuen Volk vereinigten, was man nicht zulassen konnte, weil sie damit das Imperium sprengen konnten.

Hinzu kam, dass die Eucharistie, die Abendmahlfeier, die in Hauskapellen, aber auch an Gräbern abgehalten wurde, als Kannibalismus missverstanden wurde, sodass man den Christen alle nur irgendwie denkbaren Verbrechen und Schandtaten zuschrieb. Im Übrigen wusste man nicht viel über sie, da auch sie selbst ihre Gottesdienste als Mysterien empfanden, als Geheimnisse, in die Nichtchristen nicht eingeweiht wurden. Deshalb mied man die Christen, misstraute ihnen, verachtete sie und empfand sie als dunkle Bedrohung. Als im Jahr 64 große Teile Roms in einem Feuersturm niederbrannten und viele Menschen, wenn sie nicht umkamen, zumindest obdachlos wurden, brauchte Kaiser Nero einen Schuldigen, um den Volkszorn zu besänftigen. Was lag also näher, als eine Gruppe zu beschuldigen, die nur einen verschwindend kleinen Teil der Bevölkerung ausmachte und zudem bei der Gesamtbevölkerung unbeliebt war? Nero machte also die Christen für die Katastrophe verantwortlich und beschloss umgehend, die brutalen Strafmaßnahmen zur

Unterhaltung des römischen Volkes und natürlich zum eigenen Amüsement zu nutzen.

Nur weil sie sich zu Jesus Christus bekannten, wurden ganze Familien, Vater, Mutter, die Kinder grausam hingerichtet. Manche wurden gekreuzigt, manche erwürgt. Andere nähte man in Tierfelle ein, und die kaiserliche Gesellschaft genoss bei Wein und gebratenem Fasan die Jagd der Bluthunde des Kaisers auf in Tierfelle gezwungene Christen. Es bleibt ein Rätsel, wie Menschen sich daran ergötzen konnten, wenn andere Menschen von Bluthunden zerrissen oder von Löwen zum Frühstück verspeist wurden. »Panem et circenses« muss in Wahrheit mit Blutbrot und Blutspiele übersetzt werden – die Grausamkeiten, die sich Nero und sein Hofstaat ausdachten, machten vor keiner Grenze halt. Selbst Tacitus, beileibe kein Freund der Christen, schrieb, dass die großen Qualen dieser Menschen Mitleid erzeugen mussten.

Das alte römische Zwölftafelgesetz kannte zwar Verbote und Rechtsbrüche, die zu ahnden waren, aber es kannte eigentlich keine Beschränkung der Strafmaße. Brandstifter, so hieß es im Gesetz, seien zwar zu verbrennen, doch nirgends stand geschrieben, dass sie in Säcke gehüllt und mit Teer bestrichen werden mussten, um als lebende Fackeln zur Beleuchtung an die Kutschen gebunden zu werden. Nero selbst steuerte, als Wagenlenker verkleidet, eine dieser von brennenden Menschen beleuchteten Karossen. Selbst dort, wo das Gesetz Schranken auferlegte, wusste er es direkt und brutal zu umgehen. Ein neunjähriges Mädchen, Tochter christlicher Eltern, wurde kurz vor der Hinrichtung vom Henkersknecht vergewaltigt, weil das Gesetz verbot, Jungfrauen hinzurichten.

Diese Gräuel fanden in den Gärten Neros und im neronischen Zirkus statt, dem Zirkus, über dem sich dreihundert Jahre später der Petersdom erheben sollte und den wir uns als längliches Rechteck mit abgerundeten Querseiten, das vom Vatikan zum Tiber reichte, vorstellen müssen. So gesehen fußt der

Vatikan auf dem Martyrium der ersten Christen, vor allem aber auf dem Martyrium des Ersten unter den ersten Christen, auf dem Martyrium des Apostels Petrus. Doch bis jetzt schien alles noch Ohnmacht statt Macht zu sein, und der Vatikan erinnerte zunächst einmal an die grausame Verfolgung und Misshandlung einer friedfertigen und wehrlosen Minderheit, Menschen, die wie Schafe unter den Wölfen wandelten. Doch ist die Ohnmacht der Macht näher und verwandter, als Gewaltherrscher es zu ahnen vermögen.

Petrus, der in Rom in den christlichen Gemeinden gepredigt hatte, besaß wie Paulus seine eigene, zahlenmäßig große Anhängerschaft. Die von ihm gegründeten oder sich auf ihn berufenden Gemeinden wurden auch durch Lehre und Unterweisung von ihm geführt. Rom als Zentrum der Weltmacht sollte für ihn wie auch für Paulus zum Zentrum der Christenheit werden. Nicht einen lockeren Verbund von Sekten oder Gemeinden, sondern eine zentrale Kirche, eine »ekklesia« als Haus Gottes, gebildet durch das Volk Gottes, wollten sie schaffen.

Diese Vorstellung gewann für Paulus und Petrus an Gewicht, als immer deutlicher wurde, dass die zeitliche Perspektive der Kirche eine andere sein würde als ursprünglich gedacht – mit der Wiederkehr Christi, der Parusie, war in absehbarer Zeit nicht mehr zu rechnen. Hatten die beiden als junge, enthusiastische Männer nur in Palästina gepredigt, weil sie sich nicht allzu weit von Jerusalem entfernen wollten und möglichst viele Juden und Andersgläubige zum Christentum zu bekehren gedachten, bevor der Herr zum Jüngsten Gericht erschien, so vergrößerte sich mit dem Ausbleiben der Parusie auch der Missionsumkreis. Anfangs erfolgte die Mission im Wettlauf mit der Zeit, doch die Zeit erwies sich immer mehr als Trugbild. Die Erde zeigte sich weit beständiger, als die Christen angenommen hatten, und der Himmel erschien in gleicher Weise viel weiter entfernt, als sie zu wissen glaubten.

Dadurch aber traten nun Fragen des praktischen Gemeindelebens stärker in den Mittelpunkt, das Leben in der Welt musste für den Christen vom Standpunkt des Christen aus geregelt werden. Lebte man in Fernerwartung der Parusie und dem Bewusstsein, sein Dasein auf Erden gottgefällig führen zu wollen, stellten sich all die konkreten Fragen des täglichen Lebens ein, die von der Kinder- oder Erwachsenentaufe über das Geschlechtsleben, die Verhütung bis zur Frage der Ehe mit Nichtchristen reichten. Und da es nur eine Wahrheit geben konnte, mussten Fragen des Gottesdienstes, des Gemeindelebens, der Ethik zentral für alle christlichen Gemeinden festgelegt werden. Diese Notwendigkeit erzwang schon von allein eine gewisse Zentralisierung.

In den Briefen des Paulus und des Petrus findet man anschauliche Zeugnisse dafür. Die Christen der »oikumene« (griech., »die bewohnte Erde«, das römische Weltreich) empfanden Paulus und Petrus als geistige und geistliche Autoritäten, als moralische und spirituelle Lehrmeister. Aber es gab noch drei weitere geistliche Führer, die in der Tat abweichende Konzepte, ein deutlich anderes Christentum vertraten: Da war das strenge Judenchristentum des Bruders des Herrn, Jakobus, das Christentum des Thomas, der aber nach Indien ging und für die uns interessierende Geschichte keine Rolle mehr spielte, und das mystische Christentum des Jüngers, »den der Herr geliebt hat«, Johannes, der zu Großem auserkoren war und dennoch anscheinend nicht zum Zuge kam. Maßgeblich für die Westkirche wurden jedenfalls Paulus und Petrus, die sich als alte und erfahrene Männer in der Missions- und Gemeindearbeit im Abend ihres Lebens bewusst nach Rom begeben hatten.

Mit dem Jahr 62 endet die Apostelgeschichte des Lukas. Spätere Quellen, denen wir trauen wollen, geben nur sehr grobe Kenntnis vom Martyrium des Petrus. Im 3. und 4. Jahrhundert wurde der Bischof von Rom zum Papst, unter Berufung auf die Petrustradition und, wenn man so will, auf die Petruslegende, die zu dieser Zeit verbreitet wurde. Mit der Petrustradition legitimierte der Bischof von Rom seinen Anspruch auf die Führung der Kirche, später Stellvertreter Christi in der Nachfolge Petri zu sein. Die Grabstätte des Petrus und seine Bedeutung in der Christusnachfolge stellen in zweifacher Hinsicht den Grund für den Vatikan dar: einmal im buchstäblichen und zum anderen im übertragenen Sinn.

Es heißt, Petrus sei während der neronischen Christenverfolgung gefangen genommen worden. Doch seine beiden Bewacher ließen ihn frei – er hatte sie bekehrt. Darauf machte sich Petrus auf der Via Appia davon. Er hatte beschlossen, zum Hafen Puteoli zu fliehen, um sich nach Osten, nach Kleinasien einzuschiffen, wahrscheinlich nach Antiochia, der Stätte seines Triumphes, wo er sieben Jahre lang Bischof gewesen war und willkommen geheißen würde. Wozu dieses Martyrium, wo er doch noch so viel leisten konnte für die Gemeinden?

Unterwegs kam völlig unerwartet Jesus selbst ihm entgegen. Der alte Petrus blieb vor seinem Herrn stehen und fragte ihn erstaunt: »Domine, quo vadis?« (Herr, wohin gehst Du?) Und Jesus antwortete: »Ich gehe, mich kreuzigen zu lassen.« Petrus erkannte, dass er wieder einmal im Begriff stand, seinen Herrn zu verleugnen – wie damals, als ihm Jesus vorausgesagt hatte, dass er ihn verleugnet haben würde, bevor noch dreimal der Hahn gekräht hätte. Plötzlich sah er seinen Kreuzweg, der für ihn bestimmt war, deutlich vor sich.

Petrus stellte sich also der Vollendung seiner Aufgabe, indem er sich in die Gewalt seiner Verfolger begab. Er wurde zum Zirkus des Nero geschleppt, dessen Boden getränkt war vom vergossenen Blut unschuldiger Christen, dessen Emporen und Wände widerhallten von den Schmerzensschreien der Opfer. Als die Schergen ihn kreuzigen wollten, bat Petrus darum, mit dem Kopf nach unten ans Kreuz geschlagen zu werden. Aus Ehrfrucht vor dem »kyrios«, dem Herrn, mochte er, der unwürdige Knecht Gottes, nicht in der gleichen Position wie der Gottessohn am Kreuz hängen, war er doch nur ein schwacher Sünder, der oftmals geirrt und auch manchmal seinen Gott verleugnet hatte.

Nachdem sein Leichnam vom Kreuz abgenommen worden war, begruben ihn Christen in einem einfachen, namenlosen Grab und hüteten diesen Ort auf dem vatikanischen Hügel wie das größte Geheimnis der Christenheit. Schließlich sollte das Grab weder geschändet noch gestört, noch zerstört werden. Die laufenden Verfolgungen würden enden, nur wusste in diesem Moment niemand, wann neue Ausschreitungen über die Christen kämen. Die Schmucklosigkeit des Petrusgrabes symbolisierte also nicht nur apostolische Armut, sondern ergab sich auch aus der Notwendigkeit, die Ruhestätte des Apostels vor den immer wieder auftretenden Verfolgern zu schützen.

Die Stelle, an der Petrus begraben lag, wurde von den Christen als Mysterium von Generation zu Generation weitergegeben. Dieses Grab, das nur Eingeweihte zu finden vermochten, stellte ein frühes, fast intimes Heiligtum der Christen dar. Mit der Verehrung des Petrusgrabes hatte sich die Westkirche im Kern gebildet. Im Tode war Petrus zum Fundament geworden, wie es ihm laut Matthäus vom Herrn verheißen worden war.

Es war dieses Grab, nach dem Ludwig Kaas im Jahr 1940 im tiefsten Innern des Vatikan zu suchen begann, während oberhalb der Erde die Katastrophe immer größere Ausmaße annahm und das Vordringen des Antichristen unaufhaltsam schien. Für den Prälaten wurde der Kontakt zu den Verschwörern in Deutschland und das Entdecken des Petrusgrabes im Jahr 1940 zu zwei Seiten einer Medaille, zu seinem Kampf gegen den Diktator, dessen Machtergreifung er unfreiwillig im Jahr 1933 begünstigt hatte. Kaas wusste um seine Schuld als fehlbarer Mensch.

In jahrelanger, angespannter Arbeit wurden die Grabstätten freigelegt. Eine Inschrift, in ungelenken Buchstaben in die Wand geritzt, verhieß: »Petr eni – Petros enesti« – »Petrus ist hier drin«. An der angekündigten Stelle fand man Knochen, allerdings ohne einen Schädel dazu. Grenzenlos muss die Enttäuschung für Pius XII. und Ludwig Kaas gewesen sein, als der Leibarzt des Papstes feststellte, es handele sich um die Knochen einer Frau. Die mit so vielen Hoffnungen verbundene Suche nach dem Petrusgrab schien gescheitert, die Überreste der vermeintlich unbekannten Frau wurden in einem Lagerraum abgelegt.

Ludwig Kaas und auch Papst Pius XII. sollten es nicht mehr erleben, dass dank einer Initiative der unbeirrbaren Altertumswissenschaftlerin Margherita Guarducci, von der auch die Übersetzung der Petrusinschrift stammte, eine erneute Untersuchung zustande kam. Ein anerkannter Anthropologe klärte den Irrtum des Leibarztes, der Fachmann für Augenheilkunde war, auf und wies nach, dass es sich doch um die Knochen eines Mannes handelte. Weitere Analysen ergaben, dass die Gebeine aus dem ersten Jahrhundert stammten. Somit ist es wahrscheinlich, dass die sterblichen Überreste des Apostels Petrus, auf dem die Kirche ruht, einige Jahre im Magazin lagerten – es ist von Glück zu sagen, dass die Gebeine seinerzeit aus Enttäuschung über das Gutachten des Augenarztes nicht einfach beseitigt wurden.

Wie auch immer, wesentlich für den Verlauf der Geschichte wurde, dass man von Anfang an daran geglaubt hatte, dass sich hier das Grab Petri befand, und deshalb darüber den Petersdom auf noch dazu bautechnisch ungünstigem Gelände errichtet hatte. Der Grund für den Petersdom bestand in der Existenz des Grabes des Apostelfürsten.

Drei historische Ereignisse mussten zusammentreffen, um das Christentum als Weltmacht und schließlich die westliche Welt entstehen zu lassen: das Wirken, die Kreuzigung und die Auferstehung Jesu zum Ersten, zum Zweiten die Missionstätigkeit von Petrus und Paulus und schließlich zum Dritten die Weltmacht des Römischen Reiches, in deren Herz Paulus und Petrus die neue Religion trugen und verankerten. Beide starben in Rom den Märtyrertod. Fast wie ein Widerhaken der Geschichte, eine unauslöschbare Erinnerung an einen anderen, letztlich nicht beschrittenen Weg, wirkt die Tatsache, dass die Martyriumsverheißung Petri nur an einer Stelle im Neuen Testament vorkommt, und zwar im Evangelium des Jüngers, »den der Herr geliebt hat«, im Johannesevangelium. Danach verhieß der auferstandene Herr Petrus am See Tiberias: »Als du jünger warst, gürtetest du dich selbst und gingst, wo du hinwolltest; wenn du aber alt wirst, wirst du deine Hände ausstrecken, und ein anderer wird dich gürten und führen, wo du nicht hinwillst. Das sagte er aber, um anzuzeigen, mit welchem Tod er Gott preisen würde. Und als er das gesagt hatte, spricht er zu ihm: Folge mir nach!« (Joh 21, 15–19.)

Im Übrigen ist es in diesem Zusammenhang ziemlich unerheblich, ob wir an Jesus und an die Auferstehung glauben. Die frühen Christen glaubten daran, und es bestimmte ihr Handeln, es wurde zumindest dadurch Realität, dass es als wahr vorausgesetzt wurde. Der Tod des Petrus in Rom hat die Welt verändert, die Prophezeiung ging in Erfüllung. Das Christentum entstand, als Petrus und Paulus sich nach Rom begaben, es erstand, weil es zum vatikanischen, zum katholischen Christentum wurde und sowohl die judenchristliche Variante als auch den »Geist der Liebe« des Apostels Johannes überwand. Obwohl niemals zu Macht gekommen, mehr noch, in einem langen historischen Prozess zurückgedrängt, wirkt der Johannismus bis heute als esoterischer Wärmequell wie ein notwendiger Widerstand im breiten Strom des katholischen Christentums.

Johannes, der den Vatikan in gewisser Weise vorausgesagt hat, lehnte den römischen Weg für sich ab und wurde so zum eigentlichen Mysterium des Christentums. Die verlorenen Söhne des Vatikan, die Ketzer, werden sich später auf ihn berufen, aber auch Papst Benedikt XVI. widmet ihm zwei Kapitel in seinem Jesusbuch.

Gesiegt aber hatte die Variante des Petrus, der sowohl den judenchristlichen Weg ablehnte und die Urgemeinde entmachtete als auch einen mystischen Weg à la Johannes als praktischer Mensch und Sohn von Generationen von Fischern für unrealistisch hielt, der als Erster auf die Macht setzte und sich deshalb nach Rom begeben hatte, in das absolute Zentrum der Macht der damaligen Welt. Weshalb sollte er sonst das Christentum ins Herz des Römischen Reiches getragen haben, wenn nicht darum, die Religion mit der Macht zu verbinden? Die Entscheidung der Apostel Petrus und Paulus sollte sich als eine der größten Veränderungen der Geschichte und als eine der nachhaltigsten Unternehmungen erweisen. Das Christentum war im Zentrum der Macht angekommen, wenngleich vorerst noch verfolgt.

DIE GEBURT DER KIRCHE

Es ist wohl eines der größten Wunder der Geschichte, dass die katholische Kirche aus allen weltpolitischen Krisen und historischen Katastrophen gestärkt hervorging, und zwar mächtiger als zuvor. Am meisten profitierte sie jedoch vom Verfall und Untergang des Römischen Reiches. Mehr noch, in der Sintflut der Völkerwanderung im 5. Jahrhundert übernahm die römische Kirche die Rolle einer Arche Noah, die alles Wissen der Römer beherbergte und in das sich bildende christliche Abendland transportierte.

Die Wirren der Völkerwanderungszeit stürzten Europa ins Chaos. Der Wechsel der Grundauffassungen übertraf in seinem Ausmaß an Verunsicherung, Leid und Veränderung jeden späteren Wandel in der Geschichte des Kontinents. Alles, was bisher gegolten hatte – Staatlichkeit, Begriffe von Ehre, Moral und Recht, familiäre Strukturen, Sicherheit und Eigentum, Volkszugehörigkeiten und Religionen, selbst die eigene Geschichte –, löste sich auf. Wenn aber alle Wertvorstellungen verschwimmen, verfällt der Mensch der Orientierungslosigkeit, Nacht ist nicht mehr Nacht, Tag nicht mehr Tag, oben nicht mehr oben, unten nicht mehr unten, und gut und schlecht verlieren gänzlich ihre Bedeutung.

Für die Römer zerbrach das Gefühl der Sicherheit – und mithin das der Ewigkeit – bereits im Jahr 410, als der Westgotenkönig Alarich mit seinen Kriegern Rom überfiel und mehrere Tage plündernd durch die Stadt zog. Seither lebten die römischen Bürger mit dem wachsenden Gefühl der Brüchigkeit ihrer Welt. Was einst für die Ewigkeit gültig schien, wurde durch die unerbittliche Gewalt der Zeit ausgehöhlt, freilich im Zusammenspiel mit dem Niedergang und der Kraftlosigkeit der letzten römischen Kaiser und ihrer Bürgerschaft.

Franken, Burgunden, Goten, Vandalen und andere germanische Stämme verunsicherten die Bürger des einstmals so stolzen Imperiums. Die überforderten Kaiser vermochten es immer weniger, Sicherheit und Unantastbarkeit des Eigentums zu garantieren. Das Reich glitt den Cäsaren aus den schwachen Händen. Und wie immer, wenn der Untergang droht, wurde er auch hier durch charakterlose Regenten mit Beratern, die nur auf den eigenen Vorteil bedacht waren, beschleunigt. Rom war unbesiegbar gewesen, solange es seinen Bürgern als das Höchste gegolten hatte. Sobald es ihnen nur noch um das eigene Wohlleben ging, zerfiel das Imperium Romanum und natürlich auch das Wohlleben. Als die Römer sich dem Kriegsdienst, der einst als vornehmste republikanische Tugend galt, entzogen und die Legionen zu Söldnerhaufen wurden, kündigte sich das Ende der römischen Herrschaft an.

Die schlimme Lektion, dass Erpressung nur die Erpressung nährt, dass Tribute und Schutzgelder zu nichts anderem führen als zu mehr Schutzgeldern und Tributen, lernten die letzten Römer in bitteren Stunden am eigenen Leib – vergeblich allerdings, weil zu spät. Ganz richtig deuteten die Gewaltherrscher der Barbaren jedes Entgegenkommen als Eingeständnis römischer Schwäche. So kam es erst recht zu Krieg und Verheerung, denn die Zugeständnisse wirkten wie eine Ermunterung, wie eine Einladung zur Plünderung. Als Erfolg galt es den letzten Römern schon, dass sie nur beraubt und nicht getötet worden waren. Sic transit gloria mundi! Doch die Feinde – Germanen, Perser und Isaurier aus dem Taurusgebirge –, die von den Grenzen ins Imperium einfielen, wurden von Tag zu Tag mehr.

Wenn wir uns nach der Bedeutung des Vatikan in unserer Zeit und in der Zukunft fragen, gibt es nichts Ergiebigeres als den Blick auf das 5. und 6. Jahrhundert: In dieser Zeit zerfiel das

Imperium Romanum, das gut tausend Jahre existiert hatte, das christliche Abendland bildete sich heraus, und die katholische Kirche entwickelte sich mit ihrem fest gefügten Sinnangebot zur ersten und wichtigsten Institution der neuen Zeit.

Für unsere Zeit lässt sich daraus etwas ausgesprochen Wichtiges ableiten, nämlich dass die Erscheinungsformen der Macht die Politik und die Intrige sein mögen, ihr Fundament aber der Sinn ist. Mächte zerfallen, wenn ihr Vorrat an Sinn aufgebraucht ist. Macht ohne Sinn ist Herrschaft, die auf Sand gebaut ist. Dabei lässt sich Sinn nicht definieren und verordnen. Er muss vom Menschen erkannt werden, große oder maßgebende Teile der Bevölkerung müssen in einem religiös-philosophischen System einen Sinn sehen – die ursprüngliche Bedeutung des Wortes Sinn lautete »Weg, Richtung«, das zugehörige Verb sinnen stand für »sich um etwas kümmern, auf etwas achten«.

Und die einzige Institution, die Werte bot, in denen immer mehr Römer einen Sinn, eine Richtung in den Zeiten des allgemeinen Untergangs fanden, war die römische Kirche. In den Jahrzehnten der Orientierungslosigkeit wartete das Christentum mit einem überzeugenden Sinnangebot auf: Seine Lehre verband in einzigartiger Weise Konkretes und Abstraktes, sie machte zwar viele Vorgaben, ohne aber den Menschen den Raum, sich selbst im Glauben zu finden, zu verstellen oder zu verwehren. Dass die Kirche diese einzigartige Mischung aus Führung und Freiheit anbieten konnte, verdankte sie einem über vierhundert Jahre währenden, zuweilen erbittert geführten Kampf um den rechten Glauben.

DIE SCHWERTER DER APOSTEL – LEO I.

Die Zeiten aber wurden immer dunkler. Bald schon erschien an den Nordgrenzen des Römischen Reiches ein skrupelloserer und grausamerer Feldherr, wie ihn das Imperium in seiner tausendjährigen Geschichte nie gesehen hatte, ein Feldherr, der selbst die Germanen bezwang, nämlich der Hunnenkönig Attila, der im Nibelungenlied unter dem Namen Etzel seine Spuren hinterlassen hat. Seine Heere galten als unbesiegbar. Aus den Steppen der heutigen ungarischen Tiefebene an der Theiß war er an der Spitze seiner Reiter und mit seinem Volk aufgebrochen, um ein Weltreich zu errichten, um über Gallier, Germanen und Römer zu herrschen.

Valentinian III. und Marcianus, der weströmische und der oströmische Kaiser, zahlten wohl oder übel Tribute, da sie dem gefährlichen Gegner militärisch einstweilen nicht gewachsen waren. Trotz seiner ersten Niederlage in der Schlacht auf den Katalaunischen Feldern 451 stieß Attila schon ein Jahr später durch die Po-Ebene nach Norditalien vor, zerstörte und plünderte Aquileia, Verona, Brescia, Bergamo und Mailand. Es konnte nur noch ein paar Wochen dauern, bis die raublüsternen Horden Attilas vor den Mauern Roms gesichtet werden würden.

Doch der Hunne, der Rom einzunehmen gedachte, blieb zunächst in Norditalien. Nicht Skrupel noch Furcht kannte der kühne Attila, was also ließ ihn mitten im erfolgreichen Feldzug innehalten? Er war weder ein Grübler noch ein Zauderer. Theorien über die rätselhafte Pause in Norditalien gibt es einige, sei es, dass er das Schicksal Alarichs vor Augen hatte, der, kurz nachdem er Rom geplündert hatte, wie zur Strafe dafür im besten Mannesalter verstarb, oder sei es, dass die Seuche in seinem Heer grassierte und er unmöglich weiter mit den geschwächten Truppen marschieren konnte – alles klingt plausibel, nichts lässt sich zweifelsfrei belegen. Zu wenig wissen wir auch über das tatsächliche Machtgefüge im hunnischen Lager, in dem die einzelnen Stammesführer der Hunnen und der germanischen Verbündeten ein wichtiges Wort mitzureden hatten.

Attila steht im Zentrum einer Legende, wohlgemerkt mit wahrem Kern, welche die spätere Geschichte stark beeinflusste, weil man diese Legende für bare Münze nahm – was für wahr gehalten wird, kann historisch wahr werden, wenn es auf die Folgenden genauso wirkt, als hätte es tatsächlich so stattgefunden. Diesem Phänomen werden wir in der Geschichte der katholischen Kirche noch häufiger begegnen, sie hat sogar eine eigene literarische Gattung für diese Zwecke erfunden: die Hagiografie, die Beschreibung von Heiligenleben.

Kein Ereignis zeigt die facettenreiche Macht der katholischen Kirche und später des Vatikan deutlicher und drückt das Selbstverständnis des Christentums besser aus als das folgende: Aus dem Dunkel der Geschichte und dem Wunschbild der Legende tritt uns in den letzten Jahrzehnten des weströmischen Reiches plötzlich der erste Papst in überragender Statur entgegen – ganz Römer, ganz Christ, ein Mann von altem Adel und von großem Glauben.

Gut tausend Jahre später malte Raffael die Szene. Man kann sie noch heute im Vatikan bewundern, in der Stanza di Eliodoro, einem Saal, der Papst Julius II. (1503–1513) Anfang des 16. Jahrhunderts als Ort für Privataudienzen diente. Das Fresko wurde allerdings erst unter seinem Nachfolger, Papst Leo X. (1513–1521), fertiggestellt. Dieser ließ sich als Papst Leo I. malen und dokumentierte damit unbewusst Aufstieg und Verfall zugleich. Während nämlich der erste Leo die Macht des Vatikan begründete, glitt sie dem zehnten Leo in der Auseinandersetzung mit Martin Luther aus den Händen. Raffael wollte in seinem Bild die Macht der Kirche als Macht der Päpste darstellen und griff deshalb auf die historische Begegnung Papst Leo I. mit dem Hunnen Attila zurück.

»Im ambuleischen Distrikt der Veneter«, heißt es bei Jordanes, dem zeitgenössischen Geschichtsschreiber, »an der viel begangenen Furt des Flusses Mincius«, also in der Gegend des heutigen Mantua am Mincio, traf der Gesandte, den Kaiser Valentinian III. dem fürchterlichen Hunnen entgegenschickte, auf Attila. Wie groß die Verzweiflung des hilflosen Kaisers gewesen sein muss, zeigt sich darin, dass er Papst Leo, den bereits die Zeitgenossen den Großen nannten, für diese aussichtslose Mission bestimmte. Es enthüllt das ganze Ausmaß der Resignation Valentinians, dass er einen einzelnen Mann, Roms obersten Priester zwar, aber bewaffnet nur mit dem Kreuz und in Begleitung zweier kaiserlicher Beamter, zu einer Streitmacht schickte, die Angst und Schrecken verbreitete.

Raffael hat den inneren Kern der Legende vorzüglich ins Bild gesetzt: Attila erscheint auf der rechten Hälfte des Freskos inmitten seiner mit Spießen, Schwertern, Helmen und goldenen Rüstungen bewehrten Männer auf wildem Ross. Hinter ihm ist eine Dunkelheit, die durch den Qualm der aufflackernden Brände, die von Attilas marodierender Soldateska entfacht worden waren, noch verdüstert wird. Der Maler lässt uns das Grauen nur ahnen, es bleibt schatten- und schemenhaft angedeutet, weil es in Attilas Welt stattfindet, einer Welt des Massakers, des Untergangs, des Moders. Die Szenerie ist in ihrer Andeutung gespenstisch, eine Ahnung des Reichs der Finsternis.

Doch von links reitet in ruhiger Gelassenheit der Papst ins Bild, unaufhaltsam. Über ihm sind Licht und Hoffnung – und vor allem die Apostel Petrus und Paulus mit gezückten Schwertern. Es ist Leos himmlischer Beistand, der Attila Furcht einflößt und ihn zurückweichen lässt. So berichtet es die Legende: Der unbewaffnete Papst zwang den Krieger Attila zum Rückzug, einzig unterstützt von den Aposteln Petrus und Paulus mit ihren Schwertern, wie eine unüberwindliche Macht. Der ganze Körper Attilas wendet sich bereits zur Flucht, doch er kann den Blick nicht lösen vom drohenden Strafgericht der Apostel. Furcht, Resignation und eine Ahnung des eigenen Todes beherrschen die Gesichtszüge des mutigen Fürsten. Er hat den Höhepunkt seiner Macht und den Zenit seines Lebens überschritten.

Der Wahrheitsgehalt in all den legendären Verästelungen ist folgender: Im Jahr 452 fiel Attila in Italien ein, hielt in Norditalien inne und zögerte mit dem Angriff auf Rom. Leo ritt ihm entgegen und traf ihn in der Nähe von Mantua. Nach diesem

Treffen zog sich Attila in sein Stammland Pannonien zurück und starb im Jahr darauf.

Man kann der Legende glauben oder sie bezweifeln, das ändert nichts an ihrer großen Wirkung auf Zeitgenossen und künftige Geschlechter. Hier stellt sich die Kirche zum ersten Mal in ihrer Geschichte als kriegerische Macht, als »ekklesia militans« dar, bewaffnet mit Kreuz und Schwert. In dieser Legende ist bereits die beherrschende Vorstellung der Kirche, die Zwei-Reiche-Idee des Mittelalters, bildlich ausgeprägt, die Leo der Große in seinen »Sermones« ausformulierte. Zum ersten Mal saß auf dem Heiligen Stuhl ein Mann, der seine Machtpolitik selbstbewusst mit einer bedeutenden Theologie verband. Mehr noch, Leo war der erste große Theologe der römischen Kirche. Er fügte – und hier kommen wir dem Geheimnis der Macht des Vatikan sehr nahe – Theologie und Macht ineinander, oder anders ausgedrückt, dem Papst sollten alle Kräfte des Himmels und der Erde zur Verfügung stehen. Diese Episode von Papst Leo und Attila kann als Urszene der Macht des Vatikan gelten, der von der unüberwindlichen Macht der Apostel und Gottes beschirmt wird, die jede weltliche Macht niederzwingt, weil sie über jeder weltlichen Macht steht, die immer zeitlich ist. Denn über dem vergänglichen Reich auf Erden, dem »regnum«, erhebt sich das überirdische Reich der Ewigkeit, das »sacerdotium«.

Leo der Große starb am 10. November 461 in Rom. Der Siegeszug des Christentums ist vor allem sein Werk, hat er doch als erster Bischof von Rom weltliche Macht als Teil der geistlichen gefordert. Er ist der Schöpfer der katholischen Kirche, so wie er auch der erste Papst war, der als Nachfolger des Petrus – wie viele nach ihm und in jüngerer Zeit alle Päpste – im Vatikan begraben wurde und sich damit auch im Tode auf ihn bezog. Es war eine eindrucksvolle Demonstration des Verständnisses der Päpste als Nachfolger des Apostels im Leben und im Tod, eine Tradition, die von Petrus bis in alle Ewigkeit reichen soll. Leos Vorgänger waren noch in Katakomben beigesetzt worden; er aber, der behauptete, das Pallium, das ringförmige, breite Band, das bis heute zu den Zeichen des päpstlichen Amtes gehört, von Petrus selbst empfangen zu haben, ließ sich in dessen Nähe begraben.

Leo erfüllte in Worten, Taten und im Symbol zum ersten Mal die Nachfolge des Apostels Petrus, die das Fundament für Macht und Wirken des Vatikan darstellt. Er war es auch, der das Konzept entwickelte, dass für den gottesfürchtigen, sterblichen Menschen mit der Erhebung zum Papst ein neues Leben beginnt. Leo feierte den Tag seiner Papstweihe als Geburtstag, als den Tag, an dem er zum zweiten Mal geboren wurde. Deutlich vertrat er die Vorstellung, dass das Amt heilig sei und auch von einem unwürdigen Träger nicht entehrt werden könne.

Zwischen Petrus, dem armen Fischer aus Galiläa, dem Wanderprediger und Märtyrer, und Leo, dem Spross einer reichen Adelsfamilie, der verfügte, dass Sklaven nicht für kirchliche Ämter geweiht werden dürften, weil ihnen die Würde dazu fehle, zwischen dem Mann also, zu dem Jesus gesagt hatte: »Mein Reich ist nicht von dieser Welt«, und dem ausgefuchsten Machtpolitiker liegt der große Weg, den die Kirche Christi vom ersten bis zum fünften Jahrhundert zurückgelegt hatte – von den Gemeinden der bewussten Machtferne zum Zentrum der Macht.

Vom ersten Tag an fand diese Kirche ihre Machtgrundlage in der Geistlichkeit. Leo hatte Jesu Worte »Mein Reich ist nicht von dieser Welt« übersetzt und umgewandelt, zur Geschäftsgrundlage des Vatikan gemacht – für ihn galt und für seine Nachfolger gilt bis auf den heutigen Tag: Meine Macht ist nicht *von* dieser Welt, aber sie ist *für* diese Welt. In Raffaels Fresko erscheinen Petrus und Paulus zwar mit Schwertern in den Händen über dem Haupte Leos, aber in der freien linken Hand trägt Petrus die Schlüssel, Symbol für die Binde- und Lösegewalt des Papstes auf Erden und im Himmel. Leo wurde zum Mittler zwischen Ewigkeit und Endlichkeit und damit zum entscheidenden Zünglein an der Waage, zum Vorposten Gottes auf Erden.

Und dennoch, ein größerer Gegensatz als der zwischen Petrus und Leo lässt sich kaum denken; gleichwohl ergibt die Spannung zwischen diesen beiden Persönlichkeiten erst die Machtfülle des Vatikan. Glauben auf Kosten der Macht und Macht auf Kosten des Glaubens – das hat immer wieder zu Krisen der katholischen Kirche geführt.

TRIUMPH DER OHNMACHT: DER GLAUBE WÄCHST

All das aber wäre nichts, besäße kein annähernd so belastbares Fundament, wenn nicht die erste Erfahrung der Macht die Ohnmacht gewesen wäre, wenn die Geschichte des Vatikan nicht mit einem Grab, nicht mit Verfolgung und Martyrium begonnen hätte. Dass einer Bewegung, die Posten und Versorgungen zu verteilen hat, die Anhänger in Scharen zulaufen, ist leicht erklärbar. Warum aber schlossen sich so viele Menschen einer Gemeinschaft an, die nur Entsagung und Martyrium anzubieten hatte? Das bleibt auf den ersten Blick rätselhaft.

Die Macht der Kirche begann mit der Faszination, die das Christentum auf die spätantiken Menschen ausstrahlte. Dass die Jesusbewegung in den ärmeren Schichten des Judentums Zuspruch fand, ist verständlich, denn Jesus verkündete vor allem den Armen, den Tagelöhnern und Zöllnern, dass der Gesunde des Arztes nicht bedurfte. Er wollte den Armen, den Sündern, den Aussätzigen, den Unterprivilegierten eine Lebens- und Heilsperspektive geben – all jenen, die nicht zum Establishment, das innerhalb des Judentums immer zugleich auch ein religiöses Establishment war, gehörten. Aber weshalb sollten Angehörige der Eliten Hab und Gut hingeben und Verfolgung für einen scheinbar dunklen und zweifelhaften Glauben auf sich nehmen? Bei allen Wellen des Armutsenthusiasmus, die später immer wieder gegen die erhabenen Mauern des Vatikan brandeten – vom franziskanischen Armutsstreit des Mittelalters bis zur Befreiungstheologie unserer Tage –, aus der Jesussekte wurde erst durch den Eintritt der Eliten in die frühchristlichen Gemeinden eine Kirche. Sie brachten die Macht mit.

Doch weiter gefragt. Aus welchen Gründen wuchsen die christlichen Gemeinden im Imperium Romanum, anstatt mit der Zeit auszutrocknen wie manch andere Sekte? In der zweiten Hälfte des 1. Jahrhunderts befanden sie sich in einer schwierigen, ausgesprochen gefährlichen Situation, die über das Wohl und Wehe der neuen Religion entscheiden würde: Siegeszug oder Zerfall, organisierte Kirche oder private Konventikel?

Nach dem Tod des Petrus in Rom in den Sechzigerjahren des 1. Jahrhunderts hatten die christlichen Gemeinden einen der wichtigen Apostel verloren, der das Wirken Jesu und seine Lehre vermitteln und bezeugen konnte. Jakobus hatten die Juden bereits ein paar Jahre zuvor in Jerusalem gesteinigt, Stephanus erlitt schon wesentlich früher den Märtyrertod. Thomas missionierte irgendwo in Indien, und Johannes hatte sich in Syrien in die Gemeindearbeit vertieft, einen Kreis von Gemeinschaften um sich versammelt und schien darauf zu verzichten, außerhalb dieses Kreises zu wirken.

In den frühchristlichen Gemeinden standen außerdem zwei große Veränderungen an: Zum einen musste man sich endgültig von der Vorstellung verabschieden, dass Jesus in überschaubarer Zukunft wiederkommen würde, und zum anderen wurde, modern gesprochen, ein Generationswechsel in der Führung der Gemeinden unvermeidlich. Menschen rückten in die Funktionen der Ältesten nach, die zu der Zeit Jesu noch gar nicht gelebt und teilweise auch ihre Taufe nicht mehr von den Aposteln erhalten hatten. Auf der einen Seite gab es die Überlieferung der christlichen Lehre, die bis dahin mündlich – eben durch Apostolat, durch Gesandtschaft – erfolgte, andererseits mussten die Christen ihren Ort im Diesseits bestimmen und die Kirche ihre Funktion in der Gegenwart. Mit einem Wort, eine

Institution musste Form und Ordnung bekommen. Die gewaltige Arbeit, die Osterbotschaft auf das Leben der Christen in der Welt anzuwenden und die Fragmente des Glaubens zu einer Theologie zu entwickeln, war den kommenden Generationen aufgegeben.

Der Erste, der sich an diese Aufgabe herangewagt hatte, war Paulus. Deshalb wurden seine Briefe für die folgende Generation der Theologen so immens wichtig. Es galt, das Verhältnis von Christentum und Judentum, von Christen und Macht, das Verhältnis Jesu zu Gott, die Rolle des Heiligen Geistes zu klären. Denn weder vor noch nach der christlichen hat je eine monotheistische Religion, in der ein einziger Gott im Zentrum steht, einen dreieinigen Gott verkündet. Es bedurfte großer geistiger, aber auch politischer Auseinandersetzungen, um ein Problem zu lösen, das für die Mathematiker unvorstellbar ist, nämlich drei ist gleich eins.

Aber auch Fragen wie die nach der Gnade und der Willensfreiheit gerieten in die Diskussion. Dieses Problem, das im Grunde die Verantwortlichkeit des Menschen für seine Taten betrifft, ist aktueller denn je – auch wenn der Zeitgeist die Verantwortung für das menschliche Handeln nicht mehr der göttlichen Vorherbestimmung, sondern der genetischen Veranlagung zuschreibt. Die Frage allerdings, die dahinter steht, bewegte bereits die ersten christlichen Theologen: Ist der Mensch verantwortlich für sein Tun? Verantwortlich kann er nur sein, wenn er über einen freien Willen verfügt. Wird dieser durch göttlichen Ratschluss oder durch chemische Reaktionen außer Kraft gesetzt, dann ist der Mensch auch nicht mehr für sein Verhalten verantwortlich. So abstrakt, so unverständlich die theologischen Diskussionen der ersten vier Jahrhunderte uns heute auch vorkommen mögen – und sie sind in der Tat derart kompliziert, dass sie auch von Fachgelehrten in ihren Einzelheiten kaum mehr nachvollziehbar sind –, so aktuell sind ihre Fragestellungen überraschenderweise geblieben.

Nicht in der Abgeschiedenheit entwickelte sich die katholische Kirche zur Großkirche, sondern – wichtig zu bedenken – in der lebendigen Auseinandersetzung. Denn eines hatte sie von Anfang an verstanden: Nur wer sich ständig verändert, bleibt sich gleich, und man behält die Macht nur, wenn man nicht an ihr hängt, sondern sich immer so weit ändert, dass sie einem als treuer Hausgenosse erhalten bleibt. Keine Institution ist hinter ihrer imposanten Ewigkeitsfassade so wandelbar wie die katholische Kirche: Ewigkeitswerte zu fordern und sich still und verschwiegen zu flexibel zeigen, damit ist man in zwei Jahrtausenden im Vatikan recht gut gefahren.

Anfangs von den Presbytern, den Ältesten, gemeinschaftlich geleitet, wuchsen die Gemeinden mit atemberaubender Geschwindigkeit. Die neue Religion eroberte zuerst die Städte des Imperiums, bevor es ihr gelang, auch in den Dörfern Fuß zu fassen. Das frühe Christentum war zunächst eine Großstadtreligion, es wurde begeistert von den mobilsten Schichten der römischen Gesellschaft aufgenommen, von den Bürgern der Städte, den Adligen, den Handwerkern, den Großgrundbesitzern, den Soldaten, den Angestellten der Verwaltungen, den Richtern und Rhetorikern. Da sich immer mehr Menschen taufen ließen und in die Gemeinden strömten, waren diese gezwungen, sich zu strukturieren und feste Ämter einzuführen, damit sie die Aufgaben des Gemeindelebens und des Gottesdienstes bewältigen konnten. Die Diakone waren als Helfer der Presbyter für die Armenpflege zuständig, die Exorzisten beschäftigten sich mit der Austreibung böser Geister, und die Akolythen wirkten als Träger der Kerzenleuchter, als Diener oder Boten des Bischofs.

Mit der Zeit setzte sich der monarchische Episkopat durch, das heißt, ein Bischof führte eine Gemeinde. Die gemeinschaftliche Leitung der Gemeinden durch die Ältesten wich einer strengen Hierarchie mit einem Bischof an der Spitze. Da dieser aber in der wachsenden Zahl der Gemeinden den Gottesdienst nicht mehr für alle halten konnte, benötigte er Helfer. Diese Rolle übernahmen die Presbyter, die man bald schon Priester nannte.

Die Gottesdienste fanden anfangs in den Hauskapellen statt, doch auch deren Zahl wuchs. Deshalb teilte der römische Bischof Fabianus (236–250) Rom in sechs Seelsorgebezirke auf. Unter seinem Nachfolger Bischof Cornelius (251–253) gab es in der Stadt bereits einhundertvierundfünfzig Kleriker, und zwar sechsundvierzig Presbyter, sieben Diakone, sieben Hypodiakone, zweiundvierzig Akolythen sowie siebenundvierzig Exorzisten und Lektoren. Die christliche Gemeinde betreute über anderthalbtausend Witwen und Waisen. Man hat versucht, aus der Zahl der Kleriker und der Hilfsbedürftigen die exakte Größe der römischen Gemeinde zu ermitteln, doch enthalten alle Hochrechnungen fragwürdige Grundannahmen.

Allgemein ist von ungefähr zwanzig- bis dreißigtausend Christen im Rom des 3. Jahrhunderts auszugehen. Angesichts einer Gesamtbevölkerung von etwa drei Millionen stellten die Christen, also eine Minderheit im nichtchristlichen Umfeld dar, aber sie waren, was nicht unterschätzt werden darf, eine gut organisierte Gruppe von Menschen, die bedingungslos und ausschließlich an einen einzigen Gott glaubten. Die anderen römischen Bürger huldigten als Staatsbürger den Reichsgöttern und feierten daneben die Kulte ihrer Wahl für die Religion ihrer Wahl.

Beim Übergang vom Juden- zum Heidenchristentum, von der ersten zur zweiten und dritten Generation von Christen bildete sich das Christentum in einem mehr als erstaunlichen Akt der Übersetzung im Grunde erst heraus. Jüdische Missionare wie Philippus, Johannes, Barnabas, Petrus und Paulus hatten Gemeinden außerhalb Israels unter Andersgläubigen gegründet, die Frohe Botschaft, Jesu Lehre, verbreitet und eine erste, grundlegende Theologie geliefert, Texte lehrreichen Charakters, die natürlich nicht ins Detail gehen konnten. Nun hätte es wie im späteren Islam bei Lehre, Leben und erbaulichen Taten des

Propheten bleiben können, wäre die zentrale Gestalt nicht Jesus, der Menschen- und Gottessohn zugleich, gewesen und wäre das jüdische Christentum nicht auf die griechische Philosophie getroffen. Seit dem Ende des 3. Punischen Krieges (149–146 v. Chr.) und der Zerstörung Karthagos im Jahr 146 v. Chr. stand Griechenland unter römischer Herrschaft.

Die Römer zwangen mit ihren Legionen die mediterrane Welt und schließlich große Teile Europas in ihr Herrschaftsgebiet. Sie besaßen eine große praktische Begabung und entwickelten ein Interesse an Kriegsführung, Staatsaufbau, Gesetzgebung und staatsbürgerlicher Religion, also an allem, was zum Bereich der Herrschaft gehörte. In den theoretischen Künsten, in der Philosophie und Metaphysik jedoch waren die Griechen führend. Die Philosophie, das sei angemerkt, hatte sich noch nicht zur Einzelwissenschaft spezialisiert, sondern stellte einen Sammelbegriff dar, der die gesamte geistige Welt vom Nachsinnen über das Leben, das Denken, die Mathematik, die Musik bis zur Chemie, Physik und Medizin umfasste, Wissenschaften, die sich erst wesentlich später als eigenständige Disziplinen herausbildeten. Durch das Eindringen der griechischen in die römische Kultur kam es zu einem beispiellosen kulturellen Wandel – die neuen Herrscher wurden von den Beherrschten kulturell und philosophisch dominiert.

Auf diese griechische Philosophie traf nun das Gedankengut des jüdischen Christentums. Ohne die Übersetzung des jüdischen Christentums durch die griechische Philosophie gäbe es weder das Abendland noch das Christentum, noch den Vatikan als mächtige Glaubensinstitution und Machtzentrale der Christenheit, weder Europa noch uns. Was sich in diesen Tagen in den frühchristlichen Gemeinden des Imperium Romanum herausbildete, war schlicht und ergreifend der Westen. Wenn man nicht versteht, was sich in diesen Jahren bei dieser Staffelübergabe des Glaubens in den Gemeinden abspielte, begreift man weder die Macht der Kirche noch die europäische Geschichte.

Damals übernahmen Töchter und vor allem Söhne aus den römischen Mittelschichten und schließlich dem Adel, die sich auf die Suche nach einem Lebenssinn begeben hatten, weil sie die hergebrachte Welt mit ihren Idealen ablehnten, als Bischöfe die Leitung der Gemeinden. Philosophisches Denken war streng genommen griechisches Denken, und wo die Lehre Jesu philosophisch interpretiert wurde, geschah dies durch griechisches Denken. Es ist deshalb kein Zufall, dass die stärksten Impulse für die Ausbildung einer komplexen christlichen Theologie von der östlichen, der griechischen Reichshälfte ausgingen, wozu damals auch Kleinasien gehörte. Der wichtigste Kirchenvater beispielsweise, der heilige Augustinus, durchlief die griechische Schule des Neuplatonismus, bevor er sich zum Christentum bekehrte. Die philosophische Übersetzung des Christentums schuf erst die mächtige christliche Theologie, die zum geistigen Gehalt Europas werden sollte. Und das griechische Denken überlebte den Zusammenbruch des Römischen Reiches, weil es als Theologie zur geistigen Verfassung des christlichen Abendlandes wurde.

Im 2. Jahrhundert gab es in Rom, in Ephesus, in Korinth, in Bithynien, in Laodicea, in Smyrna, in Magnesia, in Antiochia, in Sardes, in Pergamon, in Thytira, in Philadelphia, in Tralles und in Alexandria – um nur die wichtigsten zu nennen –, große, von einem Bischof geleitete christliche Gemeinden. Fast alle waren noch von den Aposteln gegründet worden, und die Bischöfe empfanden sich als Nachfolger und Bewahrer ihrer Lehre.

KÖNIGSWEG DES HEILS – DAS MARTYRIUM

Nach der Verfolgung der Christen unter Nero, der Paulus und Petrus zum Opfer fielen, soll es unter Kaiser Domitian Hetzjagden auf Christen gegeben haben, doch fanden diese nur ab und zu und nicht systematisch statt. Als der Schriftsteller und kaiserliche Beamte Plinius der Jüngere, der Neffe des berühmten

Naturforschers, Geografen und Schriftstellers gleichen Namens, im Jahr 110 als Statthalter nach Bithynien ging, wurde er mit dem Problem des rechtlichen Umgangs mit den Christen konfrontiert, die in der Bevölkerung eine eigene, misstrauisch beäugte und vom Pöbel gehasste Gruppe bildeten. Domitian beanspruchte für sich die Formel: »Dominus et Deus« (Herr und Gott). Spätestens jetzt wurde es zur scharf kontrollierten Pflicht, dem Kaiser als göttlichem Wesen zu huldigen. Das konnten die Christen nur verweigern – wie auch den Verzehr von Opferfleisch zur Huldigung der römischen Staatsgötter. Diese Weigerung empfanden die Römer als aufrührerisch und als Majestätsverbrechen, schließlich war sie dazu angetan, die schützenden Götter Roms zu verärgern. Im Grunde empfand man die Christen als Terroristen der niederträchtigsten Art; Tacitus nannte sie »Feinde des Menschengeschlechts«.

Der bythinische Statthalter Plinius nun fragte in einem Brief bei Kaiser Trajan an, ob dieser sein Vorgehen im Umgang mit den Christen billige. Als Richter forderte Plinius nämlich die angeklagten Christen auf, dem Kaiser als oberstem Gott zu huldigen, Opfer darzubringen und auch als kultische Handlung Opferfleisch zu verzehren. Er verlangte, dass die Christen sich von ihrem Gott lossagten. Kämen sie den Vorgaben nach, würden sie begnadigt, andernfalls hingerichtet. In dem berühmten Antwortschreiben des Trajan befürwortete der Kaiser dieses Vorgehen mit der Einschränkung, dass Plinius nicht eigens nach Christen suchen, sondern nur tätig werden sollte, wenn sie auffällig oder angeklagt würden. Dieses kaiserliche Schreiben diente in den nächsten einhundertvierzig Jahren als rechtliche Grundlage für den staatlichen Umgang mit Christen. Es sah zwar keine systematische Verfolgung vor, doch verweigerte es den Christen jegliche Rechtssicherheit und machte sie zum Objekt beliebiger und willkürlicher Verleumdungen.

In dieser Zeit bedeutete die Taufe eine lebenslängliche Entscheidung, ein Versprechen, einen Schwur, das Gute zu tun und das Böse zu unterlassen, das der Getaufte selbst dann nicht brach, wenn er in der Arena den wilden Tieren zum Fraß vorgeworfen wurde. Mit dem eigenen Leben stand er für sein Versprechen ein. Es war die ins Individuelle gekehrte, aus dem eigenen Leben heraus übersetzte Aussage des Johannesevangeliums: »Das Wort ist Fleisch geworden.« Wenn das Wort aber zum Leben wurde, dann verlangte das zugleich, dass das Leben für das Wort einstand. Diese Vereinbarung wurde in der Taufe geschlossen: Das Wort wurde Fleisch, aber das Fleisch musste auch Wort werden, der getaufte Mensch musste sich zu Gottes Wort bekennen, zu Jesus Christus, der ja als Gottessohn das fleischgewordene Wort Gottes schlechthin war.

Eine größere Macht lässt sich nun nicht mehr denken, als dass ein Mensch mit seinem Leben ein Bekenntnis ablegt, dass er zum Zeugnis bereit ist, auch wenn es das eigene Leben kostet. Dieses und nichts anderes bedeutet das griechische Wort »martyrion«: mit dem eigenen Blut Zeugnis ablegen.

Der Kirchenvater Tertullian hatte Recht, als er schrieb, das Blut der Märtyrer sei der Samen der Kirche. Denn die vielen Christen, die freiwillig das Martyrium auf sich nahmen, obwohl ihnen Gnade versprochen wurde, wenn sie ihren Glauben widerriefen, bescherten der Kirche eine immense Macht. Jede Hinrichtung eines Christen in den ersten drei Jahrhunderten stärkte die Kirche, fast so, als ob das Leben, das die Märtyrer hingaben, in die Kirche eingegangen und zu Blut und Atem der Großkirche geworden wäre. Mit ihrer Entschlossenheit, mit der sie in die Arena gingen, um enthauptet, gefressen oder verbrannt zu werden, machten sie öffentlich, dass sie ihre Wahl getroffen hatten.

Warum sollten sie auch widerrufen, warum den Tod in der Endlichkeit, im begrenzten Erdenleben vermeiden wollen? Das wäre nur auf ein Verschieben hinausgelaufen, denn das irdische Leben endet in jedem Falle mit dem Tod. Weshalb also nicht den Tod für die Unendlichkeit, für das Paradies wählen, und sich damit für das ewige Leben dort entscheiden? Aus dieser Perspektive war es besser, sein Erdenleben hinzugeben, um dafür die ewige Seligkeit zu gewinnen. Der Märtyrer Ignatius brachte das in seinem Brief an die Römer auf den Punkt: »Versucht nicht, den Menschen zu gefallen, sondern Gott … Ich jedenfalls werde nie wieder eine solche Chance haben, zu Gott zu gelangen.« Und meinte damit sein Martyrium.

Da der Christ auf Erden verharren musste und Jesus zu seinen Lebzeiten nicht mehr erscheinen würde, entwickelte sich notwendig die Kirche als Heilsinstitut und Aufenthaltsort der Christen auf Erden. Da der Gottessohn vorerst nicht wiederkommen würde, musste auf Erden ein Konsulat des Himmels errichtet werden, eine Filiale der Ewigkeit in der Endlichkeit der menschlichen Existenz. Christus würde kommen als Weltenrichter – aber wann, das wusste nur er allein.

Um dennoch zum Herrn zu gelangen, zur Vereinigung mit ihm, zur Überwindung der schlechten Welt, blieb den Christen, denen die Selbsttötung verboten ist, nur ein Weg: das Martyrium. In den Zeiten der Verfolgung der ersten drei nachchristlichen Jahrhunderte wurde das Martyrium zum Königsweg des Heils in der Nachfolge Christi. Im Martyrium wird die Parusie umgekehrt: Nicht Christus erscheint zum Jüngsten Gericht für alle auf Erden, sondern der Märtyrer erlebt sein Jüngstes Gericht als individuellen Akt, der ihm die persönliche Erlösung verschafft. Wenn das Jüngste Gericht nicht stattfindet, muss man selbst als Gerichteter entgegen kommen.

Der Märtyrer wurde zum Vorbild, zum Heiligen. Im nachahmenden Erdulden von Verfolgung, Qual und Tod Jesu sah der gläubige Christ der frühen Jahre den Weg, die Welt und den Teufel zu überwinden. In höchster Sehnsucht, die Schlechtigkeit hinter sich zu lassen und zum Herrn, also zur Erlösung, zu gelangen, bat Ignatius die offenbar bereits einflussreiche römische Gemeinde in seinem Brief, nichts zu tun, was sein Martyrium verhindern oder gefährden könnte: »Tut mir damit den größten Gefallen, dass ich Gott geopfert werde, solange der Altar noch bereitsteht ... Ich flehe zu euch, dass euer Wohlwollen mir keine Schwierigkeit bereite. Lasst mich eine Speise der wilden Tiere werden; durch sie ist es mir möglich, zu Gott zu kommen. Brotkorn Gottes bin ich, und durch die Zähne der Tiere werde ich gemahlen, damit ich als reines Brot Christi erfunden werde ... Dann werde ich wahrhaft Jesu Christi Jünger sein, wenn die Welt auch meinen Leib nicht mehr sieht.«

Ignatius von Antiochia, der sich auch Theoforos nannte, was so viel heißt wie Gottesträger, war die erste große Gestalt des Übergangs vom judenchristlichen zum griechischen Christentum und als Bischof der zweite Nachfolger des Petrus. Im Jahr 110 wurde er verhaftet und, wie damals üblich, mit anderen prominenten Christen nach Rom geschickt, um dort zur Belustigung des Volkes hingerichtet zu werden – auch in dieser Hinsicht erwies sich Rom als Hauptstadt. Und die christliche Gemeinde dort war besonders gefährdet, denn nirgendwo im ganzen Imperium galt der Grundsatz »panem et circenses« stärker als in der Stadt der Städte.

Der Transport von Syrien nach Rom entwickelte sich für den gefangenen Ignatius zu einem Triumphzug für den neuen Glauben. Wo immer der von zehn Soldaten bewachte und unterwegs misshandelte achtzigjährige Bischof auf der Reise Station machen musste, kamen die Christen des Ortes und der umliegenden Städte und Dörfer herbei, um ihn zu begrüßen und zu ehren. Kaum in Rom eingetroffen, wurde Ignatius im Jahr 112 unter den Augen einer jubelnden Menge im Kolosseum den Löwen zum Fraß vorgeworfen – ganz so, wie er es gewünscht und erhofft hatte. Auch der erste große Kirchenvater, der in seiner philosophischen Suche nach der Wahrheit zum Christentum fand, starb den Märtyrertod: Im Jahr 167 wurde der Philosoph und Wanderlehrer Justinus in Rom öffentlich enthauptet.

Wie kann man eine Bewegung vernichten, der selbst die Verfolgung zur Stärke und zum Ruhm gereicht?

Viele Christen beschritten in den ersten drei Jahrhunderten in der Nachfolge Christi den Kreuzweg, manche gezwungen, manche freiwillig. Unter ihnen waren besonders viele römische Christen und auch Bischöfe der römischen Gemeinde. Daneben entwickelte sich ein regelrechter Trend: Es wurde Mode, den Märtyrertod zu erleiden. Das ging so weit, dass ein römischer Statthalter die Christen seiner Provinz, die sich in großer Zahl zum Martyrium meldeten, verzweifelt bat, sich vom Felsen zu stürzen oder einen Strick zu benutzen, wenn sie schon sterben wollten. Der arme Beamte kam mit dem Verurteilen und Hinrichten nicht mehr nach.

Noch waren alle Gemeinden und somit alle Bischöfe im Grunde gleichrangig. In ihrer Bedeutung unterschieden sich die Gemeinden nur darin, ob sie von einem Apostel gegründet und welche Märtyrer sie vorzuweisen hatten. Hier nahm die römische Gemeinde eine bevorzugte Stellung ein, denn sie konnte sich auf die Apostel Petrus und Paulus berufen, die in Rom gewirkt und dort das Martyrium erlitten hatten. In den ersten Jahrhunderten spielte die berühmte Stelle Matthäus 16, 17, wonach Jesus die Schlüsselgewalt an Petrus übergeben habe, noch keine Rolle in der Hierarchie der Gemeinden, denn es zählte einzig die Bedeutung der Märtyrer, die großen Sterne, die eine Gemeinde für sich verbuchen konnte. In dieser Hinsicht spielte für die römische Gemeinde und für den Bischof von Rom das Petrusgrab auf dem »mons vaticanus« eine außerordentlich wichtige Rolle.

Die frühe oder erste Macht der Christen bestand in ihrer Abkehr von der Welt, in ihrer Unbeeindruckbarkeit von den weltlichen Dingen. Der Kirchenvater Tertullian formulierte kurz und bündig: »Nichts ist mir fremder als die res publica«, die öffentlichen Angelegenheiten. Durch diese Gleichgültigkeit gegenüber den Belangen des Römischen Reiches weckten die Christen immer wieder Misstrauen und Hass, was schließlich in die Verfolgung durch die römischen Kaiser mündete. Unter

Hadrian, Decius und Valerian kam es vor allem im 2. und 3. nachchristlichen Jahrhundert zu großen Verfolgungswellen. Diese haben jedoch, so paradox es klingen mag, dem Christentum weitaus mehr genützt als geschadet. Die Verfolgung bestärkte die Christen in ihrem Glauben und brachte sie dazu, ihre Orientierung auf das Jenseits noch konsequenter zu verfolgen.

DAS CHRISTENTUM WIRD STAATSRELIGION

Am Ende des Jahres 259 unterlag Kaiser Valerian in der Nähe der syrischen Stadt Edessa dem Perserkönig Sapor I. und starb wenige Monate später in persischer Gefangenschaft. Sein Sohn und Mitregent Gallienus wollte oder konnte ihn nicht befreien, denn er musste sich in zahlreichen Machtkämpfen nicht nur gegen äußere Feinde behaupten, sondern vor allem auch gegen Umstürzler im Innern des Imperiums, die mit allen Mitteln versuchten, sich zu Herrschern römischer Teilgebiete aufzuschwingen.

Mit der Gefangenschaft und dem Tod Valerians endete eine Phase der intensiven Christenverfolgung. Gallienus, hochgebildet und ein Freund des neuplatonischen Philosophen Plotinos, war zwar ein Anhänger der Mysterienkulte, doch beendete er die unter Valerian angeordnete Verfolgung der Christen und gab ihnen mit einem Toleranzedikt zwar keine Rechtssicherheit, dafür aber einen kleinen Frieden. Im Jahr 268 geriet er im Kampf in einen Hinterhalt und wurde ermordet.

Sieger in den blutigen Machtkämpfen war der illyrische General Diokletian, der zum Kaiser aufstieg und tatkräftig eine gründliche Reform des Reiches einleitete. Das Imperium wurde in Verwaltungsbezirke, sogenannte Diözesen, eingeteilt. Gleichzeitig führte Diokletian die Tetrarchie (Viererherrschaft) ein. Die Westhälfte und die Osthälfte wurden jeweils von einem Kaiser (Augustus) beherrscht, dem als Stellvertreter und designierter Nachfolger ein Unterregent (Caesar) zur Seite stand. Diokletian übernahm die reicheren Provinzen, nämlich die Osthälfte, und residierte nicht mehr in Rom, sondern in seinem Palast in Nikomedia, nicht weit entfernt vom heutigen Istanbul. Fortan wurde das Römische Reich vom Bosporus aus regiert.

Auch unter Diokletian hatte dieser ungewohnte Frieden zunächst Bestand. Inzwischen hatten sich hohe kaiserliche Beamte und Soldaten zum Christentum bekannt, und die Propaganda gegen den neuen Glauben verlor trotz aller Anstrengungen zunehmend an Wirkung.

Im Kampf der Andersgläubigen gegen die Christen stießen zwei völlig verschiedene, einander strikt ausschließende Lebens- und Weltauffassungen aufeinander, zuerst in der intellektuellen Auseinandersetzung. Daraus entwickelte sich ein mörderisches Entweder-oder, ein unauflösbarer Konflikt, der nur mit dem Untergang einer der beiden kämpfenden Seiten enden konnte.

Christliche Autoren bezeichneten später das Nichtchristliche schlechthin als »heidnisch«. »Heidentum« wird auch heute noch oft mit Gottesleugnung, mit Atheismus, gleichgesetzt und dadurch unzulässig modernisiert. Der Begriff besagt lediglich, sich nicht – wie Christen, Juden und Muslime – zum Monotheismus, dem Glauben an einen einzigen Gott, zu bekennen, sondern sich – nicht weniger gläubig, nicht weniger streng und konsequent – der Herrschaft der Götter zu unterwerfen. Diese Glaubensgemeinschaften sind in religiösen Angelegenheiten nicht nachlässig oder tolerant, sondern kennen genauso strenge Rituale und fordern nicht weniger Disziplin von den Gläubigen als die monotheistischen Religionen. Der Monotheismus rückt den Glauben lediglich in eine andere Perspektive: Indem er sich auf einen Gott konzentriert, kann er diesem uneingeschränkte Gültigkeit beimessen.

Und hier entsteht im Grunde ein wichtiger Aspekt des modernen Bewusstseins: Es ging nicht länger um den Rückblick auf ein idealisiertes Goldenes Zeitalter in einer fernen Vergangenheit. Durch das Hinzutreten der Heilsgeschichte bekam die Geschichte eine Perspektive, die Heilsgeschichte schafft überhaupt erst ein historisches Bewusstsein.

Das Christentum hob die schöne Illusion der Römer auf, dass man Hausgenosse der Götter sei, mit denen man in trauter Eintracht lebte. Und man darf nicht vergessen, dass der Glaube an Jupiter und Herkules und die Verehrung des vergöttlichten Kaisers im staatsbürgerlichen Sinne für alle Römer selbstverständlich waren. Deshalb wurden der christliche Anspruch und die christliche Lebensweise im Imperium Romanum des 2. und 3. Jahrhunderts mit großer Abneigung und nicht geringem Entsetzen aufgenommen und dem Christentum als Gefahr für die römische Ordnung seitens der Mehrheitsgesellschaft umgehend Einschränkungen auferlegt. Zunächst war es ein erbittertes Ringen um die Meinungsführerschaft im Imperium: auf der einen Seite nichtchristliche Autoren, Priester und Philosophen wie Celsus, Porphyrios und Sossianus Hierokles, auf der anderen Seite Christen wie Justinus, Origenes, Tertullian und schließlich Irenäus, Lactantius und Cyprianus.

Dieser erbittert geführte Krieg um die Definitionshoheit, um die Macht, »zu binden und zu lösen«, um den Besitz der Wahrheit tobte im gesamten 3. und beginnenden 4. Jahrhundert. Heidentum und Christentum hatten inzwischen einen Punkt erreicht, von dem aus es kein Zurück mehr gab. Es war ein Vernichtungs- und Überlebenskampf, bei dem es nicht um ein Nebeneinanderbestehen ging. Es konnte nur eines geben, Sieg und Macht oder Untergang. Keiner der Beteiligten hegte daran einen Zweifel.

Schließlich verbündeten sich die gleichermaßen gefährdeten nichtchristlichen Philosophen und Priester, und es kam zu einem wirkungsvollen Komplott: Bei einer der üblichen »Haruspizien«, einer Zeremonie, bei der aus Eingeweiden gewahrsagt wurde, teilte der römische Priester Kaiser Diokletian mit, die Götter seien verstimmt und würden beharrlich schweigen, weil profane, also ungeheiligte Personen anwesend seien. Mit anderen Worten, Christen unter den kaiserlichen Beamten, die aus dienstlichen Gründen den Haruspizien beizuwohnen hatten, wurden gezielt beschuldigt, durch das Zeichen des Kreuzes und ihren Unglauben die Reichsgötter schwer beleidigt zu haben. Diokletian ließ sie auspeitschen.

Die Haruspizien waren eine der Säulen, auf denen das Römische Reich ruhte, sie galten dem Römer als heilig und die Störung der rituellen Eingeweideschau als Staatsverbrechen. Mit der Beschuldigung machten die Priester die Christen zu Staatsverbrechern, die mit der ganzen Härte der römischen Gesetze zu verfolgen waren. Diokletian musste die Verleumdungen der Priester ernst nehmen, und es scheint, dass er dem nicht abgeneigt war.

Im Februar des Jahres 303, zum Fest der Grenzgötter, ließ der Kaiser die Kirche gegenüber seinem Palast in Nikomedia abreißen und die heiligen Schriften verbrennen. Kurz darauf erging sein erstes Edikt gegen die Christen – gegen die Manichäer hatte er bereits acht Jahre zuvor ein Verfolgungsedikt erlassen. Laut dem Erlass von 303 waren die christlichen Kirchen zu zerstören und die heiligen Schriften zu verbrennen. Christen sollten aus den Ämtern entfernt werden und ihre Würden und ihren Besitz verlieren. Schließlich entzog man ihnen die Rechtsfähigkeit, das heißt, sie durften nicht mehr prozessieren, ganz gleich, worum es ging. Damit lieferte Diokletian die Christen der Willkür ihrer Mitmenschen aus, jeder konnte sie nun ungestraft drangsalieren, betrügen, bestehlen und bedrängen. Nach diesem Edikt waren sie, wenn man einen mittelalterlichen Ausdruck dafür verwenden darf, vogelfrei.

Im Verlauf der Jahre 303 und 304 folgten drei weitere Edikte, nach denen die christlichen Würdenträger gefoltert und, wenn sie sich nicht bereitfanden, dem Christengott abzuschwören und den Reichsgöttern zu opfern, hingerichtet werden sollten. Im letzten der vier Erlasse wurden die Maßnahmen auf alle Christen ausgeweitet. Damit erstreckten sich die diokletianischen Verfolgungen nun auf einen Personenkreis von drei bis vier Millionen Menschen im Imperium Romanum.

Diokletian verstand sich weder als Philosoph noch als Ideologe, er war ein Mann der Macht, der seine Aufgabe darin sah, das Römische Reich, das immer tiefer in die Krise sank, neu zu gestalten. Die Reformen, die der Kaiser mit unerbittlicher Strenge vorantrieb, sollten das Imperium tatsächlich retten, im Westen zumindest für die nächsten zweihundert, im Osten sogar für die nächsten tausend Jahre.

Es verwundert nicht, dass er die Christenverfolgung vorantrieb. Es überrascht eher, dass die Repressalien erst nach fast zwanzig Regierungsjahren einsetzten, als Diokletian deutlich vor Augen trat, dass sich die neue Religion, die im ganzen Reich immer mehr Anhänger fand, allmählich zu einer Bedrohung der Reichseinheit und des Religionsfriedens auswuchs. Der eine Gott, der keinen anderen neben sich zuließ, wurde in dem Moment zur Gefahr für das Selbstverständnis und den Zusammenhalt des ausgesprochen vielgestaltigen Imperiums, als seine Anhänger erfolgreich in allen Provinzen missionierten und die Bischöfe nun auch zu wichtigen Persönlichkeiten des politischen Lebens wurden.

Subjektiv mag der Kaiser bemerkt haben, dass die Zahl der Christen unter seinen hohen Beamten, und damit in seiner nächsten Umgebung, wuchs und dass sie sich, ob das Gefühl berechtigt war oder nicht, auch gegenseitig protegierten. Sie hatten Geheimnisse und sprachen über Dinge, die er weder verstand, noch von denen er je etwas gehört hatte. Das roch nach Verschwörung. Für Diokletian, der einzig und virtuos in den Kategorien der Macht dachte, besaß das Christentum eine gefährliche konspirative Tendenz, die ihm umso bedenklicher vorkam, als die letzte Loyalität der Christen nicht dem Kaiser, sondern einem fremden Gott galt. In der diokletianischen Verfolgung bäumte sich die Alte Welt zum letzten Mal und mit der ganzen ihr noch verbliebenen Kraft gegen den eigenen Untergang auf, gegen die Ankunft eines neuen Zeitalters.

Im Jahr 304 erlitt der römische Bischof Marcellinus das Martyrium. Nach seinem Tod blieb das Amt des Bischofs in der römischen Gemeinde über drei Jahre lang unbesetzt. Sei es, dass die Informationen über einen Zwischenbischof verloren gingen, sei es, weil die Verfolgungen in diesen Jahren in Rom besonders heftig tobten – wir wissen nicht, ob es zwischen 304 und 307 einen Bischof der Stadt gab.

Was wir aber wissen, ist, dass in dieser dunklen Zeit am Rande des Reiches, im äußersten denkbaren Norden, weit im Barbarengebiet, in Eboracum, dem heutigen York auf der britischen Insel, am 25. Juli 306 ein junger Heerführer zum neuen Herrscher Westroms ausgerufen wurde. Die Hauptleute und Truppen des verstorbenen weströmischen Kaisers Constantius Chlorus rissen seinen Sohn Konstantin aus der Trauer um den Vater und erhoben ihn zum neuen Augustus. Mit diesem jungen Mann sollte sich die Weltgeschichte entscheidend ändern.

Vorerst setzte Konstantin, der später der Große genannt werden würde, seine gesamte Klugheit ein, um seine Mitkaiser Galerius, Alexander Severus und Maximinus Daia – Diokletian war bereits 305 zurückgetreten und hatte sich auf seinen Alterssitz nach Split zurückgezogen – davon zu überzeugen, seinen Anspruch anzuerkennen. Als sich im Oktober 307 Maxentius, der Sohn des Maximianus, des gemeinsam mit Diokletian 305 zurückgetretenen Altkaisers, ebenfalls von seinen Truppen in Rom zum Augustus ausrufen ließ, war das System der Tetrarchie empfindlich gestört. Maxentius besiegte Kaiser Severus und tötete ihn. So kam es, dass im Osten Maximinus Daia und Galerius herrschten, während im Westen Maxentius und Konstantin rivalisierten. Und überall ging die Verfolgung der Christen weiter.

Im Jahr 307 endlich hatte Rom wieder einen Bischof, Marcellus, der vermutlich 309 als Märtyrer starb und wie sein Vorgänger Marcellinus als heilig gilt. 310 wurde der aus einem römischen

Geschlecht stammende Miltiades zum Bischof von Rom gewählt, ein tatkräftiger Priester, der aufgrund der Martyrien der Apostel Paulus und Petrus und des hohen Blutzolls, den die römische Gemeinde entrichtete, seiner Gemeinde einen gewissen Vorrang gegenüber den anderen Gemeinden einräumte.

Die Kirche bestand nun aus vielen Gemeinden, die von Bischöfen geleitet wurden. Von Zeit zu Zeit versammelten sich die Bischöfe zu Synoden, um Absprachen in Glaubensfragen und in politischen Angelegenheiten zu treffen. Man suchte nach Wegen, um die Einheit der Kirche durch die gemeinschaftliche Leitung der Bischöfe zu verwirklichen.

In diesen und in den darauf folgenden Jahren trat Rom nicht als Zentrum und Impulsgeber bei der Herausbildung der christlichen Theologie in Erscheinung. Bis zu Leo dem Großen stammen alle großen Theologen der Kirche aus den Ostgebieten. Die Gemeinden von Antiochia und Alexandria bildeten die einflussreichen theologischen Schulen. Das christliche Denken kam in die Werkstatt der griechischen Philosophie, um hier zur ausgefeilten Theologie verarbeitet zu werden. Hatte Rom auch ursprünglich keinen Anteil an der theologischen Diskussion, so empfand sich der Bischof der alten Reichshauptstadt immer als Sachwalter der Einheit der Kirche, als Hüter der apostolischen Tradition und als letzte Instanz in Glaubensfragen, als oberster Schiedsrichter bei den naturgemäß immer häufiger auftretenden Streitigkeiten. Zum Teil verstand man auch die spitzfindigen Streitereien der griechischen Glaubensbrüder nicht, war man in Rom doch eher an praktischen Fragen interessiert. Bald schon sollte Bischof Miltiades Gelegenheit bekommen, in den ersten großen innerkirchlichen Streit einzugreifen.

Um die Zeit, als Miltiades sein Amt antrat, lag der alte Kaiser Galerius todkrank auf seinem Lager in dem Palast danieder, in Serdica, dem heutigen Sofia, damals eine der bedeutenden Städte des Römischen Reiches. Galerius hatte einst im Jahr 303 Diokletian leidenschaftlich im Kampf gegen die Christen bestärkt. Christliche Quellen geben ihm sogar die Schuld an den Edikten; er, der ungebildete Kriegsmann, soll Diokletian sogar zu den Verfolgungen überredet haben. Der erste Kirchenhistoriker Eusebius stellte in seiner berühmten Kirchengeschichte das Ganze allerdings zu gefällig dar, als dass man es glauben dürfte. Er schreibt, der raue Kriegsmann Galerius habe die Qualen der Christen verursacht und überwacht. Am Ende seines Lebens sei er von Gott mit einer schrecklichen Krankheit für seinen Frevel bestraft worden und habe sich reumütig gezeigt. Jedenfalls erließ Galerius, der die Tetrarchie im Konkurrenzkampf der Jungen versinken sah und trotz harter Verfolgung den Triumph des Christentums erleben musste, kurz vor seinem Tod am 30. April 311 ein Toleranzedikt, das die Verfolgung der Christen aufhob. Der Erlass war kein Dokument der Rechtssicherheit für die Christen, er war ein Dokument des Scheiterns, des Scheiterns der großen Verfolgungen. Wenn Galerius etwas anerkannte, so die Erfolglosigkeit der kaiserlichen Politik gegenüber den Christen. Man duldete sie, weil man sie nicht vernichten konnte.

Mit Galerius starb das nichtchristliche Rom. Wenig später kämpfte sich der junge Kaiser Konstantin an der Spitze seiner Truppen durch Italien, um seinen Konkurrenten Maxentius in Rom zu besiegen. Nach verlustreichen Kämpfen gelangte er bis in die Umgebung der Stadt. Maxentius hatte beschlossen, sich in Rom zu verschanzen, was angesichts der Vorräte in der Stadt als aussichtsreiche Strategie gelten konnte.

Jahrelang hatte Konstantin dem Sonnengott in einer Ausschließlichkeit gehuldigt, die der Verehrung des Gottes Echnaton durch die Ägypter nahekam, dem Ursprung aller monotheistischen Vorstellungen. Mit der Zeit wurde für Konstantin der Sonnengott dem Gott der Christen immer ähnlicher. Während seiner Kindheit im kaiserlichen Palast in Nikomedia war er wahrscheinlich nicht nur mit Christen in Berührung gekommen, sondern wohl auch vom späteren Kirchenvater Lactantius erzogen worden. In seinen Jugendjahren in Trier spielte ebenfalls das Christentum eine Rolle. Und in Konstantin traf christliches Denken auf einen Machtmenschen. Gott nahm in seinem Denken Züge des »Sol invictus« oder des »Sol victorinus«, des unbesiegbaren und siegreichen Sonnengottes an. Er ließ eine Standarte anfertigen, das berühmte »Labarum« mit dem Christusmonogramm und dem Kreuz im Mittelpunkt, weil ihm bei einem Gebet in einer Vision verkündigt worden war: »In diesem Zeichen wirst du siegen.«

Und es kam in der Tat einem Wunder gleich – niemand vermag es bis auf den heutigen Tag zu erklären, weshalb der erfahrene und sieggewohnte Feldherr Maxentius seine kluge Strategie aufgab, Rom verließ, um an der Spitze seiner Leute Konstantin zum Entscheidungskampf entgegenzustürmen und den Tod zu finden. Die Prophezeiung ging in Erfüllung, Konstantin siegte tatsächlich im Zeichen des Kreuzes und zog hinter dem Labarum triumphierend in Rom ein. Er begann, das Christentum zu fördern, und erhob es schließlich zur Staatsreligion. In umfangreichen Bauarbeiten ließ er über dem Grab des Apostels Petrus eine große Basilika errichten.

Mit diesem Bauwerk, das trotz enormer statischer Schwierigkeiten genau an dieser Stelle errichtet worden war, schuf Konstantin den geistlichen, den spirituellen Mittelpunkt der katholischen Kirche. Es konnte nur eine Frage der Zeit sein, bis aus dem spirituellen Zentrum auch die Machtzentrale wurde. Als politischen Sitz des Bischofs von Rom ließ Konstantin eine weitere Basilika im Lateran bauen, die bis ins 14. Jahrhundert als Wohnung und Sitz der Päpste diente.

Denn obwohl sich die Bischöfe von Rom als Nachfolger des Apostels Petrus empfanden, wagten sie noch nicht, am geheiligten Ort seines Grabes zu wohnen und zu leben. Den ersten Schritt in diese Richtung unternahm Leo der Große, der sich als erster Bischof von Rom im Vatikan beisetzen ließ, nahe dem verehrten Apostel.

Auch wenn der geografische Ort der Spiritualität und der

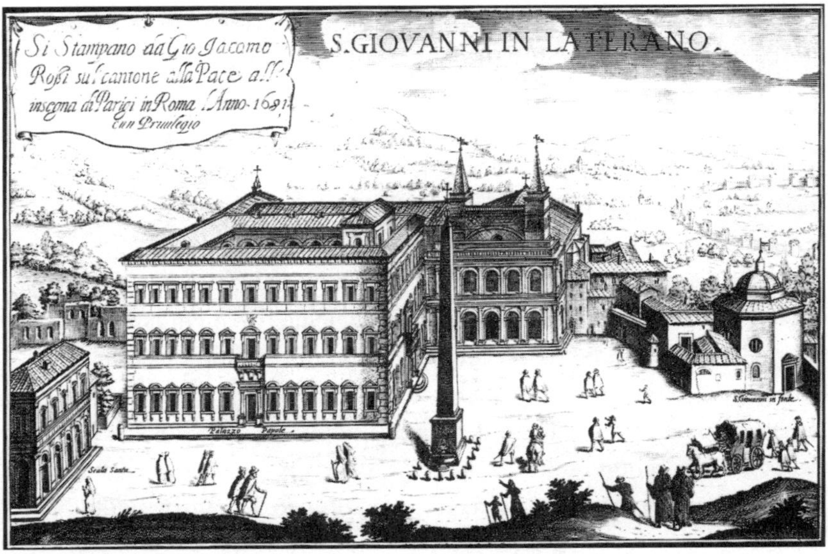

Zeitgleich mit dem Vatikan als geistlichem Zentrum entstand San Giovanni in Laterano als Bischofskirche und Sitz des Papstes, ebenfalls von Kaiser Konstantin im 4. Jahrhundert errichtet. Der heutige barocke Palast mit Kirche stammt von 1586.

Macht wenige Kilometer auseinander lagen, kann kein Zweifel daran bestehen, dass der Bischof von Rom seine herausragende Stellung dem Vatikan mit dem Petrusgrab verdankte. Noch leitete er seinen Machtanspruch, die gesamte Kirche zu führen und Stellvertreter des Apostels Petrus auf Erden zu sein, nicht nach Matthäus 16, 17 vom Vatikan her, noch empfand er sich als Primus inter Pares, weil er über das Grab des bedeutendsten Apostels wachte.

Es lag nicht in Konstantins Absicht, der Steigbügelhalter eines neuen religiösen Oberhauptes zu werden. Doch er erkannte, dass die weit gespannte Struktur der christlichen Kirche, die einen einzigen, über alles herrschenden Gott verehrte, zur neuen Identität des Reiches beitragen und mithin zum Machtmittel des Kaisers werden konnte. Bisher hatten Kaisertum und Christentum einander ausgeschlossen, und die Christen wurden mehr und mehr zu einer ernsthaften Bedrohung für das Imperium, nicht weil sie revolutionär oder umstürzlerisch wirken wollten – schon Paulus hatte die Unterordnung der Christen in der berühmt-berüchtigten Römerbriefpassage unter die weltliche Obrigkeit angeordnet. Vielmehr wirkte ihre Lebensführung im Einklang mit ihrer Religion notwendig umstürzlerisch, so lange zumindest, wie die religiöse und ideologische Basis des Kaisertums nicht im Christentum bestand. Als nun Konstantin als christlicher Herrscher auftrat, konnte das Christentum fast wie von selbst seine enormen Möglichkeiten als Reichsreligion entfalten. Die Ausschließlichkeit des Monotheismus passte vorzüglich zur Rechtfertigung der Monarchie, zur Herrschaft eines vom einzigen Gott berufenen einzigen Herrschers.

Konstantin empfand sich als politisches Oberhaupt der Kirche und nannte sich einen »Bischof des Äußeren«, womit er den politischen im Gegensatz zum theologischen Bereich meinte. Diese Position konnte noch nicht besetzt sein, da sie mit der Erhebung des Christentums zur Staatsreligion erst entstand. Konstantin besaß einen theologisch versierten priesterlichen Berater, Bischof Hosius von Cordoba, der ihm die Hintergründe der innerkirchlichen Auseinandersetzungen erläuterte – dass das Innere vom Äußeren nicht so einfach zu trennen war, sollte er schon bald erleben.

Als das Christentum zur Staatsreligion, als die christliche Gemeinde unmittelbar mit den Zumutungen und den unwiderstehlichen Verführungen der Macht konfrontiert wurde, begann der größte, schwierigste und erbittertste Kampf, der Kampf gegen den inneren Feind, gegen die Häretiker und ihre von den Normen der kirchlichen Lehre abweichenden Auffassungen. Es war dies zuallererst ein Kampf um die Macht, denn da die Kirche nun dank Konstantin selbst zur Macht wurde, loderte der Kampf eben darum auf.

In diesem Streit wusste zunächst niemand, was die Linie und was die Abweichung war. Erst als sich eine Linie durchgesetzt hatte, konnte das Gegenteilige nur die Abweichung bedeuten. Die Abweichler waren zunächst die Unterlegenen, die Verlierer im Machtkampf und wurden dadurch erst zu den Abweichlern, den Häretikern. Der Sieger in dem Kampf wurde orthodox oder rechtgläubig genannt und der Verlierer als Ketzer geschmäht. Doch es hätte auch manches anders kommen können. Der Machtkampf wurde im Innern der gedeihenden Institution mit Erbarmungslosigkeit geführt, ganz einfach, weil es sich lohnte, ihn zu führen.

WEM GEHÖRT DIE KIRCHE?

Die Erhebung zur Staatsreligion zwang die Bischöfe geradezu, den christlichen Glauben theologisch auszuarbeiten. Darüber, wie man sich den christlichen Gott, zu dem Jesus Christus und der Heilige Geist gehörte, vorzustellen und in ihrer Beziehung zueinander zu denken hatte, konnte – wenn man voraussetzt, dass es nur eine Wahrheit gibt – nicht jeder Bischof etwas anderes behaupten, sondern sie mussten alle eine Lehre vertreten. Wie aber sah diese Lehre aus? Sie mündete im Glaubensbekenntnis – lateinisch Credo oder griechisch Symbolon.

Im 3. und 4. Jahrhundert gab es eine Vielzahl von christlich-theologischen Vorstellungen. Schließlich war es absurd, dass die Katholiken in Alexandria etwas anderes glaubten als die in Antiochia, die sich wieder im Glauben von den Katholiken in Rom unterschieden. Da es aber noch keine Lehrautorität innerhalb der Kirche gab, sondern nur verschiedene theologische Schulen, die sich um bedeutende Bischofssitze gruppierten, erfand Konstantin das Mittel der Reichssynode oder des Konzils, um alle, zumindest aber eine repräsentative Auswahl der Bischöfe zu versammeln, damit man sich auf dem Konzil in theologischen oder kirchenrechtlichen Fragen einigte.

Hinter den theologischen Disputen ging es häufig um Macht

und Ansehen der bedeutenden Bischofssitze, deshalb konnte und wollte man sich keine Zurückweisung oder Verurteilung der eigenen Anschauungen leisten. Diese Vermischung von drängenden theologischen Fragen mit machtpolitischem Ehrgeiz führte zu Debatten, die heute nur schwer nachzuvollziehen sind.

So stellte sich mit dem Glauben an Gott und an Jesus die Frage, was man sich unter Vater bzw. Sohn vorzustellen hatte. Wenn Gott und Christus nämlich zwei Personen wären, dann hätte man den Glauben an einen Gott durch Vielgötterei ersetzt, wie es der Islam dem Christentum noch heute vorwirft. Und dann gab es ja auch noch den Heiligen Geist. Wie musste man sich diese Dreieinigkeit unter der Maßgabe des Monotheismus denken? Mit dieser Frage beschäftigten sich in Rom besonders Theodotus und der römische Lehrer Sabellius, in Antiochia Lukian, in Alexandria Dionysius. Wenn Gott Jesus geschaffen hatte, hatte er ihn dann als Mensch oder als Gott geschaffen, und wenn er ihn als Mensch geschaffen hatte, wie hatte er das getan? Legte er Jesu Seele in einen seelenlosen Körper? Wenn Gott den Sohn geschaffen hatte, dann war der Sohn erstens nicht unendlich, da irgendwann geschaffen, und zweitens dem Vater untergeordnet. Wenn der Sohn dem Vater untergeordnet war, musste er vom Vater verschieden sein. Dann hatte man zwei Götter und hing mithin der Vielgötterei an.

Im Streit der Theologenschule von Antiochia mit der von Alexandria wurde der römische Bischof Dionysius um ein Urteil angerufen. Doch das führte in der schon überaus verzwickten Situation nur zu weiteren Komplikationen, denn nun führten verschiedene Sprachen zu großen Missverständnissen – in Rom sprach und schrieb man Latein, im Osten griechisch. Das Problem war, dass man sich nicht auf eindeutig festgelegte Begriffe beziehen konnte.

Da begann um das Jahr 318 Arius, ein Presbyter in Alexandria, zu predigen, dass Gott »allein ungeworden ist, allein ewig, allein ohne Anfang, allein wahr« und so weiter. Gott wird bei Arius zur absoluten Instanz. Irgendwann hat er Jesus freiwillig gezeugt. Jesus, der geschöpft und erschaffen ist, hat demzufolge nicht dieselbe Substanz wie der Vater, der ja ungeschaffen und ungeschöpft ist. Damit ordnet Arius den Sohn dem Vater unter und stellt die Gottnatur Jesu in Frage.

So betonten also in diesem Streit die einen die Menschnatur in Christus, die anderen die Gottnatur, was gleichermaßen problematisch war. Die Arianer, die man Anhomöer nannte, vertraten die Ansicht, dass der Vater dem Sohne nicht gleich sei, die Homöer meinten, der Vater sei dem Sohne ähnlich (griech. »homoios«), und die Homöusianer schließlich behaupteten, dass der Vater dem Sohn wesensgleich (»homousios«) sei. Das Missverständnis zwischen den griechisch sprechenden Theologen in Antiochia und Alexandria und den lateinisch sprechenden Römern bestand nun darin, dass die Römer das griechische Wort »ousios« – Wesen – mit dem lateinischen Begriff Substanz übersetzten. Die Kirche lief Gefahr, in verschiedene Teilkirchen zu zerfallen, je nachdem, ob man glaubte, dass der Vater und der Sohn, Gott und Christus verschieden oder gleich seien.

In dieser bedrohlichen Situation berief Kaiser Konstantin das Konzil von Nikaia ein, nahe seiner neuen Hauptstadt Konstantinopel, dem heutigen Istanbul. Bis zum Jahr 330 hatte die Stadt Byzanz geheißen. Byzantinisches Reich oder kurz Byzanz ist eine andere Bezeichnung für das oströmische Reich, das bis Mitte des 15. Jahrhunderts bestand.

Im Juni 325 eröffnete Konstantin das Erste Ökumenische Konzil der Kirche, das Bischof Eusthatius von Antiochia leiten sollte, ein vehementer Gegner der Arianer. Ökumenisch hieß das Konzil, weil die Bischöfe des ganzen Römischen Reiches, der Ökumene, vertreten waren – es sollen an die dreihundert gewesen sein. Mit Verweis auf sein hohes Alter schickte der greise römische Bischof Silvester (314–335) zwei Gesandte, die Presbyter Vitus und Vincentius. Tatsächlich konnte er es aber auch

Nach heftigen Kontroversen wurde im Jahr 325 auf dem ökumenischen Konzil in Nikaia, heute Türkei, das Glaubensbekenntnis der Christen an den dreieinigen Gott beschlossen.

nicht wagen, Rom zu verlassen, da er damit rechnen musste, dass Angehörige häretischer Gruppen in seiner Abwesenheit einen Gegenbischof einsetzten und ihn nicht mehr in die Stadt ließen.

Am 19. Juni 325 beschloss die Bischofsversammlung das Glaubensbekenntnis von Nikaia. Darin heißt es, dass Jesus, Sohn Gottes, der Herr ist, »das heißt aus dem Wesen des Vaters, Gott aus Gott, Licht aus Licht, wahrer Gott aus wahrem Gott, gezeugt, nicht geschaffen, wesenseins mit dem Vater«. Der Arianismus wurde als Ketzerei verurteilt und die Wesensgleichheit des Sohnes mit dem Vater zum Glaubensbekenntnis erhoben. An diesem Symbolon entschied sich förderhin die Rechtgläubigkeit. Und noch eines legte das Konzil fest, nämlich den Vorrang der Gemeinden von Rom, Antiochia und Alexandria in der katholischen Kirche.

War der Arianismus einstweilen besiegt, so war er denn noch nicht vernichtet. Die theologische Debatte wurde mehr und mehr zu einem Machtkampf innerhalb der Kirche und zu einem schicksalhaften Ringen um die Stellung der Kirche zu den politischen Gewalten: Wer war letztlich die oberste Instanz für die Kirche, ein Papst als der Bischof der Bischöfe oder der Kaiser?

Parallel zu diesen jahrhundertelangen Auseinandersetzungen vollzog sich ganz nebenbei ein Wandel, der nicht nur für den Bischof von Rom, sondern für die römisch-katholische Kirche insgesamt und für das Abendland von allergrößter Bedeutung werden sollte: Rom war nur noch nominell Hauptstadt, der östliche Kaiser residierte in Konstantinopel, der westliche Kaiser in Ravenna oder Mailand. Die Herrscher weilten nur noch auf Besuch in Rom. Zum Herrn der Ewigen Stadt, zum Kaiser der Stadt wurde zusehends der römische Bischof, der Papst.

Auf lange Sicht war es ein großes Glück für die Päpste, dass sich die römischen Kaiser aus der alten Reichsmetropole zurückzogen. Dadurch entgingen die Bischöfe von Rom dem Schicksal ihrer Amtskollegen in Konstantinopel, die zu Gefolgsleuten der oströmischen Kaiser wurden, jener Kaiser, die sich als Bischöfe der Bischöfe empfanden, als oberste Instanz in allen Reichsangelegenheiten, einschließlich der Religion und der Theologie. Sie waren weltliche und geistliche Oberherrscher in einem. Diese Regierungsform, in der dem Kaiser auch die päpstliche Gewalt zufällt, nennt man Cäsaropapismus. Da diese Herrscher aber keine Theologen waren, neigten sie der Meinung ihrer theologischen Einflüsterer zu.

Mit der Erhebung des Christentums zur Staatsreligion zerfielen die nichtchristlichen römischen Institutionen zusehends. Der Papst entwickelte sich in Rom zum Ersatzkaiser, zum neuen Herrn der Stadt. Damit wurde sein Amt, das des Bischofs von Rom, für die Angehörigen des römischen Stadtadels interessant. Durch ihr Engagement in diesem Amt und anderen kirchlichen Ämtern flossen die römische Tradition und das Wissen der spätantiken Eliten in die römische Kirche ein und formten sie.

Als außerordentlich wichtig für das Selbstverständnis der

römischen Bischöfe erwies sich zudem eine oft übersehene, unter der Oberfläche wirkende Tatsache: dass nämlich Rom seit über einem Jahrtausend als die Hauptstadt der zivilisierten Welt schlechthin galt. Das Gefühl, Hauptstädter zu sein, in der Reichsmetropole zu wohnen, von der alles, was von Bedeutung war, ausging, prägte natürlich auch den Anspruch der römischen Bischöfe auf eine herausgehobene Position. Der Bischof von Rom war Römer, er saß nicht in irgendeiner Diözese in Hintergallien, sondern im Hort der Kultur. Römisches Wesen, »zum Herrschen geboren«, wie ein nichtchristlicher Schriftsteller den Römer beschrieb, interessiert an allen Fragen, die Rechtsordnung, Tradition, praktische Angelegenheiten betrafen, wurde zur prägenden Kraft der Westkirche. Römische Wesensart auch in der Gemeinde neigte nicht zur verzwickten theologischen Spekulation, wie sie das griechische Denken liebte, sondern zur Organisation einer auf Erden wirkenden Heilsinstitution. Die katholische Kirche sollte sich zu einem zweiten Imperium Romanum entwickeln, indem sie den Untergang des ersten Weltreiches in einem geistlichen, alle Grenzen des alltäglichen Lebens überschreitenden, wahrhaft universellen Reich aufhob, das sich gleichermaßen in der Endlichkeit wie in der Ewigkeit erstreckte. Die Renaissancepäpste sollten sich sogar als Erben der römischen Kaiser empfinden, weil das Imperium auf die Päpste übergangen sei (»translatio imperii«).

Die Bischöfe der Ewigen Stadt, die Rom in der Zeit der Wirren der Völkerwanderung regierten, gingen – niedergedrückt durch sehr verantwortungsvolle und problematische weltliche Aufgaben – in eine regelrechte Schule der Politik. Gleichzeitig verstanden sie sich als Wahrer der kirchlichen Einheit und sahen sich vor allem in der Tradition des Apostels Petrus. Ab dem 4. Jahrhundert benutzten die römischen Bischöfe in ihren Verlautbarungen immer häufiger den Ausdruck »sedes apostolica« – Apostolischer Stuhl.

DAS IMPERIUM ROMANUM ZERBRICHT

Nach der Reichsteilung im Jahr 375 entwickelten sich Westrom und Ostrom zunehmend unabhängiger voneinander. In der westlichen Reichshälfte hatte Rom die oberste Kirchengewalt, den Primat, inne. Auf dem Konzil von Nikaia hatten die Bischöfe den Gemeinden von Rom, Antiochia und Alexandria den Vorrang vor allen anderen Gemeinden eingeräumt, und Rom lag konkurrenzlos in der Westhälfte. Ein Machtkampf wie im oströmischen Reich, der – theologisch gut versteckt – bald zwischen den Bischofssitzen in Antiochia und Alexandria, etwas später auch Konstantinopel ausbrach, fand im westlichen Teil des Imperiums nicht statt, ganz einfach, weil es keine Konkurrenz zu Rom gab.

Begünstigt durch die Entfremdung beider Reichsteile, zu der er selbst nicht unwesentlich beitrug, gelang es dem römischen Bischof zunehmend, Abstand zum Kaiser zu wahren. Der Mailänder Bischof Ambrosius untermauerte den kirchlichen Anspruch auf Eigenständigkeit und Vorrang, als er Kaiser Theodosius die Eucharistie verweigerte, wenn er nicht Buße täte. Diese Forderung begründete er mit der legendär gewordenen Formulierung, dass der Kaiser nicht über der Kirche, sondern in der Kirche stünde. Kaiser Theodosius akzeptierte die Entscheidung des Ambrosius und tat öffentlich Buße.

All diese Vorgänge führten dazu, dass der römische Bischof zum Papst wurde, zu einem Herrscher aus eigener Machtvollkommenheit. Noch war diese Macht nicht exakt definiert, und sie setzte sich auch nicht im Selbstlauf durch.

Während man also in der alten Hauptstadt gutrömisch-praktisch am Ausbau der eigenen Macht arbeitete, nahm im Ostreich eine politische Verschwörung ihren Anfang, die zu den ganz großen Thrillern der Weltgeschichte gehört.

KOMPLOTT IN KONSTANTINOPEL

Um den alternden Konstantin hatte sich in den Dreißigerjahren des 4. Jahrhunderts eine Gruppe von Klerikern gebildet, die zunehmend an Einfluss gewannen und diesen vor allem bei der Besetzung der Bischofssitze in ihrem Sinne geltend machten. Diese Kleriker, unter ihnen Eusebius, der Bischof von Nikomedia – immerhin der Bischof der Kaiserresidenz –, der Kirchenhistoriker und Bischof von Cäsarea, der ebenfalls Eusebius hieß, und Theognis von Nikaia, neigten dem Arianismus zu. Sie setzten alles daran, das Glaubensbekenntnis von Nikaia, das den Arianismus eindeutig ausschloss, aufzuweichen und in ein quasi-arianisches Bekenntnis umzuwandeln. Das musste mit aller Vorsicht geschehen, da der Kaiser Änderungen an den Beschlüssen und am Symbolon von Nikaia strikt untersagt hatte.

Es scheint, dass das Haupt des Komplotts, Eusebius von Nikomedia, weniger an Theologie als an Macht interessiert und Erstere für ihn nur Mittel zum Zweck war. Durch den Biografen des Kaisers und Kirchenhistoriker Eusebius von Cäsarea, der stärker von theologischen, genauer von arianerfreundlichen Vorstellungen bewegt war, fand er die lebendige Brücke zu Konstantin dem Großen. Der nikomedische Eusebius ordnete sein ganzes Tun einem Ziel unter: Er wollte zunächst Bischof von Konstantinopel werden, um sich dann als Oberhirte der neuen Hauptstadt zum Reichsbischof zu erheben.

Wie weit und wie genau Eusebius von Cäsarea die Ziele seines Namensvetters kannte, muss der Spekulation anheimgestellt werden, doch befürwortete auch er die Idee eines Unterkaisers für die Kirche, denn nichts, Christus vielleicht ausgenommen, bewunderte dieser Mann mehr als Kaiser Konstantin. Seine Vorstellung von der Kirche wurde zunehmend beherrscht von der monarchischen Leidenschaft für den großen Herrscher. Im Grunde planten die Bischöfe um Konstantin so etwas wie einen langen Marsch durch die Institutionen. Es sollte allerdings ein sehr kurzer Marsch werden, weil missliebige oder unabhängige Kleriker umgehend durch willfährige Kreaturen ersetzt wurden.

Das erste prominente Opfer der bischöflichen Verschwörer wurde der alte Bischof von Antiochia, Eusthatius, der seinerzeit mit Bravour und Strenge das Erste Ökumenische Konzil in Nikaia geleitet und das Symbolon durchgesetzt hatte. Man bestach eine Prostituierte, die behauptete, ein uneheliches Kind von Eusthatius empfangen zu haben. Dieser kam gar nicht dazu, die Verleumdung zu widerlegen, denn die Taktik der Clique bestand darin, immer neue Belege für den unsittlichen Lebenswandel des Kirchenmannes zu veröffentlichen, in dem Bewusstsein, dass schon irgendetwas hängen bleiben würde, wenn man es nur oft genug wiederholte. Im Jahr 328 wurde Eusthatius abgesetzt, nach Thrakien verbannt und starb bald darauf im Exil.

Im fernen Rom dürfte man diese Ereignisse kaum zur Kenntnis genommen haben. Zu sehr war Papst Silvester damit beschäftigt, seine Macht gegen alle möglichen Angreifer abzusichern. Außerdem musste nach der Errichtung der neuen Kaiserstadt Konstantinopel als »zweitem Rom« die Stellung des Bischofs in der alten Hauptstadt, die noch dazu die Hüterin der apostolischen Tradition war, neu bestimmt werden. Und so übernahm der Papst nun auch die weltliche Macht in der vom Kaiser verlassenen Stadt – er war die einzige noch verbliebene Autorität in Rom.

Im oströmischen Reich stand der Gruppe um die beiden Bischöfe mit Namen Eusebius, später vom römischen Bischof Eusebianer genannt, nach einigen weiteren Personalintrigen nur noch ein mächtiger Kirchenfürst gegenüber. Athanasius, Bischof von Alexandria, war ein unbeugsamer und überzeugter Nikaianer, ein glänzender Theologe und furchtloser, machtbewusster Mann. Um ihn zu Fall zu bringen, verbündete man sich mit den Melitianern, einer Gruppe rigoristischer ägyptischer Kleriker, die Athanasius nicht als Bischof anerkannten. Bemerkenswert an der Übereinkunft bleibt, dass sie ein pures Macht-, ein reines Zweckbündnis darstellte. Das Gemeinsame bestand nicht in der gemeinsamen theologischen Position, sondern in der ziemlich ungeistlichen, dafür ungleich effektiveren Motivation, den gemeinsamen Feind, den mächtigen Bischof von Alexandria, zu vernichten. Die Beschreibung dieser Verschwörung, von der infamen Taktik der Verleumdung über die einzelnen Schachzüge der fein gesponnenen Intrigen bis zum, wo es nottat, Einsatz roher Gewalt, würde ein eigenes Buch füllen. Dies allerdings sollte ein Historiker verfassen, der auch die Begabung des Thrillerautors in sich schlummern weiß.

Kurz und gut, aus verschiedenen Vorfällen in den gespaltenen ägyptischen Diözesen schnürte man ein ganzes Bündel schwerwiegender Anklagen gegen den ehrwürdigen Bischof von Alexandria. Der unparteiische Beobachter hätte bei der Vielzahl der Verbrechen, die Athanasius zur Last gelegt wurden, fragen müssen, ob es nicht reiche, dass der Mann ein Frevler und ein Feind des Kaisers sei, musste er denn auch noch des Hochverrats, der Majestätsbeleidigung und des heimtückischen Mordes bezichtigt werden? Jede Anklageschrift gegen einen Mafiapaten würde vor dem Sündenregister, das für Athanasius fabriziert wurde, verblassen. Den unparteiischen Beobachter hätte die Ungeheuerlichkeit der Vorwürfe an ihrer Seriosität zweifeln lassen, aber in diesem beginnenden Machtkampf war jeder parteiisch – selbst der Kaiser, dessen oberste Ziele im Rechtsfrieden und in der Einheit der Kirche bestanden.

Sobald die Verschwörer eine feine Anklage zusammengestrickt hatten, galt es zu verhindern, dass der Kaiser wie gewöhnlich in verwandten Fällen ein weltliches Gericht einsetzte. Die Eusebianer waren sich natürlich bewusst, dass die falschen

Beschuldigungen keiner auch nur halbwegs objektiven Untersuchung standhalten würden. Also setzten sie sich über die vom Kaiser bevorzugte Verfahrensweise hinweg und bestellten ein kirchliches Gericht: Eusebius von Cäsarea rief eine Synode willfähriger Bischöfe in seiner Stadt ein.

Bischof Athanasius, der wusste, dass ihm vor der Versammlung der Gefügigen keine Gerechtigkeit widerfahren würde, ignorierte die Synode von Cäsarea und erschien erst gar nicht. Mit dem Erfolg, dass der Kaiser nach unermüdlichem Einreden seiner falschen Berater in Athanasius nicht das Opfer der Intrigen, sondern den böswilligen Störer der Einheit und des Friedens der Kirche sah. Für den Kaiser wurde Athanasius zu dem, was Konstantin am meisten verabscheute, ein Unruhestifter. Wie die Mächtigen zu allen Zeiten sah er nicht, dass die Unruhe das Wesen der Wahrheit darstellt – weil die Mächtigen nicht in der Wahrheit leben, sondern sich in den Fängen der Macht befinden. Wer meint, Macht zu besitzen, übersieht, dass ihn die Macht bereits an der Kandare hat.

Kaiser Konstantin schloss die Synode in Cäsarea und eröffnete sie erneut in Tyrus. Athanasius hatte keine Wahl, er musste nach Tyrus gehen und wusste doch, dass es ein aussichtsloses Unterfangen werden würde. Das Bischofsgericht bestand nur aus Parteigängern der Verschwörer. Die Untersuchungen über die Sache des Athanasius wurden bewusst schlampig geführt, die angeblichen Beweise konstruiert und durch den kaiserlichen Präfekten bestätigt. Man ging sogar so weit, Boten des Athanasius zu töten und Briefe an den Kaiser abzufangen. Selbst als Athanasius den Mann, dessen Ermordung er angeordnet haben sollte, lebend präsentierte, wurde der Vorwurf des Mordes aufrecht erhalten.

Der Bischof wartete das vorhersehbare Urteil nicht ab, sondern begab sich heimlich und auf abenteuerlichen Wegen – die alexandrinische Seefahrerinnung stand auf seiner Seite – nach Konstantinopel, wo er am 29. Oktober 335 ankam. Er wollte sich persönlich vor dem Kaiser rechtfertigen, und der Zufall trug dazu bei, dass es tatsächlich zu einem Zusammentreffen kam. Daraufhin kassierte Konstantin das inzwischen in Tyrus ergangene Urteil gegen Athanasius und rief die Bischöfe nach Konstantinopel, die aber nur eine Abordnung von sechs Kirchenoberen schickten. Man braucht nicht viel Fantasie, um sich vorzustellen, wer dieser Gesandtschaft unter anderem angehörte: Eusebius von Nikomedia, Eusebius von Cäsarea und Theognis von Nikaia.

Der nikomedische Eusebius, der bald schon Bischof von Konstantinopel werden sollte, kannte die Abneigung seines Kaisers gegen Unruhestifter nur zu gut, deshalb zielte er mit einer neuen Verleumdung genau in diese Richtung. Er behauptete, dass Athanasius wegen seiner guten Beziehungen zu den Seeleuten gedroht oder geprahlt hätte, er könne die Getreidelieferungen aus Ägypten unterbrechen. Die Unruhen im Reich vor Augen, die ausbrechen würden, wenn die beträchtlichen ägyptischen Getreidelieferungen ausblieben, verbannte Konstantin den gefährlichen Kirchenmann in die nördliche Hauptstadt, nach Trier.

Zum ersten Mal in der Geschichte der Kirche wurde aus einer theologischen Auseinandersetzung ein mit allen Mitteln geführter Machtkampf, genauer, der Machtkampf wurde dürftig theologisch bemäntelt. Mord, Rechtsbeugung, Lüge, Intrige, Bestechung und Erpressung – neu waren diese Mittel nicht, sie hatten bereits früher Anwendung gefunden. Neu war aber zum einen, dass sie ausschließlich zum reinen Machtgewinn eingesetzt wurden, zum anderen ihre Vielzahl und Konzentration.

MACHTKAMPF IN DER GROSSKIRCHE

Als Konstantin am 22. Mai 337 starb, wurde das Reich unter seinen Söhnen aufgeteilt. Constantius II. wurde oströmischer Kaiser, Konstantin II. herrschte im Westen des Reiches. Mitregent war der dritte Bruder Constans, der nach dem Tod Konstantins II. 340 weströmischer Alleinherrscher wurde.

Constantius II. neigte stark dem Arianismus zu und wurde zum perfekten Werkzeug der Eusebianer. Mit dem Regierungsantritt des neuen Kaisers hatten die Arianer und Anhomöer im oströmischen Reich auf ganzer Linie gesiegt. Die Tage des Bekenntnisses von Nikaia schienen gezählt zu sein. Doch wie würde sich der Westen verhalten?

Durch Athanasius bekam man im Westen genauere Kenntnis über die Vorgänge im Osten. Maximin, der Hofbischof des im Westen herrschenden Kaisers Konstantin II., stellte sich auf die Seite des ehemaligen Bischofs von Alexandria. Und Constans, der jüngere Bruder des neuen Kaisers, der selbst Cäsar, also Unterkaiser war, verfügte, dass Athanasius in Amt und Würden nach Alexandria zurückkehren sollte, dabei die Befugnisse seines Bruders Constantius II., der den Ostteil, zu dem Alexandria gehörte, regierte, fast wie selbstverständlich ignorierend.

Am 23. November 337 traf Athanasius in Alexandria ein. Die Eusebianer mobilisierten den Widerstand, da sie Athanasius zu Recht fürchteten. Kaiser Constantius II., der völlig mit der Absicherung seiner Herrschaft beschäftigt war, konnte ihnen einstweilen allerdings nicht helfen. Doch mit Unterstützung der mächtigen ägyptischen Mönche und anderer ihm ergebener Kleriker konnte Athanasius seine Herrschaft binnen weniger Monate in Alexandria wiederherstellen.

Papst Julius in Rom, der nur unzureichend über die Geschehnisse im Osten informiert war, erhielt in diesen Tagen Besuch von einer Gesandtschaft der Eusebianer, die der Priester Makarios leitete. Dieser bat den Papst, Bischof Pistos von Alexandria, den die Eusebianer gegen Athanasius in der Stadt eingesetzt hatten, in die Gemeinschaft mit Rom aufzunehmen. Zwar wollten sie nicht, dass der römische Bischof zur entscheidenden Instanz in den östlichen Streitigkeiten wurde, aber die Gemeinschaft der Eusebianer mit Rom sollte Athanasius in der Gesamtkirche isolieren. Man verließ sich dreist auf die fehlende Information in Rom und die Akten, die Markarios mit sich führte. Der Plan schien bereits aufzugehen, als Julius I. zum Erstaunen des Gesandten die Akten gründlich studierte und sich eindringlich nach allen Einzelheiten erkundigte. Im Laufe der Befragung wuchsen die Zweifel des Papstes, die sich schließlich erhärteten: In Rom traf eine Abordnung des alexandrinischen Bischofs ein, die von dem Konzil berichtete, das Athanasius Ostern 338 einberufen und unmissverständlich bewiesen hatte, dass die ägyptischen Bischöfe hinter Athanasius standen. Die Darstellung des Markarios, Athanasius sei in der ägyptischen Kirche isoliert, fiel in sich zusammen. In der Anhörung vor dem Papst trug die athanasische Seite den Sieg über die Eusebianer davon, sodass Markarios in höchster Not und als Finte die Einberufung eines Konzils vorschlug. Zu seiner nicht geringen Verwunderung ging Julius auf den Vorschlag ein.

Allerdings kam es nicht zu diesem Konzil, denn inzwischen hatte Kaiser Constantius II. seine Macht im Osten gefestigt und konnte sich nun in der Innenpolitik – was zu einem Gutteil Religionspolitik hieß – ganz den Wünschen der Eusebianer widmen. Eine Synode in Antiochia wählte einen Gregor zum neuen Bischof von Alexandria, und des Kaisers Präfekt Philagrius, der sich schon einmal als Büttel der Eusebianer betätigt hatte, schickte Truppen zur Bischofskirche in Alexandria, um Athanasius zu verhaften. Die Kirche wurde von den Truppen gestürmt, dem Herrn geweihte Jungfrauen, die sich in der Kirche befanden, vergewaltigt, Widerstand leistende Kleriker brutal getötet und die Kirche verwüstet – allein, dem Bischof glückte in letzter Sekunde und in höchster Not die Flucht. Obwohl sämtliche Polizeikräfte des Präfekten an seinen Fersen hingen, gelang es Athanasius durch die Hilfe seiner vielen Getreuen, nach Rom zu entkommen.

Julius, empört über die nackte Gewalt und den offensichtlichen Rechtsbruch, nahm Athanasius demonstrativ in die Gemeinschaft mit Rom auf und feierte sogar 341 mit ihm das Osterfest im Vatikan, wie er der Gemeinde zu Alexandria in einem Osterbrief mitteilte. Da Konstantin II. und Constans, die Herrscher des Westens, aufseiten des Athanasius standen, konnte auch Ostroms Herrscher den Eusebianern nicht den erhofften Triumph verschaffen. Doch der in jeder Hinsicht zu klein geratene Constantius II., an dessen Hof Intrige und Bigotterie trefflich gediehen, vergaß dem Papst die Blamage nicht. Rom wurde zum Asyl der verfolgten östlichen Bischöfe, neben Athanasius Marcellus von Ankyra, dem heutigen Ankara, Asclepas von Gaza und Lucius von Adrianopel.

Und nun kam es zum ersten Machtkampf in der Großkirche zwischen Ost und West. Julius weigerte sich, den offensichtlichen Gewaltakt, der im Osten stattgefunden hatte, zu akzeptieren, und drang darauf, dass die Streitigkeiten der Kirche auch innerhalb der Kirche gelöst würden. Deshalb lud er die östlichen Bischöfe ein, vor einer Berufungsinstanz in Rom die Vorwürfe gegen die abgesetzten Bischöfe vorzubringen. Gleichzeitig erklärte er das Vorgehen der Synode von Tyrus und ihre Beschlüsse für ungültig und bekräftigte dieses Urteil mit dem römischen Primat, mit der Vorrangstellung Roms, des Apostelsitzes, innerhalb der christlichen Gemeinden, so wie es das Konzil von Nikaia 325 beschlossen und bestätigt hatte.

Damit hatte der von den Eusebianern entfesselte Machtkampf nun alle Ebenen infiziert. Denn zwischen den konstantinischen Kaisern ging es um Ehre, Ansehen und Durchsetzungsfähigkeit in Kirchenangelegenheiten. Keiner der Herrscher konnte hinnehmen, dass sein Günstling unterlag. Durch den Plan des Eusebius, als Bischof von Konstantinopel Reichsbischof zu werden, entbrannte der Kampf zwischen den Bischöfen der alten und der neuen Hauptstadt um den Primat. Rom war, geht man von Nikaia aus, eindeutig im Recht, denn Nikaia gewährte in der Reihenfolge Rom, Antiochia und Alexandria das Vorrecht, Primus inter Pares zu sein. Die Gemeinde von Konstantinopel wurde nicht einmal erwähnt.

Nachdem die Eusebianer die Einladung, zum Konzil in Rom zu erscheinen, erwartungsgemäß ausgeschlagen hatten, versammelten sich fünfzig Bischöfe in Rom in der Kirche des Priesters Vitus zum Konzil. Vitus war seinerzeit der Gesandte Papst Silvesters beim Konzil in Nikaia gewesen, deshalb symbolisierte die Wahl des Ortes die Treue, die Rom gegenüber den Beschlüssen des Ersten Ökumenischen Konzils der Christenheit zu wahren gedachte. Nach genauen und detaillierten Untersuchungen der Vorwürfe und Verhandlungen wurden die Beschlüsse der Synode von Tyrus verworfen und die Wiederherstellung des früheren Zustandes gefordert, also die Wiedereinsetzung des Athanasius und die Absetzung Gregors.

Doch damit nicht genug: Papst Julius erinnerte daran, dass das Konzil von Nikaia die Lehren des Arius als häretisch verworfen hatte, und nannte diejenigen Bischöfe, die Athanasius abgesetzt hatten, Arianer, damit also Häretiker. Der Kampf innerhalb der Großkirche erreichte eine gnadenlose Härte, es ging immer mehr um alles oder nichts. War Rom in allen Punkten völlig im Recht, kam etwas Neues hinzu, denn das römische Konzil begründete die Rechtsunwirksamkeit der Synode von Tyrus nicht nur inhaltlich, nicht nur hinsichtlich der Unhaltbarkeit der gefälschten Beweise, sondern erstmals auch kirchenrechtlich-formal. Es wurde nämlich festgeschrieben, dass eine Provinzsynode weder in Widerspruch zu einem ökumenischen Konzil geraten noch gegen einen alexandrinischen Bischof entscheiden dürfe, dessen Sitz vom Apostel Markus, dem Schüler des Petrus, gegründet worden war. Letzteres war wichtig, denn die Hierarchie der Gemeinden richtete sich nach der Bedeutung der Gründerpersönlichkeiten. Und in dieser Frage besaß Rom eindeutig den Vorrang vor allen anderen Gemeinden, da der römische Bischof in der Nachfolge und Tradition des Apostels Petrus stand. Damit verkündete Julius die Verpflichtung, dass in Richtsprüchen Rom als höchste Instanz zu befragen sei.

Auch wenn man sich im Osten nicht um die römischen Verlautbarungen kümmerte und diese unter den Fittichen von Constantius II. auch nicht umzusetzen brauchte, hatte der römische Bischof mit Macht und mit kirchenrechtlicher Logik den Primatsanspruch gestellt und damit eine Norm gegen die zügellose Intrige aufgerichtet. Doch weder der östliche Kaiser noch dessen Bischof vergaßen den Römern diese Schlappe.

Um Theologie ging es nur dem Scheine nach, in Wahrheit um die Vormachtstellung im Reich. Zwei Richtungen bildeten sich in diesen Tagen heraus, zwei Wege, die sich deutlich gabelten, eröffneten sich für die beiden Fraktionen der Großkirche: der papalistische oder der cäsaropapistische Pfad – entweder der Papst, der über allen stand, oder ein Reichsbischof, der Stellvertreter des Kaisers in Religionsangelegenheiten war. Mit anderen Worten, Stellvertreter waren beide: der eine Stellvertreter Christi in der Nachfolge des Apostels Petrus, der andere Stellvertreter des Kaisers als obersten Sachwalter des Reiches.

Nach dem Tod Konstantins 337 sorgten die tonangebenden Eusebianer dafür, dass das kaiserliche Gebot, die Beschlüsse von Nikaia zu verändern, in Vergessenheit geriet. Eusebius von Konstantinopel – vormals von Nikomedia –, der sich nun vollends als Reichsbischof fühlte, berief Anfang 341 ein Konzil in der neu errichteten Bischofskirche in Antiochia ein. Die Teilnehmer wiesen den Vorwurf der Römer, sie seien Arianer, mit dem Argument zurück, sie würden als Bischöfe keinem einfachen Presbyter, wie Arius einer gewesen war, folgen – ein formales, kein inhaltliches Argument, wie man sieht.

Zugleich gingen sie daran, ein neues Glaubensbekenntnis zu erarbeiten. Der hinterhältige Gedanke des Reichsbischofs Eusebius bestand darin, das neue Glaubensbekenntnis durch Kaiser Constantius II. durchsetzen zu lassen und damit alle Gegner entweder zum Widerruf zu zwingen oder sie der Verfolgung auszusetzen. Das erste Credo von Antiochia – es sollten über die Jahre drei Glaubensbekenntnisse entstehen – wurde eindeutig durch arianische Vorstellungen bestimmt: Gott stand über allem, und Jesus und der Heilige Geist stellten untergeordnete göttliche Wesen dar. Allen Beteiligten entging offenbar, dass das Konzil damit eine Karikatur der zeitgenössischen Situation zeichnete: Die untergeordnete Stellung Jesu gegenüber dem Vater in dieser Theologie entsprach auf hübsche Weise der Stellung des Bischofs von Konstantinopel zum Kaiser.

Mit ihrem Glaubensbekenntnis riskierten die Eusebianer die Spaltung der Kirche. Gleichzeitig verkündeten sie den Vorrang des Ostens. Jesus habe schließlich im Osten gewirkt, ließen sie wissen, und die Kirche des Ostens habe sich zuerst gebildet. Sie versuchten, das Wirken Jesu gegen das Wirken der Apostel auszuspielen – letztlich, um den Primat des Bischofs von Konstantinopel zu begründen.

In der arianischen Theologie eusebianischer Prägung hatte sich der oströmische Cäsaropapismus eine eigene Lehre geschaffen. Fortan standen sich Rom und Konstantinopel, die West- und die Ostkirche, theologisch und kirchenrechtlich schroff gegenüber, und die Frontstellung wurde von den Kaisern noch erhärtet, die entweder die eine oder die andere Partei stützten. Ein Versuch der Ostkirche, eine Verständigung zu erzielen, misslang, weil der römische Bischof dreist übergangen und eine Abordnung nach Trier zu Kaiser Constans geschickt wurde, der nach dem frühen Tod Konstantins II. allein den Westen beherrschte. Doch Constans befand sich bereits auf seinem Feldzug gegen die Franken, und der Trierer Bischof Maximin weigerte sich, die Gesandten überhaupt zu empfangen.

Schließlich einigten sich beide Kaiser – Constans und sein Bruder Constantius II. – darauf, ein ökumenisches Konzil in Serdica, dem heutigen Sofia, einzuberufen. Im Jahr 342 wurde zunächst in getrennten Kirchen der Stadt getagt, dann zogen die Vertreter der Ostkirche ins benachbarte Philipopolis. Der Vermittlungsversuch scheiterte und vertiefte die Spaltung. Die Bischöfe des Ostens exkommunizierten den greisen Hosius von

Cordoba und Maximin von Trier. Daraufhin exkommunizierten die Vertreter des Westens alle diejenigen, die sie für arianisch hielten. Nach dem Tod des eusebianischen Bischofs von Alexandria, Gregor, und dem Tod des Eusebius von Konstantinopel gestattete Constantius II., da sich Constans sehr dafür eingesetzt hatte, aus politischen Gründen die Rückkehr des Athanasius auf seinen Bischofssitz, der 346 triumphal in Alexandria einzog. Die Kirche war weiter gespalten, die streitenden Parteien sahen sich in einem unauflösbaren Patt gefangen, das durch die beiden Kaiser verfestigt wurde.

Doch da griff im Jahr 350 im Westen der Usurpator Magnentius nach der Macht und ließ Constans erschlagen. Ein Jahr später wurde er von Constantius II. in der Schlacht bei Mursa besiegt. Magnentius zog sich zunächst nach Italien, dann nach Gallien zurück und starb 353 in Lyon.

Nun war für den kleinen Mann im Purpur die Stunde der Vergeltung gekommen. Endlich herrschte Constantius II. über das ganze Römische Reich und musste keine politischen Rücksichten auf seine Brüder nehmen. In Bischof Valens fand er einen theologischen Einflüsterer, wie er ihn seit dem Tod des Eusebius vermisst hatte. Nun ging es Schlag auf Schlag. Der Kaiser, dessen neue Kirchenpolitik in seinem Satz »Was ich will, muss die Regel der Kirche sein« bündig zum Ausdruck kommt, ließ sich als »Bischof der Bischöfe« und als »Ewiger« anreden.

Im Jahr 353 versammelte er eine Synode in Arles, um Athanasius und dessen Ansichten, also die Beschlüsse von Nikaia, verurteilen zu lassen. Dort, wo der Kaiser einst die Niederlagen erlitten hatte, musste der Triumph geschehen: im Westen. Wieder einmal wurde Athanasius verbannt, doch er verteidigte sich und mobilisierte das Volk. Als der Bischof in der Nacht vom 8. zum 9. Februar eine Liturgie feierte, wurde die voll besetzte Kirche von kaiserlichen Truppen gestürmt. In dem Tumult gelang Athanasius wiederum die Flucht. Mit aller Härte gingen die Soldaten nun gegen die Gemeinde von Alexandria vor, doch bis zum Juni gelang es den Christen, einzelne Kirchen der Stadt zu halten. Schließlich musste Athanasius, der im Untergrund lebte und nach dem man fieberhaft fahndete, die Stadt verlassen und sich bei den Mönchen in der weiten ägyptischen Landschaft verstecken. Bis zu diesen Mönchen reichte nicht einmal die Macht des Kaisers. Was Constantius auch unternahm, er konnte des widerspenstigen Bischofs nicht habhaft werden.

Nur zwei Jahre nach der Synode in Arles berief er 355 eine weitere in Mailand ein. Nun wollte er auch den römischen Bischof in die Knie zwingen. Die Bischöfe in Mailand setzte er unter Druck, damit sie eine Erklärung gegen Athanasius unterschrieben. Man hatte – schon das verrät das jämmerliche Niveau, auf dem die Hoftheologie von Konstantinopel angekommen war – zu all den Beschuldigungen sogar einen ernst gemeinten Anklagepunkt der Hexerei hinzugefügt. Den Bischöfen, die nicht anwesend waren, schickte der Kaiser die Erklärung zu.

In Rom war nach dem Tod des Julius im Jahr 352 Liberius zum Bischof gewählt worden. Dieser weigerte sich, die ihm zugesandte Erklärung zu unterschreiben. Constantius II. machte nicht viel Federlesens. Er ließ Liberius verhaften und nach Mailand bringen, wo er sich wegen des Konzils aufhielt. Auch in der persönlichen Auseinandersetzung mit dem Kaiser blieb Liberius standhaft, sodass dieser ihn umgehend ins Exil nach Thrakien verschleppen ließ und eine seiner Kreaturen, einen Felix, in Rom auf den Stuhl des Petrus setzte.

Diese demütigende Erfahrung traf die römische Gemeinde in doppelter Weise empfindlich: Zum einen ließ sich der Willkürakt des – für die Römer immer noch oströmischen – Kaisers nicht mit der Würde und Unabhängigkeit des Apostolischen Stuhls vereinbaren, und zum anderen fühlte sich der Römer im Christen durch »griechische« Niedertracht beleidigt. Auf den Straßen kam es zu Tumulten, das Volk schlug sich für seinen Papst. Das erfuhr auch der Kaiser, als er 357 Rom besuchte und im Amphitheater mit versteinerter Miene eine Demonstration der Sympathie des römischen Volkes für Papst Liberius über sich ergehen lassen musste. Gebrochen durch das Exil unterschrieb Liberius am Ende doch die Verurteilung des Athanasius und eine Kompromissformel des Glaubensbekenntnisses. Dennoch nahm ihn die römische Gemeinde liebevoll wieder auf und vertrieb kurzerhand den ungeliebten Felix, der sich in der Stadt nicht mehr blicken lassen durfte.

Liberius veranlasste einen Anhang an den Kalender, den sogenannten Liberianischen Katalog, nach dem Petrus zum Bischof Roms wurde, und zwar gleich nach Christi Auferstehung. Zum ersten Mal wurde hier chronologisch die unmittelbare Abfolge der römischen Bischöfe von Petrus und von Christus aus nachgewiesen, vom gerade auferstandenen Jesus, was den Auftrag zur Kirchenbildung nahelegt. Außerdem widmete sich der Papst rechtlichen, auch kirchenrechtlichen Problemen und gründete eine einzigartige katholische Rechtsschule, die sich auf Petrus als dem ersten Gesetzgeber berief.

DER PAPST ALS BISCHOF DER BISCHÖFE

Die römische Kirche hatte aus all diesen Kämpfen vor allem eines gelernt: Es gab kein kostbareres Gut als die Unabhängigkeit des Papstes. Der römische Bischof, der Papst, nämlich der Vater (lat. »papa«) aller Christen, wie er sich nun hin und wieder nannte, der Stellvertreter der Apostel, der Nachfolger des Apostels Petrus würde sich keiner weltlichen Macht beugen, und er hatte aufgrund seiner besonderen apostolischen Würde den Vorrang vor allen anderen Bischöfen der Großkirche. Um das zu garantieren, musste er selbst eine Macht sein, nicht eine Institution, die sich durch kaiserliche Macht durchsetzte, sondern die über den Kaisern, über allen weltlichen Machthabern stand – ein Anspruch des Papstes, der sich in diesen Jahren herausbildete.

Inzwischen trat in der Ostkirche eine neue Generation von

Theologen und Bischöfen an, für die die Problematik von Vater und Sohn noch durch die Beziehung des Heiligen Geistes zu Vater und Sohn erweitert wurde. Neue Fragen und Probleme in der Ausgestaltung des Glaubens traten auf, neue Allianzen und Machtfragen ergaben sich.

Schließlich versuchten widerstreitende theologische Parteien im Osten die eigene Position dadurch zu verbessern, dass sie die Gemeinschaft mit Rom suchten. Papst Damasus I. (366–384), der Nachfolger des Liberius, verfasste daraufhin ein Schreiben, in dem er die theologische Position Roms darlegte. Bedeutend ist es vor allem deshalb, weil der Bischof von Rom hier zum ersten Mal als Papst über theologische Probleme spricht. Mit seinem Schreiben begründete Damasus die Lehrautorität des Papstes.

Damasus entwickelte eine umfangreiche Bautätigkeit und legte großen Wert auf die glanzvolle Durchführung der liturgischen Feste, um Rom zum Mittelpunkt der christlichen Welt zu machen. In seinem Pontifikat bildete sich die christliche Romidee heraus: Wie Rom einst der Mittelpunkt der ganzen zivilisierten Welt gewesen war, einer nun untergegangenen nichtchristlichen Welt, so würde das christliche Rom zum Haupt und zum Herz der allumfassenden christlichen Welt werden. Im Vatikan, an der Stelle, an der Petrus begraben ist, liegt das Heil der Welt, von den Päpsten verwaltet.

Im Grunde trat der Papst als Erbe der römischen Kaiser auf. Und wie der Kaiser schufen auch die Päpste eine Verwaltung, die sie in Anlehnung an das Römische Reich »curia«, Kurie nannten und die Bischofsbezirke Diözesen. Voller Ansprüche, aber ohne Realität suchte die Stadt Rom eine neue Wirklichkeit, eine neue Lebensform, in der sich die Ansprüche verwirklichen konnten.

So begegneten sich Römertum und Christentum in einer historisch-dramatischen Stunde, in der sie aufeinander angewiesen waren, die einen, um die Macht nicht mit den Kaisern, die nach Konstantinopel zogen, zu verlieren, und die anderen, um die Macht zu gewinnen, damit sie niemals wieder von weltlichen

Herrschern bedrängt und gedemütigt werden konnten. In dieser Stunde, in der Untergang und Anfang so dicht beieinanderlagen, gingen Römertum und Christentum ein historisches Bündnis ein, das zu einer Vermischung, zu einem ineinander Aufgehen führte, das wir seinem Ergebnis nach Katholizismus nennen können.

Mit dem spanischen General Theodosius, der nach einer Zeit der Wirren nach der Herrschaft griff und sich 379 zum oströmischen Kaiser machte, übernahm ein westlicher Christ die Herrschaft, ein Christ, der in einem engen Verhältnis zu dem »geheimen« Papst dieser Zeit stand, zu Ambrosius, dem Bischof von Mailand. Ambrosius entstammte einer angesehenen römischen Adelsfamilie und hatte als römischer Beamter Karriere gemacht, bevor er seine Stellung aufgab und seinen Besitz an die Armen verschenkte, um ganz im Dienst der Kirche aufzugehen. Niemals strebte er danach, Bischof von Rom zu werden, auch stellte er dessen Position nicht in Frage. Dennoch war Ambrosius die überragende geistliche Autorität dieser Zeit.

Im Bunde mit Kaiser Theodosius stellte er die Weichen dafür, dass die Kirche zum Geist von Nikaia zurückkehrte. Unter seiner Leitung beschloss das Ökumenische Konzil zu Konstantinopel 381 ein neues Glaubensbekenntnis, das – durch die fortschreitende theologische Diskussion erweitert – auf jenem von Nikaia beruhte und unter dem Namen »Glaubensbekenntnis von Nikaia-Konstantinopel« in die Geschichte einging. Ambrosius war es, der den Kirchenvater Augustinus für das Christentum gewann und ihn in Mailand taufte. Getreu seiner Ansicht, dass der Kaiser nicht über der Kirche, sondern in der Kirche stünde, wich er vor keinem Kaiser und auch keiner Kaiserin zurück.

Am 27. Februar 380 erließ Kaiser Theodosius das Edikt »Cunctos populos«, das klar und unmissverständlich festlegte, dass die Völker im Römischen Reich nach der Religion leben sollten, die »der göttliche Apostel Petrus den Römern übertragen« habe. Und dies sei die Religion, nach der »der Pontifex Damasus und der Bischof von Alexandria« lebten. Damit hatten letztlich die Nikaianer den Sieg davongetragen. Die Linie der römischen Bischöfe Julius und Liberius, die Damasus fortsetzte und mit der Athanasius im Einklang stand, wurde bestätigt und als verbindlich erklärt. Gleichzeitig bezeichnete das Edikt Damasus als Pontifex, als Oberpriester, und wies ihm damit eine Sonderstellung, eine überragende Position innerhalb des Bischofskollegiums zu.

Zum ersten Mal hatte damit ein römischer Kaiser den Primatsanspruch des Bischofs von Rom anerkannt. Doch auch der Osten ging im Konzil von Konstantinopel nicht leer aus: Der Bischof von Konstantinopel nahm den zweiten Rang ein, er sollte den »Vorrang der Ehre nach dem Bischof von Rom« erhalten, da seine Stadt das »neue Rom« sei.

Nachdem nun endlich in heftigen theologischen Machtkämpfen die Dreifaltigkeit, das heißt die Beziehungen zwischen Vater, Sohn und Heiligem Geist, geklärt worden war, entstand in der Ostkirche ein erneuter und wiederum mit allen Mitteln geführter Streit um die Natur Christi. Wie verhielten sich in ihm Menschennatur und Gottesnatur? Darüber stritten nun der Bischof von Alexandria, Kyrill, und Bischof Nestorius von Konstantinopel. Letztlich ging es dabei aber wiederum um den Primat im Osten. Gemäß ihrer neuen Stellung in der Großkirche wurde der Papst in Rom als Instanz angerufen und in die Auseinandersetzung hineingezogen, ohne dass man ihm die letzte Entscheidung zugebilligt hätte. Erneut diente Gemeinschaft mit Rom dazu, die eigene Position dadurch aufzuwerten, nicht zuletzt, weil man so die Bischöfe der Westkirche auf seiner Seite wusste.

Der Streit entzündete sich an den Bezeichnungen »christokos« oder »theotokos« für Maria, Christusgebärerin oder Gottesgebärerin; durfte man Maria also Mutter Gottes oder nur – so die Nestorianer – Christi Mutter nennen? Dagegen stand die Ansicht, dass Christus eine Gottnatur besäße, weil die menschliche Natur in Christus von der göttlichen aufgesogen würde.

Diese im spätantiken Ägypten entstandene Auffassung hieß Monophysitismus – vom griechischen »monos«, einzig, und »physis«, Natur.

Die Unruhen in Konstantinopel wurden von dem Mönch Eutyches ausgelöst, der mit großer Militanz den Monophysitismus verfocht. In Konstantinopel verurteilt, gelang es Dioskur von Alexandria, Kaiser Theodosius II. zu überzeugen, eine Synode nach Ephesus einzuberufen. Einen Kampfgefährten fand er in Dioskoros, Archidiakon und Neffe des alexandrinischen Bischofs Kyrill. Er war ein Machtmensch, dem kein Weg als verboten galt, wenn es darum ging, die eigenen Interessen durchzusetzen. Dioskoros hatte einige Zeit bei ägyptischen Mönchen verbracht und war ein überzeugter Anhänger des Monophysitismus.

Als der oströmische Kaiser Theodosius II. im Jahr 431 das Konzil von Ephesos einberief, gehörte Dioskoros zur Begleitung Bischof Kyrills. Auf dem Konzil wurden Nestorius und seine Anhänger verurteilt. Nach langen Verhandlungen zwischen Vertretern der beiden theologischen Richtungen einigte man sich 433 auf das sogenannte Dogma von Ephesus, in dem Maria als »Gottesgebärerin« bezeichnet wird.

Im Jahr 444 trat Dioskoros die Nachfolge Kyrills als Bischof von Alexandria an und berief 449 die Synode von Ephesus ein, die von Leo I. den Beinamen »latrocinium«, Räubersynode, erhielt. Als Erstes ließ Dioskoros den eher nestorianisch gesinnten Bischof von Konstantinopel, Flavian, absetzen und schickte ihn in die entlegenste syrische Provinz. Dort gründete er in Edessa die noch heute existierende, kleine syrisch-nestorianische Kirche, die in ihren besten Zeiten eine ungemein erfolgreiche Missionstätigkeit bis nach Indien und China entfaltete.

Dann machte sich Dioskoros daran, seine eigene Glaubensmeinung durchzusetzen. Gestützt auf das kaiserliche Militär und bewaffnete Mönche, wurden Eutyches und der Monophysitismus rehabilitiert. Bischöfe, die sich weigerten, Dioskoros zu folgen, mussten mit Absetzung, Verbannung oder Ärgerem rechnen. Den Legaten Papst Leos I. wurde der Zutritt verweigert, die Mehrheit erpresst. Das Schreiben des Papstes durfte nicht verlesen werden, und seine Gesandten wurden festgesetzt, sodass sie weder mit den anwesenden Bischöfen in Kontakt kommen, noch nach Rom zurückreisen konnten, um Bericht zu erstatten.

Schließlich gelang den Gesandten des Papstes doch die Flucht. Als sie Leo über die unglaublichen Vorgänge in Ephesos Bericht erstatteten, prägte der Papst den Begriff Räubersynode. Im Namen der westlichen Bischöfe protestierte Leo der Große energisch bei Theodosius II., doch ohne Erfolg. Der Papst schlug ein Konzil in Italien vor, doch der junge Kaiser befand sich ganz und gar in der Hand seiner Ratgeber, die dagegen waren. Erst nach seinem frühen Tod 450 eröffnete sein Nachfolger Marcianus den Weg zu einem neuen Konzil, das 451 in der Nähe von Konstantinopel, in Chalcedon, abgehalten werden sollte.

Das Konzil, das von den Gesandten des Papstes geleitet wurde, geriet zum großen Erfolg. Nachdem man Leos Lehrschreiben zu Fragen der Naturen in Christus verlesen hatte, erhoben sich die Bischöfe feierlich und riefen: »Das ist der Glaube der Väter!« »Das ist der Glaube der Apostel. So glauben wir alle.« »Durch Leo hat Petrus gesprochen!«

Das Credo von Nikaia-Konstantinopel wurde erweitert und präzisiert, wobei sich die Bischöfe eng an den verabschiedeten Lehrbrief Leos hielten: »Wir lehren alle einstimmig ein und denselben Sohn, unseren Herrn Jesus Christus, vollständig der Gottheit und vollständig der Menschheit nach … in zwei Naturen, unvermischt und unverwandelt (was gegen die Monophysiten gerichtet war – d. Verf.), ungetrennt und ungesondert (die Passage richtete sich gegen die Nestorianer – d. Verf.), die beide in einer Person … zusammenkommen.«

Damit war die Angelegenheit eigentlich erledigt. Auf dem Konzil von Chalcedon fand der Prozess der grundsätzlichen Begründung der Trinität, der Dreifaltigkeit und der Christologie, der sich in großen Kämpfen über hundert Jahre – von 325 bis 451 – erstreckt hatte, seinen Abschluss.

Doch da – geradezu im letzten Moment – legten Kaiser Marcianus und vor allem seine Frau, die äußerst selbstbewusste und durchsetzungsfähige Pulchera, ungewollt den Grundstein für das Große Schisma, die Spaltung zwischen der Ost- und der Westkirche. Sie bestimmten nämlich, dass der Bischof von Konstantinopel als Vorsteher der Gemeinde des »neuen Roms« die gleichen Rechte und den gleichen Vorrang besitzen solle wie der Papst. Leo der Große selbst hat diesen Beschluss weder anerkannt noch bestätigt, denn dieser aus römischem Adel hervorgegangene Mann, in dem sich ehrwürdige römische Tradition und christlicher Glaube durchdrangen – ein großartiger Theologe, der gleichzeitig den Umgang mit der Macht in die Wiege gelegt bekam –, hatte die Theologie des römischen Primats entdeckt und verfocht sie von nun an kompromisslos.

Nach langen Kämpfen und ausgiebiger Suche tritt uns mit Leo der erste Papst entgegen, der sich als Herr Roms und als Stellvertreter Petri auf Erden begriff und der die Aussage aus Matthäus 16, 18 auf die Päpste bezog: In der Nachfolge des Apostels Petrus hielten sie die Bindegewalt im Himmel und auf Erden in ihren Händen. Leo war es, der den Satz, den Jesus zu Petrus sprach, auf alle Nachfolger des Apostels ausweitete. Dass er sich als erster Papst im Vatikan in der Nähe des Petrusgrabes beisetzen ließ, symbolisiert diese neue Stellung in der Kirche und in der Welt. Die Kirche, das war für Leo das Volk Gottes, dem er vorstand, weil er als Nachfolger des Apostels Petrus Gott am nächsten stand, wofür das Petrusgrab bürgte. Durch Leo und seine Primatstheologie wurde der Vatikan zur göttlichen Legitimation der Herrschaft der Päpste. So war er auch Attila entgegengetreten, in Begleitung der Apostel, als deren Stellvertreter auf Erden, vor dem jeder weltliche Herrscher zu weichen hatte.

Leo der Große war sozusagen der letzte Mensch der Spätantike und gleichzeitig der erste Mensch des anbrechenden Mittelalters, letzter Römer und erster Europäer. Das Bild Leos prägte das Abendland, weil er noch fast vierhundert Jahre später von Karl dem Großen als Ideal dargestellt wurde. Die besseren Könige und Kaiser im Mittelalter nahmen sich diesen Mann zum Vorbild: Fürst und Theologe in einem, vor allem aber Urbild des christlichen Herrschers.

WER BESCHÜTZT DEN VATIKAN?

Kaum war Leo der Große am 10. November 461 in Rom gestorben und als erster Papst in der Nähe des Apostels Petrus in der düsteren Krypta der Vatikanbasilika beigesetzt worden, da zerbrach erneut die mühsam errichtete Einheit zwischen der Ost- und der Westkirche. Nach ihrer Niederlage auf dem Konzil von Chalcedon 451 schlugen arianische, vor allem aber monophysitische Kräfte den besonderen oströmischen Weg über die Hintertreppen der Kaisermacht ein, um die Beschlüsse des Konzils aufzuheben.

Dieses Ansinnen fiel im Großen Palast in Konstantinopel auf fruchtbaren Boden, nicht zuletzt weil das ostkaiserliche Selbstbewusstsein wuchs. Hier war »Nova Roma«, das neue Rom, Sitz des einen römischen Kaisers, hier lebten die einzig wahren Römer, während die alte Hauptstadt des Imperiums in den Germanenstürmen unterzugehen drohte und der letzte weströmische Kaiser heftig zum Abdanken ermuntert worden war.

In Rom starb am 10. März 483 Papst Simplicius, der seit 468 amtiert hatte, nach langer Krankheit und wurde in der Vorhalle von Sankt Peter beigesetzt. Vehement und zäh, wenngleich erfolglos hatte er sich für die Beschlüsse des Konzils von Chalcedon eingesetzt und war gegen den monophysitischen Bischof von Konstantinopel, der die Unterstützung des oströmischen Kaisers Zenon genoss, aufgetreten. Drei Tage nach Simplicius' Tod rief nun der Prätorianerpräfekt Basilius, der höchste zivile Verwaltungsbeamte des Römischen Reiches, am 13. März 483

Senatoren und Mitglieder des Klerus in Sankt Peter zusammen und beauftragte sie, einen neuen Papst zu wählen. Doch zuvor legte Basilius der Versammlung eine mit dem römischen Stadtadel abgesprochene Liste von rechtlichen Vorschriften vor, die alle Wahlmänner des Papstes bestätigen mussten. Bemerkenswert daran ist, dass die Aufstellung die wirtschaftlichen Möglichkeiten der Päpste im Interesse des Adels wirksam beschnitt. Für die alten Familien Roms waren die Bischöfe der Stadt inzwischen in politischer und wirtschaftlicher Hinsicht zu Konkurrenten geworden, die sie im Zaum halten wollten, wo immer sich ihnen dazu Gelegenheit bot – es ging schließlich um die Macht in der Stadt. Die Versammlung stimmte dem Rechtskatalog des Basilius zu und wählte dann Felix II. – oder III., wenn man den Gegenpapst aus der Mitte des 4. Jahrhunderts mitzählt.

Der neue Papst entstammte dem römischen Senatorenstand. Bereits sein Vater war Presbyter der römischen Gemeinde gewesen, und zu seinen Nachfahren gehört eine der ganz großen Gestalten unter den Päpsten, Gregor I., der seinen Ahnherrn später als »atavus«, Urgroßvater, bezeichnete. Dieser war bei seinem Amtsantritt verheiratet und Vater mehrerer Kinder. Der Zölibat wurde zwar für Kleriker empfohlen und war für höhere Weihen in der Kirche wie die des Bischofs verbindlich, doch hatte er sich noch längst nicht für alle priesterlichen Ämter durchgesetzt. Die Geschichte des Zölibats ist überhaupt sehr widersprüchlich.

In der Person von Felix II. wird deutlich, welche Chancen das römische Papsttum barg, aber auch welche Gefahren. Als Papst musste er Regeln akzeptieren, die seine wirtschaftliche Beweglichkeit zugunsten des stadtrömischen Adels einschränkte, aus dem er selbst stammte. Eine solche Herkunft, die oft Machtbewusstsein und politische Erfahrung einschloss, konnte dem Amt nutzen, wie es Leo I., Gelasius, Gregor I. und auch Felix II. unter Beweis stellten. Unter anderen Päpsten verkam das Amt jedoch zum Spielball der Machtkämpfe und Intrigen des stadtrömischen Adels. Segen und Fluch lagen hier dicht beieinander.

Zu Beginn des abendländischen Mittelalters, dieser neuen Zeit, die für die römischen Bürger so gefahrvoll, so wild, so unbegreiflich war und dann doch wieder Hoffnungen nährte, die, kaum gefasst, in jähe Verzweiflung und abgründigen Schrecken umschlagen sollten, hatten die Päpste den Primat und die Petrus- als Christusnachfolge ganz für sich beansprucht: Rom hatte Vorrang vor allen christlichen Gemeinden, weil der Papst Nachfolger des Apostels Petrus war, der wiederum von Jesus den Auftrag zur Kirchengründung erhalten hatte.

Theologisch standen die Päpste immer noch in der Auseinandersetzung mit dem griechischen Osten. Die Entfremdung wuchs rasch und nachhaltiger – weil grundsätzlicher –, als es alle Beteiligten auf östlicher und westlicher Seite wahrnahmen. Sie konnten und wollten nicht sehen, dass die Einheit der Großkirche inzwischen kaum mehr war als eine fromme Idee, die der Geschichte nachgeben und fünfhundert Jahre später wie ein Wahngebilde aus altem Spinnengewebe zerstieben sollte. Sie verstanden nicht, dass die Vorstellung von einer Großkirche schon in diesen Tagen den Riss zwischen einer griechischen und einer lateinischen Kirche nur noch mühsam verdeckte. Zu sehr wirkte – trotz aller politischen Unterschiede – im Alltag der beiden Reichsteile der Mythos des Imperiums, der fast ein Jahrtausend das Selbstverständnis der zivilisierten Welt geprägt hatte. Trugbilder aus den Tagen des alten Römischen Reiches bestimmten das Leben und das Denken.

Die ehemalige Reichshauptstadt Rom hatte inzwischen drei Plünderungen über sich ergehen lassen müssen, die das Gefühl der Besonderheit und Unantastbarkeit, das Bewusstsein der Sicherheit gründlich zerstört hatten. Mythos und Geltung der Stadt verblassten zusehends. Die letzten weströmischen Kaiser residierten im norditalienischen Ravenna, und außer der Stadtbevölkerung lebten in den Mauern der Ewigen Stadt nur noch die Angehörigen des immer noch mächtigen Adels, der sich seinem eigenen Überleben in den künftigen Zeiten widmete – gemeinsam mit dem Papsttum und gegen das Papsttum, das sich dadurch als Machtinstitution herausbilden konnte.

Genaugenommen hatte der alte römische Adel einen Aderlass hinnehmen müssen. Einzelne Geschlechter oder Familienangehörige siedelten nach Konstantinopel über, während andere in Rom ausharrten, fest entschlossen, in den Kämpfen der Zeit nicht zu weichen – schließlich ruhte auf den eigenen Schultern das Wohl und Wehe der Stadt. Viel Negatives wurde später geschrieben über die Intrigen des stadtrömischen Adels im Kampf um die Macht in der Stadt und auch darüber, dass diese Familien sich nicht scheuten, in ihren bisweilen blutigen Auseinandersetzungen das Papsttum skrupellos als Faustpfand zu benutzen. Bei aller berechtigten Kritik darf nicht übersehen werden, dass es Männer aus dem stadtrömischen Adel waren – Leo I., Felix II., Gelasius und Gregor I. –, die durch ihr Engagement das Papsttum erst zu einer mächtigen Institution machten. Die übrigen Adeligen, die auch in diesen harten Zeiten in der Hauptstadt des untergehenden Imperiums blieben, bewahrten Rom vor dem bodenlosen Fall in die Bedeutungslosigkeit. Sie hatten eben nicht ihre Karriere und einträgliche Ämter in Konstantinopel vorgezogen.

Aus der Sicht des Adels erschien das Amt des Papstes als eine durch und durch römische Einrichtung, sozusagen als neue Form des Konsulats. In der altrömischen Gesellschaft lagen religiös-rituelle Aufgaben in den Händen der Konsuln, und die neuen Cäsaren des Kaiserreichs galten jeweils als oberster Priester, als Pontifex Maximus, ohne dass die Konsuln rituelle Pflichten einbüßten. Geändert hatte sich nur die Perspektive: Nicht der weltliche Herrscher übte religiöse Pflichten aus, sondern der religiöse Herrscher suchte zunehmend, in weltliche Angelegenheiten einzugreifen. Deshalb konnten die stadtrömischen Adligen gar nicht anders, als im Amt des Papstes eine eigene Domäne zu sehen. Was uns als Anmaßung erscheint, hielten die Adligen auf der Schwelle der Spätantike zum frühen Mittelalter in Rom für ihr gutes Recht. Wollten die Päpste allumfassende Bedeutung erlangen, mussten sie sich von ihren stadtrömischen Anfängen emanzipieren. Das bedeutete für sie, auch geistig ihrer Herkunft zu entwachsen und in neuen weltumspannenden christlichen Dimensionen denken zu lernen.

Die Päpste schufen eine stetig wachsende Verwaltung mit Juristen, Kämmerern, Theologen und liturgischem Personal für die Gottesdienste. Diese Kurie, die päpstliche Zentralbehörde, sollte – nicht nur für Rom – in der Theorie für die gesamte christliche Welt und in der Praxis für die westlichen Kirchen zuständig sein. Die von Konstantin I. erbaute Lateranbasilika diente den Päpsten als Verwaltungssitz, während der Vatikan als Begräbnisplatz des Apostels Petrus zum geistlichen und heilsgeschichtlichen wie theologischen Mittelpunkt der Christenheit aufstieg, zur Stätte, welche die Macht als legtimiert auswies.

Die Geschichte des Vatikan macht deutlich, dass wirtschaftliche Kraft und die Möglichkeit zur Gewaltanwendung zwar wichtige Quellen und Mittel der Macht sein können, dass Macht jedoch zuallererst der Legitimation bedarf, wenn sie Bestand haben soll. Legitimation aber besitzen nur zwei Formen von Macht: jene, die von einer Theokratie, einem Gottesstaat, ausgehen oder von einer Demokratie.

Die ausgeprägte Lebensfähigkeit des Vatikan ergibt sich aus der Kombination von beidem, von Theokratie und Demokratie, die bis heute eine spannungsvolle Einheit bilden: Ortskirchentum, Konziliarismus – die Lehre vom grundlegenden und verbindlichen Charakter der Kirchenversammlungen, der Konzilien – und Papsttum stellen die drei Unruhepole dieser Einheit dar. Immer wenn dieses Spannungsverhältnis verletzt wurde, geriet die katholische Kirche in eine Krise.

Das Petrusgrab im Vatikan, das für die Menschen zu Beginn des Frühmittelalters und für tiefgläubige Katholiken bis heute Wunder bewirken kann, stellt den Ort auf dieser Welt dar, an dem eine direkte Verbindung mit Gott besteht – das macht diesen Ort so heilig. Die Protestanten haben immer unterschätzt, wie wichtig der heilige Ort für das Heil und somit für das Selbstverständnis und für die Macht der katholischen Kirche ist. Sie konnten aber auch nicht anders, weil sie aus gutem Grund ein schwieriges Verhältnis zur Institution Kirche haben. Diese muss die von Luther geforderte »Freiheit eines Christenmenschen« immer einschränken, denn Macht begrenzt Freiheit, wie – das ist die komplizierte Kehrseite der Medaille – Macht Freiheit erst ermöglicht. Die beiden von Konstantin errichteten Kirchen in Rom – die Lateranbasilika und die Basilika von Sankt Peter – symbolisieren eindrucksvoll Herrschaft und Legitimation, Macht und Heil, Theokratie und Demokratie.

AM HORIZONT: DAS CHRISTLICHE ABENDLAND

Um die Entwicklungen des Vatikan und des Papsttums wirklich zu verstehen, muss man den großen europäischen Epochenbruch überwinden, der sich als Entstehung des modernen Europa im 16. und 17. Jahrhundert zutrug, in dem das Individuum entdeckt wurde, das folgenschwere Konzept des Fortschritts den Siegeszug antrat und die Trennung von Religion, Philosophie, Naturwissenschaft und Politik erfolgte. Die Teilung der Christenheit bewirkte auch eine Aufteilung des Menschen in eine private und eine öffentliche Person.

Für den Menschen der Spätantike und des Mittelalters war die Religion dagegen keine gesonderte Privatsache, sondern Ausdruck seines gesamten gesellschaftlichen Handelns, mehr noch, seines ganzen Lebens. So wie heute Demokratie und Menschenrechte dem aufgeklärten Menschen als Bezugsrahmen für sein Denken und Handeln dienen, so bildete damals die Religion Anfang und Ende des Denkens und Handelns. Sie war die allgemeine, heilige und unveränderliche Regel, an der sich alles auszurichten und zu bewähren hatte, das, was das eigene Dasein rechtfertigte und bestimmte. Die Menschen des Weltreichs von gestern suchten in ihrer Gegenwart nach einem neuen Weltbild für ihre Zukunft. Das fanden sie zwar im Christentum, doch musste sich dieses erst verweltlichen, es musste zeigen, dass es in der Tat eine große Weltanschauung war, ein System, das für diese neue Welt Regeln und Werte bot.

Das Christentum, das von seiner ganzen Ausrichtung von der Welt wegwollte, musste zur Welt kommen. Um diesen Widerspruch auszuhalten, konnte es gar nicht anders, als immer wieder die Möglichkeit der Weltflucht anzupreisen und zu heiligen. Es ist kein Zufall, dass das Mönchtum entstand, das die Spannung zwischen dem Wirken in der Welt und dem Ziel des Überwindens der Welt vermittelte und ausglich.

Diese neuen Werte und Normen mussten sich in Zusammenhang mit den neuen gesellschaftlichen Leitbildern, Regeln und Umgangsformen entwickeln. Im Mit- und Gegeneinander von weltlicher und kirchlicher Macht, im scheinbaren Widerspruch ihrer gegenseitigen Durchdringung und Konkurrenz entstand das christliche Abendland.

In Rom bildete sich dieser Widerspruch im Wechselspiel von stadtrömischem Adel und Päpsten ab. Eine andere weltliche Macht existierte für den 483 gewählten Papst Felix II. nicht. Auch wenn es sie gab, hatte sie andere Sorgen, als sich mit der Stadt Rom und dem Papst zu beschäftigen – sie kämpfte ums eigene Überleben. Hilflos, getrieben, glanzlos, so wirken die letzten Herrscher Westroms, die immer mehr zu Geiseln ihrer Truppen und zu Marionetten ihrer Heermeister wurden.

DER VATIKAN UND ROM UNTER DEN GOTEN

Der letzte von Byzanz anerkannte Kaiser Westroms, Julius Nepos, wurde von seinem Heermeister Patricius Orestes abgesetzt und floh nach Dalmatien, wo er am 9. Mai 480 ermordet wurde. Orestes machte seinen etwa vierzehnjährigen Sohn Romulus zum Kaiser. Als Romulus Augustulus, also »Kaiserlein«, ging dieser in die Geschichte ein.

Die wegen ausstehender Soldzahlungen unzufriedenen, überwiegend aus germanischen Soldaten bestehenden Truppen riefen am 23. August 476 den germanischen Heermeister Odoaker zum römischen König aus. Dieser hatte ein abenteuerliches Leben geführt, bevor er als Heermeister in römische Dienste trat. Odoakers Vater Edeco diente Attila als »Logade«, als auserlesener Gefolgsmann. Sohn Odoaker machte sich in jungen Jahren selbstständig und versammelte ein paar sächsische Seeräuber um sich, mit denen er die Loire hinauffuhr, plünderte, was ihm in die Quere kam, und schließlich mit dem fränkischen König Childerich in ein heftiges und verlustreiches Handgemenge geriet. Childerichs noch in den Windeln liegender Sohn sollte einmal den Strom der Geschichte in ein neues Flussbett zwingen. Sein Vater hatte ihm entweder in weiser Voraussicht oder in kräftiger Hoffnung den Namen Chlodwig gegeben, was so viel heißt wie ruhmreicher Kämpfer oder ruhmvoller Krieger.

In Favianis im Noricum, im heutigen niederösterreichischen Bezirk Krems-Land, traf Odoaker während eines Raubzuges auf einen Einsiedler, den heiligen Severinus, der eindrucksvoll predigte, Wunder wirkte und dem Heermeister eine glänzende Zukunft voraussagte. Bald darauf tauchte Odoaker als Leibwächter des Kaisers in Italien auf und stieg rasch zum Heermeister auf. Nicht die Machtgier der Heermeister war es, die dazu führte, dass sie in die Politik eingriffen, sondern der rapide Machtverlust und die Unfähigkeit der weströmischen Kaiser, die von den gewaltsamen Umschwüngen der Zeitenwende völlig überfordert waren.

Anfangs setzten die Heermeister Römer als »Schattenkaiser« ein. Odoaker war der Erste, der sich selbst zum König erhob, er brauchte keine Marionette mehr. Schnörkellos teilte er Romulus Augustus mit, dass er gehen könne, wohin er wolle, nur Kaiser sei er nicht mehr. Der Ex-Kaiser, ein schöner Jüngling, der nicht – wie sonst bei derlei Anlässen üblich – erschlagen wurde, zog sich auf ein Landgut nahe dem heutigen Neapel zurück, das einmal dem Lebemann Lukullus gehört hatte und das ihm Odoaker nebst einer ansehnlichen Pension vermachte. Kaiser Zenon in Konstantinopel schickte Odoaker die Abzeichen der weströmischen Kaisermacht, denn eines weströmischen Kaisers bedurfte es nicht mehr. Damit endete im Wesentlichen das Imperium Romanum – kurz und bündig, sang- und klanglos.

Doch auch Odoaker sollte sich nicht allzu lange an der Macht halten, denn schon im ausgehenden 5. Jahrhundert erschienen unter Theoderich, der in den germanischen und altdeutschen Sagen unter dem Namen Dietrich von Bern weiterlebt, die Ostgoten in Italien. Theoderich bewunderte die Römer und die römischen Institutionen, doch nach der Abdankung des Romulus Augustus gab es keinen römischen Kaiser mehr, sondern nur noch einen germanischen General, der sich König nannte, als Herr der westlichen Reichshälfte. Außerdem wurde Theoderich durch eine Intrige des byzantinischen Kaisers Zenon, in dessen Diensten er stand, nach Westen gelenkt.

Für Zenon, der nicht über die militärischen Möglichkeiten verfügte, Odoaker zu schlagen, stellte Theoderichs nach Westen gerichtetes Engagement einen ausgezeichneten Schachzug dar, denn zum einen konnte er Italien von einem Vasallen zurückerobern lassen. Gleichzeitig hoffte er zum anderen als arianerfreundlicher Feind des Papstes, dass der arianische Ostgote Theoderich dem katholischen Papst arg zusetzen und dessen Macht brechen würde. Wenn das geschehen wäre, würde sich die Westkirche dem Patriarchen von Konstantinopel und damit auch ihm, dem Kaiser als Oberherrn der Kirche, unterwerfen. Als Theoderich mit seinem Volk Richtung Italien aufbrach, dürfte im Kaiserpalast zu Konstantinopel Feierlaune geherrscht haben.

Nach verlustreichen Kämpfen, die unentschieden endeten, verschanzte sich Odoaker in Ravenna, und Theoderich belagerte ihn für die nächsten drei Jahre. Schließlich vermittelte der Bischof der Stadt, Johannes, zwischen den Kriegsherren. Man einigte sich darauf, dass Odoaker und Theoderich gemeinsam als Könige über Italien herrschen sollten.

Die Bischöfe hatten in Italien ein so großes Ansehen erlangt, dass sie sich immer mehr von den Vorstehern der Gemeinden zu den Herren der Städte, den wahren Stadtverwaltern und damit zu anerkannt unparteiischen Vermittlern und Verhandlungsführern entwickelten. Nach dem von ihm herbeigeführten Kompromiss war es auch Bischof Johannes, der die gut bewachten Stadttore von Ravenna am 5. März 493 für den Einzug Theoderichs in die westliche Kaiserresidenz öffnete. Ob Johannes ahnte, dass die gemeinsame Herrschaft von Odoaker und Theoderich nicht lange währen sollte, lässt sich genauso wenig sagen, wie es Anhaltspunkte dafür gibt, dass Johannes mit Theoderich im Bunde stand oder Odoaker von ihm überlistet wurde.

Wir wissen auch nicht, ob Bischof Johannes erschrak, als bei dem rauschenden Festmahl plötzlich wie aus heiterem Himmel ein Streit zwischen Theoderich und Odoaker ausbrach, zwei Gefolgsleute des Ostgoten Odoaker bei den Armen packten und Theoderich ihn mit dem Schwert durchbohrte, der, als die scharfe, von kräftigem Arm geführte Klinge mühelos in Odoakers Eingeweide fuhr, voller Hass ausrief: »Der Schuft hat keine Knochen im Leib!« – Unter religiösen Gesichtspunkten bestand für Bischof Johannes zwischen Odoaker und Theoderich, die beide dem arianischen Glauben anhingen, kein Unterschied.

Eine große Rolle bei der Missionierung von Theoderichs gotischen Landsleuten spielte der arianische Bischof Wulfila (Ulfilas), der seine Weihe 341 vom oströmischen Reichsbischof Eusebius von Nikomedia in Konstantinopel empfangen hatte. Bis 348 missionierte Wulfila in seiner westgotischen Heimat an der unteren Donau, bevor er während der Christenverfolgungen vertrieben wurde. Im Exil entwickelte er ein gotisches Alphabet und übersetzte die Bibel in seine Volkssprache, auch das Vaterunser: »Ata unsar, thu in himinam« (Vater unser, du im Himmel) und legte damit den Grundstein für das deutsche Vaterunser.

Die Goten hingen also dem arianischen Christentum an, wie alle Germanen – wenn sie nicht weiter ihren alten Göttern huldigten. So kam es zu der merkwürdigen Situation, dass ausgerechnet die Päpste, die in harten Kämpfen, die auch mit Drangsal und Opfern verbunden waren, auf den Konzilen in Nikaia und in Chalcedon den Sieg über die Arianer davongetragen hatten, nun unter der Herrschaft eines arianischen Barbarenkönigs standen und mit einem arianischen Volk, den Goten, zusammenleben mussten. Anders als von Kaiser Zenon und dem Patriarchen Acacius von Konstantinopel erhofft, entwickelte sich zwischen den Arianern und den Katholiken ein vorbildliches Zusammenleben. Dem gewaltsamen Auftakt zum Trotz gestalteten sich die Jahre 493 bis 526 zu den friedlichsten und tolerantesten in Italien. Es war eine Zeit unverhoffter Ruhe vor einem verheerenden Sturm.

Theoderich, der offiziell dem byzantinischen Kaiser unterstand, errichtete mit dem Ostgotenreich eine eigene Herrschaft auf der Apenninhalbinsel, die Distanz zu Ostrom wahrte und deshalb auf ein friedliches Zusammenleben von Goten und römischer Bevölkerung angewiesen war. Die arianische Herrschaft gereichte den Päpsten zum Glück, denn so konnten sie ungehindert ihren Primat ausbauen. Für einen welthistorischen Augenblick sah es so aus, als hätte sich die Vereinigung von Germanien und christlichem südeuropäischem Reich bereits unter gotischer Herrschaft verwirklichen können. Das hätte das Zentrum Europas unweigerlich nach Süden verlagert. Allein, es sollte nicht so kommen.

Die Gotenherrschaft vermochte keine Wurzeln zu schlagen, denn die Goten konnten sich aufgrund der religiösen Fremdheit nicht mit den römischen Eliten, die zumeist im lateinischen Christentum ihre neue Heimat gefunden hatten, durchdringen. Es blieb ein Zusammenleben, das keine Vereinigung zuließ und das wider Erwarten am Lebensabend Theoderichs in neues und gewaltiges Misstrauen umschlug.

Während die Päpste noch unter dem arianischen König Theoderich ihre Macht ausbauten, bereitete sich in Gallien ein neuer Bund vor. Der Zeitgenosse Papst Gregors I., der Bischof von Tours, der ebenfalls Gregor hieß, stellte im 6. Jahrhundert in seiner großartigen »Geschichte der Franken« dar, wie in Entsprechung zu Moses, der für die Juden den ersten Bund mit Gott einging, Konstantin der Große mit den Römern den zweiten Bund und

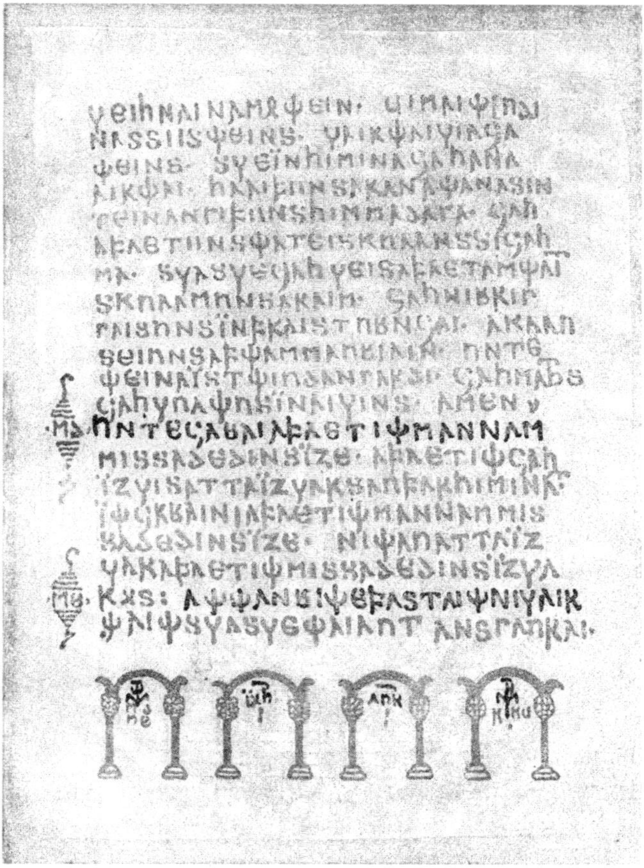

Pech für die Päpste: Der Westgote Wulfila brachte im 4. Jahrhundert den Germanen zwar die Bibel, die er für sie übersetzte – da er aber Arianer war, wurden fast alle Germanen zunächst arianische und nicht katholische Christen. Der »Codex argenteus« mit Wulfilas Bibelübersetzung aus dem 6. Jahrhundert.

nun der fränkische König Chlodwig durch seine Taufe den dritten Bund mit Gott stiftete.

Diese Taufe in Reims sollte die Taufe Europas werden. Dabei sind Legende und Wahrheit, Wahrheit, die als Legende wirkte, und Legende, die als Wahrheit den Anfang des christlichen Abendlandes bildet und dadurch den Lauf der Geschichte veränderte, so abenteuerlich und spannend miteinander verflochten, dass wir Legende kaum von Wahrheit zu trennen vermögen. Der ungeheuren Wirkung und dem historischen, religiösen und philosophisch-geschichtsbildenden Anstoß können wir aber durchaus auf die Spur kommen – es ist ein Bild unserer Kultur im Zustand des Werdens.

Im Jahr 492 trat in Rom Gelasius die Nachfolge von Felix II. an. Dieser Papst entstammte ebenfalls dem stadtrömischen Adel. Als Beamter der Kurie und Jurist hatte er wertvolle Erfahrungen gesammelt und baute nun unter gotischer Herrschaft die päpstliche Macht aus.

Dabei wuchs dem römischen Pontifex eine Entwicklung entgegen, die jene abendländische Vereinigung von Romanen und Germanen einleitete, die zur Grundlage katholischer Macht und damit zum Fundament des christlichen Abendlandes, das heißt Europas werden sollte: Auf gallischem Gebiet konkurrierten westgotische, burgundische, wandalische und fränkische Könige miteinander, um ihre Kleinreiche zu erweitern. Unterstützt von Theoderich, besaßen die Westgoten gute Voraussetzungen, zu den Herrschern Galliens aufzusteigen. Doch wie in Italien und in der Stadt Rom mit den arianischen Germanen und katholischen Romanen zwei Kulturen nebeneinander lebten, statt zu einem Volk zu werden, blieb auch hier eine Fremdheit bestehen.

Im gallischen Raum, dem Gebiet des heutigen Frankreichs, hatte sich in den fast fünfhundert Jahren, in denen das Land zum Imperium Romanum gehörte, eine im Wesentlichen aus Römern und Kelten hervorgegangene gallorömische Bevölkerung gebildet, die im 2. Jahrhundert den katholischen Glauben angenommen hatte. Als die staatliche Macht mehr und mehr zusammenbrach, waren es die Bischöfe, die statt der römischen Behörden die staatlichen Aufgaben übernahmen. Sie setzten den Rechtsfrieden durch, hielten Gericht, veranlassten öffentliche Bauvorhaben, von der Errichtung von Kirchen und Hospitälern bis zu Ausbesserungen an den Stadtmauern, erhoben Steuern und unterhielten und befehligten Milizen oder Stadtsoldaten. Die Bischöfe verhandelten selbstbewusst mit den arianischen Königen der Goten, Burgunden und Franken. Günstig wirkte sich auf ihre umfassende Tätigkeit aus, dass sie im Auftrag der Bevölkerung handelten, denn sie wurden von den Gemeindemitgliedern ihrer Diözesen gewählt. Immer mehr gallorömische Adlige bewarben sich um diese Bischofsämter und konnten sich auch durchsetzen.

So fand die Vereinnahmung des Papstamtes durch den stadtrömischen Adel ihre Entsprechung im Interesse der gallischen Führungsschicht an den Bischofssitzen der Provinz. Wegen der starken Position der Bischöfe waren die germanischen Könige zu einem guten Einvernehmen mit ihnen gezwungen, wollten sie in ihrem ständigen Konkurrenzkampf mit den anderen Königen nicht durch eine aufständische Bevölkerung geschwächt werden. Schließlich profitierten die Herrscher von den Fähigkeiten der Kirchenfürsten, die das römische Verwaltungswissen den neuen Machthabern dienst- und anwendbar machten.

Die germanischen Könige hatten sich als Heerkönige und Kriegsführer hervorgetan, doch fehlte ihnen das Herrschafts- und Verwaltungswissen für die vergleichsweise unpersönlichen Staaten, denen sie in den eroberten oder ihnen überlassenen ehemals römischen Provinzen vorstanden und die nicht mehr auf dem Stammesprinzip beruhten. Also übernahmen gallorömische Adlige und Geistliche, die katholisch glaubten, lebten und dachten, die Schlüsselfunktionen in den Verwaltungen der neuen Königreiche. Sie nutzten ihren Einfluss wiederum zur Mission.

Im Jahr 493 wurde König Chilperich II. von Burgund durch Schergen seines Bruders Gundobad ermordet – Mord als Mittel zur Lösung von Machtfragen innerhalb der Herrscherfamilie gehörte zu den erprobten und allenthalben genutzten Methoden, die man wegen ihrer schlichten Wirksamkeit gern anwandte. Das »Nibelungenlied«, dessen älteste erzählerische Schicht aus dieser Zeit stammt, berichtet anschaulich über Königs- und Verwandtenmord. Nach dem gewaltsamen Tod ihres Vaters flohen die beiden Töchter nach Genf.

Während Chrona in ein Kloster ging, gelang es den Bischöfen Avitus von Vienne und Remigius von Reims, eine Begegnung zwischen der schönen, jungen Christin Clothilde und dem merowingischen Frankenkönig Chlodwig zu arrangieren. Der Plan der Bischöfe, die in Chlodwig den kommenden Mann erkannten, ging auf: Der vermutlich noch dem Glauben seiner Vorfahren anhängende Merowinger verliebte sich in Clothilde und heiratete sie – er war als »Heide« allemal leichter zum Katholizismus zu bekehren als ein Arianer.

Als vorteilhaft für Chlodwig sollte sich erweisen, dass er nun als Schwiegersohn des ermordeten Burgunderkönigs Chilperich Ansprüche auf den burgundischen Thron stellen und damit seinen Eroberungsabsichten ein hehres Ziel voranstellen konnte. Gleichzeitig förderte seine Gemahlin, die katholische Clothilde, das Christentum im fränkischen Gebiet und wirkte auf die Taufe ihres Mannes hin. Das Datum der Taufe bleibt umstritten – die einen sehen es früher um 496, die anderen später im Jahr 506/507, wobei 496 oder 498 besser in den Ablauf der Ereignisse passt. Doch was fand dort in Gallien in den letzten Tagen des 5. Jahrhunderts, fern von Rom, tatsächlich statt?

EUROPA IST EINE TAUFE WERT – CHLODWIG

Der Wind pfiff kalt durch die Straßen der Bischofsstadt Reims, als am Weihnachtstag der Frankenkönig – trotz des weißen Büßergewandes immer noch eine imposante Gestalt – an der Spitze seiner Gefolgsleute vor der Basilika der Stadt erschien. Später wurde angegeben, dass dreitausend Krieger mit ihm die Taufe empfangen haben sollen, doch passt diese Zahl besser zur Bibel als zur Wirklichkeit. Wie viele fränkische Große sich mit

Chlodwig zum Katholizismus bekannten, ist letztlich unerheblich – von der Sache her war es jedermann, der am Hofe und im Heere Chlodwigs wichtig war.

Bärtig und mit wild wallendem Haar stieg Chlodwig ins Baptisterium, ins große Taufbecken, das nach damaliger Sitte eher einer Badewanne glich. Der Heilige Geist, so wird es der Geschichtsschreiber Gregor von Tours später berichten, sprach durch den Mund des Bischofs Remigius, der in der ganzen Pracht seines weiß-goldenen Messgewandes neben dem Taufbecken stand: »Beuge demütig deinen Nacken, bete an, was du verbranntest, verbrenne, was du verehrtest.« Chlodwig folgte der Aufforderung und beugte den Nacken vor Jesus Christus, in dessen Namen ihn Remigius taufte.

Damit hatte Chlodwig als erster germanischer König den katholischen Glauben seiner gallorömischen Untertanen angenommen. Jetzt konnte die Vereinigung gelingen, jetzt wuchs die Einheit von Glauben, Volk und Königtum, auf dem die neue Welt beruhen sollte. Von nun an trat Chlodwig seinen Untertanen als katholischer König gegenüber, und sie konnten sich in ihm finden. Das Frankenreich sollte entstehen, das erste katholische Reich als Urzelle Europas.

Kurz vor seinem Tod sandte Chlodwig dem Papst eine Krone – und demonstrierte damit in einer Zeit, in der ein solches Zeichen beherrschende Gewalt besaß, dass er sich geistlich dem Papst unterstellte. Der Bischof von Rom war nicht mehr nur, wie noch für Theoderich, das geduldete Haupt von Andersgläubigen oder, wie für den Patriarchen von Konstantinopel, ein lästiger Konkurrent in der Kirche. Dem Papst wurde zum ersten Mal als geistlichem Führer einer entstehenden Welt gehuldigt, die sich ihm unterwerfen sollte, weil das katholische Christentum in der gallischen Bevölkerung so fest verwurzelt war, dass jeder König, der seine Macht absichern wollte, die Beglaubigung durch den Papst benötigte.

Die Goten und Burgunder, die Arianer blieben oder sich zu

spät bekehrten, gingen unter wie etwas später auch die arianischen Langobarden. Die Franken dagegen schufen einen Staat, aus dem zwei Reiche – Frankreich und Deutschland – hervorgehen sollten, und ermöglichten den Kirchenstaat, als Herrschaftsland des Papstes, als Patrimonium Petri.

Welche Motive Chlodwig auch zur Taufe bewogen haben mögen – es waren gewiss nicht nur politische Überlegungen –, von ungeheurem Vorteil sollte sich erweisen, dass er sich auf die Geistlichkeit in Gallien stützen konnte. Die Bischöfe hielten Kontakt untereinander und verständigten sich auf Synoden, sodass es bereits ein landesweites Netz der Herrschaft, Verwaltung, Information und Propaganda gab, dessen sich Chlodwig nun durch die Taufe versichert hatte. Gallien besaß bereits eine kirchliche Einheit, bevor es in einem Reich vereinigt wurde.

Chlodwigs Taufe stellte nicht mehr und nicht weniger als einen Weltenwechsel dar, wobei sich der König für die Zukunft entschieden hatte. Neben den politischen Vorteilen, den herrschaftlichen Erfordernissen hinsichtlich seiner in der Mehrheit katholischen Untertanen, wirkten nicht nur die sanfte Macht beharrlicher Bekehrung durch seine Frau, sondern auch beeindruckende Gestalten der katholischen Kirche wie Remigius von Reims oder die später heiliggesprochene Genoveva, der er noch selbst begegnen sollte.

Die 422 in Nanterre bei Paris geborene Tochter gallorömischer Eltern sah schon früh in der berstenden Welt des Imperiums den Weg zu Gott als Ausweg aus dem irdischen Jammertal, das gerade in den Jahren der Völkerwanderung elender erschien denn je. Früh erkannte der Wanderbischof Germanus, der auf seiner Missionsreise durch Nanterre kam, die Begabung und Erwähltheit des jungen Mädchens. Sie nahm den Schleier und empfing die Jungfrauenweihe. Bald schon verbreiteten sich Geschichten und Nachrichten über die außergewöhnlichen Heilkräfte der Hände der gottgeweihten Frau. Wie eine frühe Jeanne d'Arc ermutigte Genoveva die Pariser, die voller Angst vor Attilas anrückendem Heer heillos auf der Flucht waren, zurückzukehren in die Mauern der Stadt und für deren Verteidigung zu sorgen. Attila zog mit seinem Heer an Paris vorbei, um 451 auf den Katalaunischen Feldern geschlagen zu werden.

Als Chlodwig auf Kosten gotischer und burgundischer Könige sein Reich erweiterte, kam er in Kontakt mit Genoveva, die mit ihm über die Freilassung von Gefangenen verhandelte. Die bescheidene, aber energische und furchtlose Frau muss den herben Kriegsmann sehr beeindruckt haben. Mögen auch spätere Legenden eine Art frömmelnden Zuckerguss über die eindrucksvolle Persönlichkeit der Heiligen gegossen haben, ein außergewöhnliches Charisma hat sie wohl durchaus besessen. Nach der erheblichen Vergrößerung seines Reichs verlegte Chlodwig seinen Hof nach Paris, das nun im Zentrum seiner Lande lag, und errichtete dort das Kloster der Heiligen Apostel zu Paris. Bald darauf wurde das Kloster umbenannt in Abtei Sainte-Geneviève und die heilige Genoveva im Jahr 502 dort begraben. Seit 1790 erhebt sich an dieser Stelle das Panthéon.

Als es im Jahr 498 in Rom wieder einmal zu einem Schisma, einer Kirchenspaltung, kommen sollte, weil zwei Parteien ihren Kandidaten zum Papst erhoben hatten und Theoderich einen der beiden Päpste mit Namen Symmachus vor eine Synode lud, um ihn verurteilen zu lassen, erhob Bischof Avitus von Vienne im Namen seiner gallischen Amtsbrüder Protest. Er schrieb: »Wenn im Fall der übrigen Bischöfe etwas ins Schwanken gerät, lässt es sich wieder einrichten, doch wenn das Amt des römischen Papstes in Frage gestellt wird, geht es nicht mehr nur um einen Bischof, sondern die Institution des bischöflichen Amtes selbst wird erschüttert.« Mit anderen Worten, die Bischöfe leiteten ihre Legitimation vom ersten Bischof, der das Amt von Petrus selbst empfangen hatte, her.

So drängt sich wie von selbst ins Bild, dass es zweihundert Jahre zuvor ein gallischer Bischof war, Irenäus von Lyon, der die erste lückenlose Papstliste aufstellte, die praktisch durch die vollständige und ununterbrochene Folge von Päpsten, beginnend bei Petrus, die apostolische und von Christus herrührende Legitimation und Autorität der Bischöfe von Rom nachwies, der Päpste, wie sie nun hießen. Damit traf der Anspruch auf Vorrang, den die Päpste in Rom entwickelt hatten, mit der Bereitschaft wichtiger Bischöfe – oder, etwas kühn formuliert, der gallischen Kirche – zusammen, den Primat zu akzeptieren.

So schloss sich der Kreis, und die katholische Kirche hatte sich gebildet. Nun konnte die Kirche nur noch erweitert werden, weltlich wie geistlich durch neue katholische Reiche und neue katholische Ortskirchen. Die erfolgreiche Mission in Mittel-, Süd- und Osteuropa lief auf Hochtouren. Dabei entwickelte sich ein erbittert geführter Wettlauf zwischen der Kirche Ostroms und der katholischen Kirche, zwischen der römischen und der griechischen Kirche, die sich bald immer mehr entfremden sollten und zur römisch-katholischen und zur griechisch-orthodoxen Kirche herausbildeten.

Im Jahr 511 rief Chlodwig eine Synode der Bischöfe seines Reiches nach Orleans ein, um mit den Bischöfen über die Verwaltung und über rechtliche Regelungen zu beraten und zu verhandeln. Der Schulterschluss mit allen Bischöfen, dem Episkopat, stellte Chlodwigs Herrschaft auf eine tragfähigere Grundlage, als alle Gewalt sie durch Furcht und Schrecken hätte schaffen können. Nun stand der König auch unter Gottes Schutz und war kein Andersgläubiger, mit dem man sich zu arrangieren hatte. Trotz ihres großen Selbstbewusstseins unterstellten sich die gallischen Bischöfe nicht aus Zwang – wer hätte sie dazu pressen sollen? –, sondern aus Überzeugung dem römischen Primat.

Nicht wenig beeindruckt zeigte sich der fränkische König vom heiligen Martin von Tours, der im 4. Jahrhundert in Gallien gewirkt hatte. Als ehemaliger Soldat, dann tatkräftiger Mönch und engagierter Bischof gab Martin einen perfekten Reichsheiligen ab und wurde durch Chlodwigs Interesse zur Identifikationsfigur des neuen Reiches. Da der heilige Martin das erste Kloster in Gallien gegründet hatte, nutzte Chlodwig die Machtmittel der Kirche – die Heiligenverehrung und das tatkräftige Mönchstum.

Mönche und Heilige sollten für die Päpste in Rom zu starken Bataillonen im Kampf um die Vorherrschaft werden. Im Mittelalter wurden die Taten der Heiligen umgemünzt in päpstliche Gnadengaben, wie das Lossprechen von Sünden, wofür man sonst für alle Ewigkeit in der Hölle geschmort hätte. Und dass die Schatzkammern des Vatikan voller erworbener Verdienste und damit verteilbarer Gnadengaben waren, dafür sorgte die Armee von Heiligen, die in der Welt für Christus und gegen den Teufel kämpfte.

Der Heiligenkult ging aus der Märtyrerverehrung hervor. Heilige waren Menschen, die eine direkte Verbindung zu Gott besaßen und deshalb Besessene und Kranke heilen konnten. Wenn auch Legenden neue Legenden erzeugen und im Verlauf des Erzählens und Notierens immer wieder Ausschmückungen hinzuwachsen, so enthalten die Wundergeschichten doch einen wahren Kern. Warum auch sollten dem Elend preisgegebene, erkrankte Menschen, die weder den Arzt noch den Heiligen wechseln können, ihre Genesung erfinden? Die Berichte sind zu zahlreich, als dass man sich darüber hinwegsetzen könnte. Heutzutage glaubt man ja auch an alles Mögliche – die Menge an Aberglauben hat sich nicht verändert, nur der konkrete Inhalt des Geglaubten.

Als identitätsstiftende Macht stellten und stellen die Heiligen vermutlich die stärkste Truppe der Kirche dar. Chlodwig jedenfalls ließ Genoveva in der Pariser Apostelkirche beisetzen, für die er vom Papst eine Petrusreliquie erbat, und wurde dort auf eigenen Wunsch 511 auch selbst zur letzten Ruhe gebettet, nahe der Heiligen und des Apostels – wenn eine Reliquie des Apostels im Altar verwahrt wurde, dann war Petrus anwesend, wie in Rom. In dieser Hinsicht gründete das neue Frankenreich wie die katholische Kirche unmittelbar auf den Gebeinen des Apostels Petrus.

UNTERGANG DER GOTEN – MACHTGEWINN DER PÄPSTE

Im wilden und zügellosen 6. Jahrhundert versank Italien in blutigen Wirren. Krieg und Pest brachen über die Bewohner der Apenninhalbinsel herein und trugen den Tod im Gepäck. Nachdem Theoderich 526 gestorben war, zerfiel das Gotenreich – seine Nachfolger vermochten es nicht aufrechtzuerhalten. Schon in seinen letzten Lebensjahren hatte der Druck der oströmischen Kaiser zugenommen, die davon träumten, das alte Imperium wiederherzustellen. Der Traum, gewagt, doch nicht vollendet, verschlang nur Leben und Güter.

Der alte Theoderich, der das oströmische Säbelrasseln wohl vernahm, wurde misstrauisch. Er wandte sich gegen die Katholiken und die letzten andersgläubigen Römer, weil er sie gleichermaßen verdächtigte, sich mit dem Kaiser in Konstantinopel gegen ihn verbündet zu haben. Nicht der Katholizismus selbst beunruhigte ihn, sondern die alten imperialen Träume des stadtrömischen Adels.

In Zeiten, in denen das Misstrauen der Herrscher wächst, bieten sich verleumderischen Charakteren reiche Möglichkeiten, die Ehrlichen und Aufrechten zu vernichten und sich skrupellos zu bereichern. Cyprianus, ein verschlagener Jurist, beschuldigte den ehrenwerten Senator Albinus der Verschwörung mit dem oströmischen Kaiser Justinian I. Empört wies Boethius, der hohe königliche Beamte, römische Senator und Philosoph, diese Anklage als Verteidiger des Albinus zurück. Genauso gut könne man ihn selbst für schuldig halten, entgegnete er den Anklägern mit großer Geste. Auf diesen Satz hatte Cyprianus nur gewartet. Er nahm den Senator beim Wort und klagte nun Boethius an, weil dieser sich vor aller Ohren als schuldig bekannt habe. Denn der Umkehrschluss gelte auf jeden Fall: Wenn Albinus so unschuldig sei wie Boethius, dann sei Boethius so schuldig wie Albinus. Kurz, Boethius kam in Haft, verfasste eines der lesenswertesten lebensphilosophischen Bücher – »Vom Trost der Philosophie« – und wurde unter Martern hingerichtet.

Theoderichs Misstrauen, von Kreaturen wie Cyprianus, die Gewinn daraus zogen, am Brennen gehalten, nahm schließlich krankhafte Züge an. Als Papst Johannes erfolglos aus Konstantinopel zurückkehrte, wo er, von Theoderich dazu gezwungen, als Gesandter vorgesprochen hatte, wurde er bei seiner Ankunft in Ravenna verhaftet und starb im Gefängnis.

Unbewusst spürte der alte König den Niedergang seines Reiches und stemmte sich verzweifelt dagegen. Gewalt hatte Theoderichs Herrschaft in Italien aufgerichtet, Gewalt stand nach einem dreißigjährigen Frieden am Ende seiner Regierung, durch Gewalt ging sein Reich unter.

Nach seinem Tod 526 wurde die Gewalt für die nächsten fünfzig Jahre zur wahren Regentin des geschundenen Landes. Der von der Bevölkerung erhoffte und begrüßte Einmarsch der Truppen des oströmischen Kaisers unter dem Feldherrn Belisar, der das alte Imperium wieder einigen sollte, stieß Italien zur Ernüchterung, Enttäuschung und Verzweiflung der Menschen in Anarchie, Chaos, Unsicherheit und unermessliches Leid. Und nicht nur von den oströmischen »Befreiern« wurde das Land geplündert, ausgepresst und verheert, sondern auch von den Kriegern der Langobarden, die 568 in Norditalien einfielen. Die Enttäuschung über die Brutalität der korrupten oströmischen Heerführer und Steuereintreiber, die sich auf Kosten der italischen Bevölkerung bereicherten, sollte so tiefe Narben hinterlassen, dass sich in Europa keine Hand rührte, als Konstantinopel und das Byzantinische Reich von den islamischen Heeren der Türken überrannt wurden.

Mit ihren eigenen Leuten gingen die oströmischen Heerführer allerdings auch nicht besser um. Einer von ihnen, der das Getreide für seine Soldaten meistbietend verschob, wurde von seinen hungernden Truppen aus Verzweiflung erschlagen. Wenn es schon im oströmischen Heer so zuging, was musste das erst für den Umgang mit der letztlich doch fremden Zivilbevölkerung bedeuten? Das ganze Ausmaß der Enttäuschung und schließlich der Entfremdung zwischen den Bewohnern des italienischen Königreichs und den oströmischen Truppen ist nur zu ermessen mit dem Blick auf die großen Hoffnungen, die sich als Illusionen erwiesen hatten.

Die Bewohner der Stadt Rom lebten im Bewusstsein der verlorenen Größe des Imperiums, das in Ostrom staatlich überlebt hatte. Der oströmische Kaiser galt auch als römischer Augustus. Auch wenn sich die Griechen in Konstantinopel und die Lateiner im Rom – nicht nur in der Sprache – unterschieden, wog ihre lange gemeinsame Geschichte immer noch mehr als die getrennte Entwicklung der letzten zweihundert Jahre.

Als nun (ost-)römische Heere nach Westen vorstießen und Kaiser Justinian, der auch das römische Recht sammeln und aufschreiben ließ, die alte Größe des Imperiums beschwor, entzündete sich die Hoffnung auf die Wiederkehr des vereinten Römischen Reiches. Doch alles, was Justinians Truppen gelang, war die Zerstörung der ohnehin wankenden Gotenherrschaft in Italien. Für eine Weile konnten sie auch die allernächste Umgebung von Ravenna vor dem Ansturm der Langobarden halten, der über ganz Italien tobte und dem die byzantinischen Feldherren überfordert und am Ende machtlos gegenüberstanden.

Für die römische Kirche waren die hundert Jahre zwischen den Päpsten Leo I. (440–461) und Gregor I. (ca. 540–604) eine Zeit, in der sie sich strukturierte, verteidigte und ihren Primatsanspruch durchsetzte, zumindest im Westen – im Osten sollte es nie glücken.

Simplicius (468–483). Der übernächste Papst nach Leo dem Großen kämpfte gegen den Monophysitismus, der in der Ostkirche wiedererstarkte. Im »Henotikon« (griech., Einigung), einem 482 erlassenen Edikt Kaiser Zenons und seines Patriarchen Acacius, wurde eine neue Glaubensformel festgeschrieben, welche die Beschlüsse des Konzils von Chalcedon ignorierte und den Monophysiten sehr entgegenkam. Der Papst legte Protest ein und schlug ein Konzil vor. Doch Acacius, der den Kaiser hinter sich wusste, reagierte nicht darauf.

Nach dem Tod des Simplicius wies Zenon den römischen Stadtpräfekten Basilius an, in die Neuwahl des Papstes einzugreifen, weil er keine Einsprüche, Forderungen und Wünsche aus Rom mehr zu hören wünschte. Wie schon beschrieben, beschnitt Basilius die Befugnisse des Papstes zugunsten des Kaisers und vor allem des stadtrömischen Adels – die Gelegenheit war einfach zu günstig. Nur war der dann gewählte neue Papst Felix II. ein macht- und selbstbewusster Mann aus dem besagten Adel und gab sich nach seiner Wahl weit weniger lammfromm, als man auf byzantinischer Seite gehofft hatte.

Felix II. (483–492). Er setzte die Linie seines Vorgängers fort, lud Acacius vor eine römische Synode, und als der nicht erschien, schrieb er einen Brief an den Patriarchen von Konstantinopel, in dem er ihn exkommunizierte. Dann teilte der Papst Kaiser Zenon klipp und klar mit, dass er sich den Bischöfen unterzuordnen, dass er in der Kirche zu lernen, aber nicht zu lehren habe. Der Kaiser habe, »was Gottes ist, von den gottverordneten Verwaltern zu empfangen«.

Zenon dürfte in seinem Palast in Konstantinopel beim Lesen der Epistel an die Decke gegangen sein. Welch überaus scharfen und selbstbewussten Ton wagte der Papst ihm gegenüber, der sich nach oströmischer Tradition als oberster Leiter der Kirche sah, anzuschlagen! Hier hatte zum ersten Mal ein Papst einem Kaiser seinen Machtanspruch wie einen Fehdehandschuh vor die

Füße geschleudert. Ordne dich unter, fehlbarer Mensch!, hieß die Formulierung im Klartext. An vielen Passagen des Briefes hatte ein fähiger Jurist aus Felix' unmittelbarer Umgebung, der päpstlichen Kanzlei des Papstes, maßgeblichen Anteil. Das Ergebnis war jedenfalls das acacianische Schisma (484–519) zwischen Rom und Konstantinopel.

Gelasius I. (492–496). Als Nachfolger des 492 gestorbenen Papstes Felix II. baute Gelasius den Primatsanspruch aus und formulierte die Zweigewaltenlehre, die für das Mittelalter bedeutsam werden sollte: Danach gibt es zwei Reiche, das »sacerdotium«, das Reich des Heils und der Ewigkeit, das göttliche Reich auf Erden, das die Kirche verwaltet, und das »regnum«, das Reich des irdischen Lebens, des Alltags, der Herrschaft und der staatlichen Macht, in dem die weltlichen Fürsten regieren. Allerdings haben die Bischöfe, die für das Heil und die Ewigkeit zuständig sind, den Vorrang.

Man diskutiert heute die Frage, wie ausgeprägt oder wie vorgeprägt diese mittelalterliche Herrschaftslehre schon bei Gelasius war. Denn es ist historisch einmalig und verblüffend: Die Vorstellung des Primats, der päpstlichen Vorrangstellung, wurde konsequent auf eine neue Gesellschaft und ihre Herrschaftsstruktur ausgedehnt, und zwar noch bevor diese Gesellschaft sich herausgebildet hatte. Zwar war diese Herrschaft vorerst noch eine Dame ohne Unterleib, ein Kunstprodukt, doch das sollte sich bald ändern. Die Zweigewaltenlehre, die im Zuge der Machtfrage zwischen dem Papst in Rom und dem Kaiser in Konstantinopel entstanden war, diente der Kirche als Herrschaftsmodell für das entstehende christliche Abendland und sollte erst durch die Säkularisierung der Neuzeit im 15. Jahrhundert allmählich zerfallen.

Symmachus (498–514). Nach dem Tod des Gelasius 498 wählten zwei konkurrierende Gruppen zwei verschiedene Päpste, den byzanzfreundlichen Laurentius und den byzanzfeindlichen Symmachus. Letzterer blieb nach einer schweren Krise im Amt. Zum einen, weil er die Unterstützung der westlichen Bischöfe genoss, zum anderen wollte auch der italienische König Theoderich keinen Freund des oströmischen Kaisers im Lateranpalast behaust und am Werke sehen.

Hormisdas (514–523). Erst sein Nachfolger Papst Hormisdas suchte eine Aussöhnung mit Byzanz. Acacius und Kaiser Zenon ruhten beide schon in ihren mehr oder weniger ewigen Jagdgründen, und Kaiser Justin I. war mehr an der Einheit mit Rom als an einer Silbenfechterei mit starren Argumenten gelegen. Er legte das Schisma 519 stillschweigend zu den Akten – das »Henotikon«, das monophysitische Edikt Kaiser Zenons, sorgfältig darunter versteckt – und setzte einen Patriarchen in Konstantinopel ein, der sich vollständig zum Glaubensbekenntnis von Chalcedon bekannte. Päpstlicher Sieg auf der ganzen Linie! Der Name des Acacius, der immer noch vom Papst gebannt war, durfte nun auch in den Gottesdiensten der Ostkirche nicht mehr genannt werden.

Kaum geschlossen, wurde der Frieden allerdings bereits wieder empfindlich gestört, und zwar durch die verwirrenden Wünsche einer Gruppe skythischer Mönche aus dem nördlichen Schwarzmeergebiet, die ihrerseits auf eine Änderung des Glaubensbekenntnisses drangen. Hormisdas, der 523 starb, konnte die Sache nicht mehr klären.

Johannes I. (523–526). Also reiste statt Hormisdas der neue Papst Johannes I. nach Konstantinopel, um den Streit über die Formulierung des Glaubensbekenntnisses beizulegen. Wo sich der gute Papst ohnehin zum oströmischen Kaiser begab, versah ihn der italienische König Theoderich noch mit einem diplomatischen Auftrag.

Die Byzantiner ehrten den Papst, und zum ersten Mal in der

Geschichte geschah etwas, das für das Abendland von großer Bedeutung werden sollte: Bei der Ostermesse, die der Papst in Konstantinopel im Jahr 526 hielt, setzte er dem Kaiser Justin die Krone auf. Der Papst krönte den Kaiser, der Kaiser erhielt die Krone aus den Händen des Papstes. Bildstärker ließ sich Gelasius' Lehre von den zwei Gewalten nicht in Szene setzen.

Noch etwas Wichtiges fiel in diese Zeit: Ein Jahr zuvor hatte Johannes den Mönch Dionysius Exiguus beauftragt, die Berechnung der Ostertermine für die kommenden Jahrzehnte vorzunehmen. Diese Arbeit führte zu einer christlichen Weltchronik, deren Zeitrechnung wir noch heute benutzen, denn er hatte das Jahr null als Jahr der Geburt Christi festgelegt.

Johannes wurde, wie schon gesagt, auf der Rückreise von Konstantinopel festgenommen und starb in Haft. Er sollte Rom nie mehr sehen und wurde auch nicht im Vatikan beigesetzt.

In der Folgezeit wurde das Papstamt erstmals zum Spielball politischer Großmächte: Die schwachen Nachfolger Theoderichs bemühten sich, antibyzantinische, gotenfreundliche Geistliche auf den Stuhl Petri zu bringen. Und natürlich versuchten die Byzantiner, ihre Kandidaten zum Papst wählen zu lassen.

Agapet I. (535–536). In Konstantinopel hatte Kaiserin Theodora, die Gemahlin Justinians I., Bischof Anthimos von Trapezus 535 zum Patriarchenamt verholfen, der Sympathien für die Monophysiten hegte. Allerdings legte er sich nicht eindeutig fest. Deshalb schickte Papst Agapet I. bald eine Gruppe von Bischöfen nach Konstantinopel, die aber auch nicht herausbekamen, ob der Patriarch nun für oder gegen die Beschlüsse von Chalcedon war. Anthimos' Standpunkt war in undurchdringlichen Nebel gehüllt – er verwirrte Freund und Feind.

Ende des Jahres 535 folgte nun Papst Agapet selbst, wenn auch nicht ganz freiwillig. Der ostgotische König Theodahat hatte den Papst beauftragt, nach Konstantinopel zu reisen, um im buchstäblich letzten Moment den Krieg zwischen Ostgoten und Byzantinern zu verhindern und Justinian zu bewegen, seine Truppen, die unter dem Kommando des Feldherrn Belisar auf Sizilien gelandet waren, zurückzuziehen.

Dieser hatte zuvor die Vandalen in Afrika geschlagen. Es folgte noch einmal eine kurze Zeit, in der die afrikanische Kirche aufblühte, bevor das Land von den islamischen Heeren überschwemmt wurde. In der Diskussion über die Kreuzfahrer werden die Halbmondreiter gerne vergessen.

Als Papst Agapet im Februar 536 in Konstantinopel ankam, verweigerte er demonstrativ im Gottesdienst die Gemeinschaft mit Anthimos unter dem Vorwand, dass der Bischof von Trapezus entgegen dem Kirchenrecht der römisch-katholischen Kirche, dem kanonischen Recht, Patriarch von Konstantinopel geworden sei. Das Papsttum war unangreifbar und mächtig, weil es auf den sicheren Grund kirchenrechtlicher Bestimmungen setzte statt, wie die Bischöfe der Ostkirche, auf die von wilden Wassern umtosten Inseln theologischer Spekulation. Anthimos jedenfalls legte im Beisein Kaiser Justinians sein Amtszeichen ab und auf den Altar. Dann zog er sich in den Palast der Kaiserin zurück, um fortan als Eremit ein asketisches Leben in Weltenferne zu führen.

Dass Justinian unter vernehmlichem Zähneknirschen der Kaiserin den Papst unterstützte, hatte vor allem einen machtpolitischen Grund: Der Kaiser hatte seinen Feldherrn Belisar mit einem Heer nach Italien geschickt, um das Land zu erobern. Da schienen ihm gute Kontakte zum römischen Pontifex wichtiger und zweckmäßiger als jede theologische Rechthaberei. Und so kam es zu dem einzigartigen Vorgang: Der Papst verjagte einen Patriarchen von Konstantinopel und setzte seinen Nachfolger ein.

Bald darauf verstarb Papst Agapet, und der Kaiser, oder besser die Kaiserin Theodora revanchierte sich, indem sie Agapets Nachfolger Silverius (536–537) einfach von Belisar festnehmen ließ und dafür den zweifelhaften Vigilius einsetzte. Dieser stand zwar mit der Kaiserin im Bunde, widersetzte sich jedoch, einmal im Amt, zum Erstaunen Theodoras den kaiserlichen Wünschen aus Konstantinopel.

Vigilius (537–555). Papst Vigilius verfolgte einen Zickzackkurs in Sachen Monophysitismus. Während seines Pontifikats verlor der Bischof von Rom aber auch zunehmend an Ansehen innerhalb der Westkirche. Nach Agapets Tod hatte Theodora durchgesetzt, dass Patriarch und Kaiser bestimmte theologische Vorstellungen von drei großen, auf dem Boden der Konzilsbeschlüsse stehenden Theologen – Ibas von Edessa, Theodor von Mopsuestia und Theodoret von Kyros – mit dem Bann belegten. Diese Verurteilung ging unter dem Begriff des Edikts gegen die »Drei Kapitel« in die Geschichte ein.

Als Papst Vigilius die Zustimmung verweigerte, ließ ihn der Kaiser im Jahr 545 von Belisar festsetzen und nach Konstantinopel bringen. Dort gab er nach langem Widerstand und unter dem Druck einer Synode die Ablehnung des Banns auf und unterschrieb das Edikt gegen die »Drei Kapitel«. In der Westkirche erhob sich einhelliger Protest, und die mächtigen Bischöfe von Mailand, Ravenna, Aquileia, Venedig und Histrien (Istrien) kündigten die Gemeinschaft mit Rom auf.

Das Papsttum schien ins Bodenlose zu stürzen, denn niemals zuvor war es in der Westkirche in Frage gestellt worden. Doch nun, als der Papst selbst sich dem östlichen Cäsaropapismus unterordnete, traten die Bischöfe Norditaliens für den Primat des Papstes ein. In dieser komplizierten Situation präsentierten sich die selbstbewussten Bischöfe Norditaliens als Wahrer der Macht der katholischen Kirche, die sich immer über den Herrschern stehend empfand, und schützten sie, als der Papst bereits aufgegeben hatte.

Nach zehnjähriger Gefangenschaft in Konstantinopel wurde Vigilius 555 erlaubt, sich auf den Rückweg nach Rom zu machen. Er sollte die Stadt nicht wiedersehen – als gebrochener Mann starb er auf der Reise in Syrakus. Zwar schaffte man seinen Leichnam nach Rom, doch hatte sein Ansehen so gelitten, dass er nicht im Vatikan beigesetzt wurde.

Pelagius I. (556–561). Inzwischen tobte der Krieg zwischen Ostgoten und Byzantinern. Nachdem die Ostgoten geschlagen waren, wurden die Byzantiner von den Langobarden weitgehend aus Italien vertrieben. Ihnen blieben nur ein Gebiet um Ravenna (Exarchat), das von einem Statthalter (Exarch) verwaltet wurde und 751 auch in die Hände der Langobarden fallen sollte, Teile Süditaliens und Sizilien. Der große Traum, das Imperium erneut zu errichten, war ausgeträumt. Der neue Papst trat ein schweres Erbe an. Von den Byzantinern beherrscht, von den norditalienischen Bischöfen gemieden, hatte er für eine leidende Stadt, die von den Langobarden belagert wurde, zu sorgen.

Seinen Nachfolgern erging es nicht besser. Italien und die Stadt Rom litten unter Hungersnöten und Pestwellen, die im 6. Jahrhundert die Länder am Mittelmeer im fieberheißen Griff hatten.

Pelagius II. (579–590). Er suchte Hilfe bei den Franken und den Byzantinern, doch die Unterstützung fiel so dürftig aus, dass sich der Papst mit den Langobarden arrangieren musste. Die norditalienschen Bischöfe – mit Ausnahme des Mailänder Bischofs, der 575 in die Gemeinschaft mit Rom zurückkehrte – verschlossen ihre Ohren vor dem Hilfeersuchen des Papstes und erinnerten Pelagius an das Versagen seines Amtsvorgängers Vigilius im Dreikapitelstreit.

Der Winter 589/590 brachte außer der inzwischen zur schrecklichen Tradition gewordenen Hungersnot auch noch Hochwasser. Der Tiber trat über seine Ufer und überflutete große Teile des Stadtgebiets. Die Pest brach aus, an der im Februar 590 auch Papst Pelagius II. starb, einsam und verzweifelt.

Wer wollte in dieser ausweglosen Situation schon Papst werden? Die Stadt Rom und das Papsttum lagen siech danieder, waren erfüllt von einem einzigen Sterben. Die katholischen Geistlichen in Rom entschieden sich bei der Papstwahl 590 für einen an Jahren im kirchlichen Dienst noch jungen, aber in weltlichen und politischen Angelegenheiten ungemein erfahrenen Mönch, der in dem Ruf großer Frömmigkeit stand. Gregor, um 540 geboren, entstammte einem der führenden stadtrömischen Geschlechter. Er war der Urenkel von Papst Felix III. und wahrscheinlich der Neffe von Agapet. Sein Vater gehörte dem Senat an, seine Mutter und seine drei Tanten lebten eine tief empfundene christliche Frömmigkeit. Über Gregors Geschwister wissen wir lediglich, dass er einen Bruder namens Palatinus hatte, der in einem heiklen Moment eine wichtige Rolle spielen sollte.

Der junge Gregor hatte rasch im Dienst der Stadt Rom Karriere gemacht und versah nun das Amt eines »praefectus urbi«, des obersten zivilen Beamten der Stadt. Er war auf dem Höhepunkt seines beruflichen Erfolges angekommen. Nach dem Tod seines Vaters richtete Gregor im geerbten Palast auf dem Caelius, einem der sieben Hügel Roms, ein Kloster ein, das er dem heiligen Andreas weihte. In dieses Kloster begab er sich 575 als einfacher Mönch, um abseits von der Welt Gott zu schauen, die Bibel zu lesen und zu fasten.

Doch lange sollte das stille geistliche Glück des zurückgezogen lebenden Mönches Gregor nicht währen, denn Papst Pelagius II. weihte ihn zum Diakon und schickte ihn 579 als Gesandten an den Hof nach Konstantinopel. So reich gesegnet mit Talenten und erfahrenen Männern war die Kirche nicht, dass sie auf einen Mann wie Gregor verzichten konnte, in dem sich klassische römische Bildung und Erfahrung in Verwaltung und Rechtswissenschaft mit einer frommen Ergebenheit gegenüber der Kirche verbanden.

Bald schon ließ Gregor einige seiner Mönche aus Rom nach Konstantinopel nachkommen, um weiter mit ihnen in Gemeinschaft leben zu können. Die Stadt des Kaisers hatte sich zu einer Weltstadt entwickelt, sie stand für das, was Rom nur noch dem Ruf und der Erinnerung nach darstellte. Hier kam Gregor mit jungen Priestern in Kontakt, die ebenfalls von ihren Bischöfen aus allen Teilen des Reiches als Gesandte nach Konstantinopel geschickt worden waren, und freundete sich mit ihnen an. Das sollte später für sein Pontifikat wichtig werden: Die enge Freundschaft mit Leander von Sevilla, die zu dieser Zeit entstand, war die Grundlage für den Erfolg der Politik Papst Gregors in Spanien, denn der Bischof von Sevilla setzte diese ausgesprochen elegant um, ohne dass Gregor allzu sehr persönlich in Erscheinung treten musste.

Aber auch am byzantinischen Hofe machte Gregor damals eine gute Figur, sodass er verlässliche Beziehungen zum Kaiserhof unterhalten konnte, ohne den Vorrang seines Papstes infrage zu stellen oder sich gar Ostrom unterzuordnen.

Zurück in Rom hoffte Gregor, sein geliebtes mönchisches Leben eines Tages wieder aufnehmen zu können. Doch die Wahl der katholischen Geistlichen im Jahr 590 machte diese Hoffnung mit einem Schlag zunichte. Alles Bitten half nicht. Gregor sandte ein Schreiben an Kaiser Maurikios in Konstantinopel, in dem er ihn anflehte, ihn nicht als Papst zu bestätigen.

Bis zum Eintreffen der kaiserlichen Bestätigung der Papstwahl wurde die Diözese Rom üblicherweise von hohen Geistlichen und vom für das Amt vorgesehenen Papst, in diesem Fall Gregor, verwaltet. Obwohl er immer noch auf die befreiende Entscheidung des Kaisers hoffte, stürzte er sich, wie es ihm sein altrömisches Pflichtgefühl vorschrieb, in die Arbeit. Es war dieses eiserne, zum Teil unmenschliche Pflichtgefühl, das die Römer zum Herrschen bestimmte, wie es einst ein antiker Autor ausgedrückt hatte.

Ebenso tatkräftig wie methodisch ging der künftige Papst

wider Willen nun die Probleme und Missstände an – allen voran die Pest. Mag uns sein Vorgehen heute befremden oder manchen auch erheitern, so waren die Maßnahmen doch klug durchdacht. Als Erstes hielt Gregor eine große Predigt in der Basilika San Giovanni in Laterano, in der er den Römern erklärte, die Pest sei eine Strafe Gottes und sie müssten Buße tun für ihre Sünden, wenn sie Gott bewegen wollten, diesen Würgeengel von ihnen zu nehmen. Dann verordnete er der Bevölkerung, drei Tage lang zu beten und Psalmen zu singen. Dem schloss sich ein beeindruckender Bittgang an. Von sieben Kirchen brachen sieben große Prozessionen auf, die sich singend und betend am 25. April 590 auf die Kirche Santa Maria Maggiore im Zentrum der Stadt zubewegten. Überall erhob sich wie ein mächtiger Bittgesang: »Kyrie eleison, Herr erbarme dich, Herr Jesus! Du Wort des Lebens! Kyrie eleison / Herr Jesus, du Licht der Menschen! Christe, eleison / Herr Jesus, du bist unser Weg zum Vater! Kyrie, eleison.«

Und während man Gott um Vergebung bat, sanken in der Prozession über achtzig Menschen, vom Schwarzen Tod dahingerafft, auf die Straßen Roms, um nie wieder aufzustehen. Doch der künftige Papst riss die Römer aus ihrer Resignation, aus der Einsamkeit ihres Sterbens und gab ihnen Kraft und Zuversicht und ein Mittel, das sie mit Hoffnung erfüllte. Das Gebet war zwar kein Medikament, aber es stärkte die Abwehrkräfte der Menschen: Sie spürten zum ersten Mal, dass sie die Krankheit besiegen konnten. Selbstvertrauen und Aktivität kehrten in die eben noch ermattete Stadt zurück.

Fragt man nach der Macht der Kirche, zeigt diese Episode, wie wenig diese Macht durch Gewalt zerstört werden kann, weil sie auf dem Glauben beruht. Es ist ganz einfach: Macht, die auf Gewalt beruht, wird durch Gewalt zerstört. Doch Macht, die sich aus der Kraft des Glaubens speist, endet an dem Tag, an dem der Glaube versiegt. Das ist der Grund, weshalb die Definition des rechten, des orthodoxen Glaubens für den Vatikan tatsächlich überlebenswichtig ist. Aus dieser Perspektive erhellt sich erst der erbitterte Kampf gegen Andersgläubige. Dieser Kampf diente nicht dem Sadismus fanatischer Geistlicher – wiewohl es das zuweilen auch immer gegeben hat –, sondern der Verfügungsgewalt über den Glauben.

Das ist umso wichtiger, als der Glaube immer ein Akt der Freiheit ist. Wir können zu Lippenbekenntnissen gezwungen werden, nicht aber zum Glauben. Diese Freiheit gefährdet jede Institution und muss folglich kontrolliert werden. Deshalb benötigt die katholische Kirche keine Armeen und Polizeikräfte, doch kann und darf sie nicht darauf verzichten, die letzte Entscheidungsinstanz in Glaubensdingen zu sein. Das ist nicht verwerflich, wie es uns manche Kriminalgeschichten oder sogenannte Enthüllungen zum Christentum einreden wollen. Aber es kann – wie die Geschichte zeigt – zu Nutz und Frommen führen wie auch zu Verbrechen und Schande.

Gregor hatte begonnen, das Selbstvertrauen der Römer aufzurichten. Er war sich bewusst, dass dies das Erste war, was er als gewählter Papst tun musste. Dann traf zu seiner großen Enttäuschung die Antwort aus Konstantinopel ein, in der Maurikios die Wahl bestätigte. Allerdings war Gregors Brief dort gar nicht angekommen: Palatinus, römischer Stadtpräfekt und vor allem Gregors Bruder, hatte ein Schreiben aufgesetzt, in dem er den Kaiser über die einstimmige Wahl Gregors zum Papst informierte und ihn bat, diese Wahl zu bestätigen. Dann hatte Palatinus den Brief des Bruders gegen den seinen ausgetauscht.

Ob Gregor sich wirklich aus Demut und Bescheidenheit gegen das Papstamt wehrte, mag dahingestellt sein. Fest steht, dass es in diesen Tagen kein schwereres Amt gab, keinen aussichtsloseren Posten als den des Bischofs von Rom. Praktisch alles lag im Argen, die Verfassung der Stadt und der römischen Kirche. Und Gregor hatte in diesen Dingen genügend Erfahrung, um zu wissen, was auf ihn zukam. Selige Einfalt konnte ihm die Wahl nicht versüßen. Überdies war er krank, körperlich schwach und hinfällig, von ständigen Schmerzen und im Sommer vom Fieber geplagt. Durch ausgiebiges Fasten, das er nicht aufgeben wollte, hatte er seine Verdauung geschädigt und litt an Appetitlosigkeit und Erbrechen. Einmal musste er sogar zwangsernährt werden, um nicht zu sterben. Fieber, Gicht und andere Folgekrankheiten stellten sich ein. In seinen letzten drei Lebensjahren konnte Gregor das Bett kaum noch verlassen und den Pflichten des Papstamtes nur noch bedingt nachkommen.

Das Pontifikat Gregors I. dauerte nicht allzu lange, von 590 bis 604, vierzehn Jahre nur, doch es waren große Jahre, in denen Roms Kirche wieder aufgerichtet und die Grundlagen für die Macht des Vatikan geschaffen wurden. »Ein altes und von den Wellen arg mitgenommenes Schiff habe ich unwürdiger und schwacher Mann übernommen – von allen Seiten dringen die Fluten ein, und die schon morsch gewordenen Planken ächzen unter dem unaufhörlichen Sturm und künden schon den Schiffbruch an«, schrieb Gregor, als er sein Amt antrat (Zit. nach: Die Geschichte des Christentums, Altertum, Bd. 3, S. 894). Doch dann fügte er sich rasch in sein Schicksal und nahm die vielschichtige Arbeit mit aller ihm zu Gebote stehenden Energie in Angriff.

In Verhandlungen mit den Langobarden gelang es ihm, die Duldung und Normalität herzustellen und den Krieg faktisch zu beenden, auch wenn immer wieder Scharmützel aufflackerten. Durch moderne und energische Reformen machte er der Korruption, dem Diebstahl und der Misswirtschaft auf den Gütern der Kirche in Süditalien ein Ende, um die Versorgung der Stadt Rom mit Nahrungsmitteln zu verbessern. Unfähige Verwalter wurden abgesetzt, die Pächter nicht länger bedrängt und ausgeplündert. Als päpstliche Aufseher setzte Gregor tatkräftige und ihm persönlich bekannte Mönche ein, wie er überhaupt Schlüsselpositionen an Mönche vergab, die er in seiner Klosterzeit als fromme, unbestechliche und fähige Männer kennen gelernt hatte.

Mit den Bischöfen der Westkirche vertiefte er die Gemeinschaft. In der Kirche schuf er ein straffes Regiment zur Durchsetzung der Kirchenzucht und des Kirchenrechts. Unter Gregors Leitung entwickelte sich erstmals eine streng durchstrukturierte kirchliche Verwaltung, der allerdings auch weltliche Aufgaben zukamen.

Der Papst, der persönlich die Mission Englands vorantrieb, brachte die italische Kirche mehr und mehr unter seine direkte Kontrolle, indem er die Bischofswahlen überwachte und darauf Einfluss nahm. Diese Zentralisierung sollte zum Modell für die gesamte katholische Kirche werden. Die Kurie des Papstes war im Begriff, sich zum Zentrum und zur Verwaltung der Weltkirche zu entwickeln. Der von Krankheit gezeichnete und am Ende ans Bett gefesselte Pontifex brachte das Wunder zuwege, dass in verzweifelter Zeit die Päpste machtvoller denn je auf die Bühne der Weltgeschichte zurückkehrten. Unter Gregor wurden die organisatorischen Grundlagen geschaffen und die theologischen Standpunkte für die Herrschaft in der entstehenden katholischen Kirche ausgebaut.

Mit Johannes, dem Patriarchen von Konstantinopel, der den Beinamen »der Faster« trug, geriet er in heftigen Streit, weil dieser sich den Titel eines universellen, eines ökumenischen Patriarchen beigelegt hatte. Gregor hielt dem Mann, den er aus seiner Zeit in Konstantinopel kannte und mit dem ihn die Neigung zum Fasten und zur Askese verband, mangelnde Demut gegenüber Gott und den anderen Bischöfen vor. Die ebenso schroffe wie beharrliche Kritik des Papstes wird oft auf seine Bescheidenheit zurückgeführt. Nicht den Primat, den Vorrang des Papstes habe er im Auge gehabt, sondern die Verpflichtung zur Demut, der er selbst Folge leistete, wenn er sich in Anlehnung an Augustinus »servus servorum Dei« (Diener der Diener Gottes) nannte. Dabei widerspricht diese Demut keineswegs der Hervorkehrung des päpstlichen Primats in diesem Streit. Denn der Diener der Diener ist ebenfalls eine herausgehobene Position, so wie sich später Friedrich der Große als erster Diener seines Staates empfand. Zudem war der Vorrang der römischen Bischöfe – durch den Vatikan als Petrusgrab, das Paulusgrab, die Katakomben und die vielen Märtyrer, die in Rom gestorben waren – Recht, Gesetz und Tradition. Und der in altrömischen Tugenden erzogene Christ Gregor hätte weder Recht beugen, noch Gesetz brechen, noch Tradition verletzen lassen. In der seit Gregor zu den Titeln des Papstes gehörenden Bezeichnung »Diener der Diener Gottes« verbirgt sich die demütige Formulierung des Primatsanspruchs.

Als Gregor im Jahr 604 starb, hatte er nicht nur Rom vor dem Untergang und das Papsttum vor dem Zerfall bewahrt, sondern die Stellung des römischen Bischofs als Bischof der Bischöfe der Westkirche erneut gefestigt. Glaube und Politik waren in diesem Papst auf geniale Weise miteinander verflochten, sodass unter seiner Leitung die geistliche und die politische Macht der Kirche gleichermaßen wuchsen. Der Mann, der den Wunsch hatte, in einem besinnlichen, weltabgewandten Leben Gott zu schauen, war zu Gottes Ehre und zum Wohle der Menschen zu einem äußerst aktiven Leben als Papst verdammt. Gregor war der erste Mönch im Vatikan, und merkwürdigerweise blieb er nicht der letzte Mönch, der in einer Krise die Kirche reformierte. Wer waren diese Mönche eigentlich, und welche Macht besaßen sie, dass sie bis auf den heutigen Tag zu den treuesten Truppen des Vatikan gehören, den sie gleichwohl immer wieder in Schwierigkeiten brachten?

DIE DIVISIONEN DES PAPSTES: MÖNCHE UND MISSIONARE

Niemals sonst in der Geschichte vermochte eine radikale Lebensweise ausgerechnet im Moment ihres Scheiterns ihren Siegeszug in der Welt anzutreten. Das Wort Mönch geht auf das lateinische »monachus« zurück, das sich wiederum vom griechischen »monachós« herleitet, was so viel heißt wie allein lebend. Folglich konnte sich der Mönch eigentlich nicht im Kloster aufhalten, denn das Kloster bedeutete eine Gemeinschaft, der jeder Mönch entsagen wollte, vor der er an ungastliche Orte floh. Doch die Klöster entstanden, und die Mönche, die mit weltlichen Dingen nichts zu schaffen haben wollten, gerieten in einen grundlegenden Widerspruch zu sich selbst. Dieser leitete eine weltweite Erfolgsgeschichte ein – die Rolle der Mönche innerhalb der katholischen Kirche in der Vergangenheit und in der Gegenwart wird oft unterschätzt.

Es begann in Ägypten, in jenem Land, das als die Heimat der religiösen Hingabe schlechthin gilt. Männer, die sich von der Frohen Botschaft angesprochen fühlten und in denen die alles verbrennende Sehnsucht entflammte, Gott zu suchen, kehrten dem alltäglichen, gottfernen Leben den Rücken. In der Nachfolge Christi ließen sie all ihre Verwandten – Eltern, Ehefrauen und Kinder – zurück, um sich in der Einsamkeit auf den Weg der Seele zu Gott zu konzentrieren. Man nannte diese Gottsucher Anachoreten, abgeleitet vom griechischen Wort »anachorein«, entweichen.

In der Tat waren es Entwichene, Abgesonderte, Flüchtige – Menschen, die es nicht in der Gemeinschaft hielt, wo andere Menschen sie von ihrer wahren Bestimmung ablenkten. Sie ließen sich in tiefe Felshöhlen hinab, aus denen sie aus eigener Kraft nicht mehr herauskamen, oder gingen weit in die Wüste hinein. Manche lebten auch auf Säulen, die sie zeitlebens nicht mehr verließen, andere auf Bäumen. Die Säulensteher (»Styliten«) und Baumhocker (»Dendriten«) waren Asketen, die nichts anderes taten, als die Bedürfnisse ihres Leibes in extremer Enthaltsamkeit abzutöten. Es ging ihnen darum, ihre Sinne zu maßregeln, damit diese nicht umherschweiften, sondern sich auf Gott konzentrierten. Die Anachoreten beteten, sangen Psalmen und galten bald als heilig, was ihrem Verlangen nach Alleinsein nicht eben förderlich war.

Von nah und fern eilten nun die Menschen in Scharen herbei, weil sie hofften, von den heiligen Männern Rat zu erhalten. Die Einsamkeit suchenden Menschen wurden zu Attraktionen für die Menge, weil man Weisheit bei ihnen vermutete oder Heiligkeit oder Wunderkräfte. Vielleicht wollten sich die Leute aber auch nur einen Mann anschauen, der seit einem Jahrzehnt oder länger auf einer Säule lebte – und den Kopf darüber schütteln, was es nicht alles in der Welt gab. Im 4. Jahrhundert setzte geradezu eine Art Massentourismus in die Einsamkeit ein. In der Blütezeit der anachoretischen Bewegung hätte man die Wüste eigentlich wegen Überfüllung schließen müssen.

Doch die Anachoreten suchten Gott, und sie suchten ihn dort, wo niemand war, um sich nur mit ihm zu beschäftigen. Was aber ist die Suche nach Gott anderes als die Suche nach der Wahrheit? Dass einem die Wahrheit nicht einfach in den Schoß fällt und das für wahr Gehaltene oftmals nicht einmal das Gewand der Wahrheit darstellt, sondern nur Lug und Trug, ist die eigentliche Lehre der Mönche.

Auch wenn es uns unverständlich erscheinen mag, so ging doch von diesen außergewöhnlichen Männern eine starke Faszination aus. Sie erlangten Macht, weil sie die Fantasien und die Sehnsüchte der Menschen durch die erstaunliche Unbedingtheit ihrer radikalen Denk- und Lebensweise beherrschten. Das frühe Mönchtum mit seiner Enthaltsamkeit wurde zu einer geschichtlichen Kraft und einer Macht, weil es die Menschen beeinflusste, die an die Wahrheit der Wunderheilungen und die Heiligkeit der Mönche glaubten, in denen sie wahre Wundermänner sahen. Zum anderen sind, wie schon erwähnt, die Berichte über Wunder und unerwartete Heilungen von Kranken durch Handauflegen und Gebet zu häufig, als dass man sie als reine Erfindung abtun kann. Männer wie Antonius, der trotz Askese über hundert Jahre alt wurde, oder Symeon Stylites, der am Schluss auf einer zwanzig Meter hohen Säule lebte – die zwar von einem Geländer umgeben war, aber kein Dach besaß, sodass Symeon ohne

Schutz vor Regen, Wind und Sonne auf seiner Säule sein ganzes Leben zubrachte –, wurden zu Ratgebern, Wunderheilern und hoch geehrten Männern.

Gelegentlich griffen sie auch in die kirchlichen Auseinandersetzungen ein, wie der Anachoret Antonius, der kurzzeitig die Wüste verließ und nach Alexandria ging, um Bischof Athanasius im Kampf gegen die Arianer beizustehen. Athanasius war es auch, der die Lebensweise der Mönche, der christlichen Asketen und Einsiedler weithin bekannt machte. Er verfasste »Das Leben des Heiligen Antonius« und nahm das Buch mit in die Verbannung nach Trier, wodurch die Geschichte eine große Verbreitung im Westen fand. Angeregt durch die Lebensbeschreibung des Antonius fanden sich bald in Trier selbst und in der unmittelbaren Umgebung Männer, die dem Mönch nacheiferten. Die Trierer Eremiten wurden so bekannt, dass ihr Ruhm auch sonnenhell bis Mailand strahlte, wo Augustinus sich gerade auf Glaubenssuche befand. Die Trierer Geschichten taten ihr Übriges, um den späteren Kirchenvater vom Christentum zu überzeugen.

Das Interesse am Leben des Gottsuchers Antonius, der auf alles verzichtet, mit seinem bisherigen Leben radikal gebrochen und seinen Besitz verschenkt hatte, um Jesus nachzufolgen, wuchs stetig. Schließlich geschah es wiederum in Ägypten, dass ein Mönch den entscheidenden Schritt unternahm, der das Mönchtum umkehrte – von der Einsamkeit zur Gemeinsamkeit – und ihm somit zum bleibenden Erfolg verhalf. Pachomius war der Name des ersten Klostergründers, der in der Wüste ein Gebäude mit einzelnen Zellen für die Mönche errichtete. Er wollte, dass die Einsiedler, die bislang Alleinlebenden, zusammenlebten. Das gab der Bewegung auch ihren Namen: Man nannte sie Koinobiten (griech. »koinos bios«, gemeinsam leben, zusammenleben). Der abgeschlossene Wohnraum – das »claustrum« – gab den Namen für unseren deutschen Begriff Kloster.

Die ursprüngliche Idee, dass der Mönch einsam und abgeschieden von der Welt leben und sein ganzes Denken auf Gott richten müsse, hatte ja schon ein Ende gefunden, als die Neugierigen und die Pilger die einsamen Männer heimsuchten. Die Reform des Pachomius nun machte aus der Idee des Lebens in der Abgeschiedenheit das Programm einer Gruppe von Gleichgesinnten, die zusammenlebten.

Gottsucher fanden sich nun in Mönchsgemeinschaften zusammen, arbeiteten gemeinsam, beteten, sangen die Psalmen und wachten übereinander. Erste Regeln entstanden. In Italien kam im 5. Jahrhundert ein junger Mann zum Studium nach Rom, verließ aber schon bald die Stadt der Lustbarkeiten und begann, in einsamen Berggegenden Gott zu suchen. Dieser Mann sollte auf dem Monte Cassino, zwischen Rom und Neapel gelegen, das bekannteste Kloster des Abendlandes gründen, eine Klosterregel aufstellen und selbst ein berühmter Heiliger und Wundertäter werden: Benedikt von Nursia. Nach ihm nannten sich die Benediktiner. Gregor der Große, der sich Benedikt sehr verbunden fühlte, verfasste eine Lebensbeschreibung des abendländischen Mönchsvaters. Darin ist zu lesen, dass ihn einmal in jungen Jahren in der Einöde heftig das Verlangen nach einer Frau überkam. Benedikt zog sich aus und warf sich in ein Gestrüpp aus Disteln und Dornen, um sich so lange darin zu wälzen, bis ihn, blutend und arg verletzt, andere Sorgen als die fleischliche Lust peinigten. So besiegte der Mann aus Nursia den »alten Feind«. Benedikts Gründung und sein Wirken stellten einen der großen Impulse für das westliche Mönchtum dar.

Ein anderer, nicht geringerer Impuls ging von der Gründung des süditalienischen Klosters Vivarium durch Cassiodor aus. In allem das Gegenteil von Benedikt, war Magnus Aurelius Cassiodorus die eindrucksvollste abendländische Verkörperung des frühen Mönchsvaters. In der Überlieferung steht er jedoch immer ein wenig im Schatten Benedikts. Dass dessen Einfalt in den offiziösen katholischen Heiligenbiografien vorbildhafter erschien als der schwierige Intellektuelle Cassiodor, der die Masse, selbst wenn sie christlich war, nicht liebte, leuchtet leider ein.

Als Sohn einer syrischen Familie, die ins süditalienische Kalabrien umgesiedelt war und dort reiche Güter erworben hatte, ging Cassiodor nach Rom, um dort zu studieren. Er machte im Staatsdienst Karriere, wurde Senator und schließlich Kanzler des Gotenkönigs Theoderich. Nach seiner Bekehrung fasste Cassiodor den Plan, eine christliche Hochschule in Rom zu gründen. Doch dann eroberte der Gote Totila 546 die Stadt vorübergehend und nutzte die kurze Zeit seiner Herrschaft zu ausgiebigen Plünderungen, auch der Bibliotheken. Das machte Cassiodors Pläne zunichte. So begleitete er Papst Vigilius auf dessen Bitte hin 555 nach Konstantinopel, um ihn im Dreikapitelstreit zu unterstützen. Schon bald aber wurde ihm klar, dass er an der Seite des unentschlossenen Papstes nur seine Zeit verlor. Cassiodor kehrte noch im gleichen Jahr auf seine ererbten Güter in Süditalien zurück und gründete dort das Kloster Vivarium.

Der heilige Benedikt hielt nichts von Wissenschaft und Philosophie und empfahl mit echter christlicher Neugier, dass es genüge, Gott im Gebet zu suchen – eine Haltung, die Gregor der Große unermüdlich rühmte. Für Cassiodor dagegen war die Welt nicht nur Gottes Schöpfung, sondern auch die Erkenntnis dieser Welt und das Verständnis der gesamten Schöpfung stellten einen einzigen Gottesdienst dar. Gelehrsamkeit, Studium, Abschreiben und Kommentieren von Büchern rückte er in den Mittelpunkt der Tätigkeit der Mönche. Er selbst verfasste eine umfassende »Einführung in die geistlichen und weltlichen Wissenschaften«. Der Arbeit seiner Mönche ist es zu danken, dass wertvolle Bücher und Texte aus der Antike überliefert sind.

Cassiodor schuf die Grundlagen für das christlich-abendländische Bildungsideal. Und es mutet wie eine Ironie des Schicksals an, dass die hohe Geistigkeit und Wissenschaftlichkeit der Benediktiner im 8. und 9. Jahrhundert nicht auf den heiligen Benedikt zurückgehen, sondern auf den erlauchten Cassiodor.

Lernte der Mönch von Cassiodor die Leidenschaft für die Bildung, erfuhr er vom heiligen Benedikt so manches über die Segnungen von Disteln und Dornen.

Ein dritter Impuls ging überraschend von Irland aus. Die Insel war nie von den Römern beherrscht worden. Dennoch gelang es einem irischen Christen, dem heiligen Patrick, die keltischen Iren zu missionieren und überall Klöster zu gründen. Der christliche Funke sprang nach Schottland über, wo ebenfalls Klöster entstanden. Dort herrschte eine strenge Disziplin mit harten Strafen selbst bei geringen Vergehen. Wer einmal während des Gottesdienstes gähnte, erhielt sechs Peitschenhiebe. Da die Mönche um zwei Uhr morgens zur Frühmesse aufstehen mussten und dann ständig mit Arbeiten und Beten beschäftigt waren, dürften sie immer übermüdet gewesen sein.

Neben den strengen Regeln gab es in diesen Klöstern eine hohe Wertschätzung der Bildung. Berühmte frühe Bücher mit prächtigen Buchmalereien stammen von der Grünen Insel oder aus Schottland. Irische und schottische Mönche wie Columban, der eine lange und strenge Klosterregel auf das Festland brachte, Willibrord und Bonifatius (Winfried), der auch der »Apostel der Deutschen« genannt wurde, missionierten in germanischen Gebieten. Columban gründete schließlich neben einigen Klöstern im fränkischen Raum das Kloster Bobbio in Norditalien, Bonifatius Fulda und die Abtei Hersfeld.

Gregor der Große empfahl den Missionaren, möglichst nicht gegen Landessitten zu verstoßen, sondern sie zu nutzen. Heidnische Feste wurde zu christlichen Festen umfunktioniert, an heiligen Orten der Heiden wurden Kreuze, Kirchen und Klöster errichtet. Die Gewohnheiten der Menschen wurden beachtet, wenngleich mit neuen Inhalten versehen.

Zur Mission bedurfte es neben übergroßem Mut auch großer Talente. Es kam schon einmal vor, dass bekehrungsunwillige Nichtchristen den Missionar bei der ungeliebten Taufe im Fluss ertränkten oder ihn erschlugen, weil er eine heilige Eiche gefällt hatte. Auch sprachbegabt und stimmgewaltig musste ein Missionar sein und einen Sinn für das Derbe haben.

Bald war ganz Süd-, West- und Mitteleuropa von einem Netz von Klöstern überzogen. Für die fränkischen Herrscher wurden die missionierenden Mönche zu wichtigen Verbündeten bei ihren Eroberungsplänen, denn häufig hatten die Mönche schon einen Teil der Bevölkerung christianisiert, wenn die christlichen Herrscher der Franken in das entsprechende Gebiet eindrangen.

Die Mönche waren wichtige Verbündete der Päpste, weil sie genauso zentralistisch und überregional, über die Grenzen der einzelnen Ortskirchen hinaus dachten wie die Päpste. Zudem bildeten sie straff organisierte Gruppen mit strenger Rangfolge, die mit der Welt gebrochen hatten und deshalb rückhaltlos der Kirche zur Verfügung standen. Sie bildeten die eigentliche Armee des Papstes. Ihre hohe Spiritualität und ihre Nähe zum Volk verlieh den Mönchen eine ungeheure Macht. In guten Tagen waren sie eine Art Eliteorden, in schlechten Tagen eine Landplage, ein saufender und das Land kahl fressender Schwarm.

Die Geschichte der Mönche ist zwiespältig, doch die Mixtur aus Weltflucht, Organisiertheit, Zielgerichtetheit und zuweilen Heiligkeit machte sie zu einer Machtbasis des Vatikan. Dank der Mönche war der Papst auch tatsächlich an jedem Ort anwesend, ganz gleich, welche Ansichten der örtliche Bischof vertrat. Gleichzeitig entwickelten sich die Klöster zu Orten hoher Bildung, an denen Bildung bewahrt und weitergegeben wurde. Die Klosterschulen und später Ordensschulen stellen Frühformen der europäischen Universitäten dar. Hier wuchs oft der Reformgeist, die Reformbewegung, die den Vatikan vor dem Untergang rettete oder eine verlöschende Spiritualität neu entfachte. Ohne Stätten tiefen Glaubens, ohne Einsiedlerklausen, in denen tatsächlich der Weg zu Gott beschritten wird, ohne Reste von letzter Konsequenz, ohne die pulsierende Lebensader der Religiosität muss die Quelle jeden Glaubens versiegen.

Die Macht des Vatikan besteht in einer ununterscheidbaren

Vermischung von wirtschaftlicher, politischer und spiritueller Kraft. Wenn dem Vatikan nicht mehr geglaubt wird, zerfällt ein wesentliches Moment seiner Kraft. Für diesen Glauben leisteten und leisten die Mönche und Nonnen Wesentliches, eine Art geistlicher Basisarbeit und Erneuerung. Oft geschieht das in einem sozialen Zusammenhang, sodass auf tieferer Ebene – und das macht die Besonderheit aus – das konkrete Leben der Menschen und eine hohe, in Volkstümlichkeit übersetzte Frömmigkeit zusammenkommen. Der Einsatz für die Armen gehörte immer zu den wichtigen Aufgaben des Mönchtums, es war und ist dies aber nicht nur ein Akt der Nächstenliebe, sondern zugleich auch ein geistliches Engagement. So ergänzt sich im Mönchtum in seiner historischen Entwicklung die Spiritualität des Einzelnen mit der Solidarität der Gemeinschaft. Aus der Niederlage des Einsiedlerdaseins wurde der Siegeszug der Gemeinschaft von Einsiedlern.

DER BRUCH ZWISCHEN ROM UND BYZANZ

Anfang des 7. Jahrhunderts steckte der Stellvertreter Petri bedrohlich im Schraubstock langobardischer und byzantinischer Interessen. Die von den Päpsten beanspruchte Macht – gegründet auf den Primat des Bischofs von Rom, die Gelasius vom geistlichen auf das weltliche Gebiet erweitert hatte – empfanden sowohl die Langobardenkönige als auch die oströmischen Kaiser als ungerechtfertigte Störung ihrer eigenen Herrschaft. Den Langobarden ging die weltliche Macht der Päpste als Regenten der Stadt Rom selbst und ihrer näheren Umgebung, des sogenannten Dukats, gegen den Strich. Aus dem Dukat, ehemals ein byzantinischer Verwaltungsbezirk, entstand später der Kirchenstaat. Dem oströmischen Kaiser, der sich auch als Kirchenoberhaupt empfand, missfiel darüber hinaus der innerkirchliche Herrschaftsanspruch Roms, der sich in immer wieder aufbrechenden theologischen Streitigkeiten äußerte.

DER BILDERSTREIT SPALTET DIE GROSSKIRCHE

Zunächst kam es wieder einmal zu einer heftigen Auseinandersetzung um das Glaubensbekenntnis. In Byzanz gab es immer noch starke Kräfte, die dem Monophysitismus anhingen und mit denen Kaiser Herakleios aus politischen Gründen die Aussöhnung suchte. Deshalb stimmte er zu, dass das vom Patriarchen Sergios I. von Konstantinopel verfasste neue Glaubensbekenntnis, die »Ekthesis«, die den Vorstellungen der Monophysiten von der einen Natur Christi weit entgegen kam, im ganzen Reich vorgeschrieben wurde. Es war darin zwar von zwei Naturen die Rede, die aber ein einziger Wille verband, weshalb diese Auffassung als Monotheletismus (griech. »monos«, einzig und »thelema«, Wille) bezeichnet wurde.

In Rom wurde das neue Glaubensbekenntnis zu Recht als Abkehr von den Beschlüssen des Konzils von Chalcedon empfunden. Papst Johannes IV. (640–642) verdammte die »Ekthesis« 641, und Papst Martin I. (649–653) rief gleich nach seinem Amtsantritt die Bischöfe der Westkirche zu einer Synode zusammen, auf der mit Unterstützung des berühmten byzantinischen Theologen Maximus Confessor das neue Glaubensbekenntnis verworfen wurde. Doch Kaiser Konstans II., Nachfolger und Enkel des Herakleios, wollte die »Ekthesis« unter allen Umständen durchsetzen. Er schickte Gesandte zur Synode nach Rom, die jedoch gegen den Widerstand des Papstes nichts ausrichten konnten.

Der Papst lag krank danieder, als am 17. Juni 653 der Exarch Theodor Kalliopa, der byzantinische Statthalter, den Lateran stürmte, den Papst für abgesetzt erklärte und ihn nach Konstantinopel entführte. Als Martin I. auch im Angesicht des Kaisers nicht nachgeben wollte, wurde er des Hochverrats angeklagt, zum Tode verurteilt, begnadigt und nach Cherson auf die Krim verbannt, wo er 655 starb. Der über siebzigjährige unbeugsame Maximus Confessor wurde gefoltert, an Hand und Zunge verstümmelt, in den Osten des Schwarzmeergebiets verbannt und starb dort 662.

Martins Nachfolger Papst Eugen I. (654–657) wollte die »Ekthesis« annehmen, wurde aber von den vatikanischen Bischöfen unter Druck gesetzt. Vierzehn Bischöfe, die meisten griechischer, syrischer oder sizilischer Herkunft aus byzantinischem Gebiet, standen dem Vatikan vor. Unter ihnen zerfiel die Macht der Päpste zusehends. Erst mit der Erhebung von Papst Agatho (678–681) begann sich Rom auf seine alte Größe und der Papst auf seine Einzigartigkeit zu besinnen. Agatho ehrte Papst Martin I. und bekannte sich eindeutig zum Glaubensbekenntnis von Chalcedon.

Am Ende des 7. Jahrhunderts litt Italien unter Pest, Hungerkatastrophen und Überschwemmungen. Auch der Ausbruch des Vesuvs 684 sorgte für eine große Verunsicherung in der italienischen Bevölkerung, die durch die Herrschaft der Langobarden und der Byzantiner, die das Land ausraubten, stärker denn je geschunden wurde. In dieser Zeit bildete sich die moralische Autorität des Heiligen Vaters von Rom heraus. Die Päpste verstanden es inzwischen immer besser, sich die Spannungen zwischen den Langobarden und den Byzantinern zunutze zu machen, und stellten sich bewusst als die moralische, theologische und herrschaftliche Instanz dar, die in den Zeiten der Wirren und Verunsicherung, die Italien im eisernen Griff hielten, für Hoffnung und Trost sorgten.

Kaiser Justinian II. wollte den unbotmäßigen Papst Sergius I. (687–701) verhaften und nach Byzanz verschleppen lassen, wie es einer seiner Vorgänger mit Martin I. getan hatte, doch diesmal regte sich in der Bevölkerung Widerstand. Die Milizen von Ravenna und Rom weigerten sich, den Befehl auszuführen und den Papst zu verhaften. Damit hatten sich zum ersten Mal bewaffnete Kräfte in Italien gegen den Kaiser, gegen Byzanz gestellt. Das war der Anfang vom Ende der Herrschaft der oströmischen Kaiser über das Exarchat von Ravenna und den Dukat von Rom. Der Süden und Sizilien sollten jedoch noch eine Weile in byzantinischen Händen bleiben.

Zu Beginn des 8. Jahrhunderts mussten sich die Päpste zwischen verschiedenen Parteien und deren Interessen behaupten. Erstens gab es in Rom einen byzantinischen Statthalter, der sich aber nicht in die öffentlichen Angelegenheiten der Stadt, die »res publica«, einmischte, sondern im Grunde nur die byzantinischen Interessen wahrte. Zweitens war neben einer traditionell byzanzfreundlichen Partei in Rom auch eine langobardenfreundliche Partei entstanden, die versuchte, Einfluss auf die Papstwahlen zu nehmen. Und schließlich war da noch der selbstbewusste städtische Adel.

In der päpstlichen Verwaltung, der Kurie, die mehr und mehr städtische Aufgaben übernahm, fanden sich immer häufiger Mitglieder der alten stadtrömischen Familien. Und da die Kurie die Aufgaben des Senats übernahm und der Papst für die Stadtrömer eine Art Konsul wurde – als solcher hatte sich ja auch Gregor der Große gesehen –, meinten sie, auch ein Recht zu haben, den Konsul, sprich den Papst, zu wählen. Byzantiner, Langobarden und die Familien des römischen Stadtadels versuchten aktiv und ausgesprochen forsch, Einfluss auf die Wahlen zu nehmen.

Zu allem Überfluss kam es im byzantinischen Bilderstreit auch wieder zu heftigen theologischen Auseinandersetzungen mit Ostrom. Um die ohnehin schon schwierige Situation in unerhörter Weise zuzuspitzen, hatten sich in Byzanz unter brutaler Förderung durch Kaiser wie Leo III. (717–741) die »Ikonoklasten« (Ikonenzerstörer) durchgesetzt. Die Byzantiner waren der Ansicht, dass Ikonen aus dem Gottesdienst und den Kirchen entfernt werden müssten, weil die Bilderverehrung im Grunde »heidnisch« sei. Zum einen heiße es in der Bibel, dass man sich kein Bild machen soll von Gott, zum anderen – und das war schwerwiegender – hielten die byzantinischen Theologen die Bilderverehrung für eine Missachtung Gottes, denn wie könnte man das jedes Verständnis überschreitende Wesen Gottes in einem Bild einfangen?

Papst Gregor II. (715–731) wollte sich dieser Meinung nicht anschließen, und es kam zu langen Auseinandersetzungen, die am Ende zur endgültigen Trennung der römisch-katholischen von der griechisch-orthodoxen Kirche führen sollten. Im byzantinischen Bilderstreit wurde deutlich, wie wenig beide Seiten einander verstanden, wie unterschiedlich sie inzwischen dachten.

Für die römische Kirche gehörte die Pracht der Bilder notwendig zur Inszenierung. Nicht im Traum hatte man in Rom daran gedacht, dass die Gottesbilder realistische Abbilder, sozusagen Porträts von Gott darstellten, sondern sie dienten der Inszenierung und schienen mehr als Worte geeignet, den Gläubigen für Gott zu entflammen, Ehrfurcht in ihm zu erzeugen. Für die Byzantiner waren die Bilder unwürdige Gegenstände abergläubischer Verehrung, für die Römer dagegen Mittel zur Repräsentation der kirchlichen Macht.

Im Jahr 726 versuchte Kaiser Leo III. die Bilderverehrung im ganzen Reich zu unterbinden, doch stieß er damit bei den Italienern und Papst Gregor II. auf Widerstand. Es kam zu Aufständen, und der Exarch von Ravenna wurde ermordet. Es gab erstmals den Plan, einen Gegenkaiser zu wählen. Doch die Sache kam nicht voran, zumal auch Papst Gregor II., der aus einem alten Geschlecht des stadtrömischen Adels stammte, sich gegenüber dem byzantinischen Kaiser loyal verhielt. Das hatte Gründe: Bei aller harten Kontroverse hatte der Papst auch das Vordringen des Langobardenkönigs Luitprand im Auge, der dabei war, große Gebiete in Nord- und vor allem Mittelitalien zu erobern. Die politische Klugheit gebot es, nicht ganz mit Byzanz zu brechen, denn immer noch waren der Papst und Rom ohne Schutzmacht.

Obwohl sich Gregor II. dem Kaiser gegenüber loyal verhalten hatte, ordnete Eutychos, der neue Exarch von Ravenna, seine Verhaftung an – dass der Papst dabei den Tod finden konnte, nahm er billigend in Kauf. Doch da schlossen sich Angehörige der Soldaten, Adlige, aber auch einfache Menschen in Rom und in Ravenna zusammen, um einen Anschlag auf das Leben des Papstes zu verhindern. Außerdem sicherte sich Gregor die Unterstützung der Herzöge von Spoleto und Benevent.

Inzwischen hatte Luitprand Ravenna erobert und marschierte auf Rom zu. In dieser heiklen Situation gelang es dem Papst – wahrlich ein politisches Meisterstück –, zwischen dem Langobardenkönig und Eutychos, dem byzantinischen Exarchen von Ravenna, zu vermitteln – schließlich unterstand Rom dem Kaiser in Konstantinopel. So konnte Gregor II. Luitprand von der Stadt fernhalten. Damit hatte er in schwerer Zeit den Status quo der päpstlichen Macht im Kirchenstaat gesichert und sich gleichzeitig gegen byzantinische Eingriffe verwahrt. Außerdem wandte er den Blick nach Norden: Er beauftragte den Missionar Bonifatius mit der Germanenmission und verpflichtete den angelsächsischen Missionar, der zum »Apostel der Deutschen« werden sollte, auf die römische Liturgie.

Als Gregor II. im Jahr 731 in bewegter Zeit starb, setzte Gregor III. (731–741) die Politik seines Vorgängers fort. Er berief ein Konzil ein, um auf das Verbot der Bilderverehrung durch Kaiser Leo III. zu reagieren. Als er davon erfuhr, schickte der Kaiser eine Kriegsflotte nach Rom, um das Konzil auseinanderzujagen und den Papst zu entführen. Doch die Schiffe gerieten in einen heftigen Sturm und sanken. Das Konzil schloss mit einer Verurteilung des Bilderverbots und des Kaisers. Selbstbewusst schrieb Papst Gregor III. an den byzantinischen Kaiser Leo III.: »Betrübt stellen wir fest, dass zwar die wilden und barbarischen Völker zur Zivilisation gefunden haben, Du aber, der Zivilisierte, in Barbarei und Gewalt zurückfällst. Das ganze Abendland bringt dem heiligen Oberhaupt der Apostel die Früchte seines Glaubens dar, und Du schickst Deine Leute, um das Bild des heiligen Petrus zu zerstören. Vor kurzer Zeit ist Uns eine Einladung aus dem entferntesten Winkel des Abendlandes zugekommen: Um der Liebe Gottes willen bitten sie Uns, dorthin zu gehen, damit sie die heilige Taufe empfangen können.« (Zit. nach: Die Geschichte des Christentums, Mittelalter, Bd. 1, S. 655.)

Hier beschreibt ein Papst zum ersten Mal ein neues Imperium, ein neues Reich, nämlich das christliche Abendland. In diesem Brief brach Papst Gregor III. mit Byzanz. Sein Vorgänger hatte die Missionierung des Nordens vorangetrieben und sich dem Frankenreich, das die Päpste aus dem Blick verloren hatten, zugewandt. Gregor III. nun eröffnete für die Päpste eine neue Perspektive und entledigte sich der byzantinischen Last. Als er durch die Langobarden einige Jahre später in Schwierigkeiten geraten sollte, bat er den fränkischen Hausmeier Karl Martell um Hilfe und bot ihm die Schutzherrschaft über Rom an. Die Hausmeier hatten den Merowingern zunächst als Vorsteher der königlichen Hofhaltung gedient, die Macht der Könige aber immer mehr eingeschränkt und waren inzwischen zu den eigentlichen Beherrschern des Frankenreichs aufgestiegen.

Im Griff nach der Macht setzten die Päpste auf die neuen historischen Möglichkeiten. Allzu bitter hatten sie im letzten Jahrhundert die Ohnmacht erfahren müssen, als byzantinische Kaiser sie einfach kidnappten und verschleppten. Der Glaube bedurfte des Schutzes, die Heiligkeit der Weltlichkeit.

DAS KATHOLISCHE FRANKENREICH: DER ANFANG EUROPAS

Karl Martell reagierte nicht auf den Hilferuf Gregors III., aber die Weichen für die Zukunft waren gestellt. Dass die erbitterten Gegner, Papst Gregor III. und Kaiser Leo III., ebenso im Laufe des Jahres 741 starben, wie Karl Martell und der Langobardenkönig Luitprand knapp zwei Jahre später den drei Mächtigen ins Jenseits folgten, war ein mehr als deutlicher Fingerzeig der Geschichte – ein Epochenumbruch bedurfte neuer Akteure. Und wie immer in den großen Rhythmen der Menschheitsgeschichte genehmigte sich die Historie noch eine Atempause, in der sie die Umstände und die Lage bis zur Unerträglichkeit steigerte, bevor mit Macht eine Veränderung eintrat.

Der Grieche Zacharias (741–752) folgte Gregor III. auf dem Heiligen Stuhl und suchte den Ausgleich mit den Langobarden. Und auch mit dem neuen oströmischen Kaiser Konstantin V. gelangen dem pastoral engagierten Papst versöhnliche Töne. Politik war seine Sache nicht, Macht interessierte ihn wenig. Mit den Herrschern beabsichtigte er, ein Auskommen zu finden.

Fragt man nach der Leidenschaft dieses Papstes, findet man sie in einer Schrift: Er übersetzte die Geschichte der heiligen Männer Italiens, die »Dialoge«, die Papst Gregor der Große einst verfasst hatte, ins Griechische. Obwohl Zacharias, ein eher unscheinbarer Mann, der sich nur allzu gern in die Welt der Heiligen und der Wunder, in die Welt des Gebets und der Andacht vertiefte, die Politik als schwere Last empfand, zwangen ihn die Umstände immer wieder dazu, sich auf genau diesem Parkett zu behaupten. Dabei fiel ihm eine grundlegende Entscheidung zu, deren Dimension er kaum gesehen haben dürfte, die Entscheidung nämlich über die Zukunft der abendländischen Welt.

Das Königsgeschlecht der Merowinger, das über das Frankenreich herrschte, hatte sich verbraucht. Rivalitäten, frühe Tode und oft unmündige, kindliche Herrscher führten dazu, dass die Macht nun in den Händen der Hausmeier lag. Spätestens unter Karl Martell hatten sich die Karolinger in Konkurrenz zu anderen mächtigen fränkischen Familien als Reichsverwalter durchgesetzt. Karls Sohn Pippin III., auch der Jüngere genannt, begriff, dass die Macht der Hausmeier ihren Höhepunkt erreicht hatte – von nun an konnte es nur noch bergab gehen. Mochte der König auch von seinem Verwalter gelenkt werden, so war er doch immerhin nach außen hin der Herrscher, derjenige, der die Versammlungen der Großen des Reiches leitete und Gericht hielt. Auch wenn der Hausmeier durch den Mund des Königs sprach, so sprach dennoch der Mund des Königs.

Pippin erkannte, dass die Abhängigkeit von einem schwachen, ausgelaugten Königsgeschlecht große Risiken barg. Andererseits konnte er den rechtmäßigen Herrscher nicht einfach absetzen, denn die Merowinger waren durch germanisches Recht, durch Tradition und Legende Könige. Ihn von der Herrschaft zu verdrängen, hieße Chaos und Anarchie hervorzurufen, denn das Recht würde beleidigt und andere große Geschlechter könnten sich fragen, weshalb nicht sie die Führung übernehmen sollten. Kurz gesagt, der König besaß eine unantastbare, ja göttliche

Legitimation, denn nur Gottes Vorsehung konnte ihn an den Platz gestellt haben, an dem er stand.

In dieser verzwickten Situation hatte Pippin oder einer seiner Ratgeber, der Abt Fulrad von Saint-Denis möglicherweise, eine ebenso schlichte wie geniale Idee. Einer auf Erden besaß die göttliche Autorität, den König seines Amtes zu entheben, nämlich Gottes Stellvertreter, der Mann, durch den Gott sprach. So schickte Pippin im Jahr 750 Fulrad von Saint-Denis und Burchard von Würzburg nach Rom. Die beiden Gesandten legten Papst Zacharias eine unschuldig klingende, in Wahrheit aber teuflische Frage vor, nämlich, ob es gut und richtig sei, dass die Könige im Frankenreich keine königliche Gewalt besäßen. Zacharias antwortete nicht nur wie erhofft, »dass es besser sei, der heiße König, welcher die Macht habe, als der, welcher ohne königliche Macht sei«, sondern fügte auch klar und unmissverständlich hinzu, dass Pippin zum König gemacht werden solle, damit die göttliche Ordnung nicht gestört werde.

Theologisch bestens abgesichert, berief sich der Papst auf die Lehre des Kirchenvaters Augustinus, nach der Gott durch ewiges Recht eine Ordnung der Welt schuf, die gerecht und genau gegliedert war und der der Mensch in seinem Leben zu entsprechen hatte. Nach Ansicht des Papstes störte die Machtlosigkeit der Merowinger diese Ordnung empfindlich, sodass Abhilfe geschaffen werden musste.

Was immer den Papst zu dieser klaren Parteinahme veranlasst haben mag – Kenntnis oder Unkenntnis, eine gute Lobbyarbeit fränkischer Geistlicher, die auf der Seite Pippins standen, die geschickte Argumentation von Fulrad und Burchard, das richtige Kalkül, einen verlässlichen und starken Bundesgenossen zu bekommen, oder einfach nur Desinteresse –, darüber lässt sich nur spekulieren. Tatsächlich aber schuf Zacharias damit die rechtliche Definition des Königtums im Mittelalter, das erst durch die ungeheuren Taten und ungeheuerlichen Rechtsbrüche der Königin Elisabeth I. von England und später Oliver Cromwells aufgehoben wurde, nämlich das Gottesgnadentum der Könige. Nicht, dass der Papst einen rechtlichen Rat über die Absetzung des Königs erteilte, stellte den historisch folgenreichen Akt dar, sondern dass er Absetzung und Inthronisation eines Königs mit göttlichem Recht, deren Sachwalter und oberste Instanz auf Erden der Papst darstellte, legitimierte und heiligte.

Im September 751 hoben die Großen des Frankenreiches Pippin III. auf ihre Schilde und huldigten ihm damit als ihrem neuen König. Der machtlose Frankenkönig Childerich III. hatte insofern Glück im Unglück, dass er nicht in jener gewalttätigen Zeit lebte, in der die Merowinger innerhalb der eigenen Familie, aber auch außerhalb jeden Konkurrenten im Machtkampf blendeten, verstümmelten, verbrannten, erschlugen oder erdrosselten, je nachdem welche Art der Hinrichtung dem Mörder die genehmste war. Er wurde – ungleich humaner – nur geschoren und verschwand für den Rest seines Lebens im Kloster.

Pippins Ratgeber, zu denen vor allem Geistliche gehörten, angelsächsische Mönche, aber auch Söhne aus mächtigen Familien des Frankenreiches wie Fulrad, ersonnen und gestalteten die Inszenierung des Dynastiewechsels geradezu perfekt. Die Großen hoben Pippin auf ihre Schilde, das Volk rief ihn zum König aus, und dann wurde er wahrscheinlich sogar von Bonifatius gesalbt.

Zum ersten Mal in der Geschichte vereinigten sich hier die beiden Rechtsauffassungen, die das Mittelalter bestimmten: das germanische Stammesrecht und das römische Kirchenrecht. Auf den Schild gehoben von den Fürsten und vom Volk, das ebenfalls auf der Reichsversammlung vertreten war, bestätigt, erlangte Pippin den rechtlichen Status des germanischen Stammeskönigs, des Heerführers und Wahlkönigs. Die anschließende Salbung durch Bonifatius stellte ihn in die Reihe der Könige des Alten Testaments, in die Reihe von Saul, David und Salomo, die von den Propheten durch Gottes Gnade berufen und geweiht, eben gesalbt wurden.

Damit wurde der germanische König zum wahrhaft christlichen König. Er konnte seine Legitimation direkt auf Gott zurückführen. Das war der großartige Weg, den Zacharias den fränkischen Königen eröffnete. Nun war der König nicht nur ein Herrscher, sondern er war heilig, weil von Gott erwählt und von seinem Diener gesalbt. Doch auch für die Kirche brachte diese Salbung ungeheuren Gewinn, denn nun stellten die Päpste das Zünglein an der Waage dar. Die Geistlichen im Frankenreich sahen sich von nun an als Propheten mit der gleichen Autorität wie die Propheten des Alten Testaments und der gleichen Aufgabe, vor Verletzungen des göttlichen Rechts zu warnen und bei Übertretungen dieses Rechts auch einzuschreiten. Der Papst wiederum wurde zu einer Art Makler des Gottesgnadentums, denn er war Gottes Bevollmächtigter für die Erde.

Die Langobarden hatten sich die einmalige historische Chance, zu den weltlichen Herren Europas aufzusteigen, entgehen lassen. Sie blieben unter sich und hielten sich von der einheimischen Bevölkerung getrennt. Ganz anders die Franken. Durch Chlodwigs Taufe ermöglicht, hatten sie in Gallien die Vereinigung von Römern und Germanen zu einem Volk vollzogen. So kurzsichtig diese Absonderung der Langobarden auch war, so folgerichtig ergab sich daraus, dass sie die gewaltigen Möglichkeiten nicht erkannten, die ein Bündnis mit der katholischen Kirche, mit dem Papst eröffnete. Zacharias hatte zunächst den Langobarden angeboten, die Schutzmacht Roms zu werden, bevor er sich an die Franken wandte. Doch statt das Angebot anzunehmen, setzten die Langobarden alles daran, ihre Herrschaft über Italien auszudehnen. Es gelang ihnen, ganz Nord- und Mittelitalien unter ihre Herrschaft zu zwingen und das Exarchat von Ravenna einzunehmen. Und jetzt richtete sich ihr Begehr auf den Dukat von Rom.

Der neue Papst Stephan II. (752–757) erkannte die Gefahr. Auf byzantinische Hilfe konnte er nicht hoffen, eine Herrschaft der Langobarden durfte er nicht dulden. Im Gegensatz zur Gotenherrschaft im 6. Jahrhundert haftete dem langobardischen Königtum ein starkes Moment von Unberechenbarkeit an, weil die Könige gewählt wurden. So begab sich Stephan II. 754 zum Langobardenkönig Aistulf nach Pavia, um ihn im Auftrag des byzantinischen Kaisers Konstantin V. aufzufordern, Ravenna den Byzantinern zurückzugeben. Stephan II. dürfte geahnt haben, dass der Mission kein Erfolg beschieden sein würde. Aber sie bot ihm die Möglichkeit, unverdächtigt gen Norden zu reisen und im Gespräch die Absichten Aistulfs auszuloten.

Hätte es noch eines letzten Anstoßes bedurft, um mit dem Frankenkönig Pippin in Bündnisverhandlungen einzutreten, so waren es die ergebnislosen und deprimierenden Gespräche mit dem Langobardenherrscher. Allein, Stephan benötigte keinen Anstoß mehr: Schon vor seiner Abreise hatte er sich äußerst diskret in Rom mit den Geheimbotschaftern Pippins, Bischof Chrodegang von Metz und Herzog Autchar, über Zweck, Ziel, Verlauf und erstrebte Resultate der Reise zu den Langobarden abgestimmt. Solche Absprachen waren geboten, weil die erste Reise eines Papstes ins Frankenland einer politischen Demonstration gleichkam.

Stephan wagte viel, als er im Winter 754 die Alpen überquerte. Als Zeichen seiner Ehrerbietung schickte König Pippin ihm seinen sechsjährigen Sohn Karl entgegen. Am 6. Januar 754 traf der Papst am Hof des Königs in Ponthion in der Champagne ein, das auch ein bedeutendes Heiligtum war. Er nahm Winterquartier im Kloster Saint-Denis, dem Fulrad als Abt vorstand, und salbte am 28. Juli 754 König Pippin, die Königin und die beiden Söhne Karlmann und Karl. Damit hatte der Papst persönlich, der Nachfolger des heiligen Petrus, den König und die kommenden Herrscher der Franken gesalbt und geheiligt. Im Gegenzug wurden diese zu den Schutzherren Roms.

Zur gleichen Zeit, als die Römer ihr neues, effektives und ungemein zukunftsträchtiges Bündnis schmiedeten, war in Byzanz auf dem Konzil von Hiereia im Februar 754 das Bilderverbot zu geltendem Kirchenrecht erhoben worden. Symbolischer konnte die Trennung zwischen lateinischer und griechischer Kirche, zwischen Rom und Byzanz nicht ausfallen. Die Byzantiner missachteten Roms Meinung und Stellung in grober Weise, weil sie ihrer Macht vertrauten.

Unterdessen verabschiedete Pippin in seiner Residenz in Quierzy in der Picardie zum Osterfest feierlich die Pippinsche Schenkung, nach der das Exarchat von Ravenna, ein weiteres Gebiet nordöstlich von Rom, die Pentapolis und der Dukat von Rom von nun an dem Papst unterstehen sollten. Damit wurde in Quierzy der spätere Kirchenstaat, der bis 1870 bestehen würde, begründet. Möglich, dass Stephan II. die Urkunde der Konstantinischen Schenkung im Gepäck hatte und sie zum Ausgangspunkt der Gebietsverhandlungen wurden. Möglich aber auch, dass die Urkunde später entstand, um den Herrschaftsanspruch weit über die Pippinsche Schenkung hinaus zu erweitern.

In jener sagenhaften Urkunde, die zur Zeit der Renaissance als Fälschung aus dem 8. Jahrhundert entlarvt wurde, hieß es, Kaiser Konstantin I. habe Papst Silvester I. die Herrschaft über Rom und die westliche Reichshälfte vermacht, weshalb er sich nach Byzanz zurückgezogen und dort eine neue Hauptstadt errichtet habe, weil es in Rom, der Stadt des Apostels Petrus, nicht zwei Herrscher geben dürfe. Die Fälschung arbeitete mit dem Rechtsgrundsatz »kein Kaiser in Rom« und stellte sozusagen die Geburtsurkunde des Kirchenstaats und des christlichen Abendlandes dar, während die Pippinsche Schenkung als praktische Rechtsgrundlage dafür diente. Sicher kann man sich darüber mokieren, dass die Geburt Europas auf einer Fälschung beruhte, doch wenn wir die Geschichte von allen Fälschungen befreiten, würden wir uns in einer Höhle wiederfinden und uns damit abmühen, mit einem Stein Feuer zu schlagen.

Die Urkunde der Konstantinischen Schenkung erfüllte zunächst den Zweck, sich von Byzanz zu trennen, damit der Papst staatsrechtlich nicht mehr unter dem Kaiser stand und als weltlicher Herrscher mit allen rechtlichen Möglichkeiten agieren konnte. Hatte die Geschichte nicht gezeigt, wie wichtig ein eigener weltlicher Herrschaftsbereich für die Päpste war, damit sie nicht zu Geiseln politischer Mächte wurden? Hatten nicht Päpste und Kleriker mit ihrem Leben, mit ihrem Blut Zeugnis abgelegt, dass die weltliche Unabhängigkeit erst die Freiheit im Glauben, die theologische und seelsorgerische Unangreifbarkeit garantierte?

Der Schicksalsbund zwischen Frankenreich und Papsttum war geschlossen. Pippin verschaffte dem Papst Freiräume, indem er durch erfolgreiche Feldzüge die Langobarden zwang, den Dukat von Rom zu respektieren. Ravenna kam unter die Oberhoheit des Papstes. Die Byzantiner, die in Kämpfe mit den Arabern verstrickt waren, konnten den Ereignissen nur tatenlos zusehen.

DER PAPST KRÖNT DEN KAISER

Papst Hadrian I. (772–795), ein gelehrter und durchsetzungsfähiger Mann, ein politisch wie theologisch gleichermaßen versierter Geistlicher, befand sich mitten in den Vorbereitungen zum allerhöchsten kirchlichen Feiertag, als ihn die Nachricht ereilte, der Frankenkönig Karl sei unangemeldet auf dem Weg nach Rom, um gemeinsam mit dem Papst das Fest von Christi Auferstehung zu begehen.

Eigentlich wollte Hadrian mit dem Osterfest und dem tiefreligiösen Erinnern und Gedenken an die Auferstehung Christi zugleich in ganzer Pracht die Auferstehung des Papstes als Nachfolger des Apostelfürsten Petrus auf der politischen Weltbühne feiern. Mit Christus kehrte der Papst zurück. Hadrian hatte deshalb imposante Osterfeierlichkeiten geplant, die von Rom aus das Licht über die Welt erstrahlen lassen sollten. »Urbi et orbi«, der Segen des Papstes für die Stadt und den Weltkreis – sowie für eine vergangene Größe, was dem altrömischen Adligen Hadrian nur zu bewusst war –, ein Segen eben für das Imperium. Weltlichkeit und Heiligkeit, »regnum« und »sacerdotium« wollte er in den Messen und Prozessionen zu Ostern miteinander vermählen.

Traditionell bemühten sich die römischen Bischöfe besonders und ausgesprochen liebevoll um die Liturgie, um ein eindrucksvolles Zeremoniell der kirchlichen Feiern, das jeden einzelnen Christen aufnahm und im Vorgeschmack auf die paradiesische Ewigkeit in eine besondere Welt, in eine neue Heimat entführte. Das Zeremoniell sollte dem Christen jenseits aller Verstandesmäßigkeit, abseits allen Denkens, ganz rein und direkt das Gefühl vermitteln, dem Volk Gottes anzugehören und Gott nahe zu sein, denn die römische Kirche verstand sich seit dem Kirchenlehrer Augustin als Haus und Volk Gottes. Später wurden in diesem Volk Gottes der Papst zum Vater und die Kirche zur Mutter jedes Gläubigen. Ganz gleich, wo und als was ein Mensch geboren wurde – hatte er die Taufe in Christus empfangen, war er Christ. Vor Gott aber gelten alle Christen gleich viel. Diese Universalität, dieses Gleichsein der Menschen in Christus, das die Päpste vertraten, dehnte ihre Macht bedeutend aus.

Durch Vermittlung der fränkischen Bischöfe begriffen auch die fränkischen Könige, dass sich das Christentum sehr gut zur Ausdehnung der eigenen Herrschaft benutzen ließ. Dieses Gleichsein der Menschen in Christus feierten die Päpste in den Hochämtern mit außerordentlichem Geschick und sicherem Gespür für die Wirkung der Inszenierung, in der sie vor allem sich und ihrer Herrschaft huldigten, die auf ihrem Selbstverständnis als Stellvertreter Petri beruhte – verstanden sie sich doch seit Gregor dem Großen als Diener der Diener des Herrn. Wie keine andere Institution setzten die Bischöfe von Rom bereits in frühester Zeit und später die Päpste ihre Herrschaft als Vorgeschmack auf das Gottesreich eindrucksvoll in Szene und vervollkommneten die Auftritte mit großem Ernst und Eifer.

In diesen Zeremonien, in der Dramaturgie der Messen und Liturgien, der kirchlichen Hochämter, der katholischen Feiern verband sich das Schöne und Stilvolle auf beeindruckende Weise mit dem Recht. Der Rechtsanspruch der Päpste fand in der Liturgie seinen sakral-ästhetischen Ausdruck und wurde gleichzeitig für Zelebranten und Gläubige zum großen Erlebnis dieser endlichkeitsüberschreitenden Ordnung. Man täusche sich nicht: Liturgiefragen sind am allerwenigsten theologische und ästhetische Angelegenheiten, sondern es geht um Zeichen, um Zeichen von Macht und Herrschaft. Das galt umso mehr im anbrechenden Mittelalter. Diese Epoche, die wie keine andere Zeit den Vatikan geprägt hat, lebte von einer hohen Zeichenhaftigkeit.

Zeichen und Inszenierungen drückten den Sachverhalt aus. Begriffe wie der des Steigbügelhalters stammen aus dieser Zeit, denn wer den Steigbügel für den anderen hielt, galt als Diener oder Vasall und der andere natürlich als Herrscher. Im Umgang mit solchen Zeichen, mit den staatspolitisch großen Gesten waren die Päpste geschulter als alle anderen. Aus der römischen Tradition kommend, besaßen sie von Anfang an das Verständnis für die juristische Seite der Gesten.

Niemand feierte die Gottesdienste schöner als die Päpste. Gelernt hatten sie von dem alten römischen Motto »panem et circenses«, Brot und Spiele. Als Stadtherren mussten sie für das Brot der römischen Bevölkerung sorgen, aber eben auch für Spiele, für die Unterhaltung. Das gläubige Volk will auch im Glauben unterhalten werden. Und nun wollte der aus altem römischem Stadtadel stammende Papst Hadrian den Römern ein unvergessliches Osterereignis bescheren. Das sollte ihm auch gelingen, nur anders, als er sich das vorgestellt hatte.

Karls Zug nach Rom löste beim Papst Besorgnis aus. Zwar hatte Hadrian den Franken nach Italien gerufen, um sich mit dessen Hilfe vom Würgegriff der Langobarden zu befreien, doch in Rom wollte er ihn eigentlich nicht sehen. Wirklich Anlass zur Sorge bot nun die Tatsache dass der Papst nicht wusste, was der Frankenkönig, den er noch nicht persönlich kannte, im Schilde führte.

Das war auch nicht leicht zu erkennen, denn die Politik Karls konnte man beim besten Willen nicht als geradlinig bezeichnen. So war er noch vor nicht allzu langer Zeit der Schwiegersohn des Langobardenkönigs Desiderius gewesen, dem er nun mit seinem Heer böse zugesetzt und den er in Pavia belagert hatte. Auch dass er als Pilger nach Rom kam, bedeutete längst keine Sicherheitsgarantie. Desiderius, der im eingeschlossenen Pavia seinem Ende entgegensah, war vier Jahre zuvor ebenfalls als frommer Pilger in Rom eingezogen, hatte dann die einflussreichen Berater von Hadrians Vorgänger Stephan III. massakrieren lassen und dem Papst unmissverständlich erklärt, dass er ihn von jetzt ab »beschützen« werde. Stephan III. geriet in höchste Not und war am Ende seiner politischen Möglichkeiten – wofür er nichts konnte, denn die Zeiten hatten sich für die Päpste sehr ungünstig entwickelt.

Als Stephan III. im Januar 772 starb, kümmerte sich ein Mann namens Paul Afiarta um die Interessen des langobardischen Königs Desiderius. Als Führer der langobardischen Partei in der Ewigen Stadt war es ihm gelungen, deren Macht erheblich zu vergrößern. Allerdings bediente er sich dabei ausgesprochen brutaler Methoden, er ließ die Oberen der profränkischen Partei einfach ermorden. Trotz der politischen Geländegewinne glückte es ihm nicht, den Kandidaten der Langobarden in der Papstwahl durchzusetzen.

Gewählt wurde Ende Januar 772 ein unabhängiger Angehöriger der Kurie, der ungewöhnlich energische Hadrian I. (772–795). Er ließ Paul Afiarta festsetzen und nach Ravenna überstellen, andere Verschwörer wurden zur Aburteilung nach Byzanz geschickt. Desiderius, der sich diese Unbotmäßigkeit nicht bieten lassen wollte, marschierte in den Dukat ein und auf Rom zu. Aus welchen Gründen auch immer wartete der Erzbischof von Ravenna keinen Richter oder Urteilsspruch aus Byzanz ab, sondern ließ Paul Afiarta kurzerhand hinrichten. Damit steigerte er den Grimm des Desiderius und brachte den Papst in eine schwierige Situation. Dieser sandte eilends einen dringenden Hilferuf an den fränkischen König, der inzwischen Karl I. hieß, in die Residenz nach Diedenhofen. Die Gesandten mussten den Seeweg nehmen, weil Rom im Norden bereits von den Langobarden abgeriegelt war. Der Papst befand sich in einer verzweifelten Lage. Nach einigen politischen Verhandlungen und Schachzügen im fränkischen Lager marschierte Karl mit seinem Heer nach Italien. Die italienischen Adligen schlugen sich auf seine Seite, sodass sich Desiderius nur noch in seiner Hauptstadt Pavia einigeln konnte.

Ostern 774 erschien Karl nun vor Rom. Nach einigem Hin und Her mit dem nicht ohne Grund misstrauischen Hadrian einigte man sich darauf, dass Karl weder im Lateran noch im Vatikan unterkommen sollte, sondern in der unweit des Vatikan gelegenen Kirche der heiligen Petronilla, der Tochter des Apostels Petrus, die besonders von den Franken verehrt wurde.

Dann endlich stand der mächtige fränkische Herrscher vor den Stufen des Vatikan. Mit Palmen, Ölzweigen, Kreuzen und feierlichen Gesängen kam ihm Roms Geistlichkeit auf halbem Weg entgegen. Auf der obersten Stufe der Treppe vor dem Petersdom erwartete Papst Hadrian I. den König in vollem Ornat. Der fränkische König küsste die fünf mal sieben Stufen, die damals zu Alt Sankt Peter hinaufführten, und bewegte sich aus Ehrfurcht vor dem Apostel auf den Knien vorwärts. Schließlich erreichte er die oberste Stufe und erhob sich. König und Papst umarmten einander und betraten Arm in Arm die Kathedrale, wo sie feierliche Gesänge erwarteten. Vor dem Petrusgrab bestätigte der König die Pippinsche Schenkung.

Die Osterfeierlichkeiten, an denen der gläubige Frankenkönig Karl in Rom teilnahm, beeindruckten ihn so sehr, dass der

Christ dem Papst Zugeständnisse machte, die der König hinterher bereuen sollte. Nicht alle Gebiete, die er dem Papst in Rom unter dem Eindruck des glanzvollen Zeremoniells versprochen hatte, sollte er ihm schließlich wirklich übereignen. Bündnis und Rivalität – dieser Spannungsbogen prägte fortan das Verhältnis der Kaiser und der Päpste.

Als Karl zum Weihnachtsfest des Jahres 800 nach Rom zog, wurde er laut seinem Biografen und Vertrauten Einhard von der Kaiserkrönung durch Papst Leo III. in Alt Sankt Peter überrascht, was nicht sehr glaubhaft wirkt. Leo III., der in Rom viele Feinde besaß, den man während einer Prozession vom Pferd gestoßen und versucht hatte zu blenden und zu verstümmeln, der, in seinem Blute röchelnd, von Anhängern geborgen, verarztet und zum Frankenkönig nach Aachen gebracht werden konnte, den Karl wieder in Rom eingesetzt hatte – dieser Papst sollte den König, dem er alles verdankte, mit der Kaiserkrönung überrascht haben? Erklärlich hingegen ist, dass Karl nur ungern an die Kaiserkrönung zurückdachte, stand sie doch erstmals für den zentralen Konflikt, der das Mittelalter beherrschte, in Spannung versetzte und Geschichte machte: Als Leo III. während der Kaiserweihe nach der Krone griff und sie Karl auf das königliche Haupt setzte, zeigte er aller Welt ein für alle Mal, dass es die Päpste waren, welche die Kaiser machten. Die Kaiserwürde kam von Gott, gewiss – aber aus den Händen der Päpste. Die Frage, wer im christlichen Abendland der Reiter sei und wer der Steigbügelhalter, war damit in aller Deutlichkeit gestellt worden. Es war dies die eigentliche Machtfrage.

DAS DUNKLE JAHRHUNDERT

Die Spannung zwischen einem starken Papst und einem kraftvollen Kaiser konnte nur produktiv sein – auch wenn beide einen schwachen Partner und zugleich Gegenspieler bevorzugten –, denn sie waren aufeinander angewiesen. Als das Frankenreich nach Karls Tod 814 durch Bruderzwist und Erbfolgestreitigkeiten allmählich zerfiel, gerieten sowohl die fränkische Landeskirche als auch das Papsttum in eine schwere Krise, die sich jedoch am Ende als heilsam erweisen sollte. Aus dem Frankenreich ging mit dem Vertrag von Verdun 843 Frankreich hervor, und im 10. Jahrhundert bildete sich das Heilige Römische Reich Deutscher Nation heraus. Die Päpste festigten ihre Macht als höchste geistliche Instanz des Abendlandes, die sich über alles Weltliche gesetzt dünkte.

Aber noch herrschte das dunkle Jahrhundert. In der Krisenzeit vom Ende des 9. bis zum Anfang des 11. Jahrhunderts wurden Posten und Klöster der Kirche zur Beute des Adels. Einflussreiche Familien verleibten sich ungeniert Kirchenbesitz ein, indem sie ihren zuweilen nicht einmal zum Priester geweihten Nachwuchs – im kirchlichen Sinne also Laien ohne Ausbildung und Ordination – auf Bischofs- und Abtsstellen schoben. Diese Entfremdung der Kirche, ihre schamlose Verweltlichung führte andererseits zu einer großartigen und starken Reformbewegung, die in den Klöstern Cluny und Gorze ihren kraftvollen Anfang nahm.

In Rom spielten sich nun, da kein Kaiser mehr über die Intrigen des stadtrömischen Adels wachte, ähnliche Dramen ab wie früher im Frankenreich, nur viel kleinlicher, direkter und brutaler. Zwischen den rivalisierenden Geschlechtern und Parteien lagen ja keine Länder, sondern nur ein paar Straßenzüge, man hatte den Gegner im wahrsten Sinne des Wortes vor Augen. Während dieser Zwistigkeiten wurde das Amt des Papstes als Stellvertreter Petri, als Haupt der Christenheit, begabt und begnadet mit der Bindegewalt im Himmel und auf Erden, zum Spielball der machtpolitischen Interessen des Stadtadels herabgewürdigt. So tief wie im 10. Jahrhundert waren die römischen Bischöfe nie zuvor gesunken, nicht einmal in den schlimmsten Zeiten byzantinischen Eingreifens. Der Kardinal Caesar Baronius urteilte sechs Jahrhunderte später in seiner Kirchengeschichte über diese Zeit,

Christus sei in diesem »ehernen und bleiernen Jahrhundert« in einen »tiefen Schlaf im Schiff Petri« gesunken, womit er vornehm umschrieb, dass er die Päpste dieser Zeit für unchristlich oder von Christus verlassen hielt.

Man schrieb den 16. Dezember 882, als im Lateranpalast die Pforten der Hölle geöffnet wurden. An diesem kalten, trüben Wintertag versuchten abtrünnige Verwandte des Papstes, den Pontifex zu vergiften. Da das nicht zu gelingen schien, half der ungeduldigste unter den Verschwörern nach und erschlug eigenhändig den für lange Zeit letzten tatkräftigen Papst: Johannes VIII. (872–882) hatte das Schiff Petri erfolgreich durch die zuweilen stürmische See der fränkischen Nachfolge- und Herrschaftsstreitigkeiten gelenkt und gegen die muslimischen Piraten, die Sarazenen, die sich um diese Zeit zu einer echten Landplage für Rom und Italien entwickelten, gekämpft. Seit der islamischen Eroberung Nordafrikas im 8. Jahrhundert hatte es kaum einen Tag gegeben, an dem muslimische Banden nicht raubend und brandschatzend in Italien eingefallen waren. Ihr Gegenstück bildeten die nicht weniger räuberischen Wikinger und Normannen.

Johannes VIII. hatte sich jedoch den abgrundtiefen Hass eines portugiesischen Priesters zugezogen. Der ehrgeizige Mann war Bischof von Porto und strebte selbst das Amt des Papstes an. Nachdem aber Johannes gewählt worden war, spann der Bischof verbissen und erfolgreich Intrigen gegen den Pontifex. Nach dessen gewaltsamem Tod folgten drei Päpste, bis 891 endlich Formosus – jener Bischof von Porto – am Ziel seiner Wünsche angekommen war und zum Papst (891–896) erhoben wurde.

Nun durfte er sich Papst nennen, doch was hatte er davon? Auch ihm blieb letztlich nichts anderes übrig, als zu versuchen, zwischen den sich bekämpfenden Nachfolgern Karls des Großen, den Machtansprüchen der Herzöge von Spoleto und von Friaul und den bitter-blutigen Intrigen des stadtrömischen Adels keinen Schaden zu nehmen. Hin und hergerissen zwischen den verschiedenen Parteien und ihren Interessen verstrickte sich der Papst heillos in kleinste und niederste Regionalpolitik. Eigentlich ist es ein Wunder, dass die moralisch oftmals zweifelhaft agierenden Päpste den universellen Anspruch des Amtes nicht verloren – schon in dieser Zeit trennten die lateinische Geistlichkeit zwischen Amt und Amtsträger. Selbst der verrufenste Mann, mochte er auch als Mensch verurteilt werden, konnte als Papst dem geheiligten Amt nicht schaden. Das war die Grundlage für die Festlegung, die Papst Gregor VII. Anfang des 12. Jahrhunderts traf: Das Amt heiligt den Menschen. Das einzig Bemerkenswerte am enttäuschenden Pontifikat des Formosus, der doch so viel Mühe darauf verwandt hatte, das Amt zu erringen, ist, dass er als erster Papst einen ostfränkischen Karolinger zum Kaiser erhob, nämlich Arnulf von Kärnten. Das blieb indes nur Episode.

Als nach dem Tod des Formosus Stephan VI. (896–897) den Apostolischen Stuhl bestieg, fiel das Papsttum ins Bodenlose – tiefer ging es nicht mehr. In Stephans Adern brannte der Hass auf Formosus so sehr, dass er den Leichnam seines Vorgängers neun Monate nach dessen Beerdigung aus dem Grab reißen und auf die Anklagebank setzen ließ, um über den Toten Gericht zu halten – das Wort zu seiner Verteidigung erteilte man Formosus aus leicht einsehbaren Gründen nicht. Der verwesende Expapst wurde seiner Amtszeichen beraubt, entkleidet und in den Tiber geworfen. Diese abgeschmackte Leichenschändung erzürnte die Menschen in Rom derart, dass sie den Richter des schaurigen Verfahrens, Papst Stephan VI., absetzten, gefangen nahmen und im August 897 töteten.

Die folgenden Päpste Romanus (897), Theodor II. (897) und Johannes IX. (898–900) regierten nur Wochen und Monate. Aber auch Benedikt IV. (900–903) und Leo V. (903) gelang es nicht, den gnadenlosen Krieg zwischen den Anhängern des Formosus und Stephans VI. beizulegen, hinter denen wiederum Gruppierungen des Stadtadels standen, die um Macht und Einfluss erbittert stritten.

Romanus wurde nach wenigen Wochen wieder abgesetzt, weil er die Rehabilitation des Formosus nicht entschieden genug vorangetrieben hatte, und zog sich als Mönch in ein Kloster zurück. Theodor II. brachte es in seinem nur zwanzig Tage währenden Pontifikat zumindest fertig, die Leiche des Formosus, die Anhänger aus dem Tiber geborgen und begraben hatten, in Alt Sankt Peter beizusetzen und den verurteilten Papst posthum wieder in seine Rechte einzusetzen. Johannes IX. (898–900) erstand in Sergius III. ein Gegenpapst, den er aber aus Rom vertrieb und exkommunizierte. Doch in der Partei der Anhänger des Formosus, der alle Kurzzeitpäpste angehörten, herrschte keineswegs eitel Sonnenschein, denn der Presbyter Christophorus setzte seinen Papst Leo V., der auf Johannes IX. folgte, einfach ab und ließ ihn einkerkern.

Inzwischen hatte die mächtige Adelsfamilie des römischen Herzogs und Senators Theophylakt, die sowohl die Finanzen als auch die bescheidenen römischen Truppen kontrollierte, ihren Einfluss ausgeweitet. Das erlaubte ihr, Papst Christophorus (903–904) abzusetzen und Sergius III. nach Rom zurückzuholen, womit dessen eigentliches Pontifikat (904–911) begann. Sergius ließ Christophorus zu Klosterhaft verurteilen, möglicherweise auch töten, hier versiegen leider die Quellen.

DIE FABELHAFTE PÄPSTIN JOHANNA

Sergius, der selbst aus einem römischen Adelsgeschlecht stammte, setzte das Urteil Stephans VI. über Formosus bald nach seinem Amtsantritt 904 wieder in Kraft, ließ den Leichnam erneut aus dem Vatikan entfernen und erklärte die Pontifikate und Weihen der Päpste seit Johannes IX., also seit dem Jahr 898, für ungültig. Damit stachelte er zwar die Leidenschaften erneut an, doch konnte er sich auf den Markgrafen Alberich von Spoleto stützen und vor allem auf den schon erwähnten römischen Herzog und Senator Theophylakt.

Dessen Tochter Marozia, eine geschickte und machtbewusste Politikerin, war die Geliebte des Papstes, und es ist davon auszugehen, dass sie ihm neben Zärtlichkeiten auch konkrete Handlungsanweisungen ins Ohr flüsterte. Für ihre Macht setzte sie, die sich Senatrix, also Senatorin nannte, alle Mittel ein. Allerdings konnte sie in dieser Zeit nur mit den Männern oder genauer durch die Männer hindurch regieren. Ihre Liebhaber wie Papst Sergius wurden sozusagen zu ihrer männlichen Verkleidung. Nach Sergius' Tod 911 amtierte unter Marozia zunächst Anastasius III. für zwei Jahre als Papst und dann für ein knappes Jahr Lando. Über diese Pontifikate lässt sich beim besten Willen nichts sagen, außer dass die beherrschende Gestalt der Zeit in der Senatrix zu sehen ist.

Im Bund mit ihrer Mutter Theodora beförderte Marozia den Erzbischof von Ravenna zum Papst, doch Johannes X. (914–928) verfolgte eine ausgesprochen eigenständige und erfolgreiche Politik. Im Bündnis mit Alberich von Spoleto, Adalbert von Tuszien (Toscana) und den Langobarden von Benevent gelang es ihm, den Sarazenen im August 915 eine vernichtende Niederlage beizubringen. Allerdings ließ er es offenbar an Demut gegenüber derjenigen fehlen, der er die Papstkrone zu verdanken hatte. Auf Betreiben Marozias wurde er 928 gestürzt und im Kerker erdrosselt.

Kein anderer aber als Johannes X. war es, der – ob bewusst oder unbewusst – die Weichen für die Erneuerung der Macht des Vatikan stellte, als er noch kurz vor seiner Absetzung und seinem Tod die Urkunde für das Reformkloster Cluny unterzeichnete.

In der Folgezeit setzte Marozia nach Belieben die Päpste ein, umgab sich mit den von ihr abhängigen Männern wie mit einer Verkleidung, wie mit dem Mantel der Macht. Dann war die Zeit endlich reif, und sie konnte ihren Sohn Johannes zum Papst erheben. In jahrelanger Arbeit hatte sie Mosaikstein für Mosaikstein zusammengelegt, bis nur noch einer fehlte, damit das Bild ihrer Macht vollständig erstrahlen konnte: Durch ihren päpstlichen Sohn Johannes XI. wollte sie ihren dritten Mann, Hugo Graf von Vienne, der seit 946 auch König von Italien war, zum Kaiser krönen lassen.

Doch da wurde mit einem Streich das ganze fein gelegte Mosaik von unvermutet starker Hand brüsk zur Seite geschoben. Der Herzog von Spoleto, Alberich II., Marozias Sohn aus zweiter Ehe mit Alberich I., vertrieb seinen Stiefvater Hugo aus Rom und ließ seine Mutter und seinen Halbbruder, den Papst, festsetzen. Für die nächsten zweiundzwanzig Jahre übernahm Alberich die weltliche und die geistliche Macht in Rom, und obwohl er mit harter Hand herrschte, geriet seine Regentschaft zum Wohle der Stadt. Die Päpste wurden von ihm eingesetzt und mussten nach seinem Willen handeln. Geistlich geschah in Rom nichts – die Erneuerung der Spiritualität und der Macht der Päpste bereitete sich anderswo vor, an einem weit von der Ewigen Stadt entfernten Ort.

Marozia starb nach 936, vermutlich in mehr oder weniger strenger Haft. Mehr als dreißig Jahre lang hatte sie entscheidend die Geschicke Roms mitbestimmt. Ein Urteil über diese Zeit fällt schwer, denn alle Nachrichten über diese Frau stammen von ihren Feinden. Es ist schon seltsam: Wenn Männer Frauen zu Machtzwecken benutzen, bewundert man sie, bedienen sich Frauen der Männer, werden sie als Huren verunglimpft.

Man hatte diese Zeit auch die Epoche der Pornokratie genannt, eine Bezeichnung, die auf die Renaissancepäpste, vor allem auf Alexander VI., viel besser passt, aber da hielt der Papst sich die Mätresse und nicht die Mätresse sich den Papst. Eines allerdings bleibt festzuhalten: Gegenüber der Zeit des Formosus und der »Leichensynode« Stephans VI. bedeutete die Pornokratie ohne Zweifel einen Fortschritt. Doch stellt man die in gewissen Kreisen der Kirche grassierende Leibfeindlichkeit in Rechnung, so versteht man den Schock, den die Zeit der Herrschaft der Marozia, der Päpstin, ausgelöst hatte.

Um die Legende zu entschlüsseln, muss man verstehen, wie sich Legenden bilden. Immer liegt ein unerhörtes, ein ungewöhnliches Ereignis zugrunde, das weder zu verarbeiten noch zu verdrängen ist. Verschiedene Versuche des Verständnisses, der Einordnung und Interpretation lagern sich an, formen und verkapseln das Ereignis, das oftmals nur durch Hörensagen, also in einer bereits überformten Weise überliefert ist. In diesem Vorgang treffen sich nicht selten gegenläufige Tendenzen.

In Marozias Geschichte sind alle Zutaten vorhanden. Erstens: Der Vatikan wird von einer Frau beherrscht. Zweitens: Sie erscheint als Päpstin verkleidet, regiert also durch die Päpste hindurch. Drittens: Sie bekommt ein Kind, nennt es Johannes und macht es, als einen Teil von sich, zum Papst. Und viertens fällt sie letztlich durch ihr Kind, wenn auch ein anderes. Denn es ist ihr Sohn Alberich, der sie vom Thron stößt.

Weil die Anhänger der Marozia, die von der offiziellen Kirchengeschichtsschreibung verunglimpft und in schwärzeste Farben getaucht wurden, ihr Gedenken als Päpstin Johanna bewahrten, entstand eine Legende, die von panischen Klerikern, die die Legende nun für bare Münze hielten, ins Negative gewendet werden musste. Die Geschichte wurde umfunktioniert und schließlich doppeldeutig, weil sich in ihr mindestens zwei verschiedene, einander widersprechende Perspektiven vermischten. Zwar wissen wir nicht, was im Volk ursprünglich erzählt wurde, bevor die Legende von katholischen Chronisten wiedergegeben wurde, doch spürt man selbst in der offiziellen Fassung ihre innere Uneinheitlichkeit, ihre Mehrdeutigkeit.

In der Wirkung verbreitet die Marozia der Legende als Päpstin Johanna mehr Schrecken unter den nachfolgenden Päpsten, als es die Senatrix zu ihren Lebzeiten vermocht hätte. Beide, die Senatrix und die Päpstin, stellten die männliche Herrschaft in der Kirche radikal infrage.

Die Wahrheit aber, der Weg der Marozia in die Legende von der Päpstin Johanna, ist weitaus spannender und umstürzlerischer als die rührende Geschichte des armen, aber begabten Mädchens, das, wie vom Heiligen Geist geküsst, plötzlich Päpstin wird und am Ende doch dem Fluch ihres Geschlechts erliegt, indem sie sich schwängern lässt und sich durch die Geburt eines Kindes als Frau – eben doch nur eine Frau – offenbart. Was für eine bösartige Geschichte!

Zieht man das Geschlecht von Marozia ab, so betrieb sie dem Zeitalter entsprechend Machtpolitik. Dass sich ein Mann wie Luitprand von Cremona, dem Marozia vor allem die üble Nachrede zu verdanken hatte, darüber ereiferte, hatte nichts mit Moral, Sitte und Anstand zu tun, sondern schlicht und ergreifend damit, dass der Chronist im Lager der Feinde stand, das weder besser noch schlechter, sondern einfach nur verfeindet war.

Nach dem Tod Alberichs II. im Jahr 954 und dem Tod des von ihm abhängigen Papstes Agapet II. 955 fiel die geeinte weltliche und geistliche Herrschaft in die Hände seines Sohnes Octavian, den er zum Papst bestimmt hatte und der sich als Papst Johannes XII. (955–964) nannte, weil er den nichtchristlichen Namen Octavian als Papst für unpassend hielt. Auf ihn geht es zurück, dass sich der Papst bei seiner Erhebung einen neuen Namen gibt. Doch das ist bereits eine andere Geschichte, nämlich die Rückkehr der Päpste zur Weltpolitik.

MACHTVERLUST FÜR DEN HEILIGEN STUHL

Außer dass er der Sohn des tatkräftigen Alberich II. war, befähigte Octavian von Spoleto nichts dazu, als Johannes XII. den päpstlichen Thron zu besteigen. Hochämter feierte er, weil sie nun einmal dazugehörten, doch interessierten ihn Wein, Weib und Gesang wohl weit mehr als Messe, Lobgesang und Liturgie. Nun sollte man allerdings nicht allzu streng auf den Pontifex schauen, denn er zählte bei seiner Erhebung erst achtzehn Jahre. Zu dem Unglück, zu jung für dieses Amt zu sein, gesellte sich das Pech, dass er mehr Macht in Händen hielt als alle seine Vorgänger, denn sein Vater hatte die päpstliche Macht und die herrschaftliche, weltliche Gewalt vereint.

Die Empörung in der Stadt und im Klerus wuchs. Nach einer ausgesprochen verwickelten Geschichte wurde Herzog Berengar von Ivrea König von Italien und geriet bald sowohl mit einigen norditalienischen Adligen, aber auch mit dem Papst in Konflikt. Als sich Johannes XII. von Berengar II., der möglicherweise Kaiser zu werden gedachte, in die Enge getrieben fühlte, rief er den deutschen König Otto I. zu Hilfe. Auch die unzufriedenen italienischen Adligen hatten sich bereits beim deutschen König beschwert. So marschierte dieser 961 mit einem Heer über die Alpen und nahm Berengar II. gefangen, der für den Rest seines Lebens in Bamberg in Haft blieb. Der Italienfeldzug führte dazu, dass Otto I., später zu Recht der Große genannt, am 2. Februar 962 in Alt Sankt Peter von Papst Johannes XII. zum Kaiser gekrönt wurde. Als solcher bestätigte er im »Privilegium Ottonianum« den Territorialbesitz des Papstes, verlangte aber gleichzeitig, dass die Wahl zum Papst erst stattfinden dürfe, nachdem der Kandidat vor den Vertretern des Kaisers den Treueid gegenüber dem Kaiser geleistet hatte.

Schon ein Jahr später wurde Johannes XII. anlässlich einer von Otto I. einberufenen Synode wegen Inzest, Sakrileg, Eidbruch und Mord angeklagt und abgesetzt. Ob der Grund dafür tatsächlich in den aufgezählten Verbrechen lag, muss dahingestellt bleiben, denn Otto I. hatte ein viel stärkeres Motiv zum Eingreifen: Johannes hatte sich mit Berengars Sohn Adalbert verbündet und gefährdete damit die kaiserliche Machtstellung in Italien. Ein Beamter der Kurie wurde zum neuen Papst gewählt und nannte sich Leo VIII. (963–965). Zwar gelang es Johannes, nach Rom zurückzukehren und Leo zu vertreiben, doch dann starb er bereits am 14. Mai 964.

Der römische Adel, der wenig Freude an der Einmischung des deutschen Königs und nunmehr römischen Kaisers empfand, wählte in aller Eile einen Gelehrten und Diakon zum Papst, der sich Benedikt V. (964) nannte. Das konnte und wollte der Kaiser nicht hinnehmen, hatte er doch anlässlich der Wahl Leos VIII. verfügt, dass jeder Papst der Zustimmung Ottos oder seines Sohnes bedürfe. Also zog der Kaiser erneut nach Italien, nahm Rom ein, setzte Leo VIII. wieder ein und ließ Benedikt V. nach Hamburg in die Gefangenschaft bringen, wo der unglückliche Gelehrte am 4. Juli 965 starb. Aber auch Leo erfreute sich zu diesem Zeitpunkt schon nicht mehr seines Pontifikats, er war nämlich bereits Anfang März verstorben. Nachfolger wurde der Kandidat des Kaisers, der Bischof von Narni, der sich Johannes XIII. (965–972) nannte.

Man konnte fast darauf warten: Schon bald putschte wieder einmal eine Adelsclique in Rom, diesmal unter Führung des Stadtpräfekten Petrus, der sich aber in Rom nicht durchsetzen konnte. Und so kehrte Johannes XIII. Weihnachten 966 unter Jubelgesängen nach Rom zurück.

In den mittelalterlichen Chroniken ist oft die Rede vom Jubel des Volkes oder von der Forderung des Volkes, jemanden zum Papst zu erheben, oder der Papst wurde vom Volk, so wie es die Wahlbestimmungen forderten, akklamiert – durch heftigen Jubel anerkannt. Allein, man weiß nicht recht, was man davon halten soll, denn grundsätzlich sind diese Überlieferungen des Volkswillens doch recht zweifelhaft. Zum einen gab es immer den bezahlten Mob, der für ein paar Groschen Hosianna oder Zetermordio schrie.

Zum anderen war der Papst auch Herr der Stadt, und für die Römer besaß die Frage, wen sie als neuen Herrn bekamen, bis zum Jahr 1871 entscheidende Bedeutung. Würde es ein strenger Papst, der die Stadt bedrückte, oder gäbe er sich allzu sorglos und desinteressiert, sodass die öffentliche Verwaltung verkam? Für die Ärmeren gewann die Frage, ob der neue Herr in der Lage sei, sie mit Mehl und Brot zu versorgen, eine überlebenswichtige Bedeutung, während die wohlhabenderen Römer darüber diskutierten, ob er in der Lage sein würde, die Sicherheit der Stadt durch eine kluge Politik zu gewährleisten. Zwar liebte man in Rom nicht die Einmischung fremder Mächte wie des Kaisers, doch besaß man zu wenig Macht, um sich allein gegen Feinde und heerbewehrte Plünderer zu schützen. Eine Bekundung des Volkswillens konnte also verschiedene Ursachen haben und durch unterschiedliche Volksschichten vertreten werden.

Ausgesprochen positiv für das Papsttum wirkte sich das Engagement der deutschen Kaiser im ausgehenden 10. und beginnenden 11. Jahrhundert aus. Für das sich bildende Deutschland dagegen sollten die Konsequenzen der Italienpolitik der deutschen Oberhäupter verheerende, ja katastrophale Folgen zeitigen. Während sich in Frankreich ein Land und ein starkes Königtum herausbildeten, führte die deutsche Italienpolitik letztlich zum Machtverlust des Königs zugunsten der römischen Kurie und des deutschen Adels. Deutschland wurde zum Zahlmeister Roms. Der lang aufgestaute Unmut darüber war einer der Gründe für den Erfolg der Reformation.

Immer wieder befreiten die deutschen Könige dieser Zeit, die römische, nicht deutsche Kaiser wurden – einen deutschen Kaiser gab es erst ab 1871 –, unter großen Mühen das Papsttum aus den Händen und vor allem den Intrigen des stadtrömischen Adels. Hätten sich die deutschen Könige wie ihre französischen Kollegen einzig und allein der Festigung ihrer Dynastie und ihrer Herrschaft in ihrem Land gewidmet, so wäre aus der katholischen Kirche ein Verbund von Reichskirchen geworden mit einem Primas, Patriarchen oder Reichsbischof an der Spitze. In Rom hätte die Kirche nur noch ihren geistigen, den heiligen Mittelpunkt in der Gestalt des Apostelgrabes sehen dürfen. Aufgrund des Autoritätsverlustes des Papstes, der nur noch von Angehörigen stadtrömischer Adelsfamilien gestellt worden wäre, hätte sich der Vatikan zu einem reinen Wallfahrtsort wie die Grabeskirche in Jerusalem entwickelt. Schließlich wäre es einem Fürsten in Italien, Berengar II., Alberich II. oder dem Normannen Robert Guiscard zugekommen, Italien zu einem Königreich zu vereinen. Wie die Deutschen haben die Italiener für die Idee des Papsttums, für die weltliche Macht der Kirche mit einer langen Zeit der Teil- und Kleinstaaterei bezahlt, damit, dass sie erst spät, nämlich 1871, zu einer geeinten Nation wurden.

Rom erwies sich als Fass ohne Boden. Immer wieder sahen sich die Nachfolger Ottos I. genötigt, mit einem Heer nach Italien zu ziehen, um im Vatikan das Schlimmste zu verhüten. Eine kurze Chronik mag das belegen:

973–974. Benedikt VI., der Nachfolger von Johannes XIII., wird von der mächtigen stadtrömischen Familie der Crescentier gestürzt, die ihren Kandidaten Franjo Ferruci zum Papst Bonifatius VII. erhebt.

974. Bald schon belegen die Zeitgenossen Papst Bonifatius VII. mit dem Namen Malifatius – aus »bonus« wurde »malus«, aus dem, der Gutes verheißen und Gutes tun sollte, wird ein Werkzeug des Teufels, nämlich der, der Teuflisches verheißt und Böses tut. Das Wortspiel bringt die Wahrheit auf den Punkt. Seinen Vorgänger lässt Bonifatius-Malifatius gefangen nehmen und in der Engelsburg erwürgen. Der Kaiser schickt einen Sachwalter mit Truppen, der den Papst ergreifen soll, doch der flieht unter Mitnahme des päpstlichen Schatzes nach Byzanz.

974–983. Der kaiserliche Gesandte setzt einen frommen Mann ein, der sich Benedikt VII. nennt.

983–984. Nach dessen Tod wird der Bischof Petrus von Pavia durch die Unterstützung Kaiser Ottos II., dem Sohn Ottos I., zum Papst gewählt und nennt sich Johannes XIV. Doch zum Unglück für Papst und Reich stirbt der achtundzwanzigjährige Kaiser Otto II. im Jahr 983 und hinterlässt einen dreijährigen

Sohn gleichen Namens. Die Regentschaft übernimmt die tatkräftige Witwe und Mutter, Theophanu, die eine byzantinische Prinzessin ist und über keine eigenen verwandtschaftlichen Beziehungen zu den deutschen Adelshäusern verfügt.

984–985. Bonifatius VII., den die Kunde vom Tod des Kaisers in Konstantinopel erreicht, nutzt Geld und Gelegenheit, kehrt aus dem byzantinischen Exil zurück, nimmt Johannes XIV. gefangen und schickt ihn in die Engelsburg, wo er unter mehr oder weniger natürlichen Umständen rasch und wie nicht anders von ihm erwartet verstirbt. Aber auch Bonifatius VII. hält sich nicht lange auf dem Stuhl Petri, bald schon ist auch er tot, wahrscheinlich wurde er ermordet.

985–996. Johannes I. Crescentius, der römische Stadtpräfekt, erhebt den Sohn des römischen Priesters Leo und Kardinalpriester von San Vitale als Johannes XV. zum Papst. Dieser blieb eine Kreatur der Crescentier, ohne deren Einwilligung er nicht einmal ein Ave Maria beten durfte.

Durch den geistigen, spirituellen und moralischen Niedergang des Papsttums entwickelte sich eine widersprüchliche Situation. Auf der einen Seite besaß der Vatikan, der das Apostelgrab beherbergte, einen hohen geistlichen Wert. Die berühmten Ortskirchen wie Reims, Verdun, Trier und die großen Klöster wie Sankt Gallen, Fulda, Cluny und Gorze leiteten sich letztlich vom Wirken des Apostelfürsten Petrus her, dem sie ihre Rechtlichkeit und ihre Heiligkeit verdankten. Sie achteten noch – wenn auch nicht mehr alle – das Amt des Stellvertreters Petri. Auf der anderen Seite missachteten und ignorierten sie weitgehend die nichtswürdige Person des Papstes, der nur noch ein Lakai einer adligen römischen Familie war.

SZENEN EINER SCHEIDUNG – DAS MORGENLÄNDISCHE SCHISMA

Ende des 6. Jahrhunderts hatte sich Johannes der Faster, der Patriarch von Konstantinopel, den Titel »ökumenischer Patriarch«, also Chef der Christenheit, zugelegt, was natürlich nicht mit dem Primatsanspruch des Papstes in der einen Kirche zu vereinbaren war. Die Auseinandersetzung zwischen der lateinischen Kirche des Westens und der griechischen Kirche des Ostens um die Führung der Christen hatte sich damit in einer klaren Begrifflichkeit niedergeschlagen: entweder ökumenischer Patriarch oder Papst, beides ging in der einen Kirche nicht.

Es greift allerdings bei weitem zu kurz, das große Zerwürfnis von 1054, das als Morgenländisches Schisma in die Geschichte einging, nur aus der Unvereinbarkeit von Herrschaftsansprüchen abzuleiten. Die Entfremdung zwischen Ostrom und Westrom hatte mit der Teilung des Römischen Reiches im 4. Jahrhundert begonnen, und inzwischen hatte man sich gründlich auseinandergelebt. Am Ende verhielten sich Lateiner und Griechen, Römer und Byzantiner im kirchlichen Verbund wie heillos zerstrittene Ehepartner – nur noch die Gewohnheit und die unerklärliche Angst vor der Trennung hielten beide Seiten zusammen.

Im 9. und 10. Jahrhundert gab es den heftig geführten Bilderstreit. Aber tatsächlich war seit der Aufteilung des Imperiums in Ostrom und Westrom kein Jahrhundert vergangen, das nicht ebenso ein bitteres Zerwürfnis wie den mühevollen Versuch einer Versöhnung sah. Ob es der Streit um den Monophysitismus oder um den Monotheletismus war, immer ging es im Grunde um die alte Auseinandersetzung, wie das Verhältnis von Sohn und Vater zu verstehen sei und wie die Natur Christi als Menschensohn und Gottessohn gedacht werden müsse. Man stritt sich über die Dreifaltigkeit, die Trinität, darüber, ob der Heilige Geist vom Vater *durch* den Sohn käme – was in gewisser Seite den Sohn dem Vater unterordnen würde und einen arianischen

Beigeschmack hatte – oder ob der Heilige Geist vom Vater *und* vom Sohn käme – was Vater und Sohn zwar gleichstellte, aber die Gefahr zweier Götter, also des Polytheismus, barg. Letzteres entsprach einer Klausel, dem berühmt-berüchtigten »filioque« (lat., und vom Sohne), die 1014 von der lateinischen Kirche als Zusatz zum Glaubensbekenntnis offiziell eingeführt, von Byzanz aber abgelehnt wurde.

Immer wieder erhitzten sich die Gemüter an immer neuen Begriffen und Zuordnungen, und die zuweilen erbittert geführten Auseinandersetzungen nahmen ihren Fortgang. Kaum war eine Versöhnung zustande gebracht, trat durch Intrige oder Tod ein Wechsel des handelnden Personals ein, und der mühsam errungene Kompromiss stand wieder in Frage.

In Byzanz unterstand die Kirche dem Kaiser, der fast einen zweiten Christus darstellte und dem der Patriarch von Konstantinopel wie ein Hofbischof untergeordnet war. Das hatte für andere Patriarchen, aber vor allem für die Päpste den ungeheuren Nachteil, dass jeder, der dem Patriarchen von Konstantinopel widersprach, den Kaiser angriff. Den Päpsten in Rom wiederum war es durch den Zerfall der staatlichen Autorität im Westen, durch die Germanenstürme und die entstehenden neuen Reiche gelungen, selbst Politik zu treiben. Sie lösten sich aus der Abhängigkeit von Königen und Kaisern und errichten eine eigenständige Macht.

Das Ende erzählt alles. Papst Leo IX. (1049–1054) hatte gerade in einem Feldzug gegen die Normannen im byzantinischen Süditalien eine herbe Niederlage hinnehmen müssen. Um das Bündnis mit den Byzantinern zu erneuern und die Normannen aus Süditalien vertreiben zu können, schickte er Kardinal Humbert von Silva Candida nach Konstantinopel. Allerdings stellte der Papst die Vorbedingung, dass der Patriarch Michael Kerularios darauf verzichtete, sich ökumenisch zu nennen, mit anderen Worten, dass er sich dem Papst unterordnete und dessen Primat akzeptierte.

Die Hagia Sophia in Istanbul – im Jahr 360 fertiggestellt, einst Zentrum der Christenheit. Im Jahr 1453, nach der Eroberung des christlichen Konstantinopel (heute Istanbul) durch den Muslim Mehmed II., wurde sie zur bedeutenden Moschee.

Das lehnte der machtstrotzende Michael, der seinen schwachen Kaiser Konstantin IX. beherrschte und dafür später gestürzt und wegen Hochverrats angeklagt werden sollte, barsch ab. Daraufhin legte Kardinal Humbert eine Urkunde mit einem päpstlichen Erlass, die Bannbulle, auf den Hauptaltar der Hauptkirche Konstantinopels, der Hagia Sophia. Das Wort Bulle leitet sich vom lateinischen »bulla«, Kapsel, ab und bezeichnet zum einen die Schutzkapsel für die Metallsiegel, die mit einer Schnur an den Urkunden befestigt waren, oder – wie bei der Goldenen Bulle – das Siegel selbst.

In der Bannbulle Leos IX. wurde der Patriarch mit dem »Anathema« (griech., Verfluchung) als Ketzer verdammt und aus der Kirche ausgeschlossen. Die Urkunde war kaum auf dem Altar zu liegen gekommen, da hatte Michael schon seinerseits den Kirchenbann über den Papst verhängt. Und die Pointe der absurden, aber folgenreichen Geschichte war, dass Leo IX. von seiner Bannung erst im Himmel erfahren haben dürfte, denn er war schon verstorben, als Humbert sich noch auf dem Weg nach Konstantinopel befand. Die Exkommunikation des Patriarchen blieb für die nächsten tausend Jahre gültig, sie wurde erst kurz vor dem Zweiten Vatikanischen Konzil (Vaticanum II, 1962–1965) aufgehoben. Papst Paul VI. (1963–1978) war seit 1054 der erste römische Bischof, der Konstantinopel, das inzwischen Istanbul hieß, betrat und mit dem Patriarchen direkt sprach.

Obwohl alle Gemeinsamkeiten restlos aufgebraucht waren und ein vergleichsweise kleiner, inzwischen schon zur Folklore gehörender Ehekrach zur endgültigen Trennung von Ost- und Westkirche führte, hielt sich der Phantomschmerz der Trennung über die Jahrhunderte, zuweilen stärker, zuweilen schwächer. Das Wunder besteht aber nicht darin, dass sich beide Seiten schließlich doch getrennt haben, sondern es lässt sich bis auf den heutigen Tag bestaunen, dass sie es überhaupt so lange miteinander aushielten. Obwohl sich auch die Lebensumstände in Rom und Konstantinopel drastisch auseinanderentwickelten, wird doch während der fast tausend Jahre, in denen man in dieser schwierigen Beziehung lebte und litt, eine unglaubliche Sehnsucht danach deutlich, beieinanderzubleiben.

Doch von Anfang an trug die Ostkirche das den Römern fremd gebliebene griechische Denken in sich, während die Westkirche von der lateinischen Wesensart lebte. Noch erstaunlicher ist die Tatsache, dass der Wunsch, wieder zusammenzukommen, lebendig blieb. So lebendig, dass Papst Benedikt XVI. nach Istanbul reiste, um der Ökumene, unter der er zuallererst nicht die Aussöhnung mit der protestantischen Kirche versteht, sondern die Annäherung an die orthodoxen Kirchen des Ostens, neue und starke Impulse zu verleihen.

Die Protestanten sind und bleiben für Rom Ketzer, da muss man sich nichts vormachen. Die Ostkirchen dagegen sind durch widrige Zeitumstände getrennte Brüder. In diesem Zusammenhang ist es mehr als sinnbildlich, dass der gleiche Begriff für die

Annäherung der römisch-katholischen Kirche mit der griechisch-orthodoxen Kirche steht, wie er einst das Zusammenleben im Imperium Romanum bezeichnete: Ökumene.

Im Jahr 1054 hatte der Papst seinen Primat endgültig gegen den Patriarchen von Konstantinopel durchgesetzt – allerdings nur für die Westkirche. Das Morgenländische Schisma spaltete die römische Kirche von der griechischen ab. Damit endet auch das erste Jahrtausend der Geschichte des Vatikan. Die katholische Kirche hatte ihre Macht ausgeweitet und ihr eigenes Reich geschaffen, das christliche Abendland.

DAS ZWEITE JAHRTAUSEND

MACHTGIER UND HASS – GREGOR VII.

Dass es die katholische Kirche letztendlich immer vermocht hat, Endlichkeit und Ewigkeit zu verbinden – Endlichkeit in den Taten und Ewigkeit im Anspruch –, hält sie als älteste Institution der Menschheit am Leben. Immer wurde sie getragen von den Menschen ihrer Zeit, und zuweilen standen an ihrer Spitze nicht die besten Priester, die oft nichts dazu beitrugen, dass die Institution über die Zeiten hinweggehoben wurde. Doch auch in Zeiten, in denen die Päpste in Skandalen versanken, bereitete sich andernorts in der Kirche eine Erneuerung vor, und daher bezog sie ihr Leben. So erstaunlich es auch sein mag – selbst der skandalöseste Papst vermochte die Treue der Katholiken zum Heiligen Stuhl nicht ins Wanken zu bringen.

Kirche ist immer und zu einem Gutteil eine Kirche ihrer Zeit, in der die Mittel der Politik, die Eigenart der Macht und die entsprechende Mentalität der Menschen herrschen. Nur dadurch ist es zu erklären, dass die atemberaubende Chance, die sich am Anfang des neuen Jahrtausends für Europa, für die Kirche (»sacerdotium«) und für das Reich (»regnum«) auftat, vertan wurde. Papst und Kaiser hätten Verbündete sein können und müssen, wenn sie einander im Denken über die Macht nicht zu ähnlich gewesen wären. Ihre Vorgänger im Amt hatten ein unschlagbares Bündnis geschmiedet. Dieses hätten sie nur noch annehmen und für ihre Zeit weiterentwickeln müssen, zumal sie einander in Bildung, Frömmigkeit, Ernsthaftigkeit und Denken über die innere Struktur der Kirche nicht nachstanden und sich nur allzu wenig unterschieden.

Man kann es nicht deutlich genug formulieren, dass hier eine großartige, geradezu überweltliche Chance schnöde und tragisch vertan wurde – einer der großen Momente der Menschheitsgeschichte verbrannte im Feuer der Eitelkeit eines allzu herrschsüchtigen Papstes. Die Möglichkeit, die sich im 11. Jahrhundert plötzlich ergab, scheiterte einzig und allein an Personen, an Menschen, die im Zusammenwirken vieles hätten erreichen können und die in ihrem erbitterten, kleinlichen Krieg alles zerstörten, was zu Nutz und Frommen weiter gewachsen wäre.

Heinrich IV., ein begabter, aber vielleicht zu junger Kaiser, Gregor VII. (1073–1085), ein Papst, der Theologie mit Macht verwechselte, weil er kein Theologe war, vor Selbstbewusstsein strotzende Fürsten, die plötzlich die Chance zur Unabhängigkeit spürten, und schließlich die selbst für damalige Verhältnisse frömmelnde Markgräfin Mathilde von Tuszien (Toscana), die alles nur noch schlimmer machte – das waren die Hauptdarsteller des grotesken Schauspiels, das der Teufel während Gottes langem Urlaub in der zweiten Hälfte des 11. Jahrhunderts aufführte.

Um das Stück, das auf der politischen Bühne gegeben wurde, zu begreifen, müssen wir eine kleine Reise unternehmen in die fremdartige, von der unseren so wesensverschiedene Welt am Übergang vom Früh- zum Hochmittelalter. Wir kommen in einer Zeit an, in der die Einheit das Denken beherrschte, und die Einheit war nur ein anderes Wort für Gott. Gegen die Einheit stand das Schisma, die Spaltung, die ins Chaos führte und ein Werk des alten Feindes, des Teufels war. Die Gesellschaft besaß eine allgemein akzeptierte Struktur, die Gott vorgegeben hatte. Sie bestand aus Unfreien oder Hörigen, Bauern, niederem Adel und niederem Klerus sowie höherem Adel und höherem Klerus und schließlich König, Kaiser und Papst.

Über die Frage, ob der Papst über dem Kaiser oder der Kaiser über dem Papst stehe, entzündete sich ein heftiger Streit. Doch niemand, weder rechtgläubiger Christ noch Ketzer zweifelte daran, dass über allen Gottvater thronte, zur Rechten und zur

Linken eingerahmt von Christus und vom Heiligen Geist. Es gab keinen Bereich, den nicht das Religiöse durchdrang; genaugenommen fand die Zeit im Religiösen ihr eigentliches Medium. Erst viele Jahrhunderte später, in der Neuzeit, sollte Religion zu einem Teilbereich des Lebens erniedrigt werden. Im Mittelalter war der Glaube das Leben schlechthin.

Hatte sich in den höheren Schichten und in den Zentren das Christentum durchgesetzt, so kämpfte die Kirche auf dem flachen Land und vor allem in schwer zugänglichen Gebieten mit den Resten des alten Glaubens. Das tat sie indes sehr geschickt, indem sie die alten Heiligtümer vereinnahmte. Nichtchristliche Feiern wurden in christliche umgemünzt, und an den heiligen Stätten der alten Götter wurden Kirchen errichtet. Dieser Prozess verlief nicht ohne Widersprüche, weil christliche Priester zuweilen Rituale des alten Volksglaubens übernahmen. Um der Gefahr der Unterwanderung zu entgehen, verwandelte die Kirche die Geister und Götter in des Teufels Heerschar. Krankheiten kamen grundsätzlich vom Teufel, der unreine Geister losschickte, die durch alle Öffnungen des Menschen in seinen Körper drangen und ihn krank machten. Den Menschen zu heilen bedeutete, die bösen Geister auszutreiben, Exorzist und Heiler vermischten sich zu einer Person. Von Gott geweihte und begnadete Personen konnten böse Geister austreiben und heilen, sie waren imstande, Wunder zu vollbringen. Der gesalbte König, der selbst ein Heiligtum darstellte, konnte ebenso Wunder vollbringen wie der Stellvertreter Petri.

Für das Verständnis der die Seele erschütternden Auseinandersetzung zwischen Papst und Kaiser ist dieser Aspekt des Heilens und Heiligtums beider Ämter ausgesprochen wichtig. Das Hohe ist das Hohe, nämlich das, was dem unbezweifelten Gott näher ist. Für die Bauern des Mittelalters, selbst für die Ritter und kleinen Adligen, ist der König Gott näher als sie dem König. Was wir heute mit tiefster Gläubigkeit Objektivität nennen und was für uns die Wahrheit schlechthin darstellt, hieß für den Menschen des Mittelalters Gott, und die Kirche spielte die Rolle, die heute die Wissenschaft einnimmt: Sie war Erforscherin, Sachwalterin und Verkünderin der Wahrheit. Wer darin einen entscheidenden Unterschied zu entdecken meint, hat eigentlich nur den einen »Aberglauben« gegen einen vielleicht noch viel größeren, weil totalen »Aberglauben« eingetauscht. Wir haben lediglich für den Glauben einen anderen Namen gefunden und ihn von der existenziellen Verantwortung befreit. Damit haben wir aber auch unsere Mitte verloren – der mittelalterliche Mensch besaß diese Mitte.

Die politischen Diskussionen des Mittelalters haben sich eben nicht, wie manche Historiker meinen, in ein theologisches Gewand gehüllt, sondern man kann Theologie und Politik in dieser Zeit nicht voneinander trennen. Politik galt noch nicht als Selbstzweck, als eigener Bereich, sondern als Mittel zur Durchsetzung von Gottes Plan. Sache und Individuum wurden noch nicht voneinander getrennt. Der Mensch war, was er unternahm.

Und auch das Christentum und der Glaube unterscheiden sich deutlich von dem, was wir heute darunter verstehen. Religiöse Fragen und Unstimmigkeiten führten zu Volksaufständen und Massenbewegungen. Es ging nicht darum, ob man an Gott glaubte oder nicht, es handelte sich einzig und allein darum, wie ein gottgefälliges Leben aussehen musste, wie man den furchtbaren Höllenstrafen entgehen konnte und Erlösung fand. Diese Frage war von höchster Wichtigkeit und gestaltete sich doch äußerst kompliziert: Nur einen Schritt vom rechten Wege abgekommen, und man lief Gefahr, schon bald, dann aber für immer und ewig in der Hölle zu schmoren. Volksprediger, die das Land durchzogen, malten diese Höllenstrafen mit brutaler Unmittelbarkeit in den buntesten Sprachbildern, und zwar weitaus drastischer, als Dante sie zwei Jahrhunderte später künstlerisch verfeinert in der »Göttlichen Komödie« beschrieb. Schon ein mäßig begabter Prediger vermochte den Zuhörenden einen heftigen Schrecken in die Glieder zu jagen, indem er immer neue Martern erfand als Strafe für Sünden, um die man im Leben kaum herumkam.

Der Gott des Mittelalters war kein Kuschelgott, sondern ein harter Herr und Christus ein Kriegsmann, der sich schauerliche Schlachten mit dem »alten Feind« lieferte. Schauplatz des Kampfes, so hatte es der heilige Augustinus gelehrt, war die Seele des Menschen in der Welt.

Diese die Grenzen aller Erfahrbarkeit überschreitende Unruhe wirkte stärker als alles andere auf den Menschen im Mittelalter. Nicht umsonst spricht man von Zeichen und Wundern. Zeichen als Gottes bevorzugte Art, sich zu äußern, spielten im Denken der Menschen eine wichtige Rolle. Ein allzu langer Winter, Hagel im Sommer, eine ausbrechende Epidemie, Trockenheit, ein Komet – all jenes galt als Zeichen Gottes, als unübersehbare Warnung an die ohnehin immer sündigen Menschen. Zeichen und Wunder entwickelten sich zu den am stärksten unbezweifelten Argumenten.

Als Rudolf von Rheinfelden, der Gegenkönig Heinrichs IV., in der Schlacht schwer verwundet wurde und seinen rechten Arm – und damit die Schwurhand – verlor, verstanden die Zeitgenossen das als Zeichen Gottes, denn Rudolf hatte Heinrich einst die Treue geschworen und sie sodann gebrochen.

Das war die Welt, in der das Papsttum von der Geisel stadtrömischer Machtinteressen zur Großmacht aufstieg.

EIN SCHWERES ERBE – DIE GREGORIANISCHE REFORM

Gerbert von Aurillac, der spätere Papst Silvester II. (999–1003), einer der gebildetsten Männer seiner Zeit, nannte die Marionettenpäpste des stadtrömischen Adels »Ungeheuer, die in tiefster Unwissenheit göttlicher wie menschlicher Angelegenheiten leben«. Aber auch in den Ortskirchen, in den Bistümern und

Abteien stand nicht alles zum Besten. Zum Verständnis des handelnden Personals ist zu berücksichtigen, dass alle Amtsträger, auch die der Kirche, dem Adel entstammten und in der gleichen Denkweise aufwuchsen. Die Begriffe Land oder Reich spielten damals noch keine große Rolle, denn die Politik der Mächtigen erschöpfte sich oft im Handeln zugunsten des eigenen Hauses, der eigenen Familie. Diese musste abgesichert und das Vermögen erweitert werden. Es ging nicht um nationale Belange, sondern um die Familie und ihren Besitz, denn Besitz bedeutete Macht. Sprösslinge des Hochadels wurden von Geistlichen erzogen. Kirchliche Ämter und Abteien entwickelten sich zu Versorgungsinstitutionen adliger Kinder, die nicht die Herrschaft und den Besitz der Eltern erbten. Dadurch kam es dazu, dass in vielen Klöstern ganze adlige Familien wohnten, dass kirchliche Ämter wie das Amt des Diakons, des Leiters der Verwaltung eines Sprengels, und das Amt des Bischofs, sowie auf niederer Ebene Pfarreien für Geld verkauft wurden. Auch wenn man es nicht gern sah, durften Priester verheiratet sein.

Dagegen regte sich Widerstand, besonders in den Klöstern Cluny und Gorze, die zu Leitabteien für eine große Zahl von Klöstern wurden. In diesen Klöstern und ihren Tochterklöstern setzte man die Benediktinerregel wieder kompromisslos durch, das heißt Zölibat, Keuschheit, Beten und Arbeiten. Gleichzeitig verdammte man die Ehe des Weltklerus – den Nikolaitismus – und den Ämterhandel – Simonie geheißen. Um zu verhindern, dass die Bischöfe die Reformbestrebungen der Klöster blockierten, unterstellten sich diese direkt dem Papst. Dabei spielte es keine Rolle, wer das Amt innehatte. Weit wichtiger schien es den Äbten, ihre Klöster vor der Einflussnahme des Ortsadels über die Ortsbischöfe zu schützen.

Ein zunehmend wichtiger Punkt des Reformprogramms bestand in der Investitur, der Einweisung ins geistliche Amt. Kein Herzog, auch kein König durfte künftig einen Papst, Bischof oder Abt einsetzen. Die Äbte sollten von den Mönchen gewählt, die Bischöfe von den Päpsten auf Vorschlag ihrer Diözesen eingesetzt werden.

Im Grunde wollte man die Kirche den weltlichen Mächten, einem immer stärker werdenden Adel entziehen. Diejenigen, die diese Positionen vertraten, bildeten anfangs eine lose Gruppe, die sich aber immer fester zusammenschloss und allmählich verstand, die Forderungen der Reform mit politischem Machtgewinn zu verbinden. Wie alle Ideologen konzentrierten sie sich darauf, die Mythen- und Legendenbildung bereits zu ihren Lebzeiten auf Hochtouren zu bringen. Denn wo beginnt die Simonie, wo hört sie auf? Ist es bereits Simonie, wenn die Kosten der Reise des Kandidaten zum Wahlort von einem Dritten bestritten werden? Und ist ein hervorragender Seelenhirt schlechter als ein Strolch im Talar, nur weil Ersterer von seinem Landesherrn unterstützt wurde?

Als die Reformer im Vatikan und im Lateran angekommen waren, zeigte sich die hässliche Seite der Reform, die mit Theologie wenig, mit Macht aber sehr viel zu tun hatte. Denn nun offenbarte sich, was sie wirklich tadelnswert an der Simonie fanden: Die Simonie beschränkte nämlich die Investiturrechte des Papstes, und die Gelder, die flossen, wanderten nicht in die päpstlichen Schatullen. Alles, was man in diesen Tagen als simonistisch brandmarkte, wurde von den Päpsten selbst durchgeführt. Nur galt es plötzlich nicht mehr als Ämterhandel, weil die Päpste das Recht erobert hatten, Ämter zu besetzen.

Bald schon wurde das Palliumgeld eingeführt, das heißt, derjenige, der Erzbischof werden wollte, hatte Geld nach Rom zu schicken, um das Amtszeichen seiner Würde zu erhalten. Man muss schon sehr viele spitzfindige kirchenrechtliche Erklärungen bemühen, um das Palliumgeld vom Verdacht der Simonie zu reinigen.

Noch deutlicher schlugen die geldwerten Vorteile des Zölibats zu Buche. Die römische Kurie belegte den Klerus mit Abgaben an Rom. Ein Geistlicher aber, der eine Familie ernähren musste, konnte es sich nicht leisten, über die Hälfte seiner Einkünfte an Rom abzuführen. Was also Ehefrauen und Kinder verzehrten, blieb dem Papst vorenthalten. Das Interesse eines Familienvaters sollte – auch der Bibel nach – zuerst seiner Familie gelten.

Das konnte einem Mann wie dem Mönch Hildebrand, den nachmaligen Papst Gregor VII., nicht recht sein. Er liebte den Zentralismus abgöttisch und musste, getrieben von einem kalten, unbarmherzigen Zwang, diese familiäre Bindung zerstören, damit auch der kleinste Pastor zum bedingungslosen Befehlsempfänger des Stellvertreters Petri wurde. Die ganze Theologie des Zölibats, die Vorstellung geschlechtlicher Reinheit als Vorbedingung für das Glücken der Verwandlung von Brot in Christi Leib und Wein in Christi Blut, entfaltete sich erst in den Streitigkeiten um das Abendmahl in den kommenden Jahrzehnten.

Der tiefere Grund der Durchsetzung des Zölibats in der Reform, die Gregors Namen erhielt, lag im finanziellen und im herrschaftlichen, weniger im theologischen Bereich. Der Vatikan mochte keine Priester, die etwas besaßen, das nicht zugleich der Kirche gehörte, er duldete keine Priester, die ihren Kindern statt der Kirche etwas vererbten, er ertrug keine Priester, deren Familienleben zu praktischen Erfahrungen führte, die im Widerspruch zu päpstlichen Ideen stehen könnten. Der Heilige Vater verachtete die leiblichen Väter als Diener Gottes. Man kann einwenden, dass kirchliche Ämter nach Befähigung und nicht als Erbe vergeben werden sollten, allein, sie wurden dennoch vererbt. An die Stelle der Söhne traten die Neffen.

Die gregorianische Reform bereitete der katholischen Kirche schwerwiegende Probleme, mit denen sie noch heute und heute wohl mehr denn je ringt. Tausend Jahre nach Gregor VII. werden sich die Päpste erneut dem großen Problem von Zölibat und Männerpriestertum stellen müssen. Der Roman »Die Päpstin« wurde nicht wegen seiner literarischen Qualität zum Bestseller, sondern weil sich in der Tat immer dringender die Frage stellt, weshalb Frauen keine Priester und schließlich keine Päpste werden dürfen.

Nüchtern betrachtet wirkt die Reform dieser Zeit, die von Cluny ausging, doch sehr zwiespältig. Zum einen bekämpfte sie die schlimmsten Missbräuche und die Korruption, verhinderte das Umsichgreifen der Verweltlichung der Klöster, wie es dreihundert Jahre später wieder einsetzen sollte, und führte zu einer Konzentration auf geistliche Aufgaben. Zum anderen entwickelte sich die Reform auf der Ebene der Päpste zu einem heimtückischen Mittel im Kampf um die weltliche Macht. Was sie im geistlichen Bereich an Gutem bewirkte, das missriet ihr, wo sie im weltlichen Bereich Anwendung fand.

Bemerkenswert an der gregorianischen Reform allerdings ist zweierlei: Erstens wurde sie von vielen geistlichen Würdenträgern, aber auch von den deutschen Königen tatkräftig unterstützt. Sie waren es schließlich, die immer wieder in Rom eingriffen, korrupte, simonistische und zweifelhafte Päpste verjagten und Reformpäpste einsetzten, sie, denen Gregor VII. jede Investitur verbot. Zweitens hätte kein Reformpapst, Gregor VII. eingeschlossen, je Papst werden dürfen, weil sie alle in dem einen oder anderen Punkt gegen die eigenen Regeln verstoßen hatten. Aber auch dafür hatte der gewitzte Gregor eine Erklärung parat: Das Amt heilige schließlich den Träger – aber nur, wenn er der eigenen Partei angehörte, was Gregor wohlweislich hinzuzufügen unterließ.

Das Papsttum geriet erneut in eine Krise, weil die Machtkämpfe des stadtrömischen Adels dazu führten, dass zwei Päpste um den Heiligen Stuhl stritten. König Heinrich III. kam über die Alpen, um in den verfahrenen Streit einzugreifen. Auf den Synoden von Sutri 1045 und von Rom 1046 – dem Jahr, in dem er zum Kaiser des Heiligen Römischen Reiches wurde – setzte er Papst Silvester III. und Papst Gregor VI. ab. Silvester III. kehrte in seine Diözese nach Sabina zurück. Anfangs neigte der König Gregor VI. zu, weil er persönlich untadelig erschien, wie

Heinrich für die Reform eintrat und wie dieser von einem tiefen Christentum durchdrungen war. Doch dann schickte der Kaiser den Reformpapst empört in die Verbannung, weil er sich der Simonie schuldig gemacht hatte: Er war nur Papst geworden, weil man seinen Vorgänger Benedikt IX. mit Geld zum Amtsverzicht bewegt hatte.

EIN ABGESETZTER PAPST UND EIN GEBANNTER KÖNIG: CANOSSA

Dem abgesetzten Papst folgte ein junger Priester in die Verbannung, der den ersten Karrieresturz seines Lebens erlebte: Hildebrand. Vielleicht rührten der Hass und die Unnachgiebigkeit, die der spätere Papst Gregor VII. dem Sohn Heinrichs III., dem vierten Heinrich, gegenüber an dem Tag legte, von dieser tiefen Verletzung her, die man aus seiner Sicht dem verehrten Gregor VI. zugefügt hatte. Dabei focht es Hildebrand überhaupt nicht an, dass sich sein leuchtendes Vorbild des in seinen Augen schlimmsten Verbrechens, nämlich der Simonie, schuldig gemacht hatte. Selbst wenn Gregor VI. davon nichts wusste, hätte er nach Bekanntwerden der Tatsachen zurücktreten müssen. Wer wie diese beiden Geistlichen unerbittliche Forderungen an andere stellte, konnte sich eigentlich keinen noch so kleinen Fleck auf der eigenen Weste leisten. Doch schon damals wog Hildebrand mit zweierlei Maß.

Er stammte aus kleinen Verhältnissen und kam früh nach Rom. Dort machte er rasch auf sich aufmerksam und stieß bis zum engsten Kreis eines Mannes vor, der dann Papst Gregor VI. wurde. Dass die Absetzung dieses Mannes und seine Verbannung nach Köln Hildebrand wie ein Blitz aus heiterem Himmel traf, ist nur allzu verständlich. Auch dass Hildebrand jene hasste, die dafür verantwortlich waren und sein frühes Glück zerstört hatten, lässt sich nachempfinden. Vielleicht begleitete er den ehemaligen Papst, weil er ihn aufrichtig bewunderte. Möglicherweise verfügte der gefallene Reformer aber auch immer noch über ein Netzwerk innerhalb der Kirche, auf das Hildebrand nicht verzichten konnte, weil ihm kein anderes zur Verfügung stand. Tatsache bleibt, dass er diejenigen ausgesprochen schlecht behandeln sollte, die ihm schließlich den Weg auf den Heiligen Stuhl ebnen sollten, die deutschen Könige und römischen Kaiser, besonders einen: Heinrich IV.

Noch war es aber nicht so weit. Um das universelle Papsttum aus den tagespolitischen Verstrickungen römischer Rivalitäten zu führen, ernannte Kaiser Heinrich III. ihm vertraute und ausgesprochen fähige Diener Gottes:

1046–1047. Den Anfang machte Clemens II., zuvor Suitger, Bischof von Bamberg, der allerdings weniger als ein Jahr nach seiner Erhebung zum Papst plötzlich verstarb. Bereits die Zeitgenossen nahmen an, dass er vergiftet worden war, und neuere gerichtsmedizinische Untersuchungen stellten eine erhöhte Arsenkonzentration in seinen Knochen fest.

1048. Ihm folgte der bayrische Adlige Poppo von Brixen, der als Papst Damasus II. auch nur allzu bald der Malaria oder einem Gift erlag.

1049–1054. Schließlich bestieg mit Bruno von Egisheim-Dagsburg als Leo IX. ein ungemein tatkräftiger Papst den Stuhl Petri. Er machte den Vatikan zum Zentrum der Reform und versammelte die wichtigsten Reformgeistlichen dieser Zeit um sich: Humbert von Silva Candida, Petrus Damiani und den uns schon bekannten Mönch Hildebrand, der von einem karrierefördernden Kurzaufenthalt im Kloster Cluny erlöst wurde und auf die politische Bühne zurückkehren durfte. Im Bund mit dem deutschen Kaiser erstarkten Geltung und Herrschaft des Papstes, der mit seinen reformorientierten Helfern und Ratgebern in Zusammenarbeit mit reformfreudigen Bischöfen und Äbten zum Motor der Erneuerung der abendländischen Christenheit wurde.

Auch Leos Nachfolger trieben die Reformpolitik voran. Papst Nikolaus II. (1058–1061) legte zum ersten Mal das Verfahren der Papstwahl verbindlich fest: Der Papst war von den Kardinälen in Rom zu wählen und durch das Volk und den Senat von Rom zu bestätigen.

Zum wichtigsten Mann in der Kurie stieg in jenen Jahren der Mönch Hildebrand auf, der spätestens seit dem Tod Leos IX. 1054 als Anwärter auf den Papstthron in Betracht kam und bei dem alle Fäden zusammenliefen. Wann der Gedanke, sich von den weltlichen Mächten – also auch von den Kaisern – völlig frei zu machen, klare Formen annahm, bleibt ungewiss, doch spielten dem künftigen Papst zwei unglückselige und sich ergänzende Zufälle weitreichender Art in die Hände.

Zum einen starb Kaiser Heinrich III. am 5. Oktober 1056 auf dem Jagdhof Bodfeld in der Nähe von Elbingerode im Harz, wo Papst Viktor II. (1055–1057), der Deutsche Gebhard von Eichstätt, den der Kaiser knapp zwei Jahre zuvor zum Papst gemacht hatte, als Jagdgast weilte. Als der Kaiser sein Ende kommen sah, hatte er dem guten Papst das Schicksal seines Sohnes anvertraut, der am 5. November sechs Jahre alt werden sollte.

Viktor II., der sich auch als Reformpapst den Kaisern und der Kaiseridee verpflichtet fühlte, der größere Dimensionen erfasste und dessen Blick nicht von eifersüchtigen Machtbestrebungen und kleinlichem Hass getrübt war, hätte für den jungen König, der im April 1053 im Alter von zweieinhalb Jahren bereits in Tribur auf Initiative des Vaters gekrönt worden war, einen väterlichen Freund und treuen Sachwalter abgegeben. Nachdem er die Gebeine des toten Kaisers im Dom zu Speyer und dessen Herz in Goslar, der Lieblingspfalz Heinrichs III., beigesetzt hatte, führte der Papst den kleinen Heinrich nach Aachen. Dort setzte er den Knaben auf den Thron Karls des Großen. Nichts hätte Viktor II. daran hindern können, den minderjährigen und vaterlosen König zu schützen, nichts mit Ausnahme des Todes – und der kam rasch und zur Unzeit, schon ein halbes Jahr später.

Die Situation konnte für Hildebrand nicht günstiger sein: Für ein eigenes Pontifikat war es noch zu früh. Dazu mangelte es dem aus einfachen Verhältnissen aufgestiegenen Kirchenpolitiker noch an tragenden Verbindungen und einer Hausmacht. So wurde Friedrich von Lothringen als Stephan IX. auf den Heiligen Stuhl erhoben – ein kluger Schachzug der Radikalreformer und erster wuchtiger Schlag gegen das Kaisertum, das bisher die Päpste geschützt hatte. Die Radikalreformer empfanden die Kaiser aber immer mehr als Zwing-, denn als Schutzherren.

Zwar lässt sich der Plan, das Kaisertum gegenüber dem Papsttum zu erniedrigen, nicht beweisen, doch die Tatsache, dass die Gruppe um Hildebrand Friedrich nominieren und zum Papst machen konnte, belegt hinlänglich, dass sich diese Zielvorstellung zu dieser Zeit schon ausgeprägt hatte. Der Bruder Friedrichs war Gottfried der Bärtige, der ärgste Rivale Kaiser Heinrichs III., und mit Sicherheit kein Freund des kleinen Heinrich. Hinzu kam, dass dieser Gottfried aus politischen Erwägungen 1054 Beatrix, die mächtige Markgräfin von Tuszien, geheiratet hatte. Vom Norden aus gesehen stellte die Toscana den Schlüssel für Italien dar. Wer nach Süden wollte, musste hier hindurch. Ein Bund, bestehend aus Lothringen, der Toscana und Rom, barg die Gefahr einer starken Konkurrenz für den deutschen König in Italien.

Zum ersten Mal konnte Hildebrand seine Verachtung für die deutschen Könige in Szene setzen. Er hielt es nicht einmal für nötig, dem König, so wie es bis zu diesem Zeitpunkt seit Otto I. Recht und Gesetz im Reich war, um Bestätigung des Kandidaten für den Apostolischen Stuhl zu bitten. Der ohne Zustimmung des Königs gewählte Papst Stephan IX. (1057–1058) schickte unter Leitung Hildebrands eine Gesandtschaft zu Heinrich IV., um ihn über die Wahl zu informieren. Während Hildebrand die schwierige diplomatische Aufgabe zu meistern hatte – zu diesem Zeitpunkt wollte man einen Bruch mit dem deutschen König noch vermeiden –, wurde Humbert von Silva Candida Kanzler des Papstes und Petrus Damiani Kardinalbischof von Ostia. Die Radikalreformer bauten ihre Machtstellungen in Rom aus.

Wir können hier nicht dem Schicksal Heinrichs IV. folgen, der bald darauf von Erzbischof Anno von Köln auf abenteuerliche Weise entführt und von seiner Mutter getrennt wurde. Anno versuchte, den jungen König zu eigenem Nutzen unter Kuratel zu bekommen, um als Kanzler und Vormund das Reich zu regieren. Die wichtigen Reichsinsignien, Reichsapfel und Szepter, sowie die Heilige Lanze hatte der fromme Herr ebenfalls in seine Gewalt gebracht, das heißt gestohlen.

Gottfried der Bärtige schloss für seinen minderjährigen Sohn Gottfried den Buckligen ein Ehebündnis mit Mathilde, der gleichfalls minderjährigen Tochter der Markgräfin Beatrix von Tuszien, um den Ausbau der Herrschaft der neuen lothringisch-toskanischen Familie abzusichern.

In Florenz verstarb Stephan IX. völlig überraschend 1058 nach nur einem halben Jahr im Amt. Es heißt, der Papst habe kurz vor seinem Tod darum gebeten, mit der Wahl eines neuen Papstes auf die Rückkehr Hildebrands zu warten, der sich noch auf diplomatischer Mission befand. Die Überlieferung klingt glaubhaft und beweist, dass Hildebrand inzwischen eine wichtige Position eingenommen hatte, wenn er nicht bereits die graue Eminenz der Radikalrefomer war. Verglichen mit Humbert oder Petrus Damiani war er die am wenigsten theologisch gebildete, dafür aber am politischsten denkende Figur innerhalb des Kreises.

Wer allerdings die Rückkehr Hildebrands nicht abzuwarten gedachte, waren die Familien des stadtrömischen Adels. Sie hielten die Zeit für gekommen, das Papsttum wieder in ihre bewährte Obhut zu nehmen, und wählten 1058 den Kardinalbischof Giovanni Mincio von Tusculum zum Papst, der sich Benedikt X. (1058–1060) nannte. Mithilfe der von ihnen geplünderten päpstlichen Kasse bezahlten sie das römische Volk, das daraufhin Benedikt X. bejubelte. Giovanni, der den wenig schmeichelhaften Beinamen Mincio – Dummkopf – führte, war bei genauer

Betrachtung keine ungeschickte Wahl des Stadtadels, denn er stand den Reformern nahe. Man hätte den Mann akzeptieren können, wenn es nur um die Reform, nicht aber um die Macht gegangen wäre. Um die ging es aber eindeutig, denn die Wahl des Gegenpapstes war kirchenrechtlich weit fragwürdiger als die Erhebung Benedikts X. zum Papst. Und sie kam zustande, weil zwei Männer es so wollten!

Hildebrand, der auf dem Rückweg von Deutschland in der Toscana von der Niederlage der Reformpartei erfuhr, verständigte sich mit Gottfried dem Bärtigen in Florenz. Eilig überredete er gemeinsam mit dem Herzog Bischof Gerhard von Burgund dazu, sich ebenfalls zum Papst machen zu lassen. Gestützt auf Gottfrieds Macht, führte Hildebrand seinen Papst, der sich Nikolaus II. (1058–1061) nannte, nach Rom in den Lateran und ließ ihn 1058 in der Basilika zum Papst krönen. Nikolaus war weder gewählt, noch ging das Ganze ohne Geld ab, außerdem gab es bereits einen rechtmäßigen Papst, mithin konnte man ihn recht wohl der Amtsanmaßung und der Simonie bezichtigen. Um den Makel seiner Wahl zu vertuschen, erließ er auf der im Lateran stattfindenden Synode zu Ostern 1059 das berühmte Papstwahldekret. Nach Hildebrands Willen kam der Synode die Aufgabe zu, die dubiose Papsterhebung Nikolaus II. nachträglich zu rechtfertigen. Ein halbes Jahr später gelang es Hildebrand, den rechtmäßigen Papst Benedikt X. festnehmen und bis zu seinem Tod 1060 in Klosterhaft verwahren zu lassen.

Allerdings sollte der bedauernswerte Hildebrand an Papst Nikolaus II. auch nicht viel Freude haben, starb dieser doch, ungeachtet der Mühe, die sich Hildebrand mit ihm gemacht hatte, bereits Ende Juli 1061 in Florenz und wurde im dortigen Dom begraben. Während der junge König Heinrich IV. – er war nun elf Jahre alt – im fernen Basel eine Synode einberief und Bischof Pietro Cadalus von Parma, der als hochgebildeter und ehrenwerter Kleriker galt, als Honorius II. (1061–1064) zum Papst ausrufen ließ, hatte Hildebrand bereits vollendete Tatsachen geschaffen und, wen wundert es, einen Mann der Radikalreform, der noch dazu sein Bistum im Herrschaftsgebiet von Gottfried und Beatrix hatte, zum Papst wählen lassen. Anselmo da Baggio, der sich Papst Alexander II. (1061–1073) nannte, saß zuvor als Bischof von Lucca auf einem der wichtigsten Bischofsstühle der Toscana und war als Papst eindeutig die Kreatur Gottfrieds und Hildebrands.

Während sich der Gegenpapst Honorius II. im Vatikan niedergelassen hatte, verschanzte sich Alexander II. in Sichtweite seines Gegners in der Engelsburg. Doch die Position des Honorius schwächten drei Faktoren: Erstens stand ihm eine Gruppierung, die so skrupellos wie eng und fest miteinander verbunden war, entgegen, was man seinen Unterstützern – ein minderjähriger König, einige lombardische Bischöfe und Teile des römischen Stadtadels – nicht nachsagen konnte. Zweitens hatte Gottfried der Bärtige, der Alexander II. protegierte, den Höhepunkt seiner Macht erreicht, und drittens wurde wahrscheinlich in Absprache mit Gottfried und im Auftrag Hildebrands genau zu diesem Zeitpunkt König Heinrich IV. vom Kölner Erzbischof Anno entführt. Ein beispielloser Vorgang. Ein Kurialer gibt die Entführung des Königs bei einem Erzbischof in Auftrag! Nun wollte man das unwürdige Werk krönen: Auf einem Hoftag in Augsburg versuchte die Reformpartei, die den König gekidnappt hatte, die Wahl Alexanders II. durchzusetzen, doch dies gelang wider Erwarten nicht. Die stolzen deutschen Fürsten und Bischöfe ließen sich nicht von Gottfried und Anno einspannen. Sie beauftragten Bischof Burchard von Halberstadt, nach Italien zu reisen, um Informationen über den tatsächlichen Verlauf der Wahl Alexanders II. einzuholen. Schließlich gelang es Alexander doch noch, sich als Papst in Rom durchzusetzen, weil er auf die Truppen der Normannen und die Unterstützung Gottfrieds des Bärtigen rechnen konnte. Auf einer Synode, die in Mantua stattfand, das im Territorium Gottfrieds lag, wurde Alexander II. als Papst anerkannt und Honorius II. verurteilt.

In Rom hatten Alexander II., Hildebrand und die Reformer den jungen deutschen König nicht mehr auf der Rechnung. Doch Heinrich IV., der noch dazu einen sehr verständlichen abgrundtiefen Hass gegenüber Erzbischof Anno von Köln hegte, zeigte sich immer selbstbewusster und zog die Regierung an sich. Nachdem er sich aus den Fängen des Erzbischofs befreit hatte, suchte er sich sogleich neue Berater.

Nach vielen Auseinandersetzungen, die an Intensität und Auswirkungen zunahmen, kam es zum ersten großen Zerwürfnis: Alexander II. verurteilte die Einsetzung von Bischöfen durch Heinrich IV. und forderte, dass der König diese Investituren rückgängig machte. Wer ihm das eingeflüstert hatte, lässt sich leicht erraten: der unvermeidliche Hildebrand. Heinrich hingegen war sich keiner Schuld bewusst, denn er hatte nichts anderes getan, als sein Königsrecht und seine Pflicht als gesalbter Beschützer der Kirche Christi wahrzunehmen. Dass man in Rom bereits zielstrebig eine Politik verfolgte, die den Papst über alle weltlichen Herren – Kaiser und Könige eingeschlossen – stellen sollte, und zwar nicht nur im religiösen, sondern auch im weltlichen Bereich, konnte er zu diesem Zeitpunkt noch nicht einmal ahnen. Die Vorbereitungen liefen auf Hochtouren. Als Heinrich sich weigerte, exkommunizierte der Papst Heinrichs Räte. An den König selbst traute man sich noch nicht heran, aber die Stoßrichtung wurde für alle deutlich.

Im April 1073 starb Alexander II., ohne dass er die Exkommunikation aufgehoben hätte, und schon am nächsten Tag wurde Hildebrand zu Papst Gregor VII. Während der Totenmesse für Alexander II. habe ihn das Volk von Rom akklamiert, heißt es, und anschließend hätten ihn einige Kardinäle gewählt. Die Quellen widersprechen sich ein wenig, das heißt, die Version, die Gregor VII. verbreitete, deckt sich nicht ganz mit den Berichten der Zeit. Doch wie das Ganze auch abgelaufen sein mag, ins Auge fällt die unübliche Eile, mit der die Wahl vonstattenging. Der Ablauf lässt sich überdies nur schwerlich mit den Bestimmungen des Papstwahldekrets in Übereinstimmung bringen. Deutlich wird, dass Hildebrand nach dem Tod Alexanders dem deutschen König keine Möglichkeit bieten wollte, einen ihm genehmen Kandidaten zu erheben. Er wollte keine Kraftprobe und nichts dem Zufall überlassen. Seine Wahl ließ er sofort in alle Welt hinausposaunen, nur Heinrich IV. machte er keine Mitteilung. Dies war deutlich genug.

DIE DIKTATUR DES PAPSTES

Der junge König konnte nicht ahnen, welches Bündel an Intrigen und auch an Bosheit ihm von jenseits der Alpen drohte, doch dass sich in Rom nichts Gutes zusammenbraute, spürte er. In der ersten Zeit umschlichen sich Papst und König und versuchten, Konflikte zu vermeiden. Beide waren damit beschäftigt, ihre Herrschaft auszubauen. Seine wichtigste Stütze hatte Gregor VII. schon im Jahr 1069 verloren, als Gottfried der Bärtige starb, und mit den Normannen waren die Beziehungen angespannt. Den mächtigen Normannenherzog Robert Guiscard und seinen Neffen Robert von Loritello hatte der Papst exkommuniziert. Ohne dass die Normannen sich aus seiner Sicht gebessert oder Buße geübt hätten, nahm er sie später wieder in die Kirche auf, weil er sie als Verbündete benötigte. Es sollte für Gregor noch schlimmer kommen: Der Sohn seines treuesten Verbündeten, Gottfried der Bucklige, der trotz seines Körperwuchses ein beherzter und mutiger Mann war, stellte sich auf die Seite des fast gleichaltrigen Königs.

Im Jahr 1075 hielt Gregor VII. in Rom eine Fastensynode ab, auf der das Verbot der Laieninvestitur in einem Dekret beschlossen und verkündet wurde. Damit hatte der Papst seinen Primatsanspruch deutlich formuliert und hinzugefügt, dass er jeden verfolgen werde, der diesen Anspruch missachtete oder verletzte. Genau dies tat aber Heinrich IV., indem er als König

Bischöfe einsetzte. Zum Stein des Anstoßes wurde Mailand, wo sich die Pataria, eine fanatisch-religiöse Armutsbewegung, die von breiten Volkskreisen der Stadt gestützt wurde, gegen den Bischof und den Stadtadel erhoben hatte. Heinrich hatte den Aufstand niedergeschlagen und einen Bischof eingesetzt. Aber nun verband sich in Mailand der Stadtadel mit dem Bürgertum, das selbstbewusst für die Unabhängigkeit der Stadt eintrat. Das konnte weder Mathilde als Landesherrin noch dem Papst recht sein.

Gregor VII. stand der Pataria nahe, bekannte sie sich doch zum Papst und lehnte ihre Stadtherrschaft ab. Alles, was seiner Herrschaft nützte, liebte dieser Papst und log noch die tiefste Sünde in ein gottgefälliges Werk um. Der König hingegen sollte in der Folgezeit starke Unterstützung von den städtischen Oberschichten erhalten, weil er die Selbstständigkeit der Städte unterstützte. Die Ernennung des Bischofs von Mailand durch König Heinrich IV. widersprach praktisch dem Verbot der Laieninvestitur. Gregor protestierte in einem Brief und drohte Heinrich die Exkommunikation an, wenn er die Mailänder Investitur nicht rückgängig machte. Außerdem erinnerte der Papst den König daran, dass er sich immer noch nicht von den Räten getrennt hatte, die sein Vorgänger Alexander II. gebannt hatte. Und wer mit Exkommunizierten Gemeinschaft hielt, sie unterstützte oder mit ihnen zusammenarbeitete, verfiel selbst dem Bann.

Der Brief erreichte den König Anfang des Jahres 1076. Zum 24. Januar 1076 berief Heinrich IV. einen Hoftag zu Worms ein. Dort einigte man sich darauf, Gregor VII. abzusetzen, weil er das Papstwahldekret Nikolaus' II. verletzt habe, als Papst unfähig sei und als Priester unsittlich lebe. Die Radikalreformer hatten immer die Forderung des Zölibats für alle Kleriker und Mönche erhoben. Nun war es Gottfried der Bucklige, der Gregor VII. öffentlich auf dem Hoftag der Unsittlichkeit und der Unkeuschheit beschuldigte. Er behauptete, der Papst unterhalte eine geschlechtliche Beziehung zu seiner Frau, Mathilde von

Tuszien. Das bedeutete einen starken Angriff und eine mehr als peinliche Anklage für den auf Sittenstrenge bedachten Papst. Gottfried sollte diese Anklage nur wenige Wochen überleben. Am 26. Februar fiel der Herzog während eines Feldlagers einem Mordanschlag zum Opfer.

Nun unterlief dem König der schlimmste Fehler seiner Regentschaft. Er schickte einen Boten mit einem Schreiben zur Fastensynode nach Rom, das dieser am 14. Februar 1076 dort verlas. Darin forderte Heinrich das Konzil zu Recht auf, »den Mönch Hildebrand« als »Eindringling in die Kirche, als ihren Bedrücker, als den hinterhältigsten Feind des römischen Gemeinwesens und des Reichs« zu verjagen und einen rechtmäßigen Papst zu wählen.

Der Fehler bestand nicht darin, Gregor, von dem der König nichts Gutes zu erwarten hatte, abzusetzen. Der Fehler bestand darin, einen Brief statt eines Heeres zu schicken. Mit anderen Worten, Heinrich hatte, als er Gregor absetzte, nicht die Möglichkeit, seinen eigenen Aufruf durchzusetzen. Es war ein Bluff – oder eine Verkennung der römischen Verhältnisse, denn auf der Synode in Rom saßen nur Gregors Gefolgsleute. Warum sollte der machtschlaue Priester auch Gegner seiner Politik zu seiner Synode laden? Man muss Heinrich IV. zugutehalten, dass er das Ungeheuerliche, das nun geschah, nicht hatte voraussehen können: Noch nie hatte ein Papst einen König, einen »Gesalbten des Herrn« abgesetzt und aus der Gemeinschaft der Gläubigen, der Kirche verstoßen. Heinrich und seine Berater konnten weder wissen noch ahnen, dass Gregor VII. so weit gehen würde. Er ging noch viel weiter!

Im März 1076 erreichte Heinrich IV. in Utrecht die Nachricht von seiner Exkommunikation durch Papst Gregor VII. Vermutlich wussten viele schon durch gezielte Indiskretionen Bescheid, und der König war der Letzte, der vom gegen ihn geschleuderten Kirchenbann, dem Anathema, erfuhr. Der Bannstrahl aus Rom tat seine Wirkung: Deutsche Bischöfe und Fürsten fielen vom exkommunizierten König ab.

Aus der unruhigsten Zeit der Kirche – dem Investiturstreit im 11. Jh.: Kaiser Heinrich IV. mit seinem Gegenpapst Clemens III., daneben Papst Gregor VII., schließlich der von den brandschatzenden Normannen unter Robert Guiscard befreite Gregor VII. und Gregors Tod im Exil. Holzstich aus der Chronik Ottos Freiherr von Bismarck.

Exkommuniziert zu sein bedeutete, in vollem Umfang aus der Kirche, aus der gesamten christlichen Welt ausgeschlossen zu sein. Jedem, der einem Exkommunizierten half oder auch nur mit ihm Umgang pflegte, drohte ebenfalls der Ausschluss aus der Christenheit. Alle Eide, die man jenem geleistet hatte, alle Pflichten ihm gegenüber und alle Rechte, die er an anderen hatte, erloschen. Ihn zu beschimpfen, ihn zu bestehlen, ihn zu misshandeln und zu ermorden wurde nicht als Verbrechen geahndet. Derjenige, der exkommuniziert worden war, galt nicht mehr als Mensch, denn das Menschsein bestand in der Gemeinschaft mit Jesus Christus. Der Exkommunizierte aber war zum Diener des Teufels, des alten Erzfeindes, geworden und hatte sich dadurch selbst in einen argen Gegner der Menschen und des Menschengeschlechts verwandelt. War es Gregor VII. auch nicht gelungen, den König völlig zu isolieren, so hatte er doch Zwietracht gesät.

Ein nicht genauer datierbares Dokument mit dem Titel »Dictatus Papae«, das um 1075 verfasst wurde, beleuchtet die Denkweise dieses Papstes, die Absolutheit seines Machtanspruchs, seinen ungeschminkten, brutalen Machtwillen. Wie kein anderer zeigt er uns den Sündenfall, die teuflische Verführung, die Macht bedeutet und der Gregor restlos verfiel. Unsicher ist zwar, welchem Zweck der Text dienen sollte, aber es steht fest, dass er von Gregor VII. stammt. Das, wofür Johannes Paul II. im Heiligen Jahr 2000 um Verzeihung bat, fand hier seinen verhängnisvollen Anfang – die uneingeschränkte Machtpolitik der Päpste. Gregor öffnete die Tür, die besser verschlossen geblieben wäre.

Nicht jeder mag die weitreichenden Schlussfolgerungen nachvollziehen wollen, doch wird aus den Dokumenten, den Briefen, Synodalbeschlüssen und dem »Dictatus Papae« deutlich, dass Gregor VII. eine Art Masterplan besaß, um die absolute und totale Diktatur des Papstes zu verwirklichen. Das ganze Vorhaben hatte allerdings eine Schwachstelle, die Gregor schließlich zum Improvisieren zwingen sollte: Er unterschätzte den jungen König. Er setzte darauf, Heinrich IV., dessen Macht von den Ambitionen des deutschen Hochadels, von Männern wie Welf von Bayern oder Rudolf von Rheinfelden, ständig in Frage gestellt wurde, Zug um Zug königliche Rechte abzunehmen, bis er den König so weit unter sich hatte, wie es seinem Weltbild entsprach. Dass Heinrich IV., der vollständig damit beschäftigt war, die eigene Macht in Deutschland zu sichern, trotzdem erheblichen Widerstand leisten würde, hatte Gregor nicht einkalkuliert.

Aber Heinrich wehrte sich, nicht ein Quäntchen gab er von seinen Königsrechten ab. Er fühlte sich nicht weniger als der Papst von Gott erwählt und beauftragt. Und saß Gregor nicht auf dem Heiligen Stuhl, weil Heinrichs Ahnen als von Gott bestellte und begnadete Schutzherren das Papsttum gerettet hatten? Er selbst hätte sich exkommunizieren müssen, wenn er nicht das getan hätte, wofür er schließlich gebannt worden war.

Für Heinrich bestand kein Zweifel daran, dass sich der Feind der Christenheit auf dem Papstthron niedergelassen hatte. Doch nun, nachdem er gebannt worden war und sich wichtige Reichsfürsten dafür ausgesprochen hatten, ihn als König abzusetzen, wenn der Bann nicht bis zum Frühjahr aufgehoben werden würde, saß er in der Falle. Allzu unglücklich für ihn mischten sich sehr verschiedene Interessen: Der Papst wollte sich zu einer Art Gott auf Erden machen. Einige Fürsten glaubten, die Königskrone stünde ihnen besser als dem Jüngling, den man als Kind auf den Thron gesetzt hatte. Wieder andere wünschten sich einen schwachen König, der ihnen bei der Ausweitung ihrer Besitztümer nicht in die Quere kam. Wenige nur erhofften sich einen starken Herrscher, allzu wenige nur dachten an das Wohl des Reiches.

Im Oktober beschlossen die deutschen Reichsfürsten auf einem Fürstentag in Tribur unter maßgeblicher Mitwirkung der päpstlichen Gesandten, dass Heinrich sich vor einem Gericht verantworten sollte, das am 2. August, an Maria Lichtmess, in Augsburg stattfinden und dem der Papst als oberster Richter vorsitzen sollte.

Für Gregor lief also alles prächtig, nicht so für das Reich. Der Papst begab sich im Vorgefühl des großen Sieges nach Norden, wo er Ende Januar 1077 in Augsburg einzutreffen gedachte. Und als sei das der Freude nicht genug, durfte er zuvor noch die Gesellschaft seiner frommen Tochter Mathilde genießen, die ihm als Markgräfin von Tuszien Geleit durch die Toscana zu geben hatte. Unerquicklich allerdings war, dass der Winter 1076/1077 mit einer seit Menschengedenken ungesehenen Härte kam. Von Ende November bis tief in den März hinein waren alle Flüsse bis nach Norditalien zugefroren, solch strenger Frost herrschte. Ende Dezember besuchte Gregor den Bischof von Lucca und erreichte am 8. Januar Mantua, wo er auf die Eskorte der Reichsfürsten wartete.

Drei Wochen trennten ihn von seinem strahlenden Triumph, drei Wochen nur, doch statt der Truppen der Fürsten traf nur die besorgniserregende Nachricht ein, dass sich König Heinrich IV. an der Spitze seiner Truppen Mantua näherte. Gregor fürchtete, gefangen genommen oder getötet zu werden, und war sich der misslichen Tatsache bewusst, dass die lombardischen Bischöfe mehr oder weniger geheim mit dem gebannten König paktierten. Also floh er auf die Burg Canossa, die Stammburg der Mathilde von Tuszien, die rund fünfzig Kilometer von Mantua entfernt lag und gut zu verteidigen war.

Die Nerven lagen blank – auf beiden Seiten. Der König hatte zwar die Initiative ergriffen, aber er wusste natürlich nicht, wie der Papst reagieren würde. Der igelte sich erst mal auf Canossa ein, zusammen mit der Markgräfin. Jetzt rächte sich, dass er den König sträflich unterschätzt hatte, denn er besaß keinen Plan für den Fall, dass Heinrich die Defensive verließ.

Zwei mächtige Gegner standen einander in abgrundtiefem Misstrauen und in unübersichtliche Verbindungen verstrickt gegenüber, und beide wussten nur zu gut, dass der falsche Schritt den eigenen sicheren Untergang bedeuten würde. Was das Ganze hier so kompliziert machte, war die Tatsache, dass niemand mehr wusste, welcher Schritt der richtige war und welcher der falsche. Die Radikalreformer in Rom hatten genauso viel Rückhalt in der Kirche gefunden, wie sie Feindschaft hervorgerufen hatten. Einige deutsche Fürsten waren zu weit gegangen, um aufgeben zu dürfen, und der König konnte mit einer entschlossenen Gewalttat ebenso viel gewinnen wie verlieren. Die Angelegenheit entwickelte eine Eigendynamik, die die Akteure gleichermaßen zu Handelnden und zu Marionetten des Zufalls machte – alles hatte sich zum berühmten Gordischen Knoten zusammengezogen.

In dieser Situation wählte Heinrich einen Weg, der subjektiv eine Schmach, politisch aber einen Gewinn bedeuten sollte – ein überaus kluger Schritt. Überhaupt muss man sagen, dass im Kampf zwischen König und Papst überraschenderweise der junge König über die eleganteren Schachzüge verfügte. Gregor versteckte sich auf der Burg Canossa, weil er Heinrich falsch einschätzte. Wäre er an der Stelle des Königs gewesen, so hätte er nämlich mit Gewalt reagiert und den Gegner getötet. Nicht so Heinrich. Am 20. Januar umzingelte dieser die Burg und schlug in der Nähe, in Bianello, sein Lager auf. Wenig später verhandelte er mit Mathilde und dem Abt von Cluny, der pikanterweise sein Taufpate gewesen war.

Mit feierlicher und beeindruckender Demut legte Heinrich die Insignien der Königswürde ab und begab sich am 25. Januar 1077 zu Fuß, nur mit einem einfachen Wollhemd bekleidet, bei klirrender Kälte nach Canossa, um vor dem Papst Buße zu tun und wieder in die »Gemeinschaft der Heiligen« aufgenommen zu werden.

Gregor verging vor Zorn, war er nun doch vom König doppelt gefangen. Zum einen konnte er die Burg nicht verlassen, denn unweit lagerte Heinrichs Heer, und zum Zweiten zwang der Büßer, der mit nackten Füßen und in ärmlicher Kleidung vor dem Tor im eisigen Schnee stand, den Priester, der der Papst ja war – und zwar nach eigener Lehre der Erste von allen Priestern –, ihm Buße, Beichte und Vergebung zu gewähren. Nahm er ihn aber wieder auf in die Kirche, konnte er ihn nicht mehr in Augsburg vor Gericht stellen. Unschlüssig, was er tun sollte, ließ Gregor den König drei Tage im Büßergewand und im Frost stehen. Vielleicht hoffte er auch darauf, dass Heinrich sich den Tod holte.

Gregor hätte ihn bis in alle Ewigkeit dort stehen lassen, wenn sich nicht ein Verlust des Ansehens eingestellt hätte, denn mit jeder Stunde, die der demütige König vor dem Tor stand, wuchs sein Ansehen, und bald schüttelte man nur noch den Kopf über den hartherzigen Papst. Es entstand der Eindruck, dass der Heilige Vater den reumütigen Sohn vor dem Burgtor im kalten Schnee erfrieren ließ, während er selbst im Warmen saß und noch dazu in Gesellschaft einer Frau, der man eine allzu große Nähe zu seiner Person unterstellte. Das Bild sprach für sich. Anderseits konnte Gregor Heinrich auch nicht so einfach vom Bann lossprechen. Wie sollte er seinen Verbündeten unter den deutschen Fürsten später erklären, dass er die Gelegenheit, sich Heinrichs zu entledigen, verspielt hatte? Es nützte alles nichts, Gregor musste einlenken und Heinrich vom Bann lösen.

König und Papst zweifelten auch in Canossa keinen Augenblick daran, dass sie einen erbitterten Machtkampf führten – freilich mit den Mitteln und Methoden ihrer Zeit. Nachdem sich Gregor noch eine Weile von Mathilde hatte trösten lassen, kehrte er nach Rom zurück. Fürs Erste hatte Heinrich gewonnen, er hatte das Komplott zwischen einigen Fürsten des Reiches und dem Papst gesprengt, war wieder als vollwertiges Mitglied in die Kirche aufgenommen und hatte die Gerichtsversammlung in Augsburg verhindert. Die Verschwörer wählten dennoch Rudolf von Rheinfelden zu Heinrichs Gegenkönig, doch er unterlag und starb nach einer schweren Verletzung in der Schlacht. Einem nächsten schwachen Gegenkönig aus dem Hause Salm, den einige Fürsten auserkoren, brauchte Heinrich keine Beachtung mehr zu schenken.

Nachdem der König seine Position im Reich gefestigt hatte, zog er mit einem Heer nach Italien. Die Sache zwischen ihm und dem Papst musste entschieden werden. Heinrich, der die Sympathie der Reichsstädte und der lombardischen Bischöfe besaß, setzte Wibert von Ravenna als Gegenpapst zu Gregor VII. ein, der sich Clemens III. (1080–1100) nannte und bedeutender war, als es eine an Gregor orientierte katholische Geschichtsschreibung wahrhaben wollte. Dieser ließ indes nichts unversucht, um Heinrich zu vernichten.

Mathilde und Gregor beschwatzten Heinrichs zweite Ehefrau Adelheid, eine Kiewer Prinzessin, schlimme Lügengeschichten über die sexuellen Verfehlungen ihres Mannes zu erzählen. Das allerdings wirkte wie eine Retourkutsche für Heinrichs alten Vorwurf, der Papst unterhalte zweifelhaft enge Beziehungen zur Markgräfin. Schließlich nutzte Gregor VII. die Fastensynode 1080 in Rom, um Heinrich erneut zu bannen und seinen baldigen Tod vorauszusagen.

Doch die Exkommunikation hatte nicht annähernd die gleiche Wirkung wie vier Jahre zuvor. In Deutschland gab es keine starke Opposition zu Heinrich, und Gregors Rechtmäßigkeit war durch die einfache Existenz eines Gegenpapstes zweifelhaft geworden, da ja bereits Gregors Wahl zum Papst nicht über alle Zweifel erhaben gewesen war. Im Frühjahr 1084 öffnete Rom die Tore der Stadt für den König, und der Papst verschanzte sich auf der Engelsburg. In Sichtweite Gregors VII. wurde am Palmsonntag im Petersdom Wibert von Ravenna als Papst Clemens III. inthronisiert. Zu Ostern krönte er Heinrich am Apostelgrab zum Kaiser.

In dieser aussichtslosen Lage verfiel Gregor auf ein letztes Mittel, um seine Macht zu retten, ein Mittel, das er niemals hätte anwenden dürfen: Er rief die Normannen zu Hilfe. Es kam, wie es kommen musste: Die Normannen marschierten gen Rom. Heinrich, der es mit seinen durch Fieberepidemien dezimierten Truppen auf keine Schlacht ankommen lassen durfte, zog sich klugerweise aus der Stadt zurück. Und Papst Gregor? Er verließ die Engelsburg und wurde Zeuge der brutalen Plünderung Roms durch die von ihm herbeigerufenen derben Krieger. Doch damit nicht genug. Die Plünderung hatte die Normannen derart in einen Blutrausch versetzt, dass sie ein grauenvolles Massaker unter der Bevölkerung anrichteten. Gregor blieb nichts übrig, als sich den Normannen beim Abzug anzuschließen, wollte er nicht Gefahr laufen, von den zu Recht hasserfüllten Römern gelyncht zu werden.

Am 25. Mai 1085 starb der Mönch Hildebrand, Papst Gregor VII., in Salerno im normannischen Exil. Die Legende überliefert als seine letzten Worte den Satz: »Ich habe die Gerechtigkeit geliebt und das Unrecht gehasst, deswegen sterbe ich im Exil.«

Er hatte allen Grund zu hoffen, dass die Nachwelt diese unzutreffende Sicht auf sein Leben übernahm. Und seine Nachfolger haben alles getan, um die Legende durchzusetzen, denn er hatte den Machtanspruch der Päpste mit beispielloser List und Tücke rücksichtslos in der Welt verankert. Unrecht und Zwietracht hatte er gesät. Heinrich IV. hatte in bitterer Enttäuschung Gregor einen »falschen Mönch« genannt und ihn aufgefordert: »Du also, durch das Urteil all unserer Bischöfe und das unsere verdammt, steig herab, verlasse den angemaßten apostolischen Sitz! Wir, Heinrich, von Gottes Gnaden König, mit all unseren Bischöfen sagen Dir: Steige herab, steige herab!« (MGH, Constitutiones, S. 110 f.)

Der König hatte allen Grund, enttäuscht zu sein. Aus blankem Machtwillen hatte Gregor die erfolgreiche Zusammenarbeit von Papst und König, das Bündnis zwischen Papsttum und Kaisertum aufgekündigt und versucht, statt eines Gleichgewichts beider Mächte eine eindeutige Unterordnung zu erzwingen. Für die Macht hatte der Papst das Wohl der Christen geopfert, hatte Selbstsucht und Parteilichkeit, Hinterlist und mörderischer Rivalität die Tür geöffnet. Päpste wie Leo I. waren den Plünderern entgegengezogen, um sie zur Umkehr zu bewegen. Gregor holte sie in die Stadt, damit ihm, dem Mönch Hildebrand, die Macht, die seinen Händen entglitt, erhalten blieb.

So sehr hatte sie von ihm Besitz ergriffen, dass dieser Papst die Macht mit Gott verwechselte. Ob er einen Fensterplatz im Himmel hat oder in der Hölle schmort, vermag niemand, kein Historiker, kein Theologe, auch kein Papst zu beantworten. Man muss sich aber Gott als gerecht vorstellen.

TAUZIEHEN UM DIE MACHT – PAPST UND KAISER IM HOCHMITTELALTER

Selten in der Geschichte wurde ein großer Aufbruch mit so wenig Bedacht, ohne Planung und weitgehend spontan veranlasst. Ort und Aufruf sind legendär. Im französischen Clermont soll Papst Urban II. (1088–1099) – nach einem kurzen Intermezzo des alten Abts von Monte Cassino als Nachfolger Gregors VII. – zum Kreuzzug aufgerufen haben. Je genauer aber die historische Forschung das Ereignis in Augenschein nimmt, umso stärker verschwimmt es sogleich wieder. Es ist an sich nichts Ungewöhnliches, dass sich Ereignisse, die man genauer betrachtet, dem Blick entziehen. In diesem Fall jedoch ist es mehr als bezeichnend, denn kaum einem Vorgang der Weltgeschichte wurde in so drastischem Maße das Resultat als Vorsatz unterstellt, gibt es doch auch nur wenige Ereignisse, die ein so großes, stets aktuelles politisches und ideologisches Interesse erleben. Das erschwert bis heute die historische Diskussion, denn wo man Identitäten und Begründungen sucht, bleibt die Wahrheit als Erstes auf der Strecke.

»GOTT WILL ES!« – DIE KREUZZÜGE

Am Anfang existierte nicht einmal der Begriff »Kreuzzug«. Wozu hatte Papst Urban II. überhaupt aufgerufen?

Da sich aus heutiger Sicht drei verschiedene Typen von Kreuzzügen entwickelten, ist es notwendig, diese zu trennen: Der beherrschende Typ war die Kreuzfahrt ins Heilige Land, die dem Zweck diente, dieses von den Muslimen zu befreien und even-

Seit dem 11. Jahrhundert brachen christliche Heere immer wieder in den Orient auf, um dort im Namen des Glaubens Krieg zu führen. Mönche unter Führung der Zisterzienser verabschieden die Kreuzfahrer, hier den französischen König Ludwig IX. um 1248 zum sechsten Kreuzzug. Noch bürgten Papst, Bischof und Abt für die Sicherheit der Besitztümer der Kreuzfahrer in der Heimat.

tuell die stark bedrängten Byzantiner zu entlasten. Unabhängig davon fand ein innerer, zunehmend heftiger Kreuzzug gegen die häretischen Bewegungen vor allem in Südfrankreich statt, den man später den Ketzerkreuzzug nannte. Und schließlich sei der Vollständigkeit halber der Kreuzzug erwähnt, der von dem polnischen Herrn Konrad von Masowien ins Leben gerufen wurde und in dessen Verlauf vor allem der Deutsche Orden das Baltikum mit bewaffneten Missionen überzog. Diese Ereignisse fallen aus unserer Betrachtung heraus, weil sie kaum Auswirkungen auf die Geschichte der Weltmacht Vatikan hatten.

Bevor Urbans vermeintlicher oder tatsächlicher Kreuzzugaufruf in den Blick genommen werden kann, ist es hilfreich, sich einiger Fakten zu vergewissern: Im 7. Jahrhundert stießen muslimische Araber aus dem Innern der arabischen Halbinsel über Palästina nach Mittelasien und Nordafrika vor. Die palästinische Landbrücke und Nordafrika waren zu diesem Zeitpunkt christlich geprägt, beherrscht von den Byzantinern und in Spanien von den Westgoten.

Die Muslime besetzten fast die gesamte spanische Halbinsel, die sie »al-Andalus« nannten, und drangen bis nach Frankreich vor, wo sie freilich 732 von dem fränkischen Hausmeier Karl Martell bei Poitiers vernichtend geschlagen wurden. Wegen dieses Sieges erhielt er seinen Beinamen – Martell bedeutet auf Altfranzösisch Hammer. Nach der Niederlage der Muslime setzte in Spanien der mehrere Jahrhunderte in Anspruch nehmende Prozess der Rückeroberung ein, die Reconquista.

Jerusalem galt den Christen als heiliger Ort, vergleichbar nur mit dem Stellenwert Mekkas für die Muslime. Doch die Stadt war von den Arabern erobert und die Grabeskirche Christi Anfang des 11. Jahrhunderts von den Muslimen zerstört worden. Die Pilger wurden drangsaliert. Zwar sollte sich um die Mitte des Jahrhunderts die Lage bessern, doch hatten die Schrecken den Christen vor Augen geführt, wie unsicher ihre heiligen Stätten im Morgenland waren. Und nicht nur dort. Auch das im Nordwesten Spaniens gelegene Santiago de Compostela wurde von den Mauren heimgesucht. Wohin der Papst von Rom aus auch blickte, überall standen die islamischen Streitscharen von Spanien über Süditalien bis an die schrumpfenden Grenzen des christlichen Kaiserreiches von Byzanz. Die Bedrohung nahm zu.

Schon Gregor VII. hatte darüber nachgedacht, wie man die Pilger und die heiligen Stätten im Nahen Osten – der zunächst römisch, dann katholisch und bis in die jüngste Vergangenheit hinein zweifelsfrei byzantinisch, also oströmisch war – wirksam schützen könnte. Gern hätte er den byzantinischen Kaiser unterstützt, der sich nach der Kirchenspaltung versöhnungsbereit gab. Da Gregor jedoch immer tiefer sich in seinen unseligen und fehlgeleiteten Machtkampf mit dem deutschen König verstrickte, konnte er dieser wichtigen Aufgabe nicht die notwendige Aufmerksamkeit widmen. Es fehlte ihm an Zeit, Kraft und Ressourcen, um sich mit dieser Bedrohung auseinanderzusetzen.

Aus christlicher Sicht musste der Islam zunächst als christliche Irrlehre erscheinen, denn er berief sich auf die gleichen Grundlagen wie das Judentum und das Christentum, nur dass er die christliche Dreieinigkeit ablehnte, weil er sie als Vielgötterei missverstand. Doch der Trinitätsgedanke stellte ohnehin einen immer wieder munter sprudelnden Streitquell im Christentum selbst dar.

Der Grundsatz des Krieges als Mittel zur Durchsetzung der eigenen Ansprüche, des Krieges als Vorbedingung des Friedens gehörte zum Denken des 11. Jahrhunderts. Weder Krieg noch Gewalt, noch Eroberung dürfen als typisch christlich oder muslimisch bezeichnet werden, sie prägten generell die dynamische Welt des Hochmittelalters, gehörten wie Wetterkatastrophen und Epidemien zu den Erscheinungen des Lebens, auf die man zwar gut und gern verzichten konnte, die aber nun einmal da waren, weil sie in Gottes Plan standen – übrigens auch in Allahs Plan. Deshalb findet man in den zeitgenössischen muslimischen Quellen auch nicht den Begriff Kreuzfahrer – die christlichen Ritter werden als »Franken« bezeichnet. Christen wie Muslime taten sich untereinander die gleichen Gewaltakte an wie den Andersgläubigen oder, wie die jeweils andere Konfession sie nannte, den »Ungläubigen«.

VOM EDLEN RITTER BIS ZUM HABENICHTS – DIE ERSTEN KREUZFAHRER

Im Jahr 1095 gab es also keinen lange vorbereiteten Kreuzzugsplan, der nun umgesetzt wurde, um die Muslime aus ihren angestammten Territorien zu vertreiben. Im Gegenteil, die Gebiete, um die es sich handelte, waren von muslimischer Seite erst jüngst erobert worden. Doch spätestens seit Leo IX. lassen sich Überlegungen im Vatikan nachweisen, wie die heiligen Stätten in Palästina für die Pilger zu sichern seien. Auf der Rangliste der

Wallfahrer stand Jerusalem mit der Grabeskirche, dem Kreuzweg und Golgatha an erster Stelle, dann erst kam das Apostelgrab im Vatikan.

Verschiedene Umstände trugen dazu bei, dass der Aufruf Urbans zum Schutz der heiligen Stätten auf fruchtbaren Boden fiel. Erstens gab es zwar keinen Plan, wohl aber eine Kreuzzugsrealität, und das schon länger. Seit Jahrzehnten zogen vor allem französische Adlige und Ritter nach Spanien, um ihren dortigen Standesgenossen und zuweilen auch Verwandten im Kampf auf Leben und Tod gegen die Mauren beizustehen. Diese Bedrohung wurde nicht zu Unrecht als sehr lebhaft empfunden, denn immer wieder rückten islamische Heere gegen den christlichen Norden Spaniens vor, und die Gefahr, dass sie über die Pyrenäen nach Frankreich vorstießen, die Reste von Spaniens ramponierter Ritterschaft vor sich hertreibend, war keineswegs gebannt.

Zweitens setzte sich in dieser Zeit vor allem in Nordfrankreich das Erstgeburtsrecht durch, das heißt, der erstgeborene Sohn erbte den Besitz. Die anderen, sofern sie nicht ins Kloster gingen, mussten sehen, wovon sie leben wollten. Deshalb war für sie die Möglichkeit, andernorts Land zu gewinnen, um eine eigene Herrschaft aufzurichten, sehr verlockend. Wenn das dann noch mit der Vergebung der Sünden und mit dem Erwerb des Seelenheils einherging, dann fühlte man sich aus dem tiefen, unverschuldeten Unglück, nicht der Erstgeborene zu sein, erlöst und plötzlich zu höchsten Gnaden berufen.

Die Päpste sahen die besetzten Gebiete in Spanien grundsätzlich als päpstliches Lehen an, das sie den Befreiern überlassen wollten. Während der Reconquista, der christlichen Rückeroberung der Iberischen Halbinsel, erfuhren die Päpste zum ersten Mal, dass sie als geistliche Führer auch die weltliche Oberherrschaft ausüben konnten, und sie fühlten sich geradezu dazu berufen. Sie erkannten sehr wohl, welch große Machtmittel diese Gnadengaben darstellten.

Der Mensch des Mittelalters war fest davon überzeugt, dass

er gesündigt hatte, mehr noch, dass er von Geburt aus sündig war und sich dafür vor Gott verantworten musste. Doch der Papst konnte ihm schon auf Erden die im Jenseits fälligen Strafen für die Sünden erlassen! Er war der Anwalt der Menschen vor Christus und gleichzeitig Christi Stellvertreter für die Menschen. Freilich, wenn man nicht an Gott glaubt, dann ist das alles Schall und Rauch, doch der Mensch des mittelalterlichen Abendlandes glaubte an Gott, in der einzig möglichen Weise in dieser Zeit, in der katholischen.

Drittens schließlich sah sich die Kirche mit einer neuen Aufgabe konfrontiert: Sie musste Frieden schaffen. Das adlige Fehdewesen griff immer mehr um sich. Stolz und Habgier, die Notwendigkeit, sich in einer brutalen Welt zu behaupten, führten dazu, dass sich Adlige bekriegten, sich auflauerten, sich gegenseitig töteten. Oft wurden auch die Güter, die sich auf dem Besitz des Gegners befanden, die Bauernhöfe, selbst die Kirche, überfallen und gebrandschatzt. Das Fehdewesen nahm ungeheuerliche Ausmaße an. Und so kam Urban I. auf die Idee, aus der »malitia« (lat., Schlechtigkeit), wie er sagte, eine »militia«, einen Feldzug für Christus zu machen. Wenn die Männer kämpfen wollten, dann sollten sie ihre Kraft und ihren Mut für die gute Sache einsetzen.

Als der Kardinalbischof von Ostia, Odo de Chatillon, der französischer Abstammung war, am 12. März 1088 zum Papst gewählt wurde und den Namen Urban erhielt, sah er sich mit dem Scherbenhaufen konfrontiert, den Gregors VII. machtbesessene Politik hinterlassen hatte. Kaiser Heinrich IV. stand auf dem Höhepunkt seiner Macht, und im Petersdom feierte Papst Clemens III. die Hochämter.

Die Forschung hat – vielleicht etwas gedankenlos – von der katholischen Tradition für Clemens III. die Bezeichnung Gegenpapst übernommen. Streng genommen war er allenfalls der Gegenpapst zu Gregor VII. – möglicherweise stellt sich bei näherem Hinsehen heraus, dass das Pontifikat des zu Unrecht unterschätzten Clemens III. eher rechtmäßig war als die Erhebung Urbans II. zum Papst. Letzterer entfaltete allerdings im Amt eine größere Wirkung. Durch kluge Diplomatie konnte er Macht und Einfluss zurückgewinnen. Dass dies gelang, verdankte er vor allem den Kreuzzügen.

Nach der Synode von Piacenza begab sich Urban II. in seine Heimat, nach Frankreich. Dort weihte er am 5. Oktober 1095 im Kloster Cluny den Hochaltar der neuen Basilika ein. In Cluny wurde über die islamische Bedrohung gesprochen, die sich verschärft hatte. Noch in Piacenza hatte den Papst eine Abordnung des byzantinischen Kaisers Alexios Komnenos erreicht, der ihn um Hilfe gegen die türkischen Seldschuken ersuchte, die Konstantinopel zu überrennen drohten. Alexios dachte allerdings eher an abendländische Söldner als an ein Kreuzfahrerheer. Es kam indes anders, als der Kaiser es sich vorgestellt hatte – das Hilfeersuchen sollte er noch gründlich bereuen.

Am letzten Tag der Synode in Clermont, am 27. November 1095, sprach der Papst auf einem freien Feld, weil die Kathedrale die Menge der Laien, die vielen Menschen, die gekommen waren, ihn zu hören, nicht zu fassen vermochte. Eingedenk des Hilferufs des byzantinischen Kaisers begann der Papst, der rhetorisch und schauspielerisch außergewöhnlich begabt gewesen sein soll, in seiner als Predigt gehaltenen Rede mit der Pflicht, den bedrängten christlichen Brüdern im Osten zu Hilfe zu eilen. Er sprach von den islamischen Eroberern, von den misshandelten Christen, von den zerstörten christlichen Stätten. Damit meinte er nicht nur die byzantinischen, sondern ausdrücklich auch Jerusalem. Bühnenreif brach er, wie es dem Zeitgeschmack entsprach, in Tränen aus, als er die Schändung Jerusalems ausmalte, um dann mit Zorn und Entschlossenheit alle Christen aufzurufen, das Kreuz zu nehmen und die heiligen Stätten und die bedrängten Brüder im Osten zu befreien. Sie sollten sich für den nächsten Sommer bereithalten, Gott werde sie führen.

In den wohlgesetzten Pausen der päpstlichen Rede erscholl

immer lauter der begeisterte Ruf der Menge: »Dieu le volt – Gott will es!« Als Urban geendet hatte, fiel ihm Adhemar de Monteil, Bischof von Le Puy, zu Füßen und bat ihn, sich dem heiligen Zug anschließen zu dürfen. Dieser ernannte ihn zum päpstlichen Gesandten, der den Kreuzzug anführen sollte. Während der Papst den Bischof segnete, stimmte die Menge das Confiteor an, das katholische Schuldbekenntnis: »Ich bekenne Gott, dem Allmächtigen, und allen Brüdern und Schwestern, dass ich Gutes unterlassen und Böses getan habe. Ich habe gesündigt in Gedanken, Worten und Werken – durch meine Schuld, durch meine Schuld, durch meine große Schuld.«

Ohne Schuldbekenntnis keine Erlösung. Diese wurde nur dem zuteil, der seine Schuld eingestand und Buße tat. Als solche wurde der Aufruf des Papstes – das Kreuz zu nehmen, in den Orient zu ziehen und dort sein Leben einzusetzen für die Befreiung der heiligen Stätten – von allen verstanden, als Buße mit Aussicht auf Erlösung. Ohne es zu ahnen, hatte Urban II. den Päpsten damit den sicheren Weg zur Macht geebnet. Die Päpste hatten das Thema des nächsten Jahrhunderts besetzt.

Dem Aufruf folgten Menschen aus allen Schichten und aller Couleur: Bauern, Händler, Diebe, Mörder, Handwerker, Adlige, Freie, Unfreie und Vogelfreie, Männer, aber auch Frauen. Selbst ernannte Kreuzzugsprediger zogen im Abendland umher und riefen die Menschen auf, Buße zu tun, das Kreuz zu nehmen und das Heilige Land zu befreien. Wenige nur hatten Palästina und Jerusalem gesehen, ärmere Christen ohnehin nicht. Deshalb vermochte selbst ein mittelmäßiger Prediger märchenhafte Vorstellungen und Bilder in den Köpfen seiner Zuhörer zu zaubern. Für viele verwandelte sich das Heilige Land in das Paradies, in das Land, in dem Milch und Honig fließen. Sie ließen alles stehen und liegen, manche nahmen ihre Familien mit, andere waren froh, ihnen den Rücken kehren zu können. Hier tat sich für sie plötzlich ein Weg auf, das irdische Jammertal voller Hunger, Kälte, Not und dem sicheren Siechtum, an dessen Ende ein kalter, armseliger Menschentod stand, unverhofft verlassen zu können. Mit dieser einmaligen Chance hatte niemand gerechnet.

Nicht farbig genug kann man die Willkür ausmalen, der sich der Mensch des Hochmittelalters ständig ausgesetzt sah. Man mag es Schicksal nennen, Geschick oder Gott: Von heute auf morgen konnte seine kleine Welt eine Seuche treffen und sie vernichten, eine Missernte, ein kalter langer Winter oder ein trockener Sommer, der Überfall von Räuberbanden – in manchen Gegenden Normannen, Sarazenen, Mongolen, Wikinger oder Waräger, anderswo die Kriegsknechte eines Adligen, der den eigenen Grundherrn befehdete. Selbst eine simple Zahnentzündung führte nicht selten zum Tod um das vierzigste Lebensjahr. Wir in unserer gründlich abgesicherten Welt, die uns doch voller Risiken scheint, vermögen uns keinen Begriff davon zu machen, auf welch unsicherem Boden das Leben damals stand. Der Mensch lebte so eng mit dem Tod, der sein Gevatter war und sein Taufpate, dass die Vorstellung eines anderen, eines wirklichen Lebens zur reinsten und inbrünstigsten Sehnsucht sich noch in dem dumpfsten Zeitgenossen entfaltete. Für manche stellte diese Sehnsucht die letzte Barriere dar, um nicht im Käfig tierischer Instinkte zu verdämmern. Das Leben konnte im nächsten Moment enden, und dann begann die Ewigkeit, die entweder Qual und Folter in der Hölle oder Erlösung und Glück im Paradies bereithielt. Dazwischen lag nur die Zeit der Prüfung, das Fegefeuer – wie lange man darin schmorte, hing von den begangenen Sünden ab. Diese konnten allerdings erlassen werden, wenn der Gläubige zum Beispiel den Leib kasteite, sein Leben Gott widmete und alles hinter sich ließ, um ihm zu dienen, oder eben indem man das Kreuz nahm. Volksprediger wie Peter von Amiens, der erst durch Frankreich zog und dann nach Köln kam, setzten Zigtausende von Menschen in Bewegung, eine Menge, die sich dann wie ein gefräßiger Heuschreckenschwarm auf dem Landweg über Österreich, Ungarn und Serbien nach Süden wälzte.

London
Canterbury
Köln
ATLANTIK
Paris
Regensburg
Lyon
Mailand
Marseille
Florenz
KORSIKA
Rom
Lissabon
Toledo
Valencia
Còrdoba
Sevilla
Granada
Cádiz
BALEAREN
SARDINIEN
Djerba
Tripolis

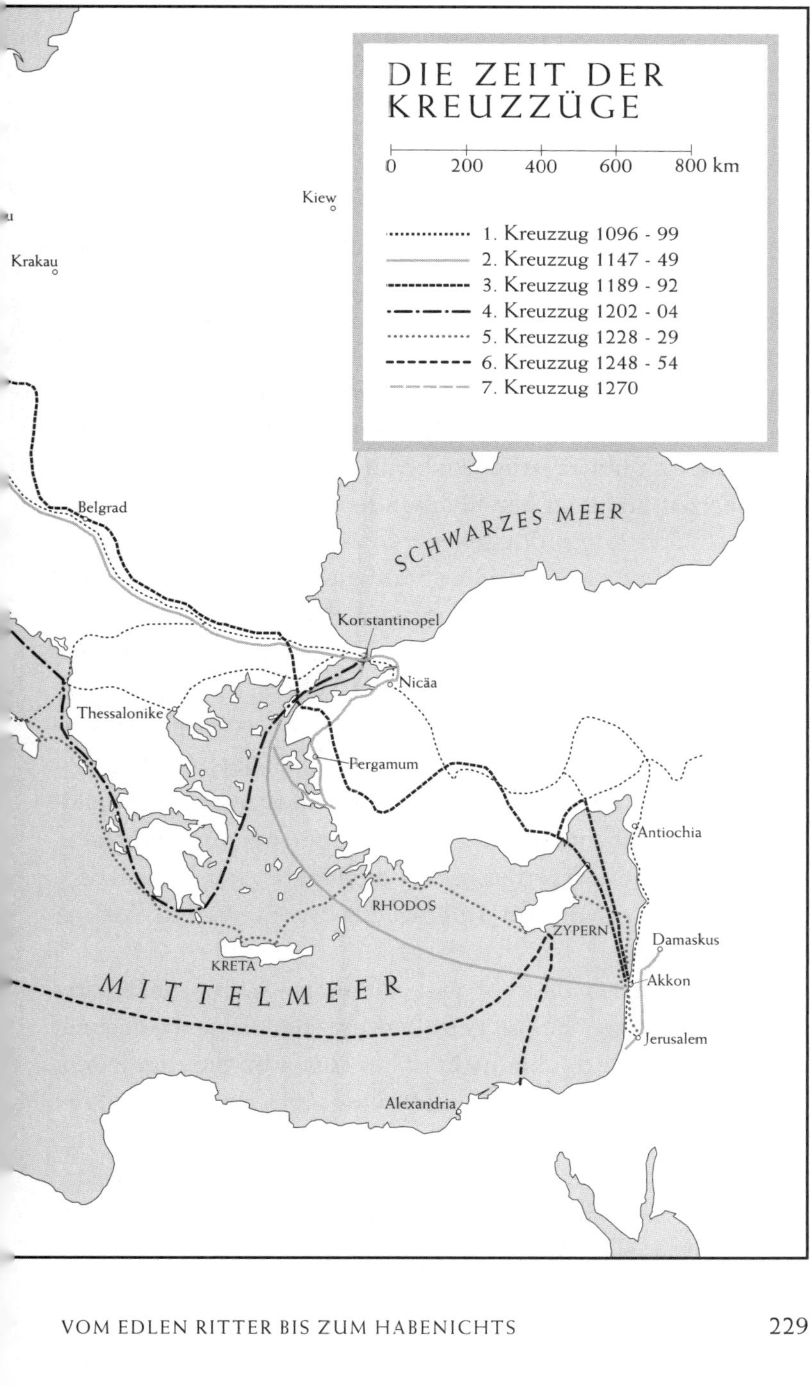
DIE ZEIT DER KREUZZÜGE
0
200
400
600
800 km
1. Kreuzzug 1096 - 99
2. Kreuzzug 1147 - 49
3. Kreuzzug 1189 - 92
4. Kreuzzug 1202 - 04
5. Kreuzzug 1228 - 29
6. Kreuzzug 1248 - 54
7. Kreuzzug 1270
Kiew
Krakau
Belgrad
SCHWARZES MEER
Konstantinopel
Nicäa
Thessalonike
Pergamum
Antiochia
RHODOS
ZYPERN
Damaskus
Akkon
Jerusalem
KRETA
MITTELMEER
Alexandria

Dem Kaiser in Konstantinopel war unterdessen alles andere als wohl bei dem Gedanken, dass demnächst ein fremdes Heer von seinem Land aus operieren sollte, mochten es auch Christen sein. Aber das ließ sich nun nicht mehr verhindern. Alexios Komnenos erwartete die Ankunft des Ritterheeres, das Urban ihm verheißen hatte, in den Häfen. Er hatte die Flotte in Alarmbereitschaft versetzt und den Provinzbefehlshabern konkrete Anweisungen erteilt. Nicht rechnen konnte er allerdings damit, dass sich die Armen Europas ebenfalls auf den Weg machen würden, Proletarier und Lumpenproletarier, einfache, ungebildete Menschen, die nur ihren Instinkten vertrauten und darauf hofften, besser, die gewiss waren, bald schon ins Himmelreich einzutreten, das gleich hinter Jerusalem beginnen musste. In dieser Zeit entstand das Bild vom himmlischen Jerusalem – nach dem endgültigen Verlust der irdischen wurde es zur himmlischen Stadt.

Bald meldete der kaiserliche Statthalter in Nisch nach Konstantinopel, dass 30 000 Menschen vor Belgrad aufgetaucht seien, die ins Heilige Land wollten. Und alle kamen um bei dem Versuch, die vermeintliche Chance ihres Lebens zu nutzen. Die Ursache dafür, dass der Zug der Armen nach Jerusalem auf dem Balkan in den Tod führte, lag in der einfachen Tatsache begründet, dass es in keiner Stadt und keinem Landstrich ausreichend Lebensmittel gab, um derartige Menschenmengen zusätzlich zu versorgen. Die einen verhungerten, die anderen wurden von den Anwohnern oder von den Truppen des byzantinischen Kaisers erschlagen.

Jetzt rächte sich, dass Urban II. mit seinem Aufruf zum Kreuzzug zwar den Nerv der Zeit getroffen und eine Massenbewegung hervorgerufen hatte, aber nicht in der Lage war, diese zu leiten und zu lenken. Der Ergriffenheitsvirtuose von Clermont verfügte über keinen Plan, wie dieser Kreuzzug zu gestalten sei. Dass sein Aufruf beim Volk einen solch großen Anklang fand, dürfte ihn selbst verwundert haben, hatte er doch darauf gesetzt, dass sich unter Führung der Kirche die landhungrigen Adligen um kampferprobte und tiefgläubige Männer aus dem Hochadel versammeln würden. Mit dem Volk hatte er nicht gerechnet und nicht rechnen können: Niemals zuvor hatte ein Aufruf des Papstes so viele einfache Menschen in Bewegung gesetzt und ganze Landstriche entvölkert. Doch Urbans Augenmerk lag nicht auf der Volksbewegung, sondern auf den Herren, die sich als erfahrene Kämpfer auf den Weg machen sollten. Sie hatte er gerufen, und sie sollten auch kommen. Den anderen mochte Gott helfen in seiner unendlichen Güte.

STREITMACHT DES PAPSTES – DIE RITTERORDEN

Wegen der Auseinandersetzung mit dem deutschen Kaiser Heinrich IV. und einer Reihe anderer Gründe fiel die Predigt von Clermont beim deutschen Adel nicht auf fruchtbaren Boden. Vor allem französische, normannische und flandrische Ritter nahmen das Kreuz und wurden im Jahr 1097 ins Morgenland verschifft. Am 15. Juli 1099 erstürmten sie die Heilige Stadt, und Gottfried von Bouillon gründete das Königreich Jerusalem. In der Folge entstanden die Kreuzfahrerstaaten – ein seltsames Kapitel europäischer Geschichte.

Bedenkt man, dass die Truppen fern der Heimat und noch dazu in ständiger Konkurrenz und Rivalität untereinander handelten, dann ist es in der Tat erstaunlich, dass sie sich so lange im Orient halten konnten. Den sich gegenseitig befehdenden Rittern standen hoch organisierte, militärisch nicht minder erfahrene Gegner gegenüber, die zahlenmäßig überlegen waren, einheitlich geführt wurden und sich auf sicheren Nachschub verlassen konnten. Das krasse Gegenteil also zu den Kreuzfahrern, die bis zum letzten Kampftag im Heiligen Land durch keinen sicheren Nachschub, keinen durchdachten Plan, keine zentrale Führung gestützt wurden.

Organisatorisch war und blieb das ganze Unternehmen bis zum Ende eine Lachnummer, oder seriöser formuliert, der Heilige Geist, den man wohl als eine Art Stabschef des Ganzen sah, hatte viel Raum für unkonventionelles Eingreifen. Der fähigste Gesandte des Papstes im Orient, Adhemar von Le Puy, starb bereits 1098. Auch ihm gelang es nur mühsam, den Frieden unter den eigensüchtigen Herren zu wahren und ein Mindestmaß an Koordination durchzusetzen. Man kann den Päpsten das Bemühen nicht absprechen, die Dinge in gegenseitiger Abstimmung voranzutreiben, doch vermochten sie nicht, die mächtigen und stolzen Fürsten ins Glied zu zwingen. Mit einem Wort: Jeder machte, was er wollte.

Dennoch verlief der erste Kreuzzug erstaunlich erfolgreich. Ein Bündnis mit dem deutschen Kaiser, eine Allianz und ein geordnetes Zusammenwirken hätten vermutlich zu anderen und vor allem zu dauerhaften Resultaten geführt. Doch Gregor VII. hatte diese Möglichkeit verspielt, und Urban II. blieb den Vorstellungen seines Vorgängers verhaftet. Statt sich mit Heinrich IV. auszusöhnen, arbeitete er nach Kräften daran, dass sich Heinrichs Sohn Konrad gegen den Vater erhob.

Die Päpste hatten mit Gregor VII. den unseligen Weg der Macht beschritten, und die Kreuzzüge steigerten ihr Ansehen im Abendland, denn die Ritter, die ins Heilige Land zogen, hatten sich formell dem Papst unterstellt. Er wurde nun zur wirklich geistigen Autorität des Mittelalters. Mehr noch, ihm wuchsen Streitkräfte zu, denn im Heiligen Land bildeten sich, von den Päpsten unterstützt und privilegiert, geistliche Ritterorden, die Orden der Mönchsritter oder Mönchskrieger.

Mit den Johannitern, den Templern und den Deutschherren, um nur einige zu nennen, entstand etwas völlig Neues. Zwar hatten sich die Mönche schon seit Langem als Soldaten Christi empfunden, die mit den Waffen der Askese, der Weltflucht und der Andacht gegen den »alten Feind« kämpften, doch war dies ein geistlicher Krieg, dessen Kampfplatz der eigene Körper abgeben musste. Denn diesen versuchte der »alte Feind« zu verführen, hier nur konnte der Teufel besiegt werden, wenn man der Verführung widerstand. Gewalt gegen Menschen anzuwenden, Waffen zu tragen und zu benutzen, hatten sich die Mönche strikt untersagt. Auch die Kleriker, die Bischöfe und der Papst durften mit ihren segnenden Händen kein Blut vergießen. Deshalb wurden nach der geistlichen Verurteilung und Exkommunikation die Missetäter den weltlichen Gerichten und dem weltlichen Scharfrichter übergeben. Formal hat die Kirche keinen einzigen Ketzer gefoltert oder verbrannt, formal hat sie die arme Seele und den armen Menschen bedauert, den sie dem weltlichen Richtschwert überantworten musste.

In Ordensrittern, den Mönchskriegern, wuchsen den Päpsten nun die ersten bewaffneten kirchlichen Divisionen zu, Divisionen, auf die sie sich immer verlassen konnten, wenngleich die Kirche sie später verraten und opfern sollte. Allerdings achtete man auch in den Ritterorden darauf, dass geweihte Mönche kein Blut vergossen. Innerhalb der Orden wurden die Kleriker vom Kriegsdienst, den die Rittermönche zu leisten hatten, ausgeschlossen.

In Spanien eroberten christliche Ritter die Halbinsel zurück, und das Gebiet galt – wie auch die Eroberungen im Orient, wie England und Skandinavien – als päpstliches Lehen. Damit wurde der Papst nicht nur zum mächtigen Feudalherrn, sondern es bildete sich im 12. Jahrhundert unscheinbar, mausgrau und dennoch ungemein funktionstüchtig das päpstliche Verwaltungssystem als erster Machtapparat des Abendlandes heraus, der schließlich die Stellvertreter Petri zu universellen Herrschern machen sollte.

Das Bild des Griffs nach der universellen Macht fügt sich schließlich zusammen, wenn man drei Aspekte in den Blick nimmt: Erstens führte Urban II. den Kampf gegen Heinrich IV. fort. Zweitens versuchten die Päpste, mit den Kreuzzügen das Morgenland zu erobern und das Abendland unter päpstliche

Führung zu stellen. Drittens entstand unter Urban II. ein moderner päpstlicher Verwaltungsapparat, der in Anlehnung an die römische Verwaltungstradition den Namen »curia« – Kurie – erhielt.

Wichtiger Bestandteil der Verwaltung wurde die Bewirtschaftung der päpstlichen Güter und die Einnahme und Verwaltung der Einkünfte verschiedenster Art, begonnen bei den beträchtlichen Spenden, die an den römischen Wallfahrtsorten geleistet wurden, bis hin zu den Abgaben der Ortsbischöfe. Leo IX. hatte für die Aufgabe der wirtschaftlichen Sicherstellung der Aktivitäten der römischen Kirche einen »oeconomus« bestellt, und zwar den Mönch Hildebrand, nachmaliger Papst Gregor VII. – auch das zeigt, wie sehr Hildebrand ein Mann der Politik und Verwaltung war.

Gleichzeitig blühte besonders in Bologna die Ausbildung der Juristen auf. Bald traten immer mehr Kirchenmänner mit juristischem Abschluss in den Dienst der Kurie und wurden zu Kanzlern, Legaten und Kardinälen. Männer also, die mehr von Jurisprudenz als von Theologie verstanden – was sich auch ausgesprochen negativ auswirken sollte. Es wäre einseitig, wollte man behaupten, dass der Vatikan Juristen suchte, um die eigene Macht durchzusetzen. Hier kam interessanterweise ein eigendynamischer Prozess in Gang, indem sich manches gegenseitig bedingte. Zum Primatsanspruch gehörte das Selbstverständnis, letzte Instanz in rechtlichen Auseinandersetzungen zu sein. Um die vielen Rechtsanfragen, die der päpstlichen Beurteilung vorgelegt wurden, auch sachgerecht entscheiden zu können, bedurfte es einer juristisch gebildeten Kurie, die diesen Anspruch auch sachkundig verwirklichen konnte. Dass dieser Anspruch im Wesentlichen eingelöst werden konnte, festigte anderseits wieder den Primatsanspruch, den Universalitätsanspruch Roms in allen Bereichen.

Der Kleriker Gratian schuf mit seiner Sammlung päpstlicher Rechtserlasse – den »Dekretalen« – das erste abendländische

Gesetzbuch. Es heißt zu Recht, dass er damit den Grundstein für das Kirchenrecht legte. Im Grunde gab es drei Rechtsnormen, die nebeneinander existierten, sich berührten und zuweilen auch in Konflikt miteinander gerieten: das alte germanische Stammes- und Königsrecht, das römische Recht, zusammengefasst durch die Juristen Kaiser Justinians im »Corpus Iuris Civilis«, und das Kirchenrecht als »Corpus Iuris Canonici«. Das Kirchenrecht wurzelte vor allem im römischen Recht der justinianischen Sammlung und natürlich in der Bibel und den Schriften der Kirchenväter, den Beschlüssen der Konzilien, Synoden und den Erlassen der Päpste.

All das zusammengenommen bildete die Rechtswelt der römischen Juristen, von der sie ausgingen, mit der sie sich auch auseinanderzusetzen hatten. So schmucklos das Ganze auch erscheint – entbehrt es doch der glänzenden Rüstungen, der bunten Gewänder und farbigen Wimpel der Turniere, die übrigens von der katholischen Kirche verboten wurden –, so befinden wir uns hier dennoch an der eigentlichen Wiege des Abendlandes. Denn immer häufiger wurden Auseinandersetzungen statt mit dem Schwert mit Paragrafen und Rechtsgutachten auf Konzilen, Synoden und Hoftagen ausgefochten. Dass es zu diesem enormen Modernisierungsschub kommen konnte, zur Verrechtlichung des Lebens und der Gesellschaft, war vor allem das Verdienst der Päpste. Diejenigen, die kein Schwert führen durften, hatten eine andere Form der Auseinandersetzung eingeführt, den Rechtsentscheid.

INVESTITURSTREIT – LETZTE RUNDE

Weihnachtszeit 1105: Die über dem Fluss Nahe thronende Burg Böckelheim wird zum Schauplatz der schlimmsten Niederlage im Leben eines nach damaliger Einschätzung alten Mannes, die ihm ein sehr junger Mann zufügt, sein Sohn nämlich, der von herrlichen Zeiten träumt. Zur gleichen Zeit wähnt sich ein anderer alter Mann weit entfernt in Rom in diesen Tagen auf dem Gipfel der Macht angekommen. Alles lief prächtig für ihn, und seine Politik zeitigte die ersehnten Erfolge.

Der alte Mann auf Böckelheim war Kaiser Heinrich IV., dem der eigene Sohn die Reichsinsignien abnahm und sich ein paar Tage später im benachbarten Ingelheim als Heinrich V. von den deutschen Fürsten und Bischöfen zum König wählen ließ. Papst Paschalis II. (1099–1118) – ein theologisch mittelmäßiger, dafür in Verwaltungsdingen begabter Mann etwa im Alter des gestürzten Kaisers – hatte den Königssohn zur Rebellion gegen den Vater angestiftet und ihn aller Eide gegenüber dem rechtmäßigen König und Kaiser entbunden. Damit hatte Paschalis das Vermächtnis seines Förderers, Papst Gregors VII., erfüllt. Den Widerstand des mächtigen salischen Königs, den Gregor nicht hatte überwinden können, brach sein Nachfolger nun mithilfe des Sohnes.

Große Teile des Adels und der Bischöfe des Reiches wünschten einen Ausgleich mit Rom. Sie wollten nicht länger im Zwiespalt zwischen einem Papst und einem exkommunizierten Kaiser leben. Vielleicht galt ja doch, was der Papst verkündete: dass man das eigene Seelenheil durch den Umgang mit einer gebannten Person verlor.

Heinrich IV. aber wollte kämpfen, um seinen Thron, um seine Ehre, um seine Kaiseridee, für die er oft auch in auswegloser Situation gestritten und am Ende alle – die Päpste, die Erzbischöfe, die aufständischen Fürsten und Gegenkönige – besiegt oder einfach nur überlebt hatte. Nicht nur aus Sicht seiner Kaiseridee, auch aus Sicht des Reiches war er im Recht. Wieder würde er das Schwert ergreifen, um sein Recht durchzusetzen. Einmal noch wollte Heinrich IV. das Schicksal zwingen, wie er es so häufig vermocht hatte. Doch da ließ ihn sein Körper im Stich: Heinrich IV. starb am 7. August 1106 in Lüttich. Und in Rom machte Paschalis II. die berühmten drei Kreuze.

In den Verträgen mit dem französischen König Ludwig VI. (1104) und dem englischen König Heinrich I. (1107) hatte der Papst die Investiturfrage mit einem Kompromiss gelöst. Nun musste Paschalis nur noch mit dem neuen deutschen König Heinrich V. diesen Kompromiss vereinbaren, doch darum sorgte er sich nicht. Schließlich war ihm der junge Heinrich zu Dank verpflichtet, hatte er doch der geschickten Diplomatie des Papstes seine Krone zu verdanken. Heinrich V. erkannte allerdings recht bald die Falle, in der er nun saß. Kam er dem Papst zu sehr entgegen, dann gab er so viel Macht ab, dass er nicht nur die Reichsbischöfe als Verbündete verlor, sondern auch den Respekt der Fürsten. Er konnte nur Herr im Reich bleiben, wenn er das auch tatsächlich und für alle sichtbar war.

Der mit England und Frankreich geschlossene Kompromiss ließ sich auf Deutschland nicht anwenden. Einerseits gab es durch das Kaisertum die Nähe zwischen Papst und König und die historische Verpflichtung der deutschen Könige, Schutzvögte der Päpste zu sein. Anderseits hatten die deutschen Reichsbischöfe eine besondere Machtstellung inne. Dadurch, dass sie im großen Umfang königliche Lehen und Privilegien erhalten hatten, waren sie zu eigenständigen Reichsfürsten geworden.

So verliefen die Verhandlungen für Paschalis II. wider Erwarten schleppend. Schließlich überrumpelte der alte Fuchs im Lateran den jungen König mit dem Vorschlag, auf die Investitur, die Einsetzung der Bischöfe mit Ring und Stab, zu verzichten, was durch die Rückgabe aller Rechte, die die Bischöfe vom König erhalten hatten, an Heinrich V. aufgewogen werden würde. Die Idee, die einen gewissen Charme besaß, weil sie auf Kosten Dritter ging, hatte deshalb auch keine Chance, verwirklicht zu werden. Selbst Heinrich, der sich darauf einließ, weil er dafür vom Papst zum Kaiser gekrönt werden sollte, wusste nicht, wie das Ganze praktisch umzusetzen wäre. Was machte man mit Rechten, die man nicht nutzen konnte, weil die Verwaltung dafür fehlte? Wie wollte man das Dickicht von Lehen und Rechten bei jedem einzelnen Bischof entwirren? Der König muss geahnt haben, dass sich das Ganze nicht so leicht umsetzen lassen würde, wie es ersonnen ward. Deshalb wurde der entsprechende Vorvertrag nur in Anwesenheit von Vertretern des weltlichen Adels am 4. Februar 1111 in der Alt Sankt Peter vorgelagerten Kirche Santa Maria in Turri geschlossen. Offenbar wollte man die Bischöfe überrumpeln.

Mit großem Pomp und glänzenden Feierlichkeiten begann am darauf folgenden Tag die Krönungszeremonie. Doch als der Papst die Urkunde verlas, empörten sich die Bischöfe und Äbte. Die deutschen Bischöfe sollten die Zeche für die Kaiserkrönung zahlen und ihrer weltlichen Macht verlustig gehen! Rasch wurde klar, dass der Papst seine Verpflichtungen nicht würde erfüllen können, und Heinrich zog seinen Investiturverzicht zurück. Die Empörung entzündete sich zum Aufruhr. Mit dieser deutlichen Reaktion hatten weder Papst noch König gerechnet. In einer Kurzschlussreaktion ließ Heinrich den Papst und die anwesenden Kardinäle festnehmen und handelte den Vertrag von Ponte Mamolo aus. Darin gestand Paschalis II. als Gefangener dem König zu, dass ein gewählter Bischof erst nach Heinrichs Bestätigung und nach seiner Investitur mit Ring und Stab durch den König zum Bischof geweiht werden sollte. Außerdem schwor der Papst, den König zum Kaiser zu krönen und ihn weder zu bannen noch ihm jemals die Gefangennahme und die Umstände des Zustandekommens des Vertrages zu verübeln.

Paschalis II. brach seinen Schwur nicht, er krönte König Heinrich V. am 13. April 1111 zum römischen Kaiser und exkommunizierte ihn auch später nicht. Das taten dann andere für ihn. Ob Paschalis davon wusste, es angeregt hatte oder nur billigend zur Kenntnis nahm, weiß man nicht. Jedenfalls wurde Heinrich V. auf der Synode von Vienne aus der Christenheit ausgeschlossen. Paschalis hat den Bann zwar nie erwähnt und bestätigt, er hat ihn aber auch nicht widerrufen. Als er am 14. Januar 1114 starb und im Lateran beigesetzt wurde, war ihm zwar der große Sprung zur Macht, zu dem er bereits Anlauf genommen hatte, nicht gelungen, doch hatte er die Distanz dahin erheblich verkürzt.

Nach dem Intermezzo eines Gelasius II. bestieg Guido, der Erzbischof von Vienne, als Calixt II. (1119–1124) den Papstthron. Ihm sollte es gelingen, den Streit um die Macht zwischen den weltlichen Herren und dem Papst vorerst beizulegen. Gemeinsam mit Kaiser Heinrich V. erließ er am 23. September 1122 das Wormser Konkordat. In diesem Vertrag verzichtete der Kaiser auf die Investitur der Bischöfe mit Ring und Stab. Allerdings durfte Heinrich V. der Wahl beiwohnen und bei einem strittigen Ausgang als Schiedsrichter auftreten. In Deutschland führte der Kaiser den Bischof vor der Weihe in die weltlichen Vergünstigungen – Lehen und Rechte – ein und hatte dadurch immer noch großen Einfluss auf die Bischofserhebung.

Als wichtiger sollte sich jedoch erweisen, dass Heinrich damit indirekt einem neuen Titel zugestimmt hatte, den die päpstlichen Juristen formuliert hatten, dass nämlich der Papst der oberste Herr der Welt sei. Als solcher beaufsichtigte er die christlichen Fürsten, übergab ihnen die Herrschaft als Lehen des Herrn – und konnte es ihnen, theoretisch zumindest, auch entziehen. Indirekt hatte Heinrich V. diese Vorstellung anerkannt. Er hatte zugestimmt, dass die kaiserliche Investitur nur die weltlichen Vergünstigungen betraf, die aber unter der Seelsorge standen, unter der geistlichen Weihe, die unvergänglich war. Beide Gewalten, die weltliche und die geistliche, beide Schwerter lagen beim Papst, für den die weltlichen Könige und Fürsten das weltliche Schwert führten, weil er es als Mann Gottes nicht benutzen durfte.

Von nun nannten sich die Päpste, die sich bisher als Stellvertreter Petri bezeichnet hatten, Stellvertreter Christi. Sie begannen, sich zu erhöhen. Heinrich konnte sich letztlich nur fügen. Durch den angestrebten Handel mit Paschalis II. auf Kosten der deutschen Reichsbischöfe hatte der Kaiser sich deren Vertrauen gründlich verscherzt. Bedenkenlos hatte er ihre Existenz zur Verfügung gestellt, und dieser Verrat sollte auch bei den weltlichen Fürsten die Skepsis schüren. Man traute diesem Mann nicht, der – wie sich die deutschen Bischöfe und Fürsten nun erinnerten – einst sogar den eigenen Vater verraten hatte.

Die Päpste befanden sich auf dem Gipfel der Macht. Aber sah sie wirklich so aus? War das die Macht? Auf dem Gipfel, den die Päpste erklommen hatten, erfreute kein Garten Eden den Blick des Betrachters, sondern die Gegend stellte sich recht irdisch als Halde voller Geröll und Karst dar. Mussten sie nur die Steinwüste überqueren, um endlich – zur Linken des Heiligen Geistes sitzend – über die Welt zu herrschen? Vor allem zwei Päpsten gelang es, die weltliche Macht des Vatikan auf jene absolute Höhe zu treiben, die den Betrachter schwindeln machen muss, nämlich Innozenz III. und Innozenz IV.

Man kann von der Inspiration durch den Heiligen Geist nicht hoch genug denken, und dennoch würde die Machtfülle aus geistlicher und weltlicher Herrschaft, die sich in der Hand eines einzelnen Menschen konzentrierte, zur Sorge Anlass geben. Je nach Standpunkt bewertet und ordnet man diese Männer als große Päpste ein oder als diejenigen, die den Sündenfall vollzogen, als Stellvertreter oder Verräter Christi. Denn die Kirche begann, machtbesessen und reich zu werden. Nach einer über tausendjährigen Geschichte war das Christentum an einem Punkt seiner Entwicklung angelangt, an dem sich die Frage nach der Macht in ihrer reinsten Form stellte, in der Form der Theokratie. Es scheint, als hätten gerade die beiden Päpste mit Namen Innozenz das Jesuswort, sein Reich sei nicht von dieser Welt, gründlich vergessen.

Doch lehrt ein Blick auf Bernhard von Clairvaux, den vielleicht wichtigsten Theologen seiner Zeit, wie weit ein solches Urteil am Wesen des Denkens und Glaubens des Spätmittelalters vorbeizielt. Für Bernhard, und auch für die Päpste, die ihm in dieser Lehre folgten, begann Jesu Reich nicht im Himmel, sondern

König der Könige: Papst Innozenz III. (1198–1216), der Mann, der den päpstlichen Machtanspruch auf die Spitze trieb. Holzschnitt aus der »Schedelschen Weltchronik«, 1493.

auf der Erde. Sie versuchten, so viel wie möglich von Gottes Reich auf Erden zu entdecken. Deshalb mussten die Päpste es weder errichten, noch verwirklichen, denn es existierte bereits durch Jesu Geburt. Im Johannesevangelium fand dieser Gedanke seine prägnante Ausprägung: »Und das Wort ward Fleisch und wohnte unter uns, und wir sahen seine Herrlichkeit, eine Herrlichkeit als des eingeborenen Sohnes vom Vater, voller Gnade und Wahrheit.« (Joh 1,14.) Bernhard wies in seinen Weihnachtspredigten deutlich darauf hin, dass Jesus immer aufs Neue geboren wird, und immer wieder in uns: »Morgen also werden wir die Majestät Gottes sehen, aber freilich in uns.«

Da die Welt dem mittelalterlichen Menschen gottgewirkt und alles, was er sah, gottdurchwirkt war, vermochte er Gott in der Welt zu finden. Im Grunde war der mittelalterliche Gott nicht transzendiert, er war intendiert, er übersteigt die Welt, weil er zuallererst vollkommen in ihr existiert, seine Vollkommenheit drückt sich in der Welt aus. Lässt sich aber Gott in der Welt finden, so erweitert sich die geistliche Vollmacht, kommt dem Weltlichen keine Eigenständigkeit, sondern nur eine Äußerlichkeit zu. Die Welt ist ein Lehen von Christus, das seine Stellvertreter zu verwalten und zu vergeben haben. Aus dieser Perspektive muss logischerweise jeder weltliche Herrscher ein Lehnsmann, ein Vasall des Papstes werden, dem in der Weltordnung des Gottessohnes nur eine bestimmte Funktion zukommt, die er zu erfüllen hat. Der Vasall kann nicht auf einer Ebene mit dem Herrn stehen, der Kaiser und die Könige nicht auf einer Ebene mit dem Stellvertreter Christi, wie sich dieser auch nicht mit Christus auf einer Stufe befindet. So verkündeten es die Päpste, so lehrten es die päpstlichen Juristen in Rom und in Bologna, der berühmtesten juristischen Fakultät im 12. und 13. Jahrhundert.

Doch die Kehrseite der Logik wirkt wie ein verlässlicher Bumerang, denn der in weltliche Belange eingreifende Papst wird auch der angreifbare Papst, der sich, je mehr er sich theologisch über Kaiser, Könige und Fürsten erhebt, praktisch auch in ihre Gemeinschaft begibt: Er wird wie sie zum Lehnsherrn und tritt in Konkurrenz zu ihnen. Der Gewinn an weltlicher Macht geht einher mit dem Verlust von geistlicher Macht. Davon zeugen die erstarkenden Bewegungen innerhalb und bald auch schon außerhalb der Kirche, die diese als ketzerisch verfolgen wird.

Eine heute noch aktuelle Frage stellt sich hier zum ersten Mal, als Innozenz III. den Kirchenstaat im zähen Ringen mit den weltlichen Fürsten gründet: Wie viel Tagespolitik darf und wie viel Tagespolitik muss der Papst betreiben? Er kann nicht zugleich Richter und streitende Partei sein und wird es doch mehr und mehr in seiner doppelten Funktion als weltliches und geistliches Oberhaupt und zudem als Feudalherr, der seine Territorien regiert.

BARBAROSSA UND DIE ZÜGEL DES PAPSTES

Barbarossa – vieles an diesem Mann ist Legende, doch spiegelte sich darin nur die wachsende Sehnsucht in Deutschland nach einem gerechten Kaiser wider, der sich einer Kurie entgegenstellte, die sich immer schamloser bereicherte, und einem Pontifex, der unter der Tiara, der Papstkrone, verweltlichte. Um Kaiser Friedrich I. entstand die Legende, dass er in einer Höhle im bewaldeten Bergrücken des thüringischen Kyffhäusers schlafe und eines Tages wiederkehre. Kein Papst hat je die Menschen zu einer ähnlichen, mit Erwartungen überfrachteten Geschichte inspiriert. Die skrupellose Politik der Päpste, mit der sie versuchten, die weltliche Macht unter die geistliche zu pressen, den Kaiser dem Papst unterzuordnen, führte immer häufiger zu Konflikten mit den Herrschern, die sich nicht als Marionetten des Vatikan verstehen wollten.

So hatte Papst Eugen III. (1145–1153), ein Schüler Bernhards von Clairvaux, dem Bischof von Hamburg-Bremen die Aufsicht über Norwegen entzogen und dort eine eigene Kirchenprovinz errichtet. Diese Gründung und die Vorbereitung einer schwedischen Provinz nahm der päpstliche Gesandte Nikolaus Breakspear vor, der bald darauf als Hadrian IV. (1154–1159) den Papstthron besteigen sollte. Der Grund für das päpstliche Vorgehen lag nicht in der mangelhaften Fürsorge des Bischofs von

Hamburg-Bremen, sondern in dem politischen Ziel Eugens, möglichst viele Kirchenprovinzen dem Einfluss des Kaisers zu entziehen. Der Papst verlegte dem Kaiser den Weg nach Norden.

Das war nicht Kirchen-, sondern Machtpolitik. Anstelle eines mächtigen Kaisers wollten die Päpste eine Vielzahl abhängiger kleiner Fürsten wie Kinder um den väterlichen Thron des Pontifex scharen. Der Kaiser konnte sich noch so papsttreu, noch so gut, noch so entgegenkommend verhalten – er war den Päpsten allein durch seine Existenz ein Dorn im Auge. Er stand zwischen ihnen und der absoluten Macht.

Barbarossa konnte das nicht hinnehmen, also ließ er kurz entschlossen den neu eingesetzten Bischof, der sich auf dem Weg nach Norwegen befand, gefangen setzen. Über dieser Aktion im Machtpoker verschärfte sich die Kontroverse. Auf dem Reichstag zu Besançon 1157, den Barbarossa einberufen hatte, kam es zu einem regelrechten Tumult, als der tüchtige Kanzler des Kaisers, Rainald von Dassel, einen Brief Hadrians IV. zwar nicht falsch, doch bewusst im Sinne des Vatikan ins Deutsche übertrug. In dem Brief sprach der Papst von Benefizien, die er dem Kaiser verliehen habe. Rainald nun übersetzte »beneficium« nicht mit Wohltat, sondern mit Lehen – eine durchaus korrekte Variante. Selbst wenn man dem Kanzler unterstellt, dass er bewusst die Übersetzung wählte, die Kontroversen auslösen musste, gilt es gleichzeitig zu betonen, dass der Papst sich ebenso bewusst missverständlich ausgedrückt hatte. Sicher nicht versehentlich hatte Hadrian den Finger auf den wunden Punkt des Verhältnisses zwischen Papst und Kaiser gelegt: Wenn der Kaiser vom Papst ein Lehen erhalten hätte, dann wäre er nichts weiter als ein Vasall des Papstes. In Anbetracht des Vorspiels erhärtet sich der Verdacht, dass der Papst die mehrdeutige Formulierung gewählt hatte, um je nach politischer Lage auf die Bedeutung von Wohltat oder von Lehen verweisen zu können und damit ganz nebenbei einen Rechtstatbestand zu schaffen.

Völlig unbemerkt gelang es in dieser Zeit den französischen

Königen, ihre Macht nicht nur im Land selbst zu festigen, sondern diese auch auf die Kurie auszuweiten: Immer mehr Kardinäle kamen aus Frankreich. Doch Kaiser und Papst hatten sich so tief in ihren Machtkampf verstrickt, dass sie davon nichts merkten. Ein knappes Jahrhundert später sollten sie das empfindlich zu spüren bekommen.

Im Vorfeld der Kaiserkrönung Friedrichs I. 1155 im Petersdom kam es zu einem Skandal. Der Kampf zwischen Stauferkaiser und den Päpsten um die universelle Macht ging in die entscheidende Phase. Friedrich verweigerte dem Papst den traditionellen Stratordienst, der besagte, dass der Kaiser das Pferd des Papstes am Zügel zu führen hatte – im gestenreichen Mittelalter der Inbegriff für das Verhältnis von Lehnsherr und Vasall. Erst als ihm per Eid versichert wurde, dass der Stratordienst kein Lehens- oder Vasallenverhältnis dem Papst gegenüber begründete, zeigte sich Friedrich dazu bereit. Natürlich ging es aber genau um diese Unterordnung: Seit Gregor VII. arbeiteten die päpstlichen Theologen und Juristen an der Begründung und Durchsetzung der allumfassenden Herrschaft des Papstes. Diese Zielsetzung wird am deutlichsten in der Formulierung, die Innozenz III. (1198–1216) schließlich wählen sollte: »Den anderen Aposteln aber wurde beschieden, sich die Macht zu teilen, Petrus aber, die ganze Macht auszuüben. Von ihm erhielt ich die Mitra meines Priesteramtes und die Krone meiner Königswürde; er machte mich zum Stellvertreter Dessen, auf dessen Gewand geschrieben steht: König der Könige.« (Zit. nach: Die Geschichte des Christentums, Mittelalter, Bd. 2, S. 618 f.) König der Könige, Priester und Herrscher in einer Person.

Zwischen Friedrich I. Barbarossa und Hadrian IV. kam es zu keiner Versöhnung. Hinter den eigenen Anspruch konnte keiner mehr zurück, ohne Gefahr zu laufen, das Gesicht und damit die reale Macht zu verlieren. Zwei Jahre später starb Hadrian IV. in Anagni, und kurz darauf traten die Kardinäle in Rom zur Wahl zusammen.

Zum ersten Mal wirkten mit Einschüchterung, Intrige und Bestechung verschiedene weltliche Kräfte direkt auf die Papstwahl ein. Der Kaiser, der normannische König in Süditalien, der französische König, aber auch die norditalienischen Städte hatten ein lebhaftes Interesse daran, dass ein Mann, der ihnen nahestand, zum nächsten Stellvertreter Christi wurde. Schon daran wird deutlich, wie wichtig die Position des römischen Bischofs im europäischen Machtgefüge und in der Kräftebalance geworden war. Hadrian IV. hatte sich den antikaiserlichen, dabei eher gemäßigten und noch nicht in den Kämpfen verbrauchten Kardinal Bernardus von Porto gewünscht, doch wurde von der Mehrheit schließlich ein Mann gewählt, der als die Speerspitze antikaiserlicher Politik galt: Orlando Bandinelli.

Damit wurde aber in der Wahl die Absprache der Vorverhandlung, in der sich die verschiedenen Parteien auf den Bischof von Porto als Kompromiss festgelegt hatten, gebrochen, sodass eine zu Recht empörte Minderheit unter den Kardinälen Octaviano de Montecello zum Gegenpapst wählte. Schon wollte Bandinelli sich den Mantel des Papstes um die Schultern legen, schon atmete man auf, weil man meinte, der dreiste Bruch der Vereinbarung würde glücken, als Octaviano de Montecello ebenfalls nach dem Mantel griff, ihn dem Rivalen fast aus der Hand riss und ihn sich selbst umlegte. Just in diesem Moment führte Otto von Wittelsbach, Herzog von Bayern und vertrauter Ratgeber Barbarossas, eine größere Menge von Adel und Volk der Stadt Rom in den Saal, die dem Gegenpapst huldigten. Formalrechtlich war dieser damit Papst und nannte sich Viktor IV. (1159–1164). Orlando Bandinelli floh in den Petersdom, verbarrikadierte sich dort, bis er zu den Frangipani, einer der mächtigsten Familien des stadtrömischen Adels, in den Stadtteil Trastevere gebracht wurde und von dort aus schließlich Rom verließ, um am 20. September im nahen Ninfa geweiht zu werden. Als Papst nannte er sich Alexander III. (1159–1181).

Nachdem Friedrich I. im März 1162 Mailand erobert hatte,

floh Alexander III. nach Frankreich. Er wurde zum Gegenspieler des Kaisers und ordnete sein gesamtes Pontifikat der Exkommunikation und der Amtsenthebung Barbarossas unter. Das Zusammenspiel zwischen der päpstlichen Politik, der mangelhaften Unterstützung des Kaisers in Deutschland und den finanzstarken oberitalienischen Städten, die einen Bund gründeten und ein großes, zahlenmäßig den Soldaten Friedrichs weitaus überlegenes Heer aufstellten, führte schließlich 1176 zur Niederlage des Kaisers bei Legnano. In die Kriegskasse des lombardischen Städtebundes dürften im Übrigen auch Gelder von Alexander III. geflossen sein. Er unterstützte den Städtebund, der ihm zwar nicht sympathisch war, den er aber als willkommene und schlagkräftige Waffe im Kampf gegen den Kaiser nutzte.

Von dem mächtigsten deutschen Fürsten, von Heinrich dem Löwen im Stich gelassen, marschierte der Kaiser mit seinem kleinen Heer nach Italien. Nicht der Mut, nicht die Tapferkeit – das Geld würde die Schlacht entscheiden. An der Spitze seiner Truppen ritt der Kaiser am 29. Mai 1176 bei Legnano den Söldnern des lombardischen Bundes entgegen. Obwohl die kaiserlichen Truppen zahlenmäßig unterlegen waren, schlugen sie sich mit wahrem Ingrimm. Als jedoch zunächst der Bannerträger des Kaisers fiel und dann der Kaiser selbst im dichtesten Schlachtgetümmel vom Pferd stürzte und nicht mehr gesehen ward, löste sich das kaiserliche Heer zusehends auf. Der berittene Söldnerhaufen der Lombarden nahm mehrere Reichsfürsten gefangen und erbeutete Schild, Banner, Kreuz und Lanze Barbarossas.

Die Niederlage wog schwer und beschädigte das Ansehen des Kaisers so sehr, dass dieser sich gezwungen sah, Verhandlungen mit Alexander III. aufzunehmen. Der Papst entschloss sich, diesen Triumph weidlich auszukosten. Als Vorbedingung für die Friedensverhandlungen musste Friedrich den Gegenpapst, der inzwischen Calixtus III. hieß, fallen lassen und Alexander als katholischen und universellen Papst anerkennen. Als Ort für den Friedensschluss wurde Venedig vereinbart.

Am 24. Juli 1177, in aller Frühe, holten sieben Kardinäle den Kaiser im Nikolauskloster ab. Vor dem Dogen Sebastiano Ziani, den Patriarchen von Grado und Aquileia sowie den sieben Kardinälen schwor der Kaiser dem Gegenpapst und damit dem Schisma ab. Dann bestieg er mit dem Dogen, den Patriarchen und den Kardinälen ein festlich geschmücktes Boot, nahm neben dem Oberhaupt der venezianischen Republik Platz und fuhr zur Piazza di San Marco, zum Dogenpalast. Die Rüstungen der Stadtwache und der Ritter glänzten in der Sonne, als das Boot gegen zehn Uhr dort anlegte.

Am Portal der Markuskirche thronte Papst Alexander III. unter einem gewaltigen Baldachin, umgeben von Kardinälen, Erzbischöfen, Bischöfen, den Gesandten des lombardischen Städtebundes und der Normannen. Friedrich legte den Purpurmantel und die Zeichen seiner kaiserlichen Würde – Szepter, Schwert und Weltkugel – ab und schritt, nur mit einem Büßerhemd bekleidet, zum Papst, warf sich vor ihm nieder und küsste ihm die Füße.

Mag es auch Legende sein, die Stimmung trifft diese Schilderung sehr genau. Denn als der Papst dem Kaiser aufhelfen wollte, raunte dieser ihm zu: »Non tibi sed Petro« (Nicht dir gilt es, sondern Petrus). Im untrüglichen Bewusstsein seines Triumphes antwortete Alexander in der verräterischen Reihenfolge: »Et mihi et Petro« (Sowohl mir als auch Petrus). Der Papst bot ihm den Platz zu seiner Rechten an, doch Friedrich nahm Alexander bei der Hand und führte ihn in die Markuskirche. Dort empfing der Kaiser den päpstlichen Segen. Und damit nicht genug.

Am nächsten Tag erschien der Kaiser in Begleitung seiner Familie vor dem Papst, der Friedrich I. Barbarossa als Kaiser, seine Gemahlin Beatrix als Kaiserin und seinen Sohn Heinrich VI. als König aufnahm. Friedrich leistete Alexander den einstmals so umstrittenen Stratordienst, diesmal ohne Schwur und Einschränkung. Und anschließend fungierte der Kaiser als Türsteher bei der päpstlichen Messe in der Markuskirche. Als Alexander III.

mit seiner Predigt begann, trat der Kaiser für alle sichtbar nahe an die Kanzel und hörte dem Papst betont aufmerksam zu. In einer Zeit, in der Gesten zu rechtsverbindlichen Äußerungen und zu Demonstrationen vor und für alle Welt wurden, bedeutete diese Handlung des Kaisers das Versprechen, dass er von nun an immer auf den Papst hören wollte. Als Alexander III. mit seiner Predigt geendet hatte, trat Friedrich zu ihm auf die Kanzel und verkündete den Frieden, den er geschlossen hatte, bevor er abermals dem Papst die Füße küsste und ihn anschließend mit Geschenken überhäufte. Noch einmal, nach der Messe, führte der Kaiser das Pferd des Papstes am Zügel. Mit den Gesandten der lombardischen Liga schloss Friedrich einen sechsjährigen Waffenstillstand. Zum Frieden konnte man sich nicht durchringen.

Am 1. August 1177 eröffnete Alexander III. mit Friedrich I. Barbarossa in Venedig ein vierzehntägiges Konzil. Pompöser konnte kein Friedensschluss ausfallen: Der Kaiser hatte sich mehrfach dem Papst unterworfen und sich schließlich als Vasall gezeigt. Am 18. September verließ er Venedig, um sich nach Deutschland zu begeben und dort seine angeschlagene Autorität zu erneuern und zu festigen. Alexander III. kehrte nach Anagni zurück, wo er residierte, da in Rom ja der Gegenpapst saß. Vom Kaiser fallen gelassen, konnte sich Calixtus III. allerdings nicht mehr in der Stadt behaupten. Unter dem Eindruck der vollständigen Unterwerfung des Kaisers sandten die Römer eine Abordnung zu Alexander III., der im März 1178 nach langen und komplizierten Verhandlungen mit den Abgesandten des römischen Senats nach Rom zurückkehrte.

Hier berief er für das Jahr 1179 ein Konzil ein, das, weil es im Lateran stattfand, wo man eigens neben der Kathedrale eine Konzilsaula für diese großen Zusammenkünfte errichtet hatte, als Drittes Laterankonzil in die Geschichte einging. Am Konzil nahmen fast dreihundert Kleriker und Äbte teil. Feierlich bestätigten sie den Friedensschluss von Venedig. Um weitere Gegenpäpste zu verhindern, wurde festgelegt, dass der Papst einzig von den Kardinälen zu wählen sei, und zwar mit der Zweidrittelmehrheit der Stimmen. Die Akklamation, die Bestätigung durch die Römer, durch das Volk entfiel.

Auch die Bischöfe würden bald nur noch von den Klerikern gewählt werden, jeglicher Einfluss von Laien auf die Wahl sollte unterbleiben. Es ist verständlich, dass in geistlichen Belangen nur Geistliche entscheiden sollten, doch stellte die Kirche in dieser Zeit in Gestalt der Kirchenprovinzen, an deren Spitze ein Erzbischof stand, und des Papsttums eine enorme weltliche Macht dar.

Auf dem Dritten Laterankonzil wurden die Katharer in Südfrankreich als Ketzer gebannt, und jedem, der gegen sie vorging, wurde versprochen, dass die Kirche ihn schützte wie einen Kreuzfahrer, der ins Heilige Land zog. Das schuf die Grundlagen für den Ketzerkreuzzug. Besser erging es zunächst den Vertretern einer Armenbewegung, der »Armen von Lyon«, die nach ihrem Gründer Petrus Waldes Waldenser genannt werden. Sie legten ihre Bibelübersetzung vor, baten darum, vom Papst anerkannt zu werden und die Erlaubnis zur Laienpredigt zu erhalten. Sie wurden zwar nicht anerkannt, doch duldete man sie noch. Der Abt Joachim von Fiore musste seine Lehre von den drei Reichen zur Prüfung vorlegen. Während die Kirche reicher und mächtiger wurde, verstärkten sich auch die inneren Spannungen.

Ende März 1179 schloss Alexander III. das Dritte Laterankonzil. Der Rest seines Lebens war Vertreibung, Krankheit, Tod. Noch im gleichen Jahr riefen die Römer Lando von Sezze zum Gegenpapst Innozenz III. aus, und Alexander floh – wieder einmal, diesmal nach Civita Castellana nahe Viterbo. Zwar fiel der Gegenpapst bereits im Januar 1180 den Anhängern Alexanders in die Hände und wurde für den Rest seines Lebens im Kloster La Cava bei Rom eingesperrt, doch Alexander III. war inzwischen alt und krank und starb am 30. August 1181. Als man seinen Leichnam zum Lateran überführte, wurde sein Sarg auf dem Weg dorthin von wütenden Menschen mit Steinen beworfen. Sein Grab im Lateran ist unauffindbar.

Ubaldo Allucingoli, Kardinalbischof von Ostia und der Älteste im Kollegium, wurde als Lucius III. (1181–1185) zum neuen Papst gewählt. Im Jahr 1184 traf Lucius III. Friedrich Barbarossa in Verona und erließ dort gemeinsam mit ihm ein Edikt, das – wie bei päpstlichen Verlautbarungen üblich – nach den ersten beiden Worten »Ad abolendam« genannt wird. Im Mittelpunkt des Dokuments, das den Beginn der Inquisition markiert, stand die Bekämpfung der Ketzer. Die weltlichen Gerichte sollten der Kirche bei der Bekämpfung der Anhänger der sogenannten Irrlehren zur Hand gehen. Die weltlichen Herrscher allerdings, die der Kirche bei der Bekämpfung der Ketzer nicht zu Diensten waren, würden selbst dem Bann verfallen. In ihren Gebieten sollten keine Sakramente mehr ausgeteilt, Kinder nicht getauft und Sterbende nicht mit der Letzten Ölung versehen werden. Ehen würde die kirchliche Anerkennung versagt werden, was die Kinder automatisch als unehelich brandmarkte.

Mit Urban III., der 1185 auf Lucius III. folgte, kam es erneut zur Kontroverse mit Friedrich Barbarossa, als dieser seinen Sohn mit der normannischen Königstochter Konstanze verheiratete. Damit entstand für die Päpste die Gefahr der »staufischen Zange«: Sollte Heinrich VI. Sizilien und Unteritalien erben und dazu Norditalien und Deutschland, so befänden sich Rom und der Kirchenstaat im eisernen Griff der Staufer. Das musste um jeden Preis verhindert werden.

Vom Tag der Hochzeit an verfolgte der Mailänder Humbert Crivelli als Papst Urban III. eine konsequente und provokative antistaufische Politik. Der Preis dafür war hoch, vielleicht zu hoch: Die Verhinderung einer vereinigten staufischen Herrschaft im Norden und im Süden des Kirchenstaates kostete schließlich das Heilige Land und Jerusalem. Was Urban II. gewonnen hatte, sollte Urban III. verlieren.

Bereits 1184 war der Patriarch von Jerusalem gemeinsam mit den Großmeistern des Templer- und des Johanniterordens im Auftrag des zwar begabten und klugen, aber mit der Lepra geschlagenen Königs Balduin IV. von Jerusalem ins Abendland gereist und hatte die Gefahren dargestellt, die von dem Seldschukensultan Saladin für die Heilige Stadt und die Kreuzfahrerstaaten ausgingen. Friedrich unterbreitete daraufhin Urban III. das Angebot, im Jahr 1186 an der Spitze eines Kreuzfahrerheeres nach Jerusalem zu ziehen. Dafür verlangte er im Gegenzug Zugeständnisse des Papstes, vor allem die Anerkennung der Ehe seines Sohnes mit der normannischen Prinzessin mit allen Rechten, die sich daraus ergaben. Doch Apulien, Sizilien und die Mark Ancona lagen Rom näher als Jerusalem. Urban III. ließ die Verhandlungen scheitern mit der Folge, dass das Heer des Königs von Jerusalem am 4. Juli 1187 bei Hattin vernichtend geschlagen wurde. Drei Monate später fiel Jerusalem in die Hände Saladins, und kurz darauf starb Urban III. – der Papst, der dem Kaiser versagt hatte, das Kreuz zu nehmen und die Stadt der Christenheit zu retten.

Im Januar 1188 nahmen Richard Löwenherz und Philipp II. von Frankreich am gleichen Tag das Kreuz. Doch sie sollten scheitern und bei Damiette in Ägypten geschlagen werden. Barbarossa brach am 11. Mai 1189 zur Befreiung Jerusalems auf. Da keine Schiffe zur Verfügung standen, musste er den gefahrvollen und zermürbenden Landweg nehmen. Am 10. Juni erreichte das Heer den Fluss Saleph in der heutigen Türkei.

In Rom residierte seit 1188 Papst Clemens III., der sich gezwungen sah, der Kaiserkrönung Heinrichs VI. zuzustimmen. Damit war die »staufische Zange« wieder ein Stück näher gerückt. Es konnte nicht in seinem Sinne sein, dass Friedrich Barbarossa als glänzender Sieger vom Kreuzzug zurückkehrte, als römischer Kaiser, als deutscher König und König von Jerusalem. Das hätte das Fiasko päpstlicher Machtpolitik bedeutet. Konnte Barbarossa Jerusalem zurückerobern und Saladin schlagen – was keinem christlichen Fürsten, Richard Löwenherz und Philipp II. von Frankreich eingeschlossen, gelungen war –, dann würde er plötzlich über ein solches Maß an Prestige und Macht verfügen, dass sich die Szene von Venedig umkehrte: Dann würde sich der Papst dem Kaiser unterordnen müssen. Dessen Sohn, Heinrich VI., traf gerade auf Sizilien die Vorbereitungen, um sich ins Morgenland einzuschiffen und dort mit seinen Rittern das Heer des Vaters zu verstärken. Nur noch Saladin stand zwischen dem Kaiser und der universellen Herrschaft, nur noch Saladin – und ein unbedeutender Fluss namens Saleph.

Steht man am Göksu, wie der Saleph heute heißt, erblickt man einen schlammigen Fluss, der träges Gleichmaß ausdrückt und gähnende Langeweile auslöst. Man muss schon fest die Augen schließen, um sich vorstellen zu können, dass dieses Gewässer so reißend war, wie es beschrieben wurde, und dass der Kaiser 1190 in ihm ertrank. Möglich, dass der Fluss im Lauf der Jahrhunderte gezähmt wurde, doch sind auch die Berichte über den Tod Barbarossas widersprüchlich, es kursieren mehrere Versionen. Ein Schwimmunfall, ein Badeunfall, ein Hitzschlag, ein Herzinfarkt, eine gründliche Erschöpfung, all diese Erklärungen mögen zutreffen, doch einer atmete hörbar auf, als die Nachricht vom Tod des immer noch gefürchteten Kaisers die Runde machte: der Papst in Rom.

Mochte der Kreuzzug deshalb auch fehlschlagen, bedauerlich. Doch die staufische Bedrohung, der eiserne Griff um den Hals des Papstes fiel plötzlich ab. Vielleicht hatte Clemens III. Gewährsleute in der Nähe des Kaisers, mit Sicherheit gab es sie. Vielleicht hatte jemand nachgeholfen, mit dem Kaiser getrunken und ein Mittelchen in den Wein gemischt, bevor er ihn zum Bad verführte? Die Möglichkeit, dass Barbarossa eines nicht natürlichen Todes starb, wurde nie erwogen und hat doch so viel für sich, wenn man die alte römische Juristenfrage stellt: »Qui bono« – Wem nutzt es?

Die Päpste hatten es bereits bewiesen und würden es wieder zeigen: Die eigene Macht war ihnen bedeutend wichtiger als ein erfolgreicher Kreuzzug. Und der alte Kaiser, der in dem Fluss ertrank, stellte die ernsthafteste Bedrohung der päpstlichen Macht seit Heinrich IV. dar. Es hatte nicht viel gefehlt, nur der siegreiche Kreuzzug noch und die gesamte Macht, die die Reformpäpste seit Gregor VII. aufgebaut hatten, wäre zerstoben im Zangengriff des Staufers. Vielleicht war es Zufall, vielleicht ein Gottesurteil, möglicherweise aber auch Vorsatz, ein letztes, glückendes Komplott. Wild wachsende, im Volk entstehende Legenden haben zuweilen einen untrüglichen Sinn für verborgene Wahrheiten. Die Legende vom wartenden und wiederkehrenden Kaiser, der wie ein Wiedergänger zurückkehrt, weil er noch eine Aufgabe erfüllen muss, hat die Mordtat zur Voraussetzung.

Acht Jahre nach dem Tod des Staufers bestieg einer der größten Päpste des Mittelalters den Heiligen Stuhl, ein erfahrener Jurist aus befehlsgewohntem Adel. In Rom, Paris und Bologna hatte er studiert. Mit neunundzwanzig Jahren bereits zum Kardinal berufen, sah er sich acht Jahre später zum Papst gewählt und zum Vormund des vielleicht größten Kaisers bestellt, den bereits die Zeitgenossen »stupor mundi«, das Staunen der Welt nannten. Die Rede ist von Innozenz III. (1198–1216).

Barbarossas Eingeweide wurden in Tarsus begraben, dem Geburtsort des Apostels Paulus, und sein von den Knochen gelöstes Fleisch in Antiochia, dort, wo Petrus Bischof gewesen war, bevor er nach Rom ging. Die Gebeine schließlich, die eigentlich in der Grabeskirche in Jerusalem beigesetzt werden sollten, wurden, der Not gehorchend, in Tyrus begraben – ohne den Kaiser konnte der Kreuzzug nicht mehr gelingen, sah man Jerusalem nicht einmal von ferne, zumal auch Friedrich Barbarossas Sohn, Heinrich VI., eine der üblichen Malaria-Epidemien in Sizilien festhielt.

Unter Kaiser Heinrich VI. erfüllte sich allerdings, wenn auch nur für kurze Zeit, das Schicksal, das den Päpsten durch Barbarossa gedroht hatte: Die »staufische Zange« wurde Realität.

Von Barbarossa, von Philipp von Schwaben und von Friedrich II. unterschied sich dieser Staufer durch den Mangel an Charme und Charisma, an Liebenswürdigkeit, einer gewissen Verspieltheit im Umgang und an Zauber der Persönlichkeit, nicht aber an Tatkraft und Energie. Heinrich VI. war ein harter Herr, der Deutschland streng regierte und Sizilien, das Erbland seiner Frau Konstanze, fest im Griff hatte. Zu dieser Zeit wurden die Insel und auch das süditalienische Festland Sizilien genannt, woraus in der Neuzeit das Königreich beider Sizilien entstand, das die Insel selbst sowie Apulien und Kampanien umfasste. Gegen die rebellischen normannischen Barone ging der Kaiser mit demonstrativer Brutalität vor. Zur Seite stand ihm als treuer Gefolgsmann sein Kanzler Markward von Ahnsweiler.

Der Albtraum der Päpste war in Erfüllung gegangen: Vor ihren Augen entstand ein universelles Kaiserreich von Spanien bis Byzanz mit Deutschland-Italien als Mittelpunkt. Selbst die muslimischen Omaijaden Nordafrikas, die auch Mallorca beherrschten, zahlten dem Kaiser Tribut. In Trifels, der Stauferburg in Deutschland, traf eine Karawane mit sechzig Kamelen ein, die prächtige orientalische Kostbarkeiten mit sich führte und die Fantasie der Deutschen anregte.

Nahe Ancona, in Jesi, unweit des Heiligtums von Loreto, kam am zweiten Weihnachtsfeiertag 1194 der Sohn Heinrichs VI. zur Welt. Es heißt, Konstanze habe auf dem Marktplatz von Jesi ein Zelt aufbauen lassen, um ihr Kind vor aller Augen zur Welt zu bringen. Damit habe sie verhindern wollen, dass später behauptet würde, sie hätte das Kind, das sie als ihren Sohn bezeichnete, gar nicht selbst geboren. Als kluge Frau war sie sich ihrer schwierigen Lage nur zu bewusst: Lange hatte sie im Kloster gelebt, bevor sie aufgrund eines politischen Vertrages doch noch verheiratet wurde. Sie galt für damalige Verhältnisse als viel zu alt, um zu heiraten und Kinder zu bekommen.

Immer wieder hatten die Kaiser versucht, Sizilien ihrer Herrschaft einzuverleiben, immer wieder waren sie an den Normannen gescheitert, die sich mit den Päpsten verbündet hatten. Erst Barbarossa gelang es durch die geschickte Vermittlung der Hochzeit von Heinrich und Konstanze, seinem Sohn die sizilischen Lande als Erbe zu sichern, denn nach normannischem Recht waren auch die Töchter erbberechtigt. Nachdem der letzte normannische König kinderlos verstorben war, ging das Königreich an Heinrich VI. über.

Es war ein deutliches Zeichen gegen die Ehe mit dem ungeliebten Staufer, dass Konstanze ihren Sohn, abgeleitet von ihrem Namen, zuerst Konstantin nannte, und es erzählte mehr noch über die Verhältnisse in der Ehe, dass es dabei nicht blieb. Getauft wurde der Sohn nämlich auf den Namen Friedrich Roger, nach dem staufischen und dem normannischen Großvater.

Am 28. September 1197 starb Heinrich VI. in Messina an der Malaria, am 8. Januar 1198 wurde Lothar Graf von Segni zum Papst gewählt und nannte sich Innozenz III. Als Kaiserin Konstanze ihrem ungeliebten Mann ein Jahr später in den Tod folgte, hinterließ sie ihren vierjährigen Sohn völlig allein, ohne verwandtschaftlichen Schutz, in einer unübersichtlichen Situation widerstreitender Kräfte in Sizilien. Die Deutschen, die den jungen König hätten schützen können, hatte die Kaiserin aus tiefem Hass verprellt. Friedrichs Onkel, Philipp von Schwaben, der gleich nach Heinrichs Tod den kleinen Kaisersohn nach Deutschland holen wollte, musste, kaum dass er die Alpen passiert hatte, wieder umkehren, weil ihm die norditalienischen Städte den Durchzug verwehrten.

In ihrem Testament hatte Konstanze Papst Innozenz III. zum Vormund ihres Sohnes bestellt. Obwohl sich dieser später als geistiger Vater Friedrichs II. rühmte, sah er in dem Knaben nicht mehr als den künftigen sizilischen Vasallen, dem man das rebellische staufische Erbe austreiben musste. Die Vormundschaft und das Amt des Reichsverwesers ließ er sich mit 30 000 Goldmünzen jährlich zuzüglich aller Ausgaben vergelten. Außerdem betrieb er emsig päpstliche Sach- und Machtpolitik.

In Deutschland hatte die staufische Partei Philipp von Schwaben gedrängt, die Königswürde anzunehmen, weil man den legitimen König, den vierjährigen Friedrich, nicht aus Italien herausbekam und mit jedem Tag ohne eigenen König gegen die konkurrierende welfische Partei an Boden verlor. So kämpften der Staufer Philipp und der Welfe Otto IV. um die Krone im Reich. Da es als politisch gültige Wahrheit galt, dass der Papst kein Freund der Staufer sein konnte, unterstützte Innozenz III. den robusten Haudegen Otto IV., dessen überschaubare Hausmacht ihn vom Papst abhängig machte. Aus der Perspektive des päpstlichen Machtanspruchs konnte Innozenz auch nur ihn unterstützen. Als der Papst schließlich seine Protektion äußerst diskret zurücknahm, erzählte das alles über die sich abzeichnende Niederlage des Welfen.

Solange die Hoffnung bestand, dass sich Otto IV. durchsetzen würde, unterstützte ihn der Papst nach Kräften. Keinesfalls durfte Innozenz riskieren, auf der Seite der Verlierer zu stehen, das hätte einen Schatten auf den Glanz der Päpste geworfen. Doch Innozenz war von Fortuna begünstigt und mit einem viel zu sicheren Gespür ausgestattet, um sich einen solchen Fehler zu leisten.

Glücklich hatte sich für ihn alles gefügt – jung war er zum Kardinal aufgestiegen, jung hatte man ihn zum Papst gewählt. Er hatte die Macht der Staufer gebrochen, hielt die Vormundschaft über den sizilischen König Friedrich in Händen und wurde von allen Fürsten geachtet. Nun ging er daran, die Kirche zu einem zentralistischen Apparat auszubauen.

MACHTFÜLLE UND MYSTERIUM

Zunächst schloss Innozenz III. vehement jeden Einfluss der Könige und Fürsten an den Bischofswahlen aus. Die Priester und Mönche wurden der weltlichen Gerichtsbarkeit entzogen und unter das Kirchenrecht gestellt. Ohne den weltlichen Landesherrn zu konsultieren, durften sie sich direkt an den Papst wenden. Dieser konnte als oberster Richter alle Rechtsfälle, die im Abendland anfielen, an sich ziehen, weil ihm Gott die »plenitudo potestatis«, die Fülle der Gewalt übergeben hatte. Folgerichtig beschrieb Innozenz die Position des Papstes »als Mittler zwischen Gott und den Menschen, diesseits von Gott doch jenseits des Menschen, geringer als Gott doch mehr als der Mensch«.

Diese Vorstellung fand Eingang in die bis heute übliche, für alle sichtbare Veränderung der Stellung des Priesters in der Messe. Hatte der Priester das Mysterium der Umwandlung von Wein in Blut und Brot in Leib Christi bisher vor der Gemeinde, im Angesicht der Laien vollzogen, so wandte er sich nun ab und vollzog die Wandlung mit dem Rücken zur Gemeinde, Gott zugewandt. Die Anwesenheit der Gemeinde spielte keine Rolle mehr, sie mochten da sein oder auch nicht, der den Laien entrückte Priester war es von nun an, der das Mysterium im Angesicht Gottes vollzog, weit mehr als der Mensch, weit mehr als die Menschen. Die Wandlung wurde nun erst zum wirklichen Mysterium, vollzogen von begnadeten und herausgehobenen Priestern. Mit der Theologie der Transsubstantiation, der Verwandlung der Substanzen – Brot und Wein in Leib und Blut Christi – im Messopfer, die Innozenz III. 1215 zum Dogma erhob, entstand im Grunde erst die Vorstellung von der Besonderheit des Priesters, die auch in seiner Reinheit begründet lag. Nun erst bekamen Zölibat und Männerpriestertum ihre zwingende Rechtfertigung, nämlich als Voraussetzung dafür, dass das Mysterium gelingen konnte. Die Entstehung von Eliten ist stets ein untrügliches Kennzeichen der Entfaltung von Macht.

Papst Innozenz III. in Rom gebot über die Priester und Mönche, aber auch über die Könige und Fürsten, über Kleriker und die darunter stehenden Laien. Er war ein Mann seiner Zeit. Die allumfassende Macht bildete die Voraussetzung für sein päpstliches Handeln. Wäre Lothar von Segni als Staufer zur Welt gekommen, hätte er mit der gleichen Entschiedenheit für die Stärke des Kaisertums gekämpft, wie er sich jetzt für die Erhebung der Päpste zu überweltlichen Herrschern einsetzte. So bedürfnislos er selbst lebte, mäßig im Essen und Trinken, anspruchslos in der Kleidung, so groß war sein Verlangen nach Pomp, wenn es um die Inszenierungen des Papsttums ging. Der Mensch Lothar kannte nur die brennende Sehnsucht nach der Macht, aber der Papst Innozenz setzte allen Glanz und alle Herrlichkeit ein, um die Größe der Päpste über dem Erdball erstrahlen zu lassen.

Am 11. November 1215 eröffnete Innozenz III. das Vierte Laterankonzil, das bedeutendste Konzil des Mittelalters. Neben den Gesandten aller abendländischen Herrscher waren vierhundertvier Bischöfe anwesend, deren Namen überliefert sind. Die meisten der Beschlüsse gingen in das Kirchenrecht ein, in das »Corpus Iuris Canonici«.

In einem erstmals für die gesamte katholische Kirche verbindlichen Glaubensbekenntnis verurteilte das Konzil ohne namentliche Nennung die sogenannten Ketzer in Südfrankreich. Durch die Absetzung von Raymond de Saint-Gilles und die Übergabe der provenzalischen Güter an Simon de Montfort gerieten die Katharer in Südfrankreich in das Fadenkreuz der Verfolgung, die dadurch verstärkt wurde, als das Konzil die weltlichen Mächte aufforderte, vereint mit der Kirche die Ketzerei zu bekämpfen. Weiterhin verurteilte das Konzil feierlich die Dreieinigkeitslehre des Joachim von Fiore und damit den wichtigsten Vertreter einer Geschichtstheologie nach Augustinus und die Theologie des Amalrich von Bene als nichtchristlich. Ein neuer Kreuzzug wurde ausgerufen und die Vorbereitungen für das Projekt eingeleitet, das am 1. Juni 1217 beginnen sollte. Schließlich führten wechselvolle Ereignisse dazu, dass Innozenz III. nun doch sein ehemaliges Mündel, den jugendlichen König von Sizilien, Friedrich II. als deutschen König bestätigen musste.

DER VATIKAN UNTER DRUCK – GEFAHREN VON INNEN UND AUSSEN

Innozenz III. erlebte die großen Auseinandersetzungen, die Friedrichs Aufstieg zur Macht hervorrufen sollten, nicht mehr. Er starb im Alter von fünfundfünfzig Jahren am 16. Juli 1216 in Perugia. In der Dekretale »Vergentis in senium« von 1199 und in Canon 3 des Vierten Laterankonzils von 1215 hatte er die Ketzerei als Majestätsverbrechen eingestuft und die Inquisitionsverfahren gefordert. Damit begann die straff organisierte Ketzerverfolgung des Mittelalters.

Innozenz, dessen Name »der Unschuldige« oder »der Schuldlose« bedeutet, hinterließ eine hierarchisch geordnete Kirche. Er soll über eine große Rednergabe und eine schöne Stimme verfügt haben. Der Chronist Cäsarius von Heisterbach berichtet uns über einen römischen Senator, der nach dem Besuch einer Predigt von Innozenz III. geurteilt haben soll: »Deine Stimme ist von Gott, aber deine Werke sind vom Teufel.«

Wie kein Zweiter hatte dieser Papst der brutalen Verfolgung der Ketzer den Weg geebnet. Dennoch ist die historische Wahrheit über die Inquisition weit komplexer, widersprüchlicher und schwerer zu beurteilen, als diejenigen, die düstere Geschichten voller verkaufsträchtigem Sadismus zusammenfabulieren, es uns glauben machen wollen. Wenn die Kirche Gott verraten hat, dann nicht im Wirken der Inquisition, sondern allenfalls in ihrem Streben nach Macht. Aber selbst diese Betrachtung wird fragwürdig, weil sie heutige Normen an das Handeln der Kirche anlegt, die sich in einem Umfeld behauptete und entwickelte, dem diese Normen gänzlich unbekannt waren. Wir befinden uns im Zeitalter der Autorität und einer durch und durch hierarchisch aufgebauten Gesellschaft. Die Kirche wollte keine Kirche der Freiheit sein, sondern die Kirche Gottes.

Als die Reformpäpste die Macht des Stellvertreters Christi auf jene absolute Höhe auch weltlicher Gewalt führten, wuchs der Lehrautorität eine übergipfelnde Bedeutung zu. Bisher hatte man Ketzer exkommuniziert und ins Abseits geschoben. Sie starben irgendwann in Verbannung und Einsamkeit, wie Berengar von Tours, der Erzketzer des 11. Jahrhunderts und Gegner im zweiten Abendmahlsstreit. Doch die Päpste gingen zunächst nicht mit der Vollgewalt weltlicher Macht gegen die angeblich Irrgläubigen vor. Nun aber hatte Innozenz III. die Ketzer zu Majestätsverbrechern, zu Staatsverbrechern erklärt, die mit allen Mitteln aufzuspüren, zu verfolgen, zur Umkehr zu bewegen oder als verstockte Irrgläubige zu verbrennen waren.

Wer waren diese Leute? In dem Moment, als die Päpste aus geistlicher Vollmacht die weltliche Macht beanspruchten, traten Theologen, Priester, aber auch Laien auf, die in der Verweltlichung einen Verrat an Gott sahen und im Reichtum, den die Kirche anhäufte, Teufelswerk. Am Anfang der modernen Häresien standen Wanderprediger, die Weltlichkeit und Reichtum der Kirche in feurigen Predigten anprangerten und zu einem armen Leben nach dem Vorbild Jesu und in wortwörtlicher Befolgung der Herrenworte im Neuen Testament aufriefen. Hatte ein Bischof besonders viel Prunk oder einen großen Hang zur Bereicherung, eine Neigung zum Leben im Genuss, möglicherweise auch allen drei Sehnsüchten nachgegeben, konnte die Volkspredigt eines dieser radikalen Wanderprediger zu Aufruhr und Kirchensturm führen. Männer wie der Priester Ramihrdus, der 1076 oder 1077 als Ketzer verbrannt wurde, die Brüder Clement und Everard aus der Gegend um Soissons, der Priester Petrus von Bruis oder dessen Schüler, der Mönch Heinrich, beunruhigten das Volk mit ihren radikalen Predigten. Sie lehnten auch die Sakramente ab, weil sie von der Kirche gespendet würden – es genüge, Christi Wort zu folgen. Sakramente, so erkannten die ersten Ketzer des Hochmittelalters mehr oder weniger bewusst, stellten im Gebrauch der Kirche eher ein Macht- denn ein Heilmittel dar. Und Macht hassten sie als das stärkste Mittel des Teufels, um die Menschen zu verderben.

Treffender hätte der Kommentar der Geschichte nicht ausfallen können: In dem Moment, als der Vatikan nach der absoluten Macht griff, entstand in der Kirche und in der Gesellschaft – was zu dieser Zeit weitgehend übereinstimmte, denn das Band der Kirche umschnürte das ganze Leben – die mächtige Gegenbewegung. Den Machtanspruch gegen Kaiser und Könige durchzusetzen, war das eine, vielleicht sogar leichtere Geschäft. Schwieriger war es, ihn innerhalb der Kirche selbst zu verankern, denn hier regte sich der stärkste Widerstand dagegen. So sollte es bleiben.

Der Machtkirche erwuchs der Todfeind in Gestalt der entweltlichten, der bewusst machtlosen Kirche. Der päpstlichen Monarchie wurde durch die christliche Anarchie Paroli geboten. Diese Gegensätze sollten zu immerwährenden Spannungen führen und zu schweren, stets aufs Neue ausbrechenden Kämpfen.

Der Anfang war von geradezu kindlicher Unbefangenheit. Die Volksprediger zogen von Ort zu Ort. Ihnen folgten Gläubige, wie den Aposteln gerade bekehrte Menschen nachgelaufen waren. Die wachsende Macht und der zunehmende Reichtum der Kirche riefen Proteste hervor, die immer heftiger wurden. Bald schon traten gebildete Kleriker und Theologen an die Seite der Volksprediger. Arnold von Brescia verkündete, kein Kleriker, der über Besitz verfüge, käme in den Himmel. Im Umkehrschluss hieß das, dass fast alle Bischöfe mit dem Papst an der Spitze dereinst in der Hölle schmoren würden!

Da die Päpste aber ihre weltliche Macht mit der geistlichen Vollmacht und der Lehrautorität begründeten, musste jede Kritik an ihrer Theologie, jede andere Anschauung in Glaubensfragen unweigerlich ihre weltliche Macht unmittelbar infrage stellen.

Aus dieser Sicht war es nur natürlich, dass ihnen als schlimmster Verbrecher nicht der Mörder, der Dieb oder der Brandstifter galt, sondern der Häretiker.

Mochten die Häretiker auch auf der Grundlage der Heiligen Schrift argumentieren – es kam nur dem Papst zu, darüber zu urteilen, was die Heilige Schrift wirklich aussagte. Denn er – »weniger als Gott aber mehr als der Mensch« – war vom Heiligen Geist inspiriert und nicht von der endlichen und unzulänglichen Vernunft des Menschen geleitet. Der Mensch konnte irren, der Papst nicht.

Die weltlichen Herrscher standen in dieser Frage den Päpsten aus verschiedenen Gründen in nichts nach: Sie verurteilten die »Nicht-Rechtgläubigen« als Majestäts- und Staatsverbrecher, die schon seit römischer Zeit mit dem Tod bestraft wurden. Arnold von Brescia, der in Rom einen Aufstand gegen Hadrian IV. anführte, geriet in die Hände des Papstes, der ihn Friedrich I. Barbarossa übergab. Der Kaiser ließ den Aufwiegler 1155 kurzerhand in Rom hängen, den Leichnam verbrennen und die Asche in den Tiber streuen.

Doch damit kam man den kirchenkritischen Strömungen nicht bei. Es ist überhaupt bemerkenswert, welch lange Zeit der Vatikan benötigte, um die Gefahr zu erkennen, die von den häretischen Bewegungen für die Machtkirche ausging.

In der Mitte des 12. Jahrhunderts trug sich plötzlich etwas ausgesprochen Beunruhigendes zu: Wie aus dem Nichts tauchten plötzlich in Südfrankreich, in Italien, in Flandern und im Rheinland Menschen auf, die sich »electi« (Erwählte), »perfecti« (Vollkommene), schlicht »boni homines« (gute Menschen) oder »pauperes Christi« (die Armen Christi) nannten. Es waren nicht mehr einzelne Prediger, die ihre mehr oder weniger zufälligen Eingebungen verkündeten, sondern Mitglieder einer Kirche oder einer Sekte, die ihre Zuhörer aufforderten, dem wahren Glauben zu folgen.

Die Armen Christi entwarfen eine Gegenwelt zur katholischen Kirche. Fast ratlos, zumindest zutiefst erschreckt berichtete der Prämonstratenser Erwin von Steinfeld dem einflussreichen Bernhard von Clairvaux in einem Brief von einem Ketzerverhör 1143 in Köln, an dem er teilgenommen hatte. In der Stadt hatten die »pauperes Christi« ein Leben ohne Besitz, ohne festen Wohnsitz, ein Leben, das aus Handarbeit, Gebet und Askese bestand, gepredigt. Sie lehnten die Taufe mit Wasser ab und befürworteten unter Berufung auf die Apostelgeschichte die Geisttaufe (»consolamentum«) durch Handauflegung sowie das Vaterunser als einziges Gebet. Das Alte Testament hielten sie für ein Werk des Teufels. Die Sakramente wie die Ehe wurden abgelehnt. Sie weigerten sich zu schwören, lebten streng vegetarisch und trugen nur einfachste Kleidung. Armut, Bedürfnislosigkeit und Andacht bildeten den Dreiklang ihres Lebens. Vom Kölner Bischof verurteilt, bestiegen sie mit Freuden und mit Gesängen den Scheiterhaufen und ließen sich mit seligem Lächeln auf den Lippen verbrennen. Echtes Martyrium, man mag davon halten, was man will, nahm den eigenen Tod billigend in Kauf, wenn der Preis für das Leben im Verrat am Glauben bestand.

Was aber für Bernhard von Clairvaux, den wichtigsten und einflussreichsten Theologen des 12. Jahrhunderts, so verwirrend, dämonisch und besorgniserregend war, fand sich nicht in der Lehre dieser neuen Sekte, die außer den strengen Forderungen an die Lebensführung nicht so recht fassbar wurde. Es bestand vielmehr in dem untrüglichen Gefühl der Bedrohung durch eine verborgene Kirche, deren Umrisse er nicht erahnen konnte. Bernhard besaß Erfahrungen im Kampf gegen die Häretiker, er hatte den Mönch Heinrich und andere Ketzer der Zeit bereits in seinen Schriften und Predigten gegeißelt. Doch hier, das spürte er sicher, stand ihm eine andere Qualität gegenüber. Bald darauf tauchten die Armen Christi in Lüttich auf, dann überall, wie ein unter der Oberfläche bedrohlich wirkender Geheimbund, wie eine gespenstische Verschwörung, lautlos und plötzlich an unerwartetem Ort erscheinend. Wer waren diese unfassbaren, unheimlichen Missionare?

Die Bogomilen. Über die Herkunft der Bogomilen kursieren mehr oder weniger gut begründete Hypothesen. Allgemein bringt man sie mit einer Kirche in Verbindung, die sich im 10. Jahrhundert auf dem Balkan gebildet hatte. Im Widerspruch zur Kirche des Ostens, deren Oberhaupt der byzantinische Kaiser war, verkündete der bulgarische Priester Bogomil Lehren, die auf Weltflucht, Machtferne, Askese und Konzentration auf Christus hinausliefen. Seine Ansichten verbreiteten sich auf dem Balkan, aber auch in Byzanz, und seine Anhänger hießen bald Bogomilen.

Eine Theorie besagt, dass heimkehrende Kreuzfahrer unterwegs diesen Glauben angenommen hatten. Andere meinen, dass Missionare aus dem Balkanraum nach Mittel- und Westeuropa zogen. Diese These hat einiges für sich. Möglicherweise war es von Fall zu Fall verschieden, denn beide Thesen schließen sich nicht aus. Sicher ist nur, dass diese Gedanken in Westeuropa auf fruchtbaren Boden fielen, auf einen Boden, den der pure Machtwille der Kirche und die empörte Gegenbewegung der Volksprediger negativ bzw. positiv vorbereitet hatten. Die neue Bewegung breitete sich vor allem in Norditalien und in Südfrankreich aus.

Die Katharer. Das Wort Katharer geht zurück auf den griechischen Begriff »katharós«, rein. Die abwertende Bezeichnung Ketzer ist davon abgeleitet. Nach einem ihrer großen Zentren, der Stadt Albi, wurden sie auch Albigenser genannt.

In der südfranzösischen Provence, im Languedoc, wurde die Bewegung von vielen Menschen unterstützt, wenngleich die wenigsten selbst zu Anhängern der neuen Lehre wurden. Jedenfalls tolerierte man die Katharer oder Albigenser, die eigene Bischöfe wählten und sich in »perfecti« (Vollkommene) und in

Gläubige unterteilten. Die Vollkommenen bildeten den spirituellen Mittelpunkt einer Gemeinde. Sie heirateten nicht, unterdrückten jede Form der Sexualität, lebten bedürfnislos und asketisch und wurden oft von den Gläubigen ernährt, damit sie ihre Zeit ausschließlich dem Gebet und dem Dienst Gottes widmen konnten.

Irgendwann um die Mitte des 11. Jahrhunderts kam der Bogomilenbischof Niketas aus Byzanz zunächst nach Italien, dann nach Südfrankreich. Nun wurde das Katharertum zur wirklichen Bedrohung für die katholische Kirche. Niketas behauptete, dass Satan der Bruder Gottes sei und dass man die Welt als Schöpfung Satans überwinden müsse. Vor allem aber begann er, eine Kirche mit straffer Struktur zu organisieren. In Südfrankreich versammelten sich die Katharer 1167 auf einem Konzil in St. Félix de Caraman. Niketas teilte Südfrankreich in sieben Diözesen auf und weihte sieben Bischöfe.

Für die Päpste verschärfte sich die Situation, weil der niedere und mittlere Adel Frankreichs und starke Städte wie Carcassonne die Katharer schützten. Selbst der mächtige Graf von Toulouse, Raimund VI., hielt seine Hand über sie. Okzitanisches Selbstbewusstsein – der König von Frankreich hatte im alten Okzitanien, in dem südwestfranzösischen Gebiet um Albi, Toulouse, Carcassonne, nichts zu sagen – verband sich nun mit einer tiefen Religiosität und einer leidenschaftlichen antipäpstlichen Stimmung. Man warf der Kurie vor, die Länder auszuplündern.

Der Papst musste handeln. Als Erstes erteilte er dem von dem Spanier Domingo de Guzmán gegründeten Orden der Dominikaner, auch Predigerorden genannt, die Erlaubnis zum Predigen. Neben den beiden päpstlichen Gesandten, die Innozenz nach Südfrankreich schickte, wurden die Dominikaner beauftragt, dort das Religionsgespräch zu suchen, um die Ketzer zur Umkehr und Buße zu bewegen.

Die Bettlerorden der Dominikaner und Franziskaner wurden zu einer wirkungsvollen Waffe des Papsttums. Warfen die Katharer den Prälaten vor, im Luxus zu schwelgen und, obwohl sie selbst über alle Maßen wohlhabend waren, vom armen Christus zu predigen, wurde dieser Vorwurf, der vielen Menschen einleuchtete, nun durch die persönliche Armut der Bettelmönche entkräftet, die das Ideal der Armut in der Kirche lebten. Der scharfsichtige Innozenz hatte erkannt, dass viele Menschen nicht von der römischen Kirche abfallen wollten, sondern lediglich vom Luxus der Kirche abgestoßen wurden. Mithilfe der Bettlerorden wurde Terrain zurückerobert, doch bei weitem nicht genug, um den Siegeszug der Katharer aufzuhalten. Die Ratlosigkeit im Vatikan wuchs.

Am 14. Januar 1208 ermordete ein Bediensteter des Grafen von Toulouse den päpstlichen Legaten Pierre de Castelnau. Wer einen Gesandten angriff, attackierte den Papst persönlich. Innozenz III. reagierte in der vielleicht einzig möglichen, aber dennoch verhängnisvollen Weise: Er rief einen auf vierzig Tage begrenzten Kreuzzug gegen die Katharer in Südfrankreich aus, den man später Albigenserkreuzzug nennen sollte.

Am 24. Juni 1209 begann der Kreuzzug, der Südfrankreich mit einer Welle von Gewalt, Zerstörung und Brutalität überziehen sollte. Der Versuch, die dicht verwobenen Interessen zu entwirren, würde ein eigenes Buch erfordern. Der französische König wollte endlich die okzitanische Eigenständigkeit brechen, dem Papst ging es darum, die Häresie einzudämmen, dem südfranzösischen Adel lag daran, seine Selbstständigkeit zu bewahren, König Peter von Aragón bezweckte, seine südfranzösischen Besitztümer und seinen Einfluss dort zu sichern, und die südfranzösischen Städte versuchten, ihre Selbstständigkeit zu schützen. Die Katharer schließlich sehnten sich nur danach, ihren Glauben zu leben, zu verbreiten und die Katholiken zu bekämpfen.

Die Lehre der Katharer, die Diktatur einer an starren Grundsätzen haftenden Richtung, die den Menschen bis ins Einzelne vorschreibt, was sie zu tun und zu lassen haben, hätte sich, an die Macht gekommen, entweder relativiert oder radikalisiert. Ein bewährtes Erfolgsrezept des Vatikan besteht darin, die Unbedingtheit des Glaubens, auch in radikalen Formen, zu akzeptieren, zuweilen auch zu unterstützen, anderseits aber als Gesamtkirche die Mitte zu wahren. Die katholische Kirche weiß, dass ein Großteil der Menschen, auch der Gläubigen, nicht in radikalen Formen leben kann und will. Für diejenigen, die danach verlangte, ließ der lebenskluge Papst Innozenz III. Anfang des 13. Jahrhunderts strenge Richtungen wie die Bettelmönche zu. Er folgte dem Grundsatz, dass die katholische Kirche Raum für viele Formen der Frömmigkeit biete.

Die Katharer breiteten sich weiter aus, und die Bedrohung für den Vatikan wuchs. Die Ratlosigkeit in Rom zeigt sich bereits an der Tatsache, dass die Kirche fünfzig Jahre benötigte, um sich zu einem scharfen Vorgehen durchzuringen. Fünfzig Jahre sahen die Päpste dem Treiben mehr oder weniger tatenlos zu. Dass selbst Innozenz III., der machtbewussteste unter den Päpsten, die wahre Kraft der Katharer falsch einschätzte, offenbart sich darin, dass er nur zu einem zeitlich begrenzten Kreuzzug aufrief. In vierzig Tagen wollte er die unangenehme Angelegenheit, mitten im christlichen Land einen Flächenbrand, einen Krieg zu entfachen, ausgestanden haben. Nicht vierzig Tage später, sondern zwanzig Jahre später fand der Kreuzzug sein Ende, Innozenz III. sollte den Friedensschluss nicht mehr erleben.

Anfang des 14. Jahrhunderts zerfiel das Katharertum, weil es in Verfolgung und Zwietracht, durch den Mangel an überpersönlichen Strukturen und Glaubensimpulsen seine Lebenskraft eingebüßt hatte. Der Kampf der Kirche um die Lehrautorität, also letztlich um die Macht, dieses nicht unbedingt und nicht zu allen Zeiten siegversprechende Unternehmen hatte allerdings letztlich eine Institution hervorgebracht, die Schrecken verbreiten sollte und bis auf den heutigen Tag ihren Schatten auf die Kirche wirft: die Inquisition, die »Suprema« – die oberste Behörde –, das »Heilige Officium«.

WIDERRUF ODER SCHEITERHAUFEN – DIE ANFÄNGE DER INQUISITION

In den Tagen des Kampfes gegen die Katharer entstand die Inquisition als geistliche Gerichtsbehörde. Ihre Aufgabe bestand darin, die Lehrautorität des Vatikan zu sichern und alle Irrgläubigen und Irrlehren, die immer einen Angriff auf die Autorität darstellen, rechtzeitig zu ermitteln und gründlich zu bekämpfen. Man hatte aus den fünfzig Jahren Ratlosigkeit gelernt. So war es nur folgerichtig, jenen Orden mit der Inquisition zu beauftragen, der die Avantgarde des Papstes im geistlichen Kampf gegen die Katharer darstellte, die Dominikaner. Der Auftrag verlieh dem Orden einerseits große Macht, anderseits erlitt er – teils zu Recht, teils zu Unrecht – einen unwiderruflichen Imageschaden.

Drei Gründe waren es, weshalb die Predigerbrüder für diese Aufgabe wie geschaffen waren. Erstens lebten sie im Gegensatz zu den älteren Orden, wie den Benediktinern und Zisterziensern, nicht ortsgebunden. Während die älteren Orden Weltflucht und Rückzug in die Einsamkeit predigten und dem Mönch den festen Aufenthalt an einem Ort vorschrieben, gingen die Dominikaner und Franziskaner in die Welt, an die Brennpunkte des Geschehens, weil sie sich als Missionare verstanden, als aktive Kämpfer für den Glauben. Zweitens stand nicht wie bei den älteren Orden die Arbeit im Mittelpunkt ihres Ordensideals, sondern die Bildung. Wollten sie sich mit Feinden des Glaubens auseinandersetzen und verirrte Schäfchen bekehren, mussten sie hochgebildet sein. Die führenden Gelehrten des ausgehenden 13. und des 14. Jahrhunderts waren Dominikaner und Franziskaner. Drittens schließlich hatten die Dominikaner im Kampf gegen die Katharer große Erfahrungen erworben. Niemand war also für die Durchführung der Inquisition besser geeignet als sie.

Die Aufgabe nun bestand im Gegensatz zu einer beliebten Vorstellung, die so schön schaurig ist, nicht darin, die Menschen zu quälen. Das Bild des Inquisitors als sexuell verkorkstem Sadisten entspricht nicht den historischen Tatsachen, obwohl es unter den vielen Inquisitoren auch diesen Typ gegeben haben mag. Berüchtigte Inquisitoren wie Robert le Bougre, der zuvor selbst Katharer gewesen war, oder Konrad von Marburg wurden zu Symbolen eines grausamen Terrors, der in den Jahren zwischen 1231 und 1239 in Deutschland und Frankreich, aber auch in Rom und in Norditalien wütete.

Der Albigenserkreuzzug hatte nicht zu den Ergebnissen geführt, die Innozenz III. und seine Nachfolger erhofft hatten. Papst Gregor IX. (1227–1241) war juristisch versiert wie sein Cousin Innozenz III. und von der übergroßen Leidenschaft beseelt, die Ketzer zu bekämpfen. Er trieb die polizeiliche und richterliche Verfolgung auf einen Höhepunkt. Es bleibt fraglich, ob es tatsächlich eine Art Betriebsunfall war, dass er höchst zweifelhafte Charaktere wie die genannten Inquisitoren vorbehaltlos unterstützte. Weder Robert le Bougre noch Konrad von Marburg kümmerte die tatsächliche Schuld der Opfer. Sie suchten Ketzer, fanden sie reichlich und schickten sie am liebsten in großer Zahl auf den Scheiterhaufen.

Robert le Bougre ließ über zweihundert Menschen verbrennen. Aufgrund seiner zügellosen Grausamkeit wurde er 1236 als Generalinquisitor von Frankreich abgesetzt und bis zu seinem Lebensende in strenger Haft in einem Kloster der Öffentlichkeit entzogen, man kann auch sagen versteckt – ein Schandfleck auf der Weste des Papstes. Zu katastrophal war das Vorgehen dieses Mannes, zu spät griff Gregor ein, zu lange hatte er ihn in Schutz genommen und gedeckt, beeindruckt von den vermeintlichen Erfolgen in der Ketzerbekämpfung.

Konrad von Marburg, der von einem Dominikaner namens Konrad Tors und einem einäugigen und einhändigen Laien, den man Johann nannte, begleitet wurde, führte einen regelrechten Vernichtungsfeldzug in Deutschland. Politische Interessen, Missgunst, nachbarschaftlicher Neid, die niedersten menschlichen Instinkte führten zu den Verleumdungen, die Konrad so sehr liebte, weil sie ihm die Handhabe zum Eingreifen boten. Die weltliche Obrigkeit, die anfangs die Ketzerverfolgung aus voller Überzeugung unterstützt hatte, war vor Schreck erstarrt und blickte machtlos in die auflodernden Flammen, die viele unglückliche Menschen verzehrten.

Schließlich beschwerte sich König Heinrich VII., Sohn Kaiser Friedrichs II. und von diesem zum Regenten Deutschlands bestimmt, beim Papst. Erfolglos. Einem Staufer glauben, einem halben oder versteckten ganzen Ketzer, das kam Gregor nicht in den Sinn. Vielmehr schickte der Papst den grausamen Gerichten einen Brief hinterher, »Vox in rama«, ein schändliches Dokument, das den päpstlichen Fanatismus widerspiegelt – allerdings auch das ganze Ausmaß der Angst dieses Papstes vor dem Wirken der Häretiker. Zum ersten Mal wurden alle sexuellen Verfehlungen, die man sich vorzustellen in der Lage war, dem Feind, dem Ketzer angedichtet. Der Brief lieferte die juristisch-theologische Grundlage der Inquisition. Was meines Wissens noch nicht gesehen wurde, ist die bedrückende Tatsache, dass das Schreiben auch die Vorlage für die ein Jahrhundert später fabrizierte Anklage gegen die Templer war. Alle Verbrechen, die den Templern zur Last gelegt wurden, finden sich in »Vox in rama« bereits aufgelistet.

Als Konrad von Marburg sich schließlich auch am Adel verging, hatte er den Bogen überspannt. Einige gedungene Mörder lauerten dem unbarmherzigen Inquisitor auf und erschlugen ihn am 30. Juli 1233.

Das Amt eines Inquisitors barg enorme Risiken, besonders in Südfrankreich, wo sich die Katharer heftig wehrten. In Avigonet wurden 1242 zehn Inquisitionsbeamte des Nachts erschlagen. Ein Denunziant, der 1235 in Toulouse sieben Katharer angezeigt hatte, wurde am nächsten Morgen erwürgt in seinem Bett aufgefunden. Zum Schutz der Denunzianten behandelte man Anzeigen und Zeugenaussagen fortan vertraulich. 1252 töteten Katharer den Inquisitor Petrus Martyr, der vor seiner katholischen

Bekehrung einer der Ihren gewesen war. Zeitweilig konnten dominikanische Inquisitoren in Südfrankreich nur verstorbene Häretiker bestrafen, indem sie deren Leichen exhumierten und verbrannten. Lebende Ketzer vermochten sie nicht in ihre Gewalt zu bringen. Aber selbst das führte zu Aufständen, bei denen Klöster erstürmt und verwüstet wurden.

Die Inquisition breitete sich flächendeckend aus, doch Männer wie Konrad von Marburg und Robert le Bougre blieben die Ausnahme. Meist einigte man sich auf glimpfliche Strafen. Trotz der Auswüchse im 13. Jahrhundert ist die Zahl der verbrannten Ketzer nicht allzu hoch – in der Hinrichtung der Irrgläubigen bestand nicht das eigentliche Ziel der Inquisitoren.

Ihre Aufgabe sahen sie vielmehr darin, sogenannte Irrlehren aufzuspüren und deren Anhänger zur Umkehr und zur Buße zu bewegen. Im Grunde stellte ein verbrannter Ketzer eher eine Niederlage als einen Sieg dar. Überführte Häretiker, die geständig waren und ihrem falschen Glauben abschworen, öffentlich widerriefen, wurden zu Kerker verurteilt oder mussten an ihrer Kleidung sichtbar Ketzerkreuze tragen, was »infamia« hieß. Nur überführte Ketzer, die sich weigerten zu gestehen oder zu widerrufen und auf ihrem Irrglauben bestanden, erlitten den Tod auf dem Scheiterhaufen. Sie galten als verstockt.

Ein Ketzerverfahren kam entweder aufgrund einer Anzeige oder einer Veröffentlichung zustande. Problematisch für den Angeklagten war, dass die Inquisitoren die Untersuchungen im Geheimen anstellten. Häufig wusste der Betroffene nicht, dass ein Prozess gegen ihn geführt wurde oder, wenn er es wusste, dann oft nicht weswegen. Verteidigungsmöglichkeiten als gängige juristische Mittel gab es nicht. Allerdings konnte eine Anzeige auch für den Denunzianten unangenehme Folgen zeitigen. Wenn sich nämlich herausstellte, dass die Anklage falsch war, konnte er selbst zum Objekt eines Verfahrens werden.

Erst im 16. Jahrhundert sollte die Inquisition als zentrale Behörde in Rom eingerichtet werden. Zuvor existierte sie in den

Sprengeln als Bischofsinquisition. Jedoch kam es nicht selten zu Differenzen zwischen den Bischöfen und den dominikanischen Inquisitoren, weil die Predigerbrüder nicht dem Bischof, sondern ihrem Ordensgeneral und dann dem Papst unterstellt waren.

Den ersten Schritt hin zur Inquisition hatte Innozenz III. gemacht, als er auf dem Vierten Laterankonzil 1215 die Erlasse und Bestimmungen bezüglich der Häretiker zusammenfassen ließ. Zur Institution wurde die Verfolgung häretischer Gedanken und der Ketzer, als Papst Gregor IX. im Jahr 1234 die Ketzerverfolgung strafrechtlich regelte und die Dominikaner mit der Wahrnehmung der Inquisition beauftragte. Der Brief »Vox in rama« lieferte die theologisch-juristischen Muster. Gregor IX. machte die Inquisition zu einer ständigen Einrichtung, die das katholische Europa wie ein Liniennetz überzog.

Abseits der europäischen Auseinandersetzungen und der Katharerverfolgung kämpften unterdessen im Orient die Kreuzfahrer ums Überleben. Jerusalem war seit geraumer Zeit verloren. Friedrich II. hatte Gregor IX. versprochen, selbst das Kreuz zu nehmen. Einmal verschob er den Kreuzzug, und als er dann tatsächlich aufbrechen wollte, zwang ihn eine Erkrankung, nach Süditalien zurückzukehren. Das nutzte der Papst in nur allzu durchsichtiger Weise, um den Kaiser wegen Eidbruchs zu exkommunizieren. Als Gregor jedoch am Gründonnerstag 1227 im Vatikan den Bann über Friedrich II. verkünden wollte, empörte sich das römische Volk, sodass es dem alten Papst nur mühsam gelang, in den Lateran zu fliehen. Von dort aus konnte er unter Zusicherung des freien Geleits Rom verlassen und musste im nahen Rieti Zuflucht nehmen. Die Zeugen, die Gesandten des Kaisers, die dessen Krankheit beweisen wollten, ließ Gregor gar nicht erst vor, er wollte sie nicht hören, er wollte die Chance nutzen.

OPFER PÄPSTLICHER MACHTPOLITIK – JERUSALEM

Als Kaiser Friedrich II. von der Erkrankung genesen war, machte er sich erneut an die Vorbereitung eines Kreuzzuges, was der Papst gemeinsam mit dem lombardischen Städtebund zu verhindern suchte. Gregor IX. ging sogar so weit, die Überfälle auf Kreuzfahrer, die aus dem Norden, aus Deutschland zu Friedrich II. nach Unteritalien reisten und dabei lombardisches Gebiet passierten, stillschweigend zu billigen. Kreuzfahrer hatten von jeher unter dem Schutz der Kirche gestanden, diese plötzlich nicht. Angriffe auf sie zogen die Exkommunikation nach sich, diesmal jedoch nicht. Während im Abendland die Ränke des Papstes den Kreuzzug aufhielten, gestaltete sich die Lage für die Kreuzfahrer im Morgenland immer hoffnungsloser. Ein Skandal braute sich zusammen. Wieder einmal wurde das Notwendige durch puren, egoistischen Machtwillen blockiert.

Derweil empfand der Papst eine große Befriedigung und Erleichterung, denn der Kaiser saß in der Falle. Gregor IX. verbot Friedrich, als Gebannter den Kreuzzug durchzuführen, hielt aber die Bannung aufrecht, weil der Kaiser den Kreuzzug aus Krankheitsgründen verschoben hatte. Der Staufer musste den gordischen Knoten zerschlagen: Ganz gleich, was der Papst dazu sagte – nur der Kreuzzug würde ihn aus der Pattsituation befreien. Mit Bestürzung reagierte Gregor auf die Nachricht, dass sich der exkommunizierte Friedrich am 28. Juni 1228 mit einer kleinen Gruppe von Rittern in Brindisi eingeschifft hatte, um den Kreuzzug anzutreten. Fünfhundert Ritter hatte er unter dem Kommando seines Marschalls Richard Falingieri vorausgeschickt.

Doch nun geschah das Ungeheuerliche, das durch und durch Verbrecherische. Seit je stand das Eigentum der Kreuzfahrer unter päpstlichem Schutz. Wer sich daran verging, verfiel dem Kirchenbann. Und Gregor vergriff sich daran. Während der

Kaiser sein Leben riskierte, um Jerusalem für die Christenheit zurückzugewinnen, fielen die Truppen des Papstes – die »Schlüsselsoldaten«, das erste päpstliche Heer der Geschichte, von Kreuzzugsgeldern aufgestellt – in Sizilien ein, um das »erledigte Lehen« Kaiser Friedrichs einzuziehen. Vorsorglich hatte man die Untertanen vom Treueschwur gegenüber dem Kaiser und König entbunden. Dies alles geschah, während Friedrich mit einem lächerlich, ja tödlich kleinen Heer in Akkon anlandete, mit dem er nicht einmal die Palastwachen des ägyptischen Sultans al-Kamil hätte beunruhigen können.

In dieser katastrophalen Situation, in der Friedrich im Morgenland einer weit überlegenen muslimischen Streitmacht gegenüberstand, während ein verräterischer Papst seine abendländischen Besitztümer an sich brachte, gelang dem Staufer eine Meisterleistung: Allein durch politische Klugheit und auf dem Verhandlungswege gelang ihm das, woran Richard Löwenherz und der französische König mit ihren großen Heeren gescheitert waren: Er konnte die Heilige Stadt für die Christen zurückgewinnen, er, der gebannte Kaiser, der exkommunizierte Herrscher. Mit al-Kamil schloss er 1229 den Frieden von Jaffa, der Jerusalem den Christen zurückgab. Indes, die Päpste zeigten sich des Geschenks nicht würdig, sie sollten Jerusalem schon bald wieder verspielen – diesmal endgültig!

In Rom war nun guter Rat teuer. Statt in Jubel und Hosianna auszubrechen und den Kaiser wieder in die Kirche aufzunehmen, wählte der Vatikan die schmählichste Variante: Friedrich wurde beleidigt und verleumdet. Da ihm dieses Teufelsstück gelungen war, konnte der Staufer nur ein Ketzer, später dann ein Antichrist, also der Teufel sein. Doch Friedrich kehrte im Triumph zurück und nahm seine sizilischen Besitztümer wieder an sich. Die Entwicklung in Italien und in Deutschland erstarrte in der Auseinandersetzung zwischen Papst und Kaiser.

Als Gregor 1241 starb, hatte er dem Papsttum ungeheuren Schaden zugefügt. Er hatte völlig richtig eine Untersuchungsbehörde geschaffen, die er jedoch durch Maßlosigkeit in einen unheilvollen Fanatismus drängte und damit das richtige Mittel durch die falsche Wirkung kompromittierte. Statt ein Bündnis mit Friedrich einzugehen, verspielte er die Möglichkeit eines universellen christlichen Abendlandes, weil er weniger Papst und mehr Kaiser sein wollte.

Das große Problem der Reformpäpste lag in der übersteigerten Vorstellung, die das eigene Machtbedürfnis ihnen eingab, im Verrat der geistlichen Autorität zugunsten der weltlichen Macht. Die Päpste hatten die Kreuzzüge in Gang gesetzt, und sie hatten die Kreuzfahrer aus eigenen Machtinteressen, aus der Notwendigkeit politischer Winkelzüge, schmählich verraten. Sie hatten sich so weit in Misskredit gebracht, dass der tiefe Sturz nicht mehr lange auf sich warten lassen konnte. Sie hatten die einzigartige Chance verspielt.

Der Tod Gregors IX. 1241 brachte eine Neuerung in der Prozedur der Papstwahl. Gregor hatte den Staufer Friedrich II. wegen grober Differenzen exkommuniziert, dann im Frieden von San Germano 1227 wieder aufgenommen in die Christenheit und bald darauf wieder aus der Kirche ausgeschlossen. Die letzte Bannung war noch in Kraft, als der Papst starb, und das Kardinalskollegium wegen der antikaiserlichen Politik des Pontifex gespalten. Um eine lange Sedisvakanz und äußere Einflussnahme, die zu befürchten stand, zu verhindern, schloss der römische Senator Matteo Rosso Orsini kurzerhand dreizehn Kardinäle im Septizonium, einem verfallenen Palast am Palatinhügel, ein und wollte sie erst freilassen, wenn sie einen Papst gewählt hatten.

Die Wahlhaft von 1241 kann als erstes Konklave der Geschichte gelten. Das lange Konklave von 1268 fügte dann noch eine wesentliche Änderung hinzu. Der Bürgermeister von Viterbo setzte die Kardinäle ebenfalls fest wie vormals der Römer Orsini. Doch nach anderthalb Jahren hatten die Kardinäle immer noch keinen Papst gewählt. Das Konklave stellte sich für die Kardinäle als einträgliches Geschäft heraus, sie wurden ernährt und erhielten Aufwandsentschädigungen. So ließ der Bürgermeister das Dach des Bischofspalastes abdecken, um mit Hilfe von Wind und Regen die Wahl zu beschleunigen. Doch die Kardinäle bauten im Palast kleine Holzhütten, um sich zu schützen. 1271, drei Jahre nach dem Tod Clemens' IV. (1265–1276), ging endlich Tebaldo Visconti aus Piacenza als Gregor X. (1271–1276) aus dem längsten Konklave hervor. Fortan wurden dem Verfahren, die Kardinäle in ein Konklave einzuschließen, die Zusatzbestimmungen beigefügt, sie bei schmaler Kost zu halten und keinerlei Luxus zuzulassen. Das Konklave sollte so ungastlich, so unangenehm wie möglich sein – man hatte aus der Erfahrung gelernt.

Als am 25. Juni 1243 Sinibaldo Fieschi aus Lavagna zum Papst gewählt wurde und sich mit deutlichem Bezug den Namen Innozenz IV. (1243–1254) gab, bestieg ein Papst den Stuhl Petri, der zum Inbegriff der Macht des Vatikan werden sollte. Den Kampf gegen Kaiser Friedrich II., den er von Gregor IX. geerbt hatte, führte er mit gnadenloser Schärfe weiter, weil er ihn nicht beilegen konnte. Doch Friedrich wehrte sich.

Innozenz IV. setzte die Zentralisierungspolitik von Innozenz III. und Gregor IX. mit gnadenloser Konsequenz fort. Das erste Konzil von Lyon eröffnete er 1245 mit dem Verweis auf »die fünf Schmerzen des Papstes«, die erstens im Sittenverfall des Klerus, zweitens in der Notlage der Kreuzfahrer im Heiligen Land, drittens im Schisma mit der byzantinischen Kirche, viertens in der Bedrohung Ost- und Mitteleuropas durch die Tartaren und fünftens in der Verfolgung der Kirche durch Kaiser Friedrich II. bestanden. Außer der Genehmigung der Anwendung der Folter in Inquisitionsprozessen, der Rechtfertigung des Eingriffs in die Wahl der Bischöfe durch die Domkapitel, die Besteuerung und die erneute Exkommunikation Friedrichs II. brachte das Konzil nichts zustande.

Lyon war ein Konzil der Macht. Innozenz IV. festigte den Anspruch, als Papst jeden König und Kaiser absetzen zu dürfen, weil der Papst über allen stünde, die ganze Christenheit aber dem Papst dienen müsse. Wer dem Verlangen des Papstes nicht Folge leistete, machte sich der Häresie verdächtig. In Lyon gestattete der Papst den Kardinälen, die noch heute übliche rote Kappe zu tragen, die die Verbundenheit der Kardinäle mit dem Pontifex bekundet. Sie erinnert an den allein dem Papst vorbehaltenen Purpurmantel, die »cappa rubea«, der zu den Zeichen des päpstlichen Amtes gehört.

Innozenz IV. mag gejubelt haben, als ihn 1250 die Nachricht vom Tod des Kaisers erreichte. Schnell wurde Karl von Anjou mit Sizilien belehnt. Damit endete der Kampf der Päpste gegen die Staufer. Der letzte Staufer, Konradin, der versucht hatte, Sizilien zurückzuerobern und den man wegen seiner jungen Jahre »das Kind« nannte, wurde nach seiner Niederlage 1268 in Neapel enthauptet. Er hatte sich gewehrt, wie es eines Staufers würdig war, und sein Leben kühn in die Waagschale geworfen, allein, es war nicht mehr die Zeit der Staufer.

Mit Innozenz IV. hatte der Vatikan die absolutistische Spitze erreicht und Sünden begangen, auch Todsünden. Als Bonifatius VIII. (1294–1303) ein halbes Jahrhundert später in völliger Machttrunkenheit die Bulle »Unam sanctam« erließ, hatte das Papsttum den Bogen der weltlichen Macht so weit überspannt, dass es gründlich in sich zusammenbrechen sollte. Es war Gregor VII. gewesen, der die Reform des Papsttums auf den falschen Weg des ungezügelten Machtwillens geführt hatte.

Mit dem Tod des Staufers Friedrich II. endete das Hochmittelalter, versank die Welt der Ritter und der Kreuzzüge, die Welt der Artussage, der Troubadoure und Minnesänger wie Walther von der Vogelweide, die Welt der universellen Herrschaft, die Welt einer einzigen Christenheit. In Frankreich und in England bildeten sich starke nationale Königsherrschaften aus, und in Deutschland bauten die Fürsten ihre Besitztümer zu Landesherrschaften um. In Oberitalien wandte man sich der Antike zu – das, was wir

Die Vollendung des Machtanspruchs der Päpste als Universalherrscher des Abendlandes gelang unter Innozenz IV. (1243–1254). Kupferstich aus dem 17. Jh.

heute Renaissance nennen, kündigte sich an. Bald darauf betrat der erste große europäische Denker und Dichter, Dante Alighieri, die Bühne und sah in seiner »Göttlichen Komödie« einige Päpste in der Hölle, weil sie zu sehr der Macht gefrönt hatten.

ZU HEILIG FÜR DEN VATIKAN – DER ENGELSPAPST

Nach dem Tod Papst Nikolaus' IV. 1292 konnten sich die italienischen und französischen Kardinäle nicht auf einen Nachfolger einigen. In dieser Situation düpierte Karl II. von Anjou, König von Sizilien, die Italiener, indem er einen völlig unverdächtigen Vorschlag machte, der auf den ersten Blick großen Charme besaß. Ein Kandidat geriet ins Blickfeld des Wahlkollegiums, der politisch völlig unverdächtig, juristisch unerfahren und theologisch nur mäßig gebildet war, dafür aber als Heiliger galt: Pietro del Murrone, der als spiritueller Mittelpunkt in einer Gemeinschaft von Einsiedlern lebte, die er inspiriert hatte. Dieser Heilige, der Bedürfnislose, der Besitzlose, der Engelspapst stellte das Gegenteil eines politisch orientierten Machtpapstes dar. Die Idee wies nicht nur den Ausweg aus einer festgefahrenen Situation, sie erschien auch vor dem Hintergrund des Ansehensverlustes der Kurie und dem Anwachsen der Armenbewegung, die die Welt der Gläubigen seit dem Beginn des Jahrhunderts immer stärker erfasste, als geradezu perfekt.

Dass Karl II. insgeheim beschlossen hatte, den alten Mann nach der Wahl an seinen Hof in Neapel zu bringen, um ihm dort seinen Willen aufzwingen zu können, ahnten die Kardinäle der Gegenseite nicht. Doch so kam es. Kaum hatte man Pietro zum Papst – Coelestin V. (1294) – gewählt, da verpflichtete ihn der sizilische König dazu, an seinem Hof in Neapel zu residieren statt in Rom. Eine perfekte Lösung für die Franzosen, die damit die Kurie unter Kontrolle behielten und sozusagen ein kleines Vorspiel zum Avignoner Exil der Päpste in Szene setzten. Böse Zungen behaupteten, der neue Papst, der das achtzigste Lebensjahr überschritten hatte, regiere nicht aus der Fülle seiner Macht, sondern aus der Fülle seiner Einfalt. Die Idee hatte, so schön sie sich anhörte – sieht man von der geschickten Intrige des sizilischen Königs ab, der mit dieser List die mächtigen stadtrömischen Familien überrumpelte –, einen groben Webfehler.

Ein Engelspapst betört zwar die religiösen Sinne, wird aber schnell zum ernsthaften Problem in einer Behörde, die mehr auf Norm als auf Inspiration, mehr auf Verstand als auf den Glauben angewiesen ist, wenngleich sie dem Glauben zu dienen verpflichtet scheint. Die Amtsführung Coelestins V., der die inspirierten, also »freien« Formen der Volksfrömmigkeit unterstützte, offenbarte recht bald, dass es bei »Seiner Heiligkeit«, beim Papst also, am allerwenigsten auf die Heiligkeit, sondern auf Fähigkeiten in Politik und Verwaltung ankam. Man stelle sich den Glanz des

Petersdoms und in ihm im prächtigen Ornat einen Papst vor, der sich nicht wusch, nicht die Fingernägel säuberte, sich auch die Haare nicht schnitt, der so gar keinen Wert auf sein Äußeres legte! Auf dem einsamen Berg, wo er mit seinen Gefährten gelebt hatte, mochte das eindrucksvoll sein, im Petersdom oder in der Lateranbasilika oder dem Dom von Neapel rief es nichts als Verwirrung hervor. Auch Karl musste schließlich erfahren, dass der erhoffte Marionettenpapst seiner königlichen Fürsorge entkam, wann immer er wollte, weil er schlicht unberechenbar war und einzig seinen Eingebungen folgte.

Dennoch bleibt bei der Bewertung Coelestins V. Vorsicht geboten, denn die Überlieferung, die Meinung, die man sich von ihm gebildet hatte, spiegelt das Unverständnis seiner Umgebung wider, das in Fassungslosigkeit überging. Die Kardinäle mussten sich mit diesem Papst wie im falschen Film fühlen, in einer plötzlich ver-rückten Welt.

Aber ganz so spontan handelte Coelestin V. wohl doch nicht. Zwar hatte er an einem einzigen Tag, am 18. September 1294, dreizehn neue Kardinäle ernannt, doch erweist sich dies bei näherem Hinsehen als erstaunlich wohl bedacht: Der Engelspapst erhob nämlich überwiegend franziskanische Mönche in das höchste Gremium der Kirche, Mönche, die dem Armutsideal verpflichtet waren.

Ein Jahrhundert zuvor hatte der Abt Joachim von Fiore behauptet, dass die Welt in drei Zeitalter zerfiele. Das erste Zeitalter sei das des alten Bundes zwischen Gott und den verheirateten, fleischlich lebenden Menschen. Das zweite sei das Zeitalter Jesu, das Zeitalter der Priester. Das dritte aber, das unmittelbar bevorstand, würde die Epoche des Heiligen Geistes werden, die Zeit der Mönche. Im letzten Zeitalter würde durch das heilige Leben der Mönche die Erlösung erreicht. Dass sich Joachim, als er das Jahr 1260 als Beginn des dritten Zeitalters verkündete, offenkundig verrechnet hatte, spielte keine Rolle. Man glaubte an die Endzeit, man glaubte an die Ankunft des Erlösers. Dass die römische Kirche mit der Wiederkehr Christi etwas zu tun hätte, nahm man indes immer weniger an.

Nur einmal in der Geschichte der Kirche wagten die Kardinäle das Experiment eines Engelspapstes. Es misslang so gründlich, dass sie künftig die Finger davon ließen. War unter Innozenz III., Innozenz IV. und Gregor IX. die Balance zwischen Macht und Glauben, zwischen Weltlichkeit und Geistlichkeit zugunsten der Macht verschoben worden, so geriet der Vatikan mit dem puren Gegenteil, mit einem Papst, den einzig die Spiritualität interessierte, in noch weitaus größere Gefahr.

Herrschte im Kardinalskollegium über nichts sonst Einigkeit, so doch immerhin darüber, dass Abhilfe geschaffen werden musste – dieser Papst war nicht tragbar. Glaubt man den Berichten, so ging die Initiative etwas ungewollt von Coelestin V. selbst aus, der vorschlug, sich auf die liturgischen Andachten zu konzentrieren, derweil drei Kardinäle die lästigen Amtsgeschäfte an seiner Stelle wahrnahmen. So etwas hatte es noch nicht gegeben, und dementsprechend groß war die Ratlosigkeit. Einer jedoch erkannte die Chance, die in dem Vorschlag lag: der Jurist und Kardinal Benedetto aus der Familie Caetani aus Anagni in der Nähe von Rom. Geschickt holte er zum Gegenschlag gegen die französische Intrige Karls II. von Anjou aus.

So schlüssig wie hintersinnig legte Benedetto Caetani dar, dass der Rücktritt eines Papstes rechtlich durchaus möglich sei, vorausgesetzt, dies sei sein Wunsch. Also überzeugte er Coelestin V. davon, dass der Rücktritt die konsequentere und für ihn bessere Möglichkeit sei, weil er sich dann auf Andacht und Gebet konzentrieren könne und von der lästigen, lauten und niederen Weltlichkeit endlich erlöst sei. Kaum hatte Coelestin V. die Papstkrone abgesetzt, bestieg Benedetto auch schon als Bonifatius VIII. (1294–1303) den Stuhl Petri. Den Expapst ließ er vorsorglich in Haft nehmen, und Pietro del Murrone starb am 19. Mai 1296 im Castello di Fumone. Doch da befand sich der neue Papst mit seinem universellen Machtanspruch bereits im

Konflikt mit dem unbeschränkten Herrschaftswillen des Königs von Frankreich, Philipp dem Schönen.

Man hat die Selbstherrlichkeit und die Machtbesessenheit von Bonifatius VIII. häufig kritisiert. Doch er verhielt sich nicht anders als Innozenz III., Innozenz IV. und Gregor IX. Sein absoluter Primatsanspruch ging nicht über den seiner Vorgänger hinaus, wenngleich dieser stärker betont und weniger theologisch abgesichert war. Aber die Zeiten hatten sich geändert.

Im Schatten des Kampfes gegen das Kaisertum stiegen die Verbündeten der Päpste, die französischen Könige, überraschend zu mächtigen Herrschern auf denen es gelang, sich eine eindrucksvolle Machtbasis zu sichern, indem sie ein nationales Königtum errichteten. Frankreich wurde zum zentralistisch regierten Land. Albigenserkreuzzug und Ketzerverfolgungen hatten dem stolzen und widerspenstigen Süden, dem alten Okzitanien, das Rückgrat gebrochen. Und bald schon sollte Spanien nach Frankreich und England zur dritten europäischen Großmacht aufsteigen. Die Gefahr, die der Unabhängigkeit des Vatikan von französischer Seite drohte, übersahen die Päpste, weil sie sich wieder einmal in einen unheilvollen Machtkampf verstrickt hatten.

Im gesamten 13. und 14. Jahrhundert wurde das Kardinalskollegium fast ausschließlich von Italienern und Franzosen besetzt. Die französischen Kardinäle dienten zuallererst ihrem König, dann erst dem Papst. Hin und wieder fand sich ein Engländer oder ein Spanier, einmal auch ein Portugiese im Kollegium, doch Skandinavier, Polen, Deutsche, Ungarn sucht man vergebens in den Kardinalslisten.

Um seine Machtansprüche sicherzustellen, erließ Bonifatius 1301 die Bulle »Asculta Fili« und vor allem 1302 »Unam sanctam«, in der noch einmal mit markigen Worten die Unterordnung der weltlichen unter die geistliche Gewalt und die Machtvollkommenheit des Papstes gefordert wurde. Bonifatius ging meist sehr geschickt vor, hatte sich aber auch fahrlässig mächtige Feinde geschaffen, als er 1300 versuchte, die um sich greifende Armutsbewegung mit der Bulle »Super cathedram« einzudämmen und damit die Tätigkeit der Bettelorden der Franziskaner und Dominikaner tadelte.

Der Widerspruch zwischen der Armut, die das Evangelium forderte, und dem Reichtum der Kirche bewegte die Menschen dieser Zeit und verlieh den häretischen Bewegungen Kraft. Aber es entstanden auch Bewegungen, die wie die Dominikaner, die Franziskaner und die Augustiner-Eremiten persönliche Armut und ein radikal-asketisches Lebensideal predigten und ihr auf Gott konzentriertes Dasein innerhalb der Kirche leben wollten und nicht getrennt von ihr.

Es ist Schwäche und Stärke der Kirche zugleich, dass die Überbetonung des einen sofort den Widerstand und die Gegenbewegung des anderen hervorruft. Doch erst aus der Einheit von Stärke und Schwäche entsteht Dynamik, und nur in dieser ewigen Veränderung kann Macht stets neu errungen werden. Schwäche ist ein notwendiger Teil von Stärke.

ARMUT ALS PROVOKATION – FRANZ VON ASSISI

Zum bewunderten Mann, zum Star stieg im 13. Jahrhundert Franz von Assisi auf, der den Minoritenorden, den Orden der Franziskaner, gründete. Wenn das 12. Jahrhundert das Säkulum Bernhards von Clairvaux gewesen war, so kann das 13. als Zeitalter des Franziskus gesehen werden, den die einen für einen Apostel, andere sogar für einen zweiten Christus hielten. Für sie war Jesus zurückgekehrt.

Die Geburtsstunde dieser mächtigen Bewegung schlug am 24. Februar 1209, als der auf der Suche nach Lebenssinn umherziehende Kaufmannssohn Franziskus zufällig in dem Moment eine Kirche betrat, als der Priester die berühmte Stelle aus Lukas 9 von der Aussendung der Jünger verlas: »Und er sandte sie aus mit dem Auftrag, das Reich Gottes zu verkünden und zu heilen. Er sagte zu ihnen: Nehmt nichts mit auf den Weg, keinen Wanderstab und keine Vorratstasche, kein Brot, kein Geld und kein zweites Hemd.« Als Franziskus das hörte, sah er seine Berufung klar und deutlich vor sich: Er sollte das Wort Gottes zu den Menschen bringen, sie missionieren und in Armut leben, so wie es die Jünger getan hatten.

Fortan zog Franziskus durch die Ortschaften, predigte das Wort Gottes, rief zu Buße und Frieden auf, denn nur durch die radikale Umkehr, die die Buße erst ermöglichte, konnte der Mensch Frieden in Gott finden. Diese Sinnpredigt ergriff Reich und Arm, Jung und Alt, Männer wie Frauen. Weil Franz von Assisi die Menschen nicht dazu aufrief, mit der Kirche zu brechen und damit Leben und Existenz für das Heil aufs Spiel zu setzen, sondern einen Weg eröffnete, in der Kirche den Seelenfrieden zu finden, wurde er allgemein akzeptiert. Er war der Verkünder einer neuen Frömmigkeit.

Die neue Bewegung wurde von den Päpsten zunächst vorsichtig, dann konsequenter gefördert, weil sie für Menschen, die mit ihrer Unbedingtheit im Glauben und dem Wunsch, in der Nachfolge Christi zu leben, in der Kirche noch keinen Platz gefunden hatten, eine Alternative bot. Im Gegensatz zu den Häretikern hielt Franziskus die Sakramente für notwendig und achtete die Funktion des Priesters, weil er befugt war, die Sakramente zu spenden. Er achtete sie so sehr, dass auch schlechte Priester ihn nicht an diesem Amt zweifeln ließen.

Um Franziskus bildete sich eine Schar von Menschen, die ihm auf dem Weg der Enthaltsamkeit, der Buße, der Armut folgen wollten. Sie nannten sich Minoriten, Minderbrüder, denn sie wollten nichts besitzen – kein Geld, keine Macht, keine Gewalt. Franziskus trachtete danach, im Einklang mit der Schöpfung zu leben. Kein Geschöpf war für ihn zu klein oder zu gering, als dass es nicht von Gott kam. Er überzeugte die Menschen seiner Zeit mit seinen Predigten. Viele hörten ihn, manche folgten ihm.

Die Gemeinschaft bekam eine Ordensregel, an der ein Papst mitgearbeitet hatte.

Probleme entstanden jedoch nach dem Tod des Gründers und mit dem Wachstum des Ordens: Es ging darum, wie wörtlich und wie streng das Armutsgebot zu verstehen war. Die radikalen Franziskaner, die sich auf den Geist der Gemeinschaft, auf den Geist des Ordensgründers beriefen, auf den Ursprung und die Tradition, nannten sich Spirituale. Sie wurden zu Feinden des Papstes, weil sich in ebendieser Zeit der Reichtum der Kirche durch die immer reibungsloser funktionierende kuriale Verwaltung ständig mehrte. Die Schere zwischen reicher Institution und den im Luxus schwelgenden Funktionären der Kirche auf der einen und Christi Botschaft der Armut, Demut und Bescheidenheit auf der anderen Seite klaffte bald unvermittelbar auseinander.

Männer wie Petrus Johannes Olivi und Ubertino da Casale, die persönliche Eigentumslosigkeit und eine arme Kirche predigten, erkannten im Luxus der Päpste den »alten Feind«, den Teufel am Werk. Je reicher die Kurie wurde, umso heftiger protestierten die Spiritualen. Diese von Menschen aus allen Schichten verehrten Männer hatte sich Bonifatius VIII. zu Feinden gemacht. Einige von ihnen lehrten, dass die Erlösung durch den Engelspapst käme. In franziskanischen Kreisen hielt man Coelestin V. für diesen Engelspapst: Da vor der Erlösung der Antichrist entweder von einer Nonne geboren oder als großer Priester auftreten und gegen das anbrechende Reich Gottes kämpfen würde, sahen nicht wenige tiefgläubige Menschen in Papst Bonifatius VIII. den Antichristen, hatte er in ihren Augen doch den Engelspapst verdrängt. In seinem Streben, die Macht zu erhalten, vergaß Bonifatius die Kirche des Glaubens, mehr noch, er empfand sie als Hindernis und bemühte sich, sie einzugrenzen.

Hinzu kam eine aus heutiger Sicht absurde, doch ungemein bezeichnende Kriminalaffäre, die letztlich zur Vorbereitung des Finales diente: Am 2. Mai 1297 überfiel Stefano, Bruder der Kardinäle Pietro und Jacopo Colonna, auf der Via Appia Leute des Papstes. Diese waren nämlich mit der päpstlichen Kasse unterwegs, um Besitzungen zu erwerben, die die Macht der Familie des Bonifatius, der Caetani, ausdehnen sollten. Stefano Colonna raubte die Kasse und floh mit ihr nach Palestrina, dem Machtzentrum seiner Familie. Sogleich erhob der Papst Anklage gegen die Colonna, doch diese wehrten sich und äußerten öffentlich Zweifel daran, dass Bonifatius rechtmäßig gewählt worden sei. Zudem behaupteten sie, dass er den heiligmäßigen Coelestin zum Rücktritt gezwungen habe. Eine heftige Anschuldigung, die eine verbreitete Annahme als Waffe gegen den Papst einsetzte.

In dieser dramatischen Situation gaben die Colonna plötzlich die Kasse zurück und nutzten das Aufsehen, dass diese spektakuläre Aktion hervorrief, um Bonifatius als Häretiker, Schismatiker und Simonisten anzuklagen – der Ketzerei, der Kirchenspaltung und der Bestechlichkeit. Schlimmere Beschuldigungen ließen sich nicht erdenken! Aufs Äußerste herausgefordert, reagierte Bonifatius und lief prompt in die fein ausgetüftelte Falle. Zwar wies er die Anschuldigungen zurück, entkräftete sie aber nicht. Er erkannte den Colonna zwar ihre Privilegien ab und zog ihr Vermögen ein, nahm ihnen aber nicht ihre Rechtfertigung. Er rief zu einem Feldzug auf, um Palestrina dem Erdboden gleichzumachen, was ihm auch gelang. Doch um welchen Preis?

Alles, was Bonifatius anordnete und androhte, wirkte als Demonstration der Macht und nicht des Rechts. Macht ohne Recht ist jedoch lediglich Willkür und Gewalt. Die Colonna flohen nach Frankreich und forderten die Einberufung eines Konzils, vor dem sich der Papst verantworten sollte. Bonifatius hatte mit Gewalt reagiert, wo er die Familie des römischen Stadtadels ins Unrecht hätte setzen müssen – so saß er nun selbst vor aller Welt darin. Und die Colonna gaben die verfolgte Unschuld. Nun kam ein Interesse zum anderen.

Der französische König Philipp der Schöne – vielleicht hatte ihn auch sein teuflischer Kanzler Nogaret darauf gebracht, einer der übelsten und brutalsten Intriganten, den die Weltgeschichte je sah – erkannte die Chance, seinen Einfluss auf die Päpste zu vergrößern. Er wollte sie zu Werkzeugen seiner Machtpolitik machen und seine Vorherrschaft in Europa ausweiten.

Im September 1303 wurde Papst Bonifatius VIII. in seiner Sommerresidenz in Anagni von Guillaume de Nogaret und dem Söldnerführer Sciarra Colonna überfallen und misshandelt. Da es unterschiedliche Berichte über die Schwere der Misshandlungen gab, ging das Ganze unter dem Begriff »die Ohrfeige von Anagni« in die Geschichte ein. Nach Rom zurückgekehrt, verhängte Bonifatius VIII. über Philipp IV. von Frankreich, Nogaret und die Colonna die Exkommunikation. Der Papst, von einem Dienstling des französischen Königs geohrfeigt – kann man sich einen größeren Kontrast vorstellen zur Macht eines Innozenz III.?

Am 11. Oktober 1303 starb Bonifatius, wahrscheinlich an den Folgen des Attentats von Anagni. Um dem Eingreifen des französischen Königs vorzubeugen, wählten die Kardinäle so rasch wie selten einen neuen Papst, einen unverdächtigen und unparteiischen Mann, den Generaloberen der Dominikaner: Niccolò Boccasini leitete als Papst Benedikt XI. (1303–1304) eine maßvolle Politik ein, versuchte die Gemüter zu beruhigen und war auf Ausgleich bedacht. Zu Recht glaubte er, nur auf diese Weise die Kirche aus den heftigen Wogen der Politik in den sicheren Hafen des Glaubens zurücklenken zu können. Er löste Philipp IV. vom Bann, exkommuniziert blieben aber Guillaume de Nogaret und die Colonna, die er vorlud.

Doch dann starb der Papst bereits im Juli 1304 eines plötzlichen und unerwarteten Todes. Zwar war er knapp über sechzig, doch hatte sich bei dem energiegeladenen Mann keine Krankheit abgezeichnet. Dem französischen König, Nogaret und den Colonna passte der Tod Benedikts XI. vorzüglich ins Konzept – zu gut eigentlich für einen Zufall. Die Colonna konnten nun die für ihre Macht in Rom wirklich gefährliche Untersuchung der

Die Päpste, die von 1309 bis 1376 in der freiwilligen Gefangenschaft unter den französischen Königen in Avignon lebten, waren französische Päpste, zuerst Franzosen und dann erst Päpste. Sie kauften sogar den Palast und die Stadt Avignon. Ein eher zwielichtiges Kapitel der Kirche.

»Ohrfeige von Anagni«, des Attentats auf den Papst, verhindern. Philipp IV. gelang es zwar nicht, seinen Kandidaten durchzusetzen, doch konnte er den Kompromisskandidaten, den Erzbischof von Bordeaux, Bertrand de Got, auf seine Seite ziehen. Um seine Herrschaft auszubauen, war der französische König auf einen botmäßigen Papst angewiesen, den er, um ihn besser kontrollieren zu können, nach Frankreich zwang.

FEST IN FRANZÖSISCHER HAND – DIE PÄPSTE IN AVIGNON

Für ein halbes Jahrhundert sollten die Päpste nun in Avignon unter Aufsicht der französischen Könige residieren. Es verwundert daher nicht, dass wir es – angefangen bei Bertrand de Got – ausnahmslos mit französischen Päpsten zu tun haben.

Nun hatten die Stellvertreter Christi wirklich ihre Unabhängigkeit und dadurch ihre Macht verloren, sie befanden sich in einer Abhängigkeit wie seit dem dunklen Jahrhundert nicht mehr, waren abhängiger als jemals unter den Kaisern. Nun zeigte sich, dass die Päpste auf die Macht der Kaiser, die sie so leichtfertig zerstört hatten, angewiesen waren, dass ihre eigene Macht nur sicher war in der Spannung zum Kaisertum, in der sicher schwierigen, doch ausbalancierten Gleichwertigkeit beider Gewalten. Nun fehlte ihnen dieser verhasste Kaiser, nun gaben sie nur noch den obersten Hofgeistlichen des französischen Königs ab und befanden sich auf dem besten Weg, Teil des gerade entstehenden französischen Staatskirchensystems zu werden.

Über das öffentliche Ansehen der Päpste in dieser Zeit verrät uns ein Zeitgenosse Hinreichendes: Auf seinen Weg durch die neun Kreise der Hölle begegnet der Dichter Dante Papst Nikolaus IV., der im Höllenfeuer schmort und bereits auf Bonifatius wartet. Für den Zeitgenossen Dante, der in der endzeitlichen Metapher der großen Hure aus der Offenbarung des Johannes die Päpste abgebildet sah, fanden diese sich in der Hölle wieder: »Durch eure Habgier ist die Welt verdüstert, / ihr stürzt die Guten und erhebt die Bösen. / Euch Hirten meint der Evangelist, / Wenn er die Hure auf den Wassern sah ...« (Dante, Die göttliche Komödie, XIX. Gesang.) Dante konnte weder ahnen noch voraussehen, dass das Papsttum den tiefsten Punkt des Niedergangs längst noch nicht erreicht hatte. Tiefer noch ging es hinab.

Rettung konnte nur aus der Kirche selbst kommen, doch hatte diese einen dornigen Weg vor sich. Auch hier zeigte sich erneut, dass die Kirche und die Stellvertreter Christi – der Vatikan im übertragenen und im einfachen Wortsinne – nicht von den Päpsten gerettet wurden, die ins Spiel der Macht trudelten und sich heillos in den Ränken der Politik verfingen, sondern von denjenigen, die ernst machten mit dem Glauben, bisweilen zu ernst. Eine Erneuerung des Glaubens, eine starke Frömmigkeitsbewegung entstand und trieb die Päpste, so will es scheinen, vor sich her. Selbst die sogenannten Irrlehren stellten so etwas wie eine Bewertung der katholischen Kirche durch den Heiligen Geist dar. Nur Menschen, die sich bereitfanden, aus den theoretischen Formeln gelebten Glauben zu bilden, vermochten die Kirche zu erhalten. Dazu trugen die Päpste im beginnenden 14. Jahrhundert wenig bei. Diese Phase musste überwunden werden, wenn die Kirche überleben wollte.

Erneuerung kam einmal durch die Bettelorden, vor allem die franziskanischen Bettelmönche, die Fratizellen (ital. »fraticelli«, kleine Brüder). Für uns ist kaum nachvollziehbar, wie stark das Verlangen nach einem gottgefälligen Leben und die Angst vor den Höllenstrafen die Menschen dieser Zeit quälte. Die Sehnsucht, Gott zu erfahren, Gott nahe zu kommen, brannte in vielen.

Innerhalb der Theologie erwachte die Philosophie zu neuem Leben. Über Augustinus und Platon erreichte sie die mittelalterlichen Denker, seit dem 11. Jahrhundert auch über die Vermittlung der Araber, der Juden und über Quellen, die wir heute nicht mehr kennen. Gerade in der Begegnung mit dem Denken des Aristoteles wurde die mittelalterliche Philosophie geboren. Der geniale Anselm von Canterbury brachte das Verlangen auf den Punkt: »Credo ut intelligam« – Ich glaube, um zu erkennen.

Die Vernunft fand Eingang in die mittelalterliche Welt und stellte sich dem Glauben gegenüber. Es gibt Historiker, die von einer Aufklärung im Mittelalter sprechen – der Gedanke hat viel für sich. Die Vernunft sollte den Glauben erklären. Abälard, ein Philosoph der ersten Hälfte des 12. Jahrhunderts, wollte nichts glauben, was er nicht verstehen konnte, was also der Vernunft entgegenstand. Aus diesem Wunsch heraus kam es zu den beeindruckenden Gottesbeweisen, mit denen sich das Mittelalter herumschlug. Aber auch die ersten Opfer mussten bereits beklagt werden, kühne Denker, die auf dem Scheiterhaufen endeten oder wie Siger von Brabant, der 1284 in seiner Zelle ermordet wurde, in der Inquisitionshaft ihr Leben verloren. Hatte noch Bernhard von Clairvaux das Denken genutzt, um sich immer tiefer in den

Glauben zu begeben, so richtete Abälard – Zeitgenosse und Widerpart Bernhards – die Vernunft auf, um den Glauben daran zu messen. Abälard wollte mit dem Denken nicht im Glauben verschwinden, sondern diesen auf die Höhe der Vernunft heben. Das Zusammenspiel von Glauben und Denken sollte in beeindruckender Eleganz erst Meister Eckhart ein halbes Jahrhundert später glücken.

Die Inquisition entwickelte sich von einer Behörde der Ketzerbekämpfung zur Kontrollbehörde des Denkens, zur Strafaufsicht für Theologie und Philosophie. Zum einen musste sie es werden, zum anderen durfte sie es nicht sein. Sie hatte sich auf den falschen Weg begeben, da sie ihren Maßstab letztlich nicht in der Theologie, sondern in der Macht fand.

Rettung kam also nicht nur aus einer neuen Spiritualität; zur gleichen Zeit entstand das philosophische Denken neu und wirkte in die Kirche zurück. Einer der größten Philosophen, der Dominikaner Thomas von Aquin, baute mit den von Aristoteles entliehenen Werkzeugen der Kategorien das vollständige Gebäude der mittelalterlichen Theologie mit seiner »Summa theologica«, der Summe der Theologie.

In dieser Zeit des Aufbruchs suchten einfache Christen und Theologen, Mönche und Laien, Frauen und Männer aus allen Schichten Gott und beschritten mehr Wege zu ihm, als wir hier benennen, geschweige denn beschreiben können, kühne, neue, gefährliche Wege auch, Wege, die tief in die Kirche hinein- oder aus ihr herausführten. Es war eine Zeit des großen Suchens und Experimentierens. Doch was taten die Päpste in Avignon? Schauten sie aus ihrem teuren Palast heraus, erblickten sie eine bedrohliche Welt im Wandel. Was leisteten die Päpste im Exil zu Avignon in dieser Situation? Spirituell? Nichts! Für den Erhalt der Kirche? Noch weniger! Neuere, fast ausschließlich französische Forschung hat die Avignoner Päpste in ein milderes Licht getaucht. Dem folge, wer will.

An einem machtpolitischen Beispiel, das stellvertretend für

viele stehen soll, wird deutlich, wie die Päpste dem König außenpolitisch assistierten, statt eine überparteiliche, allein auf dem Petrusamt beruhende Politik zu betreiben. Doch sie residierten nicht mehr in Lateran und Vatikan – und es scheint, als sei das mehr als symbolisch. Sie hatten die Verbindung zu Petrus verloren, denn in der alten Kirche gründete der Primat des Bischofs von Rom darauf, dass er die Nachfolge des Apostels Petrus in der römischen Gemeinde antrat. In der Babylonischen Gefangenschaft, wie Dante das Exil in Avignon nannte, zeigte sich, wie richtig dieser Gedanke der alten Kirche war. Mit dem Sitz in Rom hatten die Päpste mit der Übersiedlung nach Avignon mehr als nur einen Palast, einen alten Dom und eine chaotische Stadt aufgegeben, sie hatten ihre Legitimität verloren.

Clemens V. (1305–1314). Im Jahr 1309 hatte der ewig kränkelnde, feige und klug-verschlagene Clemens V. seine Residenz nach Avignon verlegt und damit das Papsttum dem französischen König Philipp IV. unterstellt. Schon seine Krönung in Lyon ließ die Zeitgenossen Ungutes ahnen: Beim feierlichen Umzug durch die Stadt stürzte eine Mauer ein, die einige Prälaten erschlug und Papst Clemens V. vom Pferd warf, wobei sich durch den Aufprall ein Diamant aus der Tiara löste. Das galt als böses Omen, und böse sollte es auch für viele Gläubige kommen. Bald schon geriet der Papst in Konflikt mit Kaiser Heinrich VII., weil er, unfähig zu einem unparteiischen Urteil, einseitig die Interessen der sizilischen Anjou gegen den deutschen König vertrat. Des Kaisers rascher Fiebertod in Siena verhinderte eine Niederlage des Papstes in dieser Angelegenheit.

Johannes XXII. (1316–1334). Mit seinem fast biblischen Alter von zweiundsiebzig Jahren erschien der nächste Papst, der sich Johannes XXII. nannte, den Zeitgenossen wie ein Greis und ein Übergangspapst. Doch sollte der als Jacques Duèse geborene Sohn eines Bürgers von Cahors mit achtzehn Jahren Amtszeit das längste Pontifikat der Zeit in Avignon führen. Der Ausbau der zentralistischen Verwaltung und ein großer Einfallsreichtum bei der Ausgestaltung des kirchlichen Steuersystems wurden zu seinen Markenzeichen. Er liebte die Pose der Macht und ging mit großer Strenge gegen wirkliche oder vermeintliche Häresien vor. Allerdings wurde diese Härte zur Willkür, weil er eigentlich selbst nicht so genau wusste, was eine Irrlehre war und was nicht. Es spricht Bände über den Mann, der die Lehrsätze eines Meister Eckhart verfluchte, dass er am Ende seines Lebens von den Professoren der hoch angesehenen Pariser Universität Sorbonne wegen einiger Äußerungen in seinen Predigten selbst der Ketzerei bezichtigt wurde. Von großem Schrecken getrieben, leistete er auf dem Sterbebett Abbitte und erflehte Absolution für seine Irrtümer.

Den Papst als Herrscher kehrte er vor aller und vor allem gegen alle Welt heraus, mit Ausnahme des französischen Königs. Schon bald geriet Johannes jedoch – durchaus im Interesse des französischen Königs – mit dem deutschen König Ludwig IV. in Konflikt.

WELTLICHE GEGEN GEISTLICHE MACHT – DAS LETZTE GEFECHT

Zwischen Frankreich und England kündigte sich der Hundertjährige Krieg an, und in diesem Zusammenhang lag den französischen Königen viel an einem schwachen deutschen König, der sich aus Schwäche nicht mit den Engländern verbünden konnte. Die Politik der französischen Könige war aus ihrer Sicht völlig richtig, und sie sind wahrlich nicht dafür zu kritisieren, dass sie zum Wohle ihres Landes und ihrer Dynastie ihre Möglichkeiten nutzten. Den Päpsten jedoch darf man den Vorwurf nicht ersparen, dass sie sich vor den Karren spannen ließen. Sie taten das Schlimmste, was sie tun konnten: Sie wurden Partei, sie verspielten dadurch ihre Unparteilichkeit, ihre Universalität, die sie zu Päpsten aller Christen Europas machten. Der Papst war nur noch eine Art erhöhter Bischof eines sich bildenden französischen Staatskirchensystems. Damit trieben die französischen Päpste die Engländer förmlich dazu, eine englische Staatskirche aufzubauen, und verloren jeden unmittelbaren Einfluss im Deutschen Reich.

Der Beginn von Ludwigs Regentschaft stellte sich alles andere als rosig dar. Doch mit Beharrlichkeit, Klugheit, unkonventionellem Denken und Glück wendete Ludwig der Bayer das Blatt. Zwei Könige hatten die zerstrittenen Fürsten nach dem Tod Heinrichs VII. gewählt: Ludwig und den habsburgischen Herzog Friedrich den Schönen, der nicht nur ein Cousin Ludwigs war, sondern auch dessen Spielkamerad in früher Kindheit. Johannes XXII. versuchte nun, die komplizierte Situation der konkurrierenden Könige auszunutzen, um seinen Einfluss zu vergrößern, da er sich als derjenige empfand, dem der Schiedsspruch zustand. Es hatte sich eingebürgert, dass dem Papst ein Mitspracherecht bei der Wahl des deutschen Königs zukam. Oft hatten die Päpste ja auch tatsächlich eingegriffen und Politik gemacht. Zudem bestätigte Johannes Robert von Neapel als Reichsvikar von Italien. Das ganze seltsame und uneinheitliche, teils fiktive Gebilde hieß Heiliges Römisches Reich, und Italien gehörte zum Reich. Der Reichsvikar hatte theoretisch die Exekutivgewalt über Italien inne und übte dort die Reichsrechte aus, solange es keinen Kaiser gab, oder war der ernannte Stellvertreter des Kaisers für Italien.

Mit einem glänzenden Schachzug löste Ludwig das Problem des Doppelkönigtums: Nach der Niederlage Friedrichs des Schönen in einer Schlacht traf Ludwig eine Übereinkunft, um die Herrschaft in einem exakt vertraglich formulierten Doppelkönigtum zu teilen. Ludwig entsandte Berthold von Neiffen als Reichsvikar nach Italien, um seine Herrschaftsrechte durch den Gefolgsmann wahrnehmen zu lassen.

Das rief den Papst auf den Plan. Johannes XXII. forderte selbstherrlich und im französischen Auftrag – schließlich war immer noch der Anjou Robert Reichsvikar – Ludwig auf, die Reichsherrschaft niederzulegen und die Entscheidung des Papstes abzuwarten, andernfalls werde er exkommuniziert. Der König ließ sich nicht einschüchtern, sondern nahm in Italien den Kampf auf, den letzten Kampf zwischen »regnum«, dem Reich der staatlichen Macht, in dem die weltlichen Fürsten regierten, und »sacerdotium«, dem göttlichen Reich auf Erden, das die Kirche verwaltete.

Der Papst leitete den Prozess gegen Ludwig ein, und der König antwortete mit zwei Erklärungen, in denen er ausführlich begründete, dass er bereits durch die Krönung, also ohne Salbung oder Votum des Papstes, befugt sei, das Reich zu regieren. Ludwigs Erklärungen atmeten einen völlig neuen, weit über das Mittelalter hinausweisenden Geist. In München trafen sich an seiner Hofakademie die bedeutendsten Gelehrten der Zeit, unter ihnen Marsilius von Padua und der Theologe, Philosoph und Franziskaner William von Ockham, der den Nominalismus begründete, eine philosophische Lehre, die bahnbrechend wurde für die moderne Erkenntnistheorie und Zeichenlehre, die jeder Kommunikationstheorie zugrunde liegt.

Am 23. März 1324 exkommunizierte der Papst den König. Doch der König konterte mit der Sachsenhausener Appellation, in der er den Papst der Ketzerei beschuldigte. Das Schwert, das er gezogen hatte, war überaus scharf. Denn nun konnten die Franziskaner in seinem Umkreis vor der christlichen Öffentlichkeit des Abendlandes darlegen, wie ketzerisch der Papst im Armutsstreit handelte.

Johannes XXII. hatte sich die Franziskaner zu Gegnern gemacht, weil er die These, dass weder Christus noch die Apostel persönliches oder gemeinsames Eigentum besessen hatten, als Irrglauben verurteilen ließ. Die uns heute etwas überspitzt klingende Frage nach der Armut legte jedoch tatsächlich die

Axt an die Wurzel des Kirchenverständnisses der Kurie. Wenn Christus und die Apostel über keinerlei Eigentum verfügten, dann wäre der Besitz der Prälaten (persönlich) und der Kirche (gemeinschaftlich) unchristlich. Aber gerade in dieser Zeit legte Johannes XXII. den Grundstein für einen überbordenden Reichtum und Prunk.

Geschickt verband Ludwig politische und religiöse Themen in seinem Kampf gegen Johannes XXII., der immer stärker zum Wiedergänger der großen Hure wurde, letztlich zum Antichristen. Dieses Bild – der Papst als Antichrist – sollte, einmal mit so viel Schwung in die Welt gebracht, nicht mehr aus ihr verschwinden, sondern unvermindert bis in die Reformation hinein wirken und dort zu neuer Kraft kommen.

Johannes XXII. antwortete mit puren Machtmitteln und musste erleben, dass die erprobten Werkzeuge ihre Kraft eingebüßt hatten. Er setzte den König ab und verhängte über dessen Anhänger den Bann und das Interdikt. Doch niemand in Deutschland kümmerte sich um die Bannungen eines ketzerischen französischen Bischofs. Und Ludwig legte nach, indem er eine geniale und für die Geschichte folgenreiche Volte schlug: Der Pariser Magister Marsilius von Padua verfasste 1324 den »Defensor pacis« (Verteidiger des Friedens), der nach dem philosophischen einen umfangreichen staatsrechtlichen Teil besaß. Dieses Werk begründete das moderne Verständnis vom Staat.

Nach Marsilius ist der Staat eine Gemeinschaft von Menschen, die existiert, weil ihre Existenz der Wunsch der Menschen ist, die in ihr die gesicherte Befriedigung ihrer Bedürfnisse erreichen. Grundlage des Staates ist das Recht, das der König garantiert. Das Gesetz selbst, und hier gelingt Marsilius eine atemberaubende Entdeckung, kann nur menschlichen Ursprungs, von einem menschlichen Gesetzgeber verfasst worden sein, weil das Göttliche nicht Gegenstand des weltlichen Lebens ist. Mit anderen Worten, die Gesetze sind Gewissenstatsachen. Daraus folgt, dass göttliches Recht im Staat keine Rolle spielen kann, weil das Jenseits nicht über das Diesseits zu herrschen vermag. Der Raum des Religiösen findet sich nicht in der Sphäre des staatsbürgerlichen Lebens. Die Kirche hat als religiöses Institut keine Gesetze im Staat zu erlassen, das ist allein Sache des Königs und der Volkssouveränität, die sich Marsilius als eine ständische Vertretung vorstellte. Indem der Papst aber in die Belange des Königs, des Verteidigers des Friedens – »Defensor pacis«–, eingreift, wird er zum Unruhestifter, gegen den der König zum Schutz des Friedens vorgehen muss. Zum ersten Mal in der Geschichte des Abendlandes wurden hier weltliches Recht und religiöse Vorstellungen voneinander geschieden.

Im Frühjahr 1338 verwahrten sich deutsche Fürsten, Bischöfe, Städte, Domkapitel und der niedere Adel in vielen Eingaben an den Papst gegen die Angriffe des Papstes auf ihren gewählten Kaiser. Ludwig nannte den Papst einen Heiden, wenn er die Rechtmäßigkeit seiner Wahl in Zweifel zöge, und holte zum entscheidenden Schlag aus: Legitimiert sei sein Kaisertum und Königtum allein durch die Wahl der Fürsten, weil es dem Papst nicht zustünde, die Kaiserkrone zu verleihen und den König zu bestätigen, denn die weltliche Macht stamme unmittelbar von Gott und eben nicht mittelbar von Gottes Stellvertreter. Die ganze Vorstellung von der päpstlichen Vollmacht, die beide Schwerter in der Hand hielt – von Gregor VII. angedacht, von Innozenz III. vollendet und von Innozenz IV. zur Pracht gebracht –, zerfiel nun in den Händen eines Mannes, der sein Denken mit dem Denken der Kirche gleichsetzte.

Im letzten Gefecht zwischen weltlicher und geistlicher Macht gingen beide unter, und es entstanden die modernen Staaten, auf die der Papst keinen unmittelbaren Einfluss mehr hatte. Am 16. Juli 1338 versammelten sich die wichtigsten deutschen Fürsten in Rhens und bestätigten die Rechtsauffassung Ludwigs, dass der deutsche König von den deutschen Fürsten zu wählen sei. Als Rhenser Kurverein (von »küren«, wählen) ging diese Versammlung in die Geschichte ein. 1356 verbriefte die »Goldene

Bulle« diese Vorstellung und legte verbindlich die deutschen Kurfürsten als diejenigen unter den Fürsten fest, die den deutschen König wählen durften. Damit erlosch der unmittelbare Einfluss des Papstes auf die deutsche Königswahl.

Zur Versöhnung mit Ludwig dem Bayern kam es auch nicht unter Benedikt XII. (1334–1342), dem maßvollen Nachfolger Johannes' XXII. Der Druck, den der französische König auf den Papst ausübte, war zu groß, als dass er sich hätte darüber hinwegsetzen können. Es spielte auch keine Rolle mehr. Ein neues Zeitalter war angebrochen, und die Päpste mussten sich in ihm zurechtfinden, ihre Macht neu definieren, vor allem aber und zuallererst zu ihren Wurzeln, zur Quelle ihrer Macht zurückkehren. In Avignon konnte das nicht gelingen. Der Papst brauchte den Vatikan. Ohne den Vatikan konnte es keinen Papst geben!

Doch wie sollte die Rückkehr gelingen? Die Lage schien hoffnungslos. In der Mehrheit französische Kardinäle wählten französische Päpste, die unter dem Druck des Königs und nach Erziehung und Verständnis in Avignon blieben. Hatte Clemens V. noch eine Rückkehr nach Rom erwogen, so hatte Johannes XXII. diesen Gedanken wohl gar nicht erst gestreift. Der Vatikan dämmerte dahin als Heimat der toten Päpste und als Mahnzeichen für ein in der Fremde sterbendes Papsttum. Es bedurfte eines Wunders, um das Blatt noch einmal zu wenden, eines Wunders, das in die geölte Maschinerie der Macht eingriff und ihren Automatismus störte.

ZURÜCK IM VATIKAN

Rom war in der ganzen Zeit, in der die Stellvertreter Christi in Avignon weilten, nur noch die Heimat der toten Päpste, eine Begräbnisstätte, ein Wallfahrtsort. Eines aber offenbarte sich jetzt, was nie so deutlich geworden war und was immerhin bemerkenswert, wenn nicht ganz und gar merkwürdig ist: Auch Rom konnte ohne die Päpste nicht sein, wie die Päpste nicht ohne Rom sein konnten.

In der Stadt bekämpften sich die Anhänger der großen Familien, die nach Herrschaft und Macht griffen. Verelendung der Bevölkerung und Zerfall der Stadt folgten aus den fortwährenden Rivalitäten. Eine übergeordnete Macht existierte nicht mehr.

So war der Weg zurück von beiden Seiten aus verstellt: Die Päpste, die unter dem Schutz des französischen Königs standen, konnten sich diesem Schutz kaum entziehen, und die Stadt Rom vermochte ihnen nicht mehr die geringste Sicherheit zu bieten. Sie glich nach Aussagen der Zeitgenossen einer Räuberhöhle.

Inzwischen hatte Papst Clemens VI. (1342–1352), ein galanter Weltmann und großer Verschwender, für die Päpste die Stadt Avignon käuflich erworben. Seine leeren Kassen führten zu einer ungemeinen Erfindungsvielfalt im Aufspüren neuer Finanzquellen. Am Hof von Avignon und auch in den Diözesen entstand ein ausuferndes Korruptionswesen – für alles, Sakramente wie Audienzen, musste gezahlt werden. Kein Wunder, dass der päpstliche Hof bald schon unter einer aufgeblasenen Gesellschaft von Intriganten zu ersticken drohte.

Immer häufiger verweigerten sich einzelne deutsche Fürsten, aber auch der König von England, dem päpstlichen Geldeinzug.

Schließlich kündigten König und Parlament von England die päpstliche Lehnshoheit über England auf. Damit hatte der Papst nach Deutschland nun auch seinen Einfluss auf England verloren, doch in Avignon wurde unverdrossen weitergefeiert. Wann immer Clemens VI. darauf hingewiesen wurde, dass keiner seiner Vorgänger sein Amt auf solche Weise wahrgenommen hätte, so erwiderte er nur, dass all seine Vorgänger es eben nicht verstanden hätten, Papst zu sein. Und dann kam das große Sterben.

Im Jahr 1348 brach in Europa die Pest aus. Der Schwarze Tod raffte fast zwei Drittel der Bevölkerung dahin. Gott strafte das sündige Menschengeschlecht und nicht zuletzt die Päpste: Hatten diese sich nicht mit den Kaisern bekriegt? War nicht Johannes XXII. die »alte Schlange«, der Antichrist, auf dessen Herrschaft die Erlösung folgte? War nicht das zügellose Wohlleben in Avignon unter Clemens VI. Grund genug, dass Gott der Menschheit diese schlimmste aller Geißeln sandte? Wortgewaltige Bußprediger zogen durch die Lande, die nichts anderes verkündeten, und die Ströme von Geißlern, die sich blutig peitschend durch die Städte wälzten, wurden immer länger. Tod und Verderben, Ekstase und Wahnsinn, das Nebeneinander von Luxus und Not brachte die Pest zum Tanzen.

Der neue Papst Innozenz VI. (1352–1362), der gegen den Luxus und die Verschwendung am Papsthof von Avignon vorging, war ein ehemaliger Professor der Rechte und Bischof von Noyon und Clermont. Als tieffrommer Mann setzte er zu Reformen an. In all dem Verfall und Verlust und der Scheinwelt des Luxus begriff er, dass die Päpste in Avignon zum Untergang verurteilt und ohne den Vatikan ihrer Wurzel beraubt waren.

Die Voraussetzung für die Rückkehr bestand darin, Ordnung in Rom und im Kirchenstaat zu schaffen. Dabei gelang Innozenz VI. ein Glücksgriff: Er ernannte den in der Reconquista gestählten und kampferfahrenen spanischen Kardinal Egidio Albornoz zum päpstlichen Gesandten mit der Aufgabe, Ruhe und Frieden im Kirchenstaat wiederherzustellen, um so den

Päpsten die Rückkehr in den Vatikan, zu Petrus zu ermöglichen. Und Albornoz leistete ganze Arbeit.

Eine Gesandtschaft römischer Bürger, Kaiser Karl IV., die damals allseits verehrte, in Rom lebende heilige Brigitta, außerdem der große Intellektuelle und Dichter Petrarca forderten den Nachfolger von Innozenz VI., Urban V. (1362–1370) auf, nach Rom heimzukehren. Gegen den erbitterten Widerstand der französischen Kardinäle, die im Kollegium die Mehrheit bildeten, und gegen das Veto des französischen Königs ging der Papst am 19. Mai 1367 an Bord einer Galeere, die ihn nach Corneto, einem Hafen des Kirchenstaates, brachte, wo er am 4. Juni eintraf. Die Römer zogen dem Papst Loblieder singend und Palmzweige schwenkend entgegen. Nachdem Urban V. den heißen Sommer in Viterbo verbracht hatte, betrat er am 16. Oktober 1367 die Ewige Stadt – fast sechzig Jahre lang hatte Rom keinen Papst mehr gesehen. Wohnung nahm der Pontifex zum ersten Mal im notdürftig hergerichteten Vatikanpalast.

Der tatkräftige Albornoz verstarb nur allzu bald, und Urban V. wurde der Schwierigkeiten in Rom nicht Herr. Sein altes Herz sehnte sich nach der Heimat. So kehrte er am 27. September 1370 nach Avignon zurück. Die heilige Brigitta hatte ihm hinterhergerufen, dass ihn dort der Tod erwarte, und ihre Prophezeiung erfüllte sich ohne Verzögerung: Am 19. Dezember 1370 starb Urban V. Seine Flucht sollte zum Vorspiel für das Große Abendländische Schisma werden, das die Kirche zwischen 1378 und 1417 spaltete.

ZEIT DER ZERRISSENHEIT – DAS GROSSE ABENDLÄNDISCHE SCHISMA

Es kommt geradezu einem Wunder gleich, dass die Kirche zuweilen und immer wieder im Kampf mit den Päpsten durch den Glauben gerettet wurde – immer dann, wenn die Stellvertreter

Christi die Macht oder den Luxus oder den Reichtum mehr liebten als alles andere auf der Welt. Vielleicht sind der Vatikan und der Papst, so eng sie zusammengehören, doch nicht deckungsgleich, sondern in Wahrheit zwei verschiedene Wesen, die zwar ohneeinander nicht existieren können, aber doch nicht ein und dasselbe darstellen.

Für Katharina, die Tochter des einfachen Färbers Giacomo Benincasa aus Siena, war Rom der geheiligte Garten, in dem all die vielen Märtyrer ihr Blut vergossen hatten. Katharina war davon überzeugt, dass der Papst nur im Vatikan, wo der neben Paulus wichtigste Märtyrer, der heilige Petrus, begraben lag, als Nachfolger des Apostelfürsten wirken konnte. Der in den letzten Jahrzehnten verkündete Grundsatz, wo der Papst sei, da sei auch Rom, stellte sich als Selbstüberhebung der Päpste heraus, als zweckfromme Erfindung. Rom hatte die Päpste gemacht, ohne Rom war der Papst nicht der Bischof der Bischöfe, sondern nur ein Bischof unter Bischöfen. Wenn das »babylonische Exil« der Päpste eines bewiesen hatte, dann dieses. Italien zerfiel in die Herrschaftsbereiche kleiner und großer Machthaber, die sich gegenseitig bekämpften. Die Vikare, die der Papst von Avignon aus nach Rom und in den Kirchenstaat sandte, waren ausnahmslos Franzosen, die von der Bevölkerung gehasst wurden.

Katharina von Siena, die ihre Mission darin sah, Frieden zu schaffen, war davon überzeugt, dass eine Vorbedingung dafür in der Rückkehr des Papstes nach Rom bestand. Die Kardinäle in der Papstburg von Avignon hätten am liebsten alle Tore verriegelt und brennendes Pech von den Zinnen gegossen, sobald sich Katharina wieder einmal mit ihrem Anhang der Residenz näherte. Für sie war diese Frau ein Schrecken, eine Plage, wenn sie predigend durch die Stadt zum Papst zog, um ihn erneut aufzufordern, nach Rom zurückzukehren. Die einfache Färberstochter war nicht mehr irgendwer, sie war in den Augen der Menschen eine Heilige. Selbst die Inquisitoren, die sie mehrfach verhörten, bissen sich an Katharina die Zähne aus, denn sie konnten nur ihre Aussagen verdammen, nicht aber die intensive Ausstrahlung, die ihre Besonderheit ausmachte.

Letztlich dürfte es die Beharrlichkeit Katharinas gewesen sein, die den französischen Papst dazu bewegte, Avignon am 13. September 1376 zu verlassen – im Widerstand gegen seinen König, gegen den Herzog von Orleans und im Widerspruch zu den französischen Kardinälen. Am 17. Januar 1377 zog der Papst feierlich in Rom ein und bezog Quartier im Vatikan, der nun zur Heimat der Päpste wurde. Das geistliche Zentrum und das der Verwaltung, die sich zuvor im Vatikan beziehungsweise im Lateran befunden hatten, wurden nun im Vatikanpalast neben dem Petersdom vereinigt. Durch den Ausbau des Palastes und den Neubau anderer Gebäude entstand in den folgenden Jahrzehnten und Jahrhunderten der Vatikan, so wie wir ihn heute vor uns sehen.

Bald schon war Gregor XI. in die Kämpfe in Italien verstrickt. Ob ihm die Zeit, die Kraft oder die Möglichkeiten fehlten, lässt sich schwer sagen, doch die Reform der Kirche, wie sie Katharina stellvertretend für die vielen gläubigen Christen im Abendland gefordert hatte, vermochte er nicht mehr in Angriff zu nehmen. Am 19. März 1378 starb der letzte französische Papst an Gallensteinen, die ihn schon lange gequält hatten. Auf dem Totenbett verfügte er eine rasche Wahl seines Nachfolgers, da die unsicheren Zustände nicht zuließen, dass der Heilige Stuhl längere Zeit unbesetzt blieb. Italien brannte.

Anfang April trafen sich die Kardinäle zum Konklave, dem ersten in Rom seit reichlich einem Menschenalter, um einen neuen Papst zu küren, doch war das Wahlkollegium zerstritten. Den vier italienischen Kardinälen – den Römern Giacomo Orsini und Francesco Tebaldeschi, dem Florentiner Pietro Corsini und dem Mailänder Simone de Brosano – standen elf Franzosen und ein Spanier gegenüber. In der Stadt brachen Unruhen aus. Als die Kardinäle am 7. April feierlich ins Konklave zogen, riefen die Menschen: »Wir wollen einen Römer oder wenigstens einen Italiener!« Bewaffnete Römer drangen in den Palast ein, und der Wächter des Konklaves, Bischof Guillaume de la Boulte, konnte sie nur mit Mühe wieder hinausbefördern. Nicht zu Unrecht und aus Erfahrung mit Urban V. befürchteten die Römer, dass ein französischer Papst nach Avignon zurückkehren könnte. Noch am ersten Abend des Konklaves erschienen die Präfekten der dreizehn römischen Stadtbezirke Roms, um durch die geschlossene Tür die Kardinäle zu bitten, zu ihrer und zu ihrer eigenen Sicherheit bei der Wahl dem Wunsch des Volkes nachzukommen.

Nachdem die Kardinäle am nächsten Morgen in aller Frühe in der Kapelle die Messe gefeiert und anschließend gefrühstückt hatten, kehrten sie zur Wahl wieder in die Kapelle zurück. Unter dem ungeheuren Druck überwanden sie das Patt, indem sie einen Kompromisskandidaten wählten, den Erzbischof von Bari, Bartolomeo Prignano, der sich Urban VI. (1378–1389) nannte. Doch sie kamen nicht mehr dazu, dem Gewählten zu gratulieren, denn schon stürmten bewaffnete Römer abermals den Palast. Als sie erneut und diesmal mit blanken Waffen einen römischen Papst forderten, wagten die Kardinäle nicht, ihnen Prignano zu präsentieren. Dieser war zwar Italiener, stammte jedoch aus Neapel und galt deswegen als halber Franzose.

Der Not und vor allem ihrer Angst gehorchend, warfen die Kardinäle dem alten, fast erblindeten Tebaldeschi, der sich heftig wehrte, den Papstmantel um, setzten ihn auf den Altar und behaupteten, jener sei der neue Papst. Zwar beteuerte der unglückliche Mann auf dem Altar, dass er es nicht sei, sondern ein anderer, doch drang er in dem Lärm und dem Wirrwarr mit seiner dünnen Greisenstimme nicht durch. Nach zwei Stunden dämmerte den Eindringlingen, dass man sie zum Narren gehalten hatte. Doch war Francesco Tebaldeschi lange genug auf dem Altar festgehalten worden, um den anderen Kardinälen die Flucht aus dem Vatikan zu ermöglichen. Manche begaben sich in die Engelsburg, andere in ihre Wohnungen, vier verließen die Stadt.

Am 10. April 1378 las der gewählte Papst, der heimlich zum Vatikan gebracht werden musste, eine Messe im Petersdom, wo er am Ostersonntag, dem 18. April, gekrönt wurde. Anschließend nahm er die Lateranbasilika in Besitz. Die Kardinäle huldigten ihm, und es bestanden keinerlei Zweifel an seiner Rechtmäßigkeit, so abenteuerlich sich die Umstände seiner Wahl auch gestaltet hatten. Den Römern gegenüber betonte man die italienische Herkunft des Papstes und stimmte sie damit fürs Erste friedlich. Hinzu kam, dass Urban VI. sich eindeutig für Rom aussprach. Kaiser Karl IV. zeigten die Kardinäle die Wahl Urbans VI. an, und zwar geschlossen.

Hoffnung erfüllte die Kirche, denn der Papst galt bei seiner Wahl als in der Verwaltung der Kirche erfahren und als ein tieffrommer Mann. Doch bald schon überwarf er sich mit seinen Kardinälen, was zwei sachliche und einen nicht zu unterschätzenden atmosphärischen Grund hatte: Zum einen hielt Urban VI. entgegen dem Wunsch der französischen Kardinäle, die nach Avignon zurückkehren wollten, an Rom fest. Zum anderen plante er die von Katharina von Siena geforderte Reform der Kirche, und seine ersten Maßnahmen richteten sich gegen die verweltlichten Kardinäle. Getreu der alten Weisheit, dass der Fisch am Kopf zu stinken beginnt, wollte er eine Reformation an Haupt und Gliedern beim Haupte beginnen. Das war ebenso richtig wie mutig und riskant.

Urban VI. war Kanzler seines Vorgängers Gregor XI. gewesen. Wie sehr muss er unter der skrupellosen Bereicherung und dem lockeren Lebenswandel der Kardinäle gelitten, wie oft bittere Worte hinuntergeschluckt haben, dass sich sein Zorn nun so barsch und undiplomatisch Bahn brach. In seinen Predigten wetterte er gegen die Kardinäle, verbot Einzelnen in Besprechungen den Mund, nannte den Kardinal Orsini einen Dummkopf, einen anderen töricht. Durch seine Schroffheit, seine Selbstherrlichkeit und sein ungezügeltes Temperament machte sich Urban VI. viele Feinde. Jetzt, da er Christus auf Erden vertrat, entledigte er sich der Falschheit, die man Politik nennt, und verachtete die Würdelosigkeit, die Diplomatie heißt.

Manch einer mag das rückblickend als Ungeschick bezeichnen und liegt damit von der Wirkung her richtig. Aber diese Einschätzung ist durch unsere heutige Vorstellung geprägt. Genauer betrachtet waltete bei Urban eine tragische Ironie des Schicksals: Wo andere im Alter milder werden, verhärtete sich dieser Mann. Jetzt, wo er endlich hätte ändern können, was ihn schon lange quälte, verbaute er sich selbst den Weg dazu, denn zu einem richtigen Amtsverständnis fehlte ihm die christliche Liebe und Milde.

Die Kardinäle sahen mit Entsetzen, dass Urban VI. ihre Einkünfte beschnitt, ihre Lebenshaltung ins Visier nahm und schließlich ihre Macht zu verringern gedachte, indem er plante, neue Kardinäle zu ernennen. Jede Vergrößerung des Kollegiums minderte automatisch Stimme und Gewicht, also die Macht des Einzelnen. Im Sommer zogen sich die Kardinäle nach Anagni zurück, verbündeten sich mit König Karl V. von Frankreich, der den Papst wieder in Avignon wissen wollte, und mit der neapolitanischen Königin Johanna, mit der sich Urban VI. überworfen hatte.

PÄPSTE UND GEGENPÄPSTE

Am 9. August 1378 erklärten die dreizehn französischen Kardinäle die Wahl Urbans VI. für ungültig und belegten ihn mit dem Kirchenbann. Die drei Italiener hüllten sich in beredtes Schweigen. Im September wählten sie dann Kardinal Robert von Genf, der sich als Papst Clemens VII. (1378–1394) nannte und sich mit den Kardinälen zurück nach Avignon begab. Katharina von Siena schrieb den verräterischen Kardinälen, dass sie den tausendfachen Tod verdienten. Vielerorts, vor allem in Italien, war man entsetzt darüber, dass die französischen Kardinäle ausgerechnet den »Schlächter von Cesena« zum Papst erhoben hatten.

Als päpstlicher Legat hatte jener Robert Graf von Genf nämlich den Oberbefehl über den Söldnerhaufen innegehabt, den Papst Gregor XI. unbedacht in seiner Auseinandersetzung mit der Republik Florenz einsetzte. In allerunchristlichster Weise hatte der Kardinal der Kirche, Robert von Genf, die Brandschatzung der eroberten Stadt Cesena und das Massaker an der Bevölkerung befohlen. Robert hieß fortan der »Henker« oder »Schlächter von Cesena«, ein Titel, den er sich wahrlich verdient hatte. Und diesen Mann hatten die verkommenen Kardinäle als Gegenpapst aufgestellt! Ihr Egoismus stürzte die Kirche und mit ihr das Abendland in eine tiefe Krise. Die Kirche konnte indes nur so haltlos in den Abgrund stürzen, weil ihre Grundmauern und Fundamente durch die Zeit in Avignon morsch und verrottet waren.

Der Streit der Päpste teilte die Christenheit Europas. Zwar hatte es auch früher schon Gegenpäpste gegeben, aber die jetzige Situation war völlig neu, weil das Schisma aus dem Innern der Kirche selbst kam. Man kann es auch anders formulieren: Die Führungsspitze der Kirche versagte bei der Sicherung und dem Erhalt der Macht. Sie vermochte nicht mehr, aus eigener Kraft die Fortsetzung des Papsttums zu gewährleisten.

Von der »Ohrfeige von Anagni« bis zum »babylonischen Exil« in Avignon hatte sich ein rasanter Zerfall der Macht vollzogen. Von Stellvertretern Christi waren die Päpste zu Dienern von Königen herabgesunken und hatten die Macht aus den Händen gegeben – das fand nun seine folgenreiche Entsprechung im Auseinanderbrechen der Kirche. In ihrer dramatischen Form und den schier end- und gehaltlosen Episoden hatte die Kirchenspaltung Ähnlichkeiten mit einer Soap des deutschen Vorabendprogramms. Auf den einzelnen Christen allerdings wirkte das Abendländische Schisma als großer Schock, denn niemand wusste nun, wer der richtige Papst war: Die Gegner hatten sich mit markigen Worten gegenseitig gebannt. Nur einer konnte der wahre Stellvertreter Christi sein, der andere musste folglich der

Antichrist sein. Jeder Christ, ob Fürst oder Bauer, Mann oder Frau, Gelehrter oder Analphabet, stand vor der gleichen schwierigen und sehr persönlichen Frage, die sich aufs Engste mit dem Seelenheil verknüpfte: Zu wem sollte man sich bekennen, um nicht dem Teufel ins Netz zu gehen?

Die ganze Tiefe dieser Gewissensfrage und die Not des Einzelnen vermögen wir heute kaum mehr nachzuvollziehen. Doch diese Frage, einmal gestellt, verließ die Welt nicht mehr. Die Forderung nach dem Gewissensentscheid eines jeden Christen führte schließlich zu Luthers »Freiheit eines Christenmenschen«, denn eine Gewissensfrage kann nur frei entschieden werden. Vom Schisma von 1378 führt der Weg zur Reformation, in der die noch einmal notdürftig vereinigte Christenheit tatsächlich endgültig zerbrach. Dem Primat des Papstes wurde eine tiefe Wunde geschlagen, die nicht mehr verheilen sollte.

Die eine Hälfte der abendländischen Christenheit hielt zum römischen Papst, die andere zu jenem in Avignon. Den römischen Pontifex unterstützten die Skandinavier, die deutschen Kaiser, die Ungarn, die Engländer und die Italiener mit Ausnahme der Neapolitaner, während die Avignoner Päpste auf Frankreich, Portugal, Schottland und die spanischen Königreiche (Kastilien, Navarra, Aragon) bauen konnten.

Es ist müßig, den Wendungen der ganzen Geschichte, den Episoden der Seifenoper nachzugehen. Das Schisma überlebte beide Päpste, weil sie inzwischen eigene Kardinalskollegien geschaffen hatten, die nach dem Ableben von Urban VI. 1389 und seinem Gegenpapst Clemens VII. 1394 jeweils Nachfolger wählten. Unter dem Vorwand, den rechtmäßigen Papst zu unterstützen, bereicherten sich die weltlichen Herren schamlos an der Kirche. Vor allem die allerchristlichsten Könige Frankreichs, wie sie sich seit 1378 nennen durften, plünderten die französische Kirche nach Herzenslust aus, was Clemens VII., der auf der Rückseite der Siegel seiner Bullen auch die Lilie, das Wappen des französischen Königs, prägen ließ, für rechtmäßig erklärte.

Der Landraub durch weltliche Fürsten zuungunsten ihrer Konkurrenten wurde als Kampf für den rechtmäßigen Papst ausgegeben. Das Schisma bot vielen die Möglichkeit, unter dem Vorwand, für die Orthodoxie zu kämpfen, eigene Interessen durchzusetzen. Die Päpste, die im Machtkampf gegeneinander auf jeden Verbündeten, sei er auch noch so abenteuerlich und abstoßend, angewiesen waren, konnten diesen Missbrauch des Glaubens nicht verhindern. Im Gegenteil, ihnen blieb nichts weiter übrig, als dem Ganzen den Heiligenschein des Rechts zu verleihen.

In dieser Situation trafen sich einige Kardinäle, die den Entschluss gefasst hatten, das Schisma zu überwinden, 1394 in Pisa und wählten einen neuen Papst, Johannes XXIII. (1410–1415). Das Ergebnis war, dass es nun drei statt zwei Päpste gab, statt der »verruchten Zweiheit« die »verfluchte Dreiheit«. Der Versuch, das Problem aus der Kirche heraus zu lösen, führte nur tiefer in die Katastrophe. Doch auch die weltlichen Herrscher erkannten, dass in dem Schisma niemand gewinnen konnte, sondern alle Beteiligten allmählich auf die Verliererseite gerieten. Und dann war es schließlich der viel geschmähte und früher so erbittert von den Päpsten bekämpfte deutsche König, der eingriff.

DAS KONZIL VON KONSTANZ ODER DIE RETTUNG DER KIRCHE

Am Anfang des 15. Jahrhunderts entzündete Sigismund von Luxemburg, seit 1411 römisch-deutscher König und ab 1433 Kaiser, ein Feuerwerk der Diplomatie. Dank seiner robusten Gesundheit war er in der Lage, Europa mehrfach zu bereisen, um mit Vertretern aller weltlichen und geistlichen Kräfte zu verhandeln. Sein Ziel bestand darin, ein Allgemeines Konzil einzuberufen, um die Kirchenspaltung zu überwinden und die Reform einzuleiten. In der größten Krise der Kirche nahm also eine alte Idee und, wenn man so will, eine ursprüngliche Gewohnheit der Kirche neues Leben an: das Konzil als Kirchenparlament.

Nur der Papst durfte ein Konzil einberufen, doch davon gab es drei: Bonifatius IX. (1389–1404) in Rom, Benedikt XIII. (1394–1423), Gegenpapst in Avignon, und Johannes XXIII. (1394–1423), Gegenpapst in Pisa. Keinem von ihnen stand der Sinn danach, die eigene, wenn auch beschränkte Macht auf einem Konzil zu gefährden, womöglich zu verlieren. Und da die Vorstellung herrschte, notfalls alle drei abzusetzen, hatte jeder von ihnen Grund genug, sich dem Konzil zu verweigern. Daraus ergab sich eine schwierige Rechtsfrage: Da niemand über den Papst richten durfte und nur der Papst das Konzil einberufen konnte, fand kein Konzil statt, wenn die drei Päpste sich verweigerten.

König Sigismund schloss sich dem Gegenpapst Johannes XXIII. in Pisa an und presste ihm im gleichen Moment die Zustimmung zum Konzil in Konstanz ab, das er umgehend für das Jahr 1414 einberief. In vorangegangenen, teils komplizierten Verhandlungen hatte er sichergestellt, dass das Konstanzer Konzil als ökumenisch anerkannt würde und dass neben Bischöfen, Äbten, Prälaten und Gelehrten auch Vertreter der Herrscher Europas teilnähmen – als so groß empfand man inzwischen die Not, die das Schisma schuf. Am 5. November 1414 nahm das Konzil seine Arbeit auf, und die Teilnehmer begannen sich in der Tat auch zusammenzuraufen, um die existenziellen Probleme zu lösen.

Im Jahr 1415 verdunkelte ein schreckliches Verbrechen die enorme Leistung des Konstanzer Konzils, die Gemeinschaft der Christen wiederherzustellen und die Kirche zu retten. Sigismund hatte dem Prager Magister Jan Hus, der sich mit seinen Thesen im Widerspruch zur herrschenden Lehre befand, freies Geleit zugesichert. Das Konzil verurteilte ihn als Ketzer, und der König brach seinen Eid, sodass Hus in Konstanz verbrannt wurde. Der Ehrlichkeit halber muss man hinzufügen, dass sich Sigismund als Begründung für seinen Eidbruch den Umstand zunutze machte,

Der erste Protestant: Jan Hus auf dem Scheiterhaufen in Konstanz 1415. König Sigismund hatte ihm freies Geleit zugesichert. Seinen infamen Wortbruch rechtfertigte er mit der dreisten Erklärung, dass das Wort, das man einem Ketzer gibt, nicht gilt.

dass man Hus verboten hatte, das Abendmahl zu feiern, was er aber nach seiner Ankunft in Konstanz getan hatte.

Sieht man von diesem berüchtigten Ereignis ab, geriet das Konzil von Konstanz zu einer überaus erfolgreichen Veranstaltung. Zwischendurch durchlief es allerdings eine schwere Krise, die nur durch das beherzte Eingreifen des Königs beendet wurde: Als Johannes XXIII. erkannte, dass die Teilnehmer des Konzils vorhatten, ihn und seine beiden Papstkollegen abzusetzen und einen neuen Stellvertreter Christi zu wählen, floh er heimlich aus Konstanz, um dadurch dem Konzil seine Rechtmäßigkeit zu nehmen. Als die Kunde von seiner Abreise die Runde machte, brach tatsächlich große Verwirrung aus, und viele Konzilsväter packten ihre Sachen. Da ritt König Sigismund selbst durch Konstanz und forderte sie mit großer Überzeugungskraft zum Bleiben auf.

Inzwischen hatte man auch Johannes XXIII. in Freiburg gefasst und als Gefangenen nach Konstanz zurückgebracht.

Nun einigte sich das Konzil ohne Schwierigkeiten auf einen untadeligen Mann, einen Römer mit Verwaltungserfahrung, von tiefer Frömmigkeit und großer Bescheidenheit: Martin V. (1417–1431), mit bürgerlichem Namen Oddo di Colonna. Johannes XXIII. wurde zur Abdankung gezwungen. Da Oddo am Tag des heiligen Martin gewählt wurde, nannte er sich Martin V. – sicher auch eine versöhnliche Geste den Franzosen gegenüber, deren Nationalheiliger Martin ist.

Der neue Papst wurde von fast allen europäischen Fürsten anerkannt. In Rom trat Papst Gregor XII. zurück, nachdem ihm gestattet worden war, nachträglich seine Zustimmung zur Einberufung des Konzils zu geben. Durch diesen juristischen Schachzug gelang es ihm, sein Pontifikat in der Kirchengeschichte als rechtmäßig abzusichern. Nur der Gegenpapst Benedikt XIII. in Avignon bestand weiterhin darauf, der einzig rechtmäßige Papst zu sein. Als ihm der französische König die Unterstützung entzog und Martin V. anerkannte, kehrte Benedikt nach Spanien zurück. Er diente König Alfons V. von Aragón noch eine Weile als politisches Druckmittel, um die spanischen Interessen in Süditalien durchzusetzen, bis dieser schließlich ebenfalls Martin V. anerkannte, was er sich allerdings königlich bezahlen ließ.

Damit endete das Große Abendländische Schisma. Die Päpste kehrten nach Rom zurück und ließen sich nun endgültig im Vatikanpalast nieder. Vor ihnen lag die Aufgabe, ihre Macht in der neuen Zeit neu zu definieren und zu sichern. Dazu mussten sie sich als Landesherren in Italien durchsetzen, indem sie den Kirchenstaat wieder aufbauten und den Kampf aufnahmen gegen eine neue starke Richtung in der Kirche, die im Großen Schisma an Macht und Einfluss gewonnen hatte: den Konziliarismus.

Den Anhängern des Konziliarismus ging es um eine Änderung in der Regierung der Kirche. Ihrer Ansicht nach stand das

Konzil, die Allgemeine Kirchenversammlung, über dem Papst. In Sachen Primat war den Päpsten damit ein starker, unvermutet aufgetauchter Gegner innerhalb der Kirche erwachsen. Um weitere Kirchenspaltungen zu verhindern, beschloss man in Konstanz, in fünf Jahren ein neues Konzil einzuberufen, in sieben Jahren ein weiteres. Dann sollten künftig alle zehn Jahre Konzilien stattfinden.

Damit war der Kampf um die Macht eröffnet. Primat des Papstes oder Konzil? Diese Frage sollte den Vatikan nicht mehr loslassen. Auf dem Zweiten Vatikanischen Konzil, das 1962 bis 1965 stattfand, führte sie zu einem dramatischen Kampf und ist bis heute nicht endgültig entschieden. Papst oder Konzil? Papalismus oder Konziliarismus? Im Großen Abendländischen Schisma hatten sich die beiden Richtungen für die künftige Regierung der katholischen Kirche zum ersten Mal in ihren scharfen Konturen gezeigt in der Stunde der Selbstzerstörung des Papsttums, als machthungrige Päpste und egoistische Kardinäle lieber die Kirche in den Untergang gezogen hätten, als nur ein Quäntchen ihrer Macht aufzugeben. Die Päpste wollten den Primat erneut errichten, was einem Kampf an zwei Fronten glich: Zum einen mussten sie sich gegen Rivalen von außen wehren, gegen die Landesherren, zu denen sie als Regenten des Kirchenstaates gehörten. Zum anderen hatten sie sich nun als Machtinhaber innerhalb einer Kirche zu behaupten, die mit demokratischen Formen experimentierte. Beide Arten der Auseinandersetzungen sollten mit aller Härte geführt werden, von Männern, die zu Artisten der Macht wurden, weil sie tatkräftig und egoistisch, skrupellos und willensstark – eben ganze Renaissancemenschen – waren, freilich angetan mit Tiara und Pallium, den Amtszeichen des Papstes.

Mit dem Humanistenpapst Nikolaus V. (1447–1455) beginnt die neue Zeit der Ewigen Stadt, das Rom der Päpste. Die geistige Strömung des Humanismus hatte Anfang des 14. Jahrhunderts in

Florenz ihren Ausgang genommen. In dem Bewusstsein, einem neuen Zeitalter anzugehören, lehnten die Humanisten das Mittelalter ab und erhoben die Antike zum Maß aller Dinge. Diese Wiedergeburt (frz. Renaissance) der Antike breitete sich vom 14. bis ins 16. Jahrhundert über ganz Europa aus. Der Vatikan selbst war der Ort des Bündnisses zwischen den Päpsten und den Humanisten, das selbst in den schwierigen Tagen nicht riss.

Papst Nikolaus ließ prächtige Bauwerke errichten, Lobpreisungen Gottes in Stein und Farbe. Er förderte die Künste zum Ruhme des Allerhöchsten, gründete die Vatikanische Bibliothek und trug zu ihrem Schatz an Büchern bei. Der Ausbau Roms zum Zentrum der christlichen Welt nahm mit Nikolaus seinen Anfang, und fast alle seiner Nachfolger sollten das von ihm begonnene Werk fortsetzen, das bis zum Neubau des Petersdoms und Giovanni Lorenzo Berninis spätere barocke Gestaltung der Stadt reichte. Sieht man vom Forum Romanum und Kolosseum ab, so entstand in dieser Zeit das Rom, das wir heute kennen.

Päpste wie Nikolaus V. und der berühmte Humanist Enea Silvio Piccolomini aus Siena, Pius II. (1458–1464), erbauten ein Rom, das vom Vatikan aus gedacht war, der für sie zum Inbegriff des Mittelpunkts der Welt wurde. In schwierigen Zeiten gelang es ihnen, die Macht des Vatikan wieder aufzurichten, indem ihr Wirken erneut Ansehen, Achtung und Würde erlangte.

Doch wie sollte, wie konnte die Macht in einer sich rasant verändernden Umwelt neu bestimmt werden, was notwendig war, wenn sie überleben wollte? Das Bündnis mit den Humanisten, so richtig und zukunftsweisend es war, erwies sich als nicht tragfähig, denn ein Teil der Humanisten fand Gefallen an der alten römischen Republik, dem »Heidentum« und der Idee des Tyrannenmords. Junge Heißsporne aus dem römischen Adel versuchten, den Papst, den Tyrannen, zu ermorden, um Italien von der Priesterherrschaft zu befreien. Diese romantischen Abenteurer stellten nicht die Herausforderungen der Zeit dar, aber sie zeigten, wie brüchig die Macht des Vatikan war, und trugen zur Unruhe in der Stadt bei.

Das wichtigste Erfordernis der Zeit bestand in einem neuen Verständnis von Herrschaft, Politik und Staat, das sich herausbildete. Der Historiker Johan Huizinga nannte sein großes Werk »Herbst des Mittelalters«. Die Zeiten von Nikolaus V. und Pius II. erschienen wie goldene Herbsttage, die an einen neuen Frühling denken ließen. Doch wie würde dieser aussehen? Einstweilen zerfiel die Frömmigkeit zusehends, die Ehrbegriffe und die Vorstellungen von göttlicher Herrschaft schwanden. Familienverbände schickten sich an, die Herrschaft zu übernehmen, und die Päpste gerieten unweigerlich in das mörderische Getriebe der europäischen Machtpolitik. Allianzen, soeben geschlossen, waren im nächsten Moment gründlich vergessen. Intrige, Betrug, Lüge, bezahlte Räuberbanden und das Gift der Meuchelmörder und Verleumder regierten diese frühneuzeitliche Welt. Macht war in dieser neuen Welt das Wichtigste – Macht nicht als Mittel, sondern als Ziel. Wer keine Macht besaß, hatte auch keine Rechte. Zum Zweck des Machterhalts war alles erlaubt, so lehrte Niccolò Macchiavelli in seiner 1532 erschienenen Schrift »Il Principe«, »Der Fürst«: »Wer … jemanden schädigt, muss es so gründlich machen, dass er keine Rache zu fürchten hat.« Und: »Um sich ihren Besitz zu sichern, genügt es, das Haus des Fürsten, der sie beherrschte, auszurotten.«

Die italienischen Republiken wie Venedig und Florenz kämpften gegeneinander und mit den Fürstentümern wie Neapel und Mailand um die Vorherrschaft in Italien. Sie verbündeten sich mit den neuen europäischen Großmächten, mit den Spaniern, den Franzosen und den Habsburgern, die Österreich beherrschten und die deutschen Könige stellten. Handel, Handwerk und Wissenschaften nahmen einen ungeheuren Aufschwung, und der moderne Staat als kalte Maschinerie der Bürokratie entstand.

Wer in Italien an der Spitze einer der großen Familien wie der Medici, der Herren von Florenz, oder der Sforza in Mailand stand, der trug Verantwortung, für sich und seine weitläufige Verwandtschaft die Macht mit allen Mitteln zu behalten und auszubauen. Mehr als den Tod fürchtete man den gesellschaftlichen Abstieg, den man mit dem Tod gleichsetzte. So wurden die Familien in einer Welt der Untreue und des Verrats zu Bollwerken der gegenseitigen Treue, zu politischen Institutionen.

Ein Papst, der in dieser Welt Politik betreiben musste, hatte sich nach den Spielregeln dieser Welt zu richten, wenn er sich und der Kirche nicht schaden wollte. Der Mensch wurde zum politischen Wesen. Vorteil, Reichtum, Luxus, Glück – all das war erstrebenswert. Ohne Macht jedoch bedeutete es nichts, denn ohne Macht kam man weder an Luxus noch an Reichtum oder erlangte sonst einen Vorteil. Die Macht spendete das alles zuweilen freigiebig, doch sie forderte ihren Preis, nämlich ein Leben als Diener der Macht. Ihr wurde alles untergeordnet.

Die leidenschaftlichen Kämpfe, die doch so kalt ausgefochten wurden, machten vor dem Kardinalskollegium nicht halt, denn auch dort saßen die Abgesandten der großen und mittleren Familien, um die Macht ihrer Clans abzusichern – die Sforza, die Medici, die Colonna, die Della Rovere, die Orsini, die Borgia. Es lohnt nicht, die Bündnisse darzustellen, denn jeden Augenblick galten andere, weil die Karten im Spiel um die Macht ständig neu gemischt wurden.

Niemand ist einsamer als der Papst. Ein regierender Fürst hat seine Familie um sich – das muss nicht immer von Vorteil sein, Söhne verrieten bisweilen ihre Väter. Doch welche Menschen umgeben den Papst im Vatikan? Laut Definition liegt die Person, die ihm am nächsten ist, in der Krypta begraben: Petrus. Im ausgehenden 15. Jahrhundert glaubte aber der Papst am allerwenigsten, dass er sich mit dem Apostelfürsten beraten könnte und dass dieser ihn schützen würde. Wer also blieb ihm? Die Kardinäle? Die gehorchten ihren Familien und kannten nur das eine Ziel, die eigene Macht auszubauen. Nun gab es zwar die Zelanti (ital., Eiferer), fromme Kardinäle, denen es um die Religion ging und die eine Reform verlangten. Doch waren sie in der Minderzahl und ... ohne Macht. Belächelte und zuweilen auch ausgelachte Idealisten, deren Zeit noch kommen sollte, später.

Vor diesem Hintergrund erstaunt es nicht, dass sich der spanische Kardinal Alonso de Borja oder italienisch Borgia, als er zum Papst gewählt worden war und sich Calixtus III. (1455–1458) nannte, mit Verwandten umgab, denen er kirchliche Ämter verschaffte. Empörung rief er hervor, als er an ein und demselben Tag seine beiden Neffen Rodrigo de Borja und Juan Luis de Milas zu Kardinälen erhob. Damit störte er das Machtgleichgewicht im Kardinalskollegium empfindlich, zumal Calixtus Rodrigo zum zweitmächtigsten Mann nach dem Papst erhob, zum Vizekanzler. Weitere Familienmitglieder sollten Diözesen, Abteien und weltliche Lehen sowie Staatsämter erhalten, sogar die Engelsburg wurde einem Verwandten unterstellt. Diesen Vorgang nannte man Nepotismus, nach dem lateinischen Wort »nepos«, das Enkel, Verwandter bedeutet, aber sinnigerweise auch Verschwender. Nepotismus ist nicht mit Vetternwirtschaft gleichzusetzen, weil es neben der Bereicherung vor allem um die Herrschaftsabsicherung durch Loyalität ging, an der dem Spanier als Ausländer mehr gelegen sein musste als den Römern, die ihre Sippe hinter sich hatten. Politik und mediterrane Familiengefühle wirkten hier gleichgewichtig zusammen.

Als Calixtus III. 1458 starb, zogen aufgebrachte Römer durch die Stadt und riefen zur Jagd und zum Töten der »Katalanen« auf, wie die inzwischen zum Schimpfwort gewordene Bezeichnung für alle Spanier lautete. Kardinal Juan Luis de Mila verlor die Nerven und floh aus Rom, während der Vizekanzler Rodrigo de Borja kühn und trotzig im Vatikan am Sterbebett des Onkels ausharrte. Denn Macht muss unter Beweis gestellt und durch Gesten symbolisiert und bestätigt werden. Mehr noch, was heute unterschätzt wird, Macht wird durch die symbolische Form verwirklicht, das heißt, die Demonstration von Macht erzeugt selbst schon Macht. Rodrigo de Borja verdeutlichte den

Römern, dass er über ausreichend Macht verfügte, um sich nicht vor ein paar Verwirrten fürchten zu müssen.

VOM HEILIGTUM ZUM BORDELL

Rodrigo de Borja, der drei Jahrzehnte nach dem Tod seines Onkels und nach drei Päpsten – Pius II., Sixtus IV. und Innozenz VIII. – als Alexander VI. (1492–1503) selbst den Stuhl Petri bestieg, ist der Renaissancepapst par excellence, der Machtmensch schlechthin. Schaut man nüchtern auf Mann und Werk, so leistete er Erstaunliches, wofür man ihn verehren könnte, und er hat fast alles richtig gemacht. Dennoch gilt er als brutaler Machtmensch, obwohl das auch auf viele seiner Kardinalskollegen und alle bedeutenden weltlichen Fürsten dieser Zeit zutraf. Alexander jedoch ging als der vielleicht schlimmste Papst in die Geschichte ein, zu Recht und zu Unrecht.

Das Urteil der Zeitgenossen über seine Wahl war überwiegend positiv, obwohl nicht wenige den Kardinal bestens kannten – seinen Reichtum, seine Lebensgier und Lebenslust, seinen Hang zum schönen Geschlecht und seine Unverfrorenheit. Bei dieser Zustimmung sollte es indes nicht lange bleiben. Dabei erreichte Alexander VI., dass das Papsttum vom Spielball der großen italienischen Familien und der europäischen Großmächte zu einem Partner im großen, abenteuerlichen, wilden, rohen, faszinierenden und vor allem skrupellosen Spiel der Macht wurde, einem Spiel, in dem es um immer größere Einsätze und Risiken ging. So blutig und verschlagen wie die Neuzeit brach kein anderes Zeitalter an.

Alexander VI. förderte die Künste, die Bauvorhaben in Rom, die Wissenschaften, die Humanisten – auch wenn die das später lieber vergaßen –, er brachte die Macht zurück in den Vatikan. Aber dabei überschritt er die Grenzen. Sein Zeichen war eine zügellose, unverdeckte Machtpolitik. So mancher Kardinal hatte

Der Inbegriff des Renaissancepapstes und immer noch geheimnisumwitterte, zwiespältige Persönlichkeit: der Borgiapapst Alexander VI.

eine Geliebte, einige auch Kinder, die sie Neffen nannten. Nur Rodrigo de Borja erkannte seine Kinder nicht als Neffen und Nichten an, sondern vor aller Welt als seine leiblichen Kinder. Auch verleugnete er die Mutter seiner Sprösslinge nicht, seine Geliebte Vanozza de Cattanei. Das hinderte ihn allerdings nicht daran, weiteren amourösen Abenteuern nachzugehen, wie beispielsweise mit der schönen Giulia Farnese, die, wenngleich verheiratet, eine Zeit lang seine Mätresse war. Ihrer Familie, den Farnese, hat die päpstliche Affäre genutzt.

Familienpolitik also, von allen betrieben. Aber auch das war Machtpolitik: Schaut her, sagte Papst Alexander VI., ein Eroberer und Weltenherrscher wie Alexander der Große, dessen Namen er sich zulegte. Schaut her, ich bin so mächtig, dass ich es nicht einmal nötig habe, meinen Lebenswandel vor euch geheim zu halten, obwohl der Zölibat gilt, das Keuschheitsgebot, das Verbot für Priester, sexuellen Umgang zu haben und Kinder zu zeugen. Der Heilige Vater soll heilig sein, was kümmert es mich, Alexander VI., wagt es nur, mir das vorzuwerfen!

Es heißt, Alexander habe seine Tochter Lukrezia geliebt, dennoch verheiratete er sie dreimal aus machtpolitischen Gründen, das erste Mal mit elf Jahren. Auch wenn man seine Familie liebte, verehrte man sie als politischen Verband. Seinem Sohn Cesare, einen Mörder, der jeden tötete oder ermorden ließ, der ihn zu beleidigen wagte, versuchte er auf Kosten der Macht des Vatikan und seines Vermögens, auf Kosten des Patrimonium Petri, eine weltliche Herrschaft zu verschaffen. Giftmorde hielten die Zeitgenossen für eine Familienspezialität der Borgia, aber da standen ihnen andere erlauchte Familien in nichts nach. Man darf nicht vergessen, dass nach dem Ableben eines Fürsten seine Familie an der Macht blieb, weil der Sohn den Thron erbte – beim Tod eines Papstes dagegen verlor dessen Familie die Macht. Also versuchten die Päpste, die Stellung ihrer Familien über das Pontifikat hinaus zu sichern, indem sie Angehörige mit Ländereien und Besitztümern ausstatteten und damit ein Netz der Macht knüpften, das unter einem neuen, vielleicht sogar feindlichen Pontifex Bestand haben konnte. Und man musste mit großer Eile vorgehen, denn niemand wusste, wie lange ein Pontifikat währte.

So erreichte Alexander VI. nach zähen Verhandlungen mit den Katholischen Königen Spaniens, Isabella I. von Kastilien und Ferdinand II. von Aragón, dass sein Lieblingssohn Giovanni Borgia, spanisch Juan de Borja, Maria Enriquez, eine Verwandte Ferdinands, heiraten durfte und damit zum reichen und mächtigen Herzog von Gandia wurde. Jofré, ein weiterer Sohn des Papstes, bekam die Tochter des Königs von Neapel zur Frau und damit Besitztümer in diesem Königreich.

Die Könige von Neapel waren verwandt mit dem König von Aragon, sie entstammten der gleichen Familie. Für die spanischen Könige sollte sich der Coup des Borgiapapstes noch als sehr nützlich erweisen: Als nämlich der Konflikt zwischen den Portugiesen und Spaniern über den Besitz der neuen Länder, die ihre kühnen Seefahrer in Übersee entdeckt hatten, auf einen Krieg hinauslief, vermittelte Alexander VI. zwischen den beiden katholischen Staaten den Vertrag von Tordesillas. Im Jahr 1494 wurde in dem kleinen spanischen Ort entlang eines vom Papst festgelegten Längengrades die Aufteilung der Welt zwischen Portugal und Spanien beschlossen.

Bei der Papstwahl war Alexander VI. der Kompromisskandidat von Kardinal Ascanio Sforza gewesen und hatte diesen zum allmächtigen Vizekanzler machen müssen. Doch ganz allmählich hatte er sich der Herrschaft seines »Papstmachers« entzogen und sich mit Geschick zwischen den Spaniern und den Franzosen bewegt, die beide ein Interesse an Süditalien hatten: die einen, weil sie wollten, dass das Haus Aragon Neapel behielt, die anderen, weil sie dafür kämpften, verhandelten und intrigierten, dass es wieder in den Besitz des Hauses Anjou käme. Alexander hatte selbst die kurzzeitige Eroberung Roms durch den französischen König Karl VIII. politisch überlebt und stand auf dem Höhepunkt seiner Macht, als ihn das Schicksal mit voller Wucht traf.

Sein Lieblingssohn Giovanni, der Herzog von Gandia, wurde – misshandelt und von Messerstichen verunstaltet – tot aus dem Tiber gefischt, nachdem er seit einigen Tagen vermisst worden war. Nach oder vor einem Gelage mit seinem Bruder und anderen Freunden und Anhängern der Borgia hatte er sich mit seinem Reitknecht und einer vermummten Gestalt von seinem Bruder Cesare verabschiedet, weil er noch ein Geschäft zu seiner Lust erledigen wollte. Giovanni, der Liebling der Götter, schwelgte in Affären, vor allem mit verheirateten Frauen, und war so der bestgehasste Feind der Ehemänner. Der Tod des Lieblingssohnes warf den Papst in Schwermut und Verzweiflung. Nie konnten der Mörder oder der Auftraggeber, wenn es denn ein Meuchelmord war, ermittelt werden. Von den Sforza über die Orsini bis hin zum zweitliebsten Sohn Cesare hatten viele ein starkes Motiv, von den zahlreichen gehörnten Ehemännern ganz zu schweigen, unter denen sich tatkräftige Männer befanden, die den ungeliebten Kopfschmuck durch eine Bluttat zu vergelten trachteten.

Das Mordjahr 1498 bedeutete einen Einschnitt. Wäre die derbe päpstliche Machtpolitik bislang in der Geschichte noch durchgegangen, so schlug sie nun in eine Gewaltpolitik um, welche die Mit- und Nachwelt erschreckte und erbitterte. Zunächst aber entspannten sich die Gemüter – in der Ruhe vor dem Sturm. Alexander VI. gab vor, seinen Lebenswandel ändern zu wollen. Aus den Kreisen der Kardinäle berief er eine Kommission, die Pläne für die dringend erforderliche Kirchenreform zu erarbeiten hatten. Ämterkauf und Bestechlichkeit, die Simonie, sollten wieder geahndet werden – Alexander verdankte seine Papstkrone der Simonie. Allen Priestern, Bischöfen und Kardinälen wurde es verboten, in eheähnlichen Gemeinschaften zu leben und Mätressen zu haben – genau das traf für Alexander zu. Kirchliche Lehen sollten nicht länger dem Heiligen Stuhl entfremdet werden – Alexander hatte seine ganze Familie mit kirchlichen Lehen beschenkt. Schauspieler sollten keinen Zutritt zu den Palästen der Kardinäle haben, in denen keine Orgien und keine Komödien mehr aufgeführt werden durften – nicht nur im Palast der Borgia, auch im Vatikan veranstaltete Alexander wilde Feste und ließ Komödianten ihren zügellosen Witz verbreiten.

Wollte er sich tatsächlich bessern und die Ernsthaftigkeit des Amtes annehmen? Wohl kaum. Der Papst bereitete hinter der Nebelwand aus Milde und Reformbemühen neue, noch ungeheuerlichere Taten vor, denn er fühlte sich durch Giovannis Tod vom Schicksal, von seiner Umwelt herausgefordert. Dieser Herausforderung wollte er kühn und rücksichtslos begegnen. Er war jetzt siebenundsechzig Jahre alt und hatte weit weniger zu verlieren, als er noch gewinnen wollte. Sein Plan stand fest.

Seine ganze Politik lief daraus hinaus, Cesare zum König der Romagna zu machen, also des nördlich von Rom gelegenen Teils des Kirchenstaates. Dieses Gebiet wurde von römischen Statthaltern beherrscht, die sich längst von Rom gelöst und eigene Herrscherhäuser aufgerichtet hatten. Um dieses Ziel zu erreichen, war Alexander VI. bereit, einen Frevel, ein Sakrileg gutzuheißen: Um frei für das Königtum zu werden, gab Cesare den Kardinalshut zurück. Das war bis dahin undenkbar gewesen und ist es noch heute: Ein Kardinal tritt nicht zurück, sondern stirbt als Purpurträger, wenn Gott den Zeitpunkt für gekommen hält. Es folgten bewaffnete Kriegszüge in die Romagna, Meuchelmorde und Heiraten, um Cesare als König durchzusetzen. Das Verbrechen, das Rodrigo de Borja plante – und das ist der eigentliche Punkt, womit sich dieser Papst das Entsetzen redlich verdiente –, bestand darin, seine Söhne und seine Familie dauerhaft zu Königen in ganz Italien zu machen. Das hätte jeden neuen Papst zu einer Marionette in den Händen der Borgia erniedrigt. Vom geistlichen Standpunkt aus mag man Alexander VI. als den Antichristen bezeichnen. Was die Macht der Kirche betrifft, so war er die größte Gefahr für die Nachfolger Petri, für die Gemeinschaft der Christen seit der Verfolgung durch Nero und Diokletian. Es war der schlimmste Angriff auf die Kirche, ausgeführt vom Herrscher des Vatikan selbst.

Cesare wurde zum Fürsten in der Romagna und zum Würgeengel seiner Gegner, aber auch derjenigen, die gar nicht seine Feinde waren, sondern nur seinen undurchschaubaren Plänen im Weg standen. Die Jahre zwischen 1498 und 1503 gestalteten sich zu einer Zeit beispiellosen Grauens, ohne Recht, voller Terror und schrankenloser Willkür. Als Alexander VI. am 18. August 1503 endlich am Fieber starb – nicht an Gift, wie bis heute gern behauptet wird, weil man sich ein so banales Ende für den Erzschurken nicht wünscht –, zerfiel das Imperium, das der zweite Borgiapapst durch Lüge und Verbrechen, durch List und Heimtücke zusammengeklaubt hatte. Bedeutend war an diesem Pontifikat nur die Skrupellosigkeit, die Leistungen dieses Papstes werden von seinen Verbrechen verdunkelt. Mehr als jedem anderen Herrscher trauten die Zeitgenossen Alexander VI. alles zu, und so wurde ihm auch alles zugeschrieben. Bald schon bildete sich um den Kern wirklicher Rechtsbrüche eine Schale erdichteter Gräueltaten. Es gibt kein Verbrechen, das ihm oder seiner Familie nicht zur Last gelegt wurde, bis hin zum Inzest mit seiner Lieblingstochter.

Die Empörung über Alexander VI., die bis auf den heutigen Tag nicht abgeklungen ist, beruht auf der einfachen Tatsache, dass er kein weltlicher Herrscher war, sondern der Papst, dessen Macht auf Spiritualität, Heiligkeit, Nähe zu Christus beruhen sollte. Doch nichts von alledem fand sich bei dem zweiten Borgiapapst. Er hat den Vatikan zum Bordell erniedrigt und zur Räuberhöhle gemacht. Zieht man die besonders scheußlichen Verbrechen ab und schreibt sie der bösen Gerüchteküche zu, bleibt immer noch genügend Abscheuliches übrig. Was die Macht selbst betrifft, so tat Alexander VI. etwas Unverzeihliches: Er erniedrigte sie zur bloßen Gewalt. Alle Gewalttäter, die sich mit Gott auf Augenhöhe dünken, finden wir in Dantes »Inferno« in der erweiterten Hölle wieder. Ihre Taten auf Erden haben keinen Bestand, außer als abschreckende Geschichten.

Am Ende wurde die Macht Alexanders überdrüssig. Sie schaute ungerührt zu, als ihn das Fieber fraß. Und sie ließ nichts übrig von seiner Wahnwelt. Cesare musste zunächst aus Rom, dann aus Italien fliehen und fiel am 11. März 1507 in einem Gefecht, das er im Dienst eines Edelmannes am Fuße der Pyrenäen führte. Lukrezia Borgia wurde dem Herzog d'Este eine gute Ehefrau und Mutter seiner Kinder, eine Mäzenatin der Künste und Helferin der Armen. Bis zu ihrem frühen Tod 1519 – sie starb mit neununddreißig Jahren im Kindbett – führte sie ein untadeliges Leben, sie, die wohl eher Opfer und Objekt der Familienpolitik von Vater und Bruder gewesen war als Täterin und Handelnde.

Nach dem Tod Alexanders ließen die Kardinäle die Borgia rasch fallen und bemühten sich, ihre Komplizenschaft vergessen zu machen. Im Konklave wählten sie einen Zelanti, einen eifrigen Befürworter der Reform. Vom Format her war dies Francesco Todeschini Piccolomini, dem Neffen des Humanistenpapstes Enea Silvio Piccolomini, der sich programmatisch Pius III. (1503) nannte, zuzutrauen, von der Gesundheit her leider nicht. Er starb noch im gleichen Jahr nach dreiwöchigem Pontifikat. Nun entschieden sich die Kardinäle für einen Todfeind der Borgia, für Giuliano Della Rovere, der aus dem französischen Exil zurückgekehrt war und sich Julius II. (1503–1513) nannte. Die einen hatten ihn gewählt, weil sie zu seinen Gefolgsleuten gehörten, die anderen, weil sie ihre Beteiligung an der unrühmlichen Zeit so schnell wie möglich vergessen machen wollten und um Vergebung baten.

DAS ZEITALTER DER REFORMATION

Alexanders Nachfolger ragten nicht über ihre Zeit hinaus. Julius II., der Kriegerpapst, liebte die Macht mit einer eisernen, asketischen Liebe, ständig bedacht, sie zu erweitern, während der Medicipapst Leo X. (1513–1521) sie vor allem zu genießen suchte. Beide förderten Künste und Bautätigkeit in erfreulich großem Maß. Am geistlichen Bau der Kirche aber wirkte keiner von ihnen, wenn sie auch der Frömmigkeit, den Gesetzen und Normen wieder einen höheren Stellenwert im Vatikan einräumten. Die ausgebliebene Reform sollte zur Reformation werden, die freilich nicht mehr vom Papst ausging, sondern diesen überrollte.

PAPSTKRÖNUNG UND TURMERLEBNIS

Die Wahl des achtunddreißigjährigen Kardinals Giovanni de' Medici 1513 zum Papst – Leo X. – überraschte die Zeitgenossen, die einiges gewohnt waren, nun doch. Da dieser aber zu den bekannten und vor allem angesehenen Vertretern des Kardinalskollegiums zählte, freute man sich in Rom, und auch in Florenz wurde gejubelt: Die Kunde von der Erhöhung ihres Landsmannes erreichte die Bürger der Stadt in damals rekordverdächtigen zehn Stunden nach der Verkündung der Wahl durch Kardinal Farnese am 11. März 1513 auf dem Petersplatz. Die Florentiner Humanisten dichteten ein Epigramm: »Einst hatte Venus geherrscht, dann kam an die Reihe der Kriegsgott/ Nun beginnt der Tag, hehre Minerva, für dich.« Damit spielten sie deutlich

Papst Julius II., der fähigste Kriegsmann der Kirche. In einer Satire des Erasmus von Rotterdam verweigert Petrus ihm den Eintritt ins Paradies.

auf die Amouren des Borgiapapstes Alexander VI. an und auf die Feldzüge des kriegerischen Papstes Julius II., der sich in seiner Namenswahl auf Julius Cäsar bezogen hatte. Vom Pontifikat Leos X. erwartete man vor allem Geschick, Friedensliebe und Weisheit. Der neue Herr Roms galt als freundlicher Mann, dem Anmaßung, hartes Wesen, Neigung zu Völlerei und Hurerei sowie der Drang nach persönlicher Bereicherung abgingen. Als Motto wählte er den Psalm 119, 1: »Zu dem Herrn rufe ich, wenn ich in Trübsal bin, und er erhört mich.« Er sollte noch vielfältig Grund zur Anrufung Gottes bekommen.

Im gleichen Jahr, als Giovanni de' Medici zum Papst erhoben wurde, wodurch sich sein Leben vollkommen veränderte, hatte auch sein künftiger Gegenspieler, der Augustiner-Eremit Martin Luther, ein Erlebnis der grundstürzenden Art. Es war ein Ruf zu sich selbst oder zu Gott, wie es Paulus vor Damaskus und Augustinus in Cassiciacum widerfahren war. Bei Luther war es allerdings ein wesentlich stilleres, an äußerlichem Glanz und vor allem als weltbewegende Nachricht mit der Wahl und Krönung Leos X. nicht zu vergleichendes, fast privat und intim zu nennendes Ereignis.

In seiner Zelle im Schwarzen Kloster der Augustiner-Eremiten im barbarischen Norden zu Wittenberg grübelte der Theologe und Mönch über die Beziehung des Menschen zu Gott nach. Vor fünf Jahren noch hatte er als Pilger Rom besucht und war von Wallfahrtskirche zu Wallfahrtskirche gelaufen, um Ablässe für seine Sünden zu erlangen, denn wie jeden Christen dieser Zeit quälte ihn die Frage, wie er einst vor seinem Gott dastehen würde und sich für seine Sünden rechtfertigen könnte, um nicht der ewigen Verdammnis anheimzufallen. Nach der Theologie dieser Zeit hatte Gott den Menschen durch die Taufe mit Gnade ausgestattet, die aber durch begangene Sünden vermindert wurde. Eine Todsünde gar löschte den ganzen im Menschen vorhandenen Gnadenvorrat aus. Die »via antiqua« (lat., alter Weg) in der Theologie, die auf den Kirchenlehrer Thomas von Aquin zurückging, besagte, dass von Gott Gnade in des Menschen Seele gegossen wurde, sodass diese eine bestimmte Gnadenfähigkeit besaß, die dafür sorgte, dass man versuchte, ein gerechtes Leben zu führen. Nach der Theologie der »via moderna« (moderner Weg), die sich auf William von Ockham berief, besaß der Mensch dagegen Willensfreiheit. Es war nicht die Gnadenstruktur der Seele, die für die menschlichen Handlungen verantwortlich zeichnete, sondern der Mensch hatte sich unablässig darum zu kümmern, dass er nicht sündigte. Er musste ständig erforschen, ob er täglich wirklich so gut gehandelt hatte, wie er durch die empfangene Gnade Gottes hätte handeln können.

So forschte Luther beständig in sich nach, ob er die Sünde der Sünde wegen zu vermeiden suchte oder nur aus Angst vor Strafe, ob es Liebe zu Gott war oder ob nicht auch ein wenig Eigenliebe mitschwang, wenn er betete. Kurz und gut, Luther vermochte den strengen, richtenden Gott und den liebenden Christus des Neuen Testaments nicht zusammenzubringen. Immer wieder dachte er in diesem Jahr 1513 darüber nach und zermarterte sich manche Nacht schier den Schädel.

Die berühmte Stelle des Römerbriefes im ersten Kapitel, Vers 17, in der es heißt, dass die Gerechtigkeit, die vor Gott gilt, im Evangelium offenbart wird, stellte auch die unbarmherzige Forderung nach einer Gerechtigkeit auf, der wohl kein Mensch entsprechen konnte – zumindest zweifelte Luther daran, dass es ihm gelingen würde. Doch beim wiederholten Lesen fielen plötzlich alle Scheuklappen des Denkens ab, die ihn bisher im Kreis hatten herumirren lassen. Mit einem Mal verstand er, dass er das Ganze in Zusammenhang mit dem letzten Satz des Verses denken musste: »Der Gerechte wird aus dem Glauben leben.«

In diesem Augenblick, der als das sogenannte Turmerlebnis in die Geschichte der Reformation eingehen und als der eigentliche, der geistige Ursprung der Reformation angesehen werden sollte, hatte Luther den entscheidenden Grundgedanken entdeckt, mit dem das System aus den Angeln zu heben war. Die Ablässe, denen er in Rom noch »wie toll« nachgerannt war, erwiesen sich als wertlos – sie gewährten Vergebung auf Erden, nicht aber im Himmel. Auf den Glauben allein kam es an.

Der Mensch, der sündig von Natur aus ist, hat durch die Gnade Rechtfertigung vor Gott. Christus hat die Sünden der Menschen auf sich genommen und dem sündigen Menschen dadurch den Weg zum Heil eröffnet. Dieses Gnadengeschenk Gottes, das Christus darstellt, kann der Mensch aber nur annehmen,

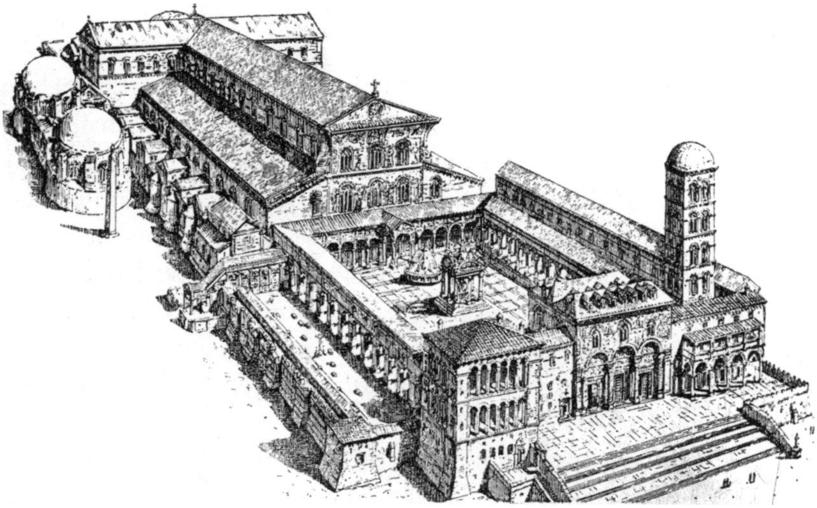

Ursprüngliche Ansicht des Petersdoms, wie er von Kaiser Konstantin dem Großen um 324 begonnen wurde. Im 16. Jahrhundert wurde der alte Bau abgerissen und der heutige Petersdom errichtet.

wenn er an Christus glaubt. Deshalb besah Luther die Werke, die Ablässe und die Gnadenzuteilungen mit strengem Blick und fand, dass all diese Dinge Sprenkel für die Drosseln waren, bestenfalls Beiwerk. Auf den Glauben und – wie er später, den Römerbrief interpretierend, die Bibel übersetzen würde – auf »den Glauben allein« kam es an. Nicht die Werke und Ablässe rechtfertigten den Menschen vor Gott, sondern der Glaube, der seinerseits ein Gnadengeschenk Gottes war. Den Glauben zu verschmähen hieß, Gottes Gnade zurückweisen. Wenn es aber der Glaube allein war, der gerecht machte, wozu benötigte der Mensch dann noch die Kirche, die in der Nachfolge Christi behauptete, die Gnadenportionen wie einen Schatz verwalten und sie dem Menschen durch Sakramente und Ablässe zuteilen zu können?

Im gleichen Jahr also, in dem Luther den Grundgedanken seiner Theologie fasste, zog sein Gegenspieler Giovanni de' Medici als Papst Leo X. in den Vatikan ein. Das Schicksal hatte die handelnden Personen auf ihre Ausgangspositionen gestellt. Und auch das war kein Zufall: Die Papstmesse zur Einführung Leos X. konnte nicht im Petersdom am Petrusgrab stattfinden, denn Alt Sankt Peter, die Basilika, die Konstantin einst zum Ruhme der Christenheit errichten ließ, war nur noch eine Ruine, halb abgerissen, um einem neuen Bau Platz zu machen. Ohne Dach, die Mauern zerfallen, pfiff der Wind durch die altehrwürdige Basilika, und der Regen strömte in die wichtigste der sieben Wallfahrtskirchen Roms. So wurde die Papstmesse in der Sixtinischen Kapelle gefeiert. Ein paar Tage später, am 10. April 1513, zog der neue Papst traditionsgemäß durch Rom zur Lateranbasilika, die seit Konstantins Tagen als Bischofskirche der Päpste diente, um sie feierlich in Besitz zu nehmen.

Den Gegensatz kann man sich wahrlich nicht größer denken: der Mönch und Theologieprofessor im fernen und kalten Deutschland, nachts in seinem Turmzimmer, grübelnd, sich schindend und quälend auf der Suche nach der Antwort, wie der Mensch mit Gott leben könnte, dagegen im warmen römischen Frühling der Papst, der feierlich an einer jubelnden, ihm huldigenden Menge vorbeizog. Dort gab es keine schwarzen, tief hängenden Wolken, sondern lichtblauen Himmel, beherrscht von einer erhabenen Sonne, die ewig war wie das Papsttum selbst.

Die Prozession zur Lateranbasilika führten zweihundert Lanzenreiter an. Es folgten die Musiker in ihren Livreen, die in den Farben weiß, rot und grün gehalten waren. Prachtvoll leuchteten die Banner der dreizehn Vorsteher der Stadtbezirke Roms und die Fahne der Universität, auf der ein Engel in feurigen Farben prangte, wie das Wissen, das von Gott kam, um mit ganzer Größe und Gewalt die Erde zu erobern. Die Stadt ertrank förmlich in Farben, denn diesem Banner schloss sich die Fahne Roms an, auf deren rotem Untergrund die goldenen Buchstaben SPQR leuchteten, die für »Senatus Populusque Romanus« (der Senat und das römische Volk) standen, gefolgt von der weißen Flagge mit dem schwarzen Kreuz des deutschen Ritterordens. Rotseiden mit weißem Kreuz erschienen dahinter die Johanniter.

Farbenprächtig setzte sich die Prozession fort: Wie Tränen der Engel funkelten die Edelsteine, mit denen die prächtigen Gewänder der Chefs der großen Familien aus Florenz und Rom besetzt waren, der Farnese, Medici, Conti, Orsini, Colonna, Santa Croce, Strozzi und Pucci. Schließlich folgten der engere Hofstaat des Papstes und die geistlichen Herren. Zweihundertfünfzig Äbte, Bischöfe und Erzbischöfe ritten in ihrem feierlichen Priesterornat vor den Kardinälen her, unter denen sich auch der Kardinal Petrucci befand, der bald zum Verschwörer werden sollte.

Die Sonne warf blendende Lichtreflexe auf die blanken Rüstungen der Schweizergarde, die erst seit Kurzem den Schutz des Papstes übernommen hatte. Der Schweizer Kardinal Matthäus Schiner hatte die Garde an den Papst verkauft, um ihn von dem Schutz und der Überwachung durch die römischen Barone zu befreien. Schiner, der einen ebenso standfesten Theologen wie gewieften Geschäftsmann abgab, befand sich ebenfalls unter den Kardinälen in dem feierlichen Zug.

Dann endlich, als das Auge des Beobachters bereits trunken und bildersatt nur noch auszuruhen wünschte, kam unter einem Baldachin, der von römischen Bürgern getragen wurde und den Thronhimmel symbolisierte, der Papst selbst auf einem türkischen Schimmel geritten. Sein Haupt zierte die edelsteinbesetzte Tiara, die dreifache Krone. Der Camerlengo, der Kardinalkämmerer, und einige weitere Kammerherren folgten Leo X. und warfen Münzen unter das römische Volk. Den Abschluss bildeten vierhundert Reiter. Nicht nur wegen des verteilten Geldes, sondern vor allem, um an der unendlichen Pracht teilzuhaben, versammelte sich das Volk von Rom rechts und links der Straße, lag in den Fenstern der Wohnhäuser. Eine gute Zeit für Taschendiebe: Die ahnungslosen Gäste, die aus ganz Europa nach Rom gepilgert waren, um Zeuge dieses ganz besonderen Ereignisses zu werden, waren leichte Beute.

Zehn Jahre zuvor war Rom noch ein einziges verwinkeltes

Labyrinth von Häusern und Ruinen gewesen, durch das sich unübersehbar die Straßen der Stadt schlängelten. Wild wuchsen Häuser aus Häusern heraus, während andere allmählich zerfielen und zu dem Schutt wurden, auf dem sich die Stadt seit über zweitausend Jahren erhob. Am Tiberufer konnte man noch erkennen, wie tief unter dem zeitgenössischen Niveau die antike Stadt einst gelegen hatte. Die Dächer der Gebäude stellten inzwischen den ebenen Boden der Neuzeit dar. So wuchs die Stadt gleichsam aus sich heraus, indem sie den Schutt zerfallener Häuser zum Grund neuer Paläste machte, während in den Ruinen auf dem Forum Romanum friedlich Ochsen und Schafe weideten.

Mahnend und drohend erhoben sich in dem Gewirr der Stadt die Wehrtürme der festungsartigen Paläste der stadtrömischen Adligen, die dadurch ihren Anspruch auf Reichtum und Herrschaft dokumentierten, der nur durch den gleichen Anspruch der konkurrierenden Adelsfamilien begrenzt wurde. Diese Stadtfestungen des Adels wirkten auf ihre eigene Art wie Raubrittersitze. Jeder kämpfte mit jedem, alle misstrauten allen. Mit ihren wehrhaften Stadtsitzen als Inseln der Macht inmitten des eng bebauten, winkligen Durcheinanders kontrollierten die mächtigen Familien die Bezirke der Ewigen Stadt. Julius II., ein strenger Papst, ließ deshalb Häuser niederreißen, um große Straßen, die Magistralen, zu schaffen. Dadurch wurde eine Kontrolle möglich, die die Macht des stadtrömischen Adels einschränkte, der sich plötzlich des wehrhaften Schutzes, die das Häusergewirr gewährt hatte, beraubt sah. Auf der Via Papale, einer dieser großen, von Leos Vorgänger geschaffenen Alleen, bewegte sich der päpstliche Zug nun von Alt Sankt Peter quer durch die Stadt zur Lateranbasilika.

Spätestens nach seiner Rückkehr zum Vatikanpalast spürte Leo X. immer heftiger die Schande, dass das Petrusgrab unter einer zerfallenen Kirche lag. Hatten sich die Päpste so weit in die Politik, in die Weltlichkeit vorgewagt, dass sie die Heilsgeschichte als eigentliche Rechtfertigung des Anspruchs, Haupt der Christenheit zu sein, zugunsten der Geschichte vergessen, im wahrsten Sinne des Wortes verfallen lassen durften? Nein, der Wiederaufbau musste begonnen werden, koste es, was es wolle! Binnen Kurzem glich der Petersdom einer einzigen Baustelle, wie auch Europa nur allzu bald zu einer gigantischen Baustelle des Glaubens werden sollte, wo man mit den Steinen und dem Holz, den Bildern und den Säulen des alten Doms der Christenheit verschiedene Kirchen errichten würde.

Doch vorerst ahnte niemand – am allerwenigsten der Papst, auch Luther noch nicht –, dass die Einheit der Christenheit zerbrechen würde. Im neu errichteten Petersdom, in Neu Sankt Peter, so wie wir ihn heute kennen, sollte eine neue katholische Kirche beten, die sich zwar die allein selig machende nennen, aber längst nicht mehr die einzige christliche Kirche im Westen sein würde. Der Wiederaufbau des Petersdoms, dieses Drama aus Abriss und Aufbau, aus Zerstörung und Errichtung wurde zum einen in die Zeitereignisse hineingerissen, zum anderen beeinflusste es sie mit, denn mit der Zerstörung von Alt Sankt Peter vernichtete sich die alte katholische Kirche selbst und erstand zu einer neuen Kirche im neuen Dom.

Augenfälliger ereignete sich kaum etwas in der Geschichte, wird die Baugeschichte von Sankt Peter zum Sinnbild der politischen Geschichte des Vatikan. Oder muss man eher formulieren, dass die politische Geschichte zum Sinnbild der Baugeschichte wurde? Wie immer man das Ganze auch beurteilen mag, Gott scheint ein konsequenter Künstler zu sein, der beste von allen, der das Schicksal mutwillig spielen lässt, denn am Anfang der Geschichte der Reformation und des Endes der einigen Christenheit steht ein Grabmal.

SKANDALBAU PETERSDOM

Im Jahr 1505 rief Papst Julius II. den berühmten Bildhauer, Maler und Architekten Michelangelo zu sich und bat ihn, ein Grabmal für sich zu entwerfen. Michelangelos Pläne gerieten jedoch so imposant, dass sich in der alten Kirche kein Platz dafür fand, und es wurde beschlossen, den Petersdom so zu erweitern, dass er auch Platz für das eindrucksvolle Mausoleum bot. Michelangelo begab sich daraufhin für das nächste halbe Jahr in die Marmorsteinbrüche von Carrara, um den passenden Marmor auszusuchen.

In der Zwischenzeit beauftragte Julius II. den Architekten Donato Bramante, den Ausbau des Petersdomes vorzunehmen. Der Architekt sah mit einem Blick, dass er zum Erfüllungsgehilfen eines Bildhauers werden sollte, was sich weder mit seinem Stolz noch mit seinen Honorarvorstellungen vertrug. Er lieferte einen Entwurf, der zum einen überzeugend und brillant war. Zum anderen sprach er damit Julius II. in seiner Eitelkeit als zweiten Cäsar an und machte ihm den Gedanken schmackhaft, mehr als nur ein Grabmal zu errichten: Julius II. würde seinen Onkel Sixtus IV. (1471–1484) – den Auftrag- und Namensgeber der Sixtinischen Kapelle – als Baumeister Roms und Förderer der Künste übertreffen, raunte er ihm zu, und der Neubau von Sankt Peter würde ihm ewigen Ruhm einbringen: Die Hauptkirche der Christenheit wäre sein Werk.

Anfangs zögerte der Papst, lehnte die Entwürfe ab und schob Bescheidenheit als Grund vor. Doch der bauernschlaue Bramante merkte rasch, dass der Papst den Köder geschluckt hatte – keine Eigenschaft, mit Ausnahme der Geduld vielleicht, lag Julius II. ferner als die Bescheidenheit. In Abwesenheit Michelangelos konnte Bramante den Papst dazu überreden, mit dem Neubau zu beginnen.

Kurz und gut, Michelangelo kehrte zurück und erhielt keine Audienz beim Papst. Eine Woche lang bemühte sich der Künstler ohne Erfolg, vor seinem Auftraggeber erscheinen zu dürfen. Schließlich trat er wieder vor den Wächter, just in jenem Moment, als auch Galeotto Franciotti Kardinal Della Rovere, der Sohn der Schwester des Papstes, im Vatikan eintraf. So hörte

An diesem Bau zerbrach die Christenheit: der Petersdom, heute Weltkulturerbe der UNESCO. Von Bramante, Michelangelo und anderen entworfen und ab 1506 in über hundertjähriger Bauzeit vollendet. Der Petersplatz wurde von Bernini geplant. Die vorgelagerten Säulengänge sollten die ganze Welt umfangen: »urbi et orbi«.

dieser, wie der Wächter zu Michelangelo sagte: »Verzeiht mir, aber ich habe Order, Euch nicht vorzulassen.« Der Kardinal empörte sich und herrschte den Wächter an: »Er hat zu respektieren, wer dieser Mann ist!« Unglücklich über die Situation, konnte der Wächter nur erwidern: »Gewiss weiß ich, wer der Mann ist, aber ich bin verpflichtet, die Befehle meines Herrn auszuführen.«

Für Michelangelo war damit die Abweisung eindeutig – wenn nicht einmal der Neffe des Papstes ihm Zugang zu diesem verschaffen konnte, dann war er in Ungnade gefallen, dann hatte es in seiner Abwesenheit Intrigen gegeben. Sensibel, wie er als Künstler war, zauberte die Fantasie sogleich Bedrohungen vor seine Augen. Das tatsächliche Ausmaß der Intrige kannte er zu diesem Zeitpunkt nicht, doch musste sie verheerend gewirkt haben, wenn ihn der Mann, der sein Förderer gewesen war, der ihm in Windeseile einen außerordentlich großen Auftrag erteilt hatte, ein halbes Jahr später nicht einmal mehr empfing.

Michelangelo handelte rasch: Er wies seinen Diener an, das Mobiliar seiner Wohnung zu verkaufen, und zwanzig Stunden später befand er sich bereits auf Florentiner Gebiet. Kaum war Michelangelo in den frühen Apriltagen des Jahres 1506 in Florenz eingetroffen, da wurde seine empfindliche Niederlage für alle Zeit und unwiderruflich dokumentiert: Am 18. April legte Julius II. den Grundstein für Neu Sankt Peter, für das größte Bauwerk aller Zeiten, das sich noch dazu an der Stätte der alten und heiligen Grabeskirche Petri, der Hauptkirche der Christenheit, erheben sollte.

Die Widerstände, die sich Julius II. entgegenstellten, zählten Legion. Schwer vorstellbar, woher der gewiss kühne Papst diesen ungeheuren Mut nahm, um ein so monumentales Werk in Angriff zu nehmen. Er musste den nahezu geschlossenen Widerstand seiner Zeitgenossen teils ignorieren, teils niederzwingen. Von heute aus betrachtet, scheint kaum jemand – außer Donato Bramante und die Bauleute – dafür gewesen zu sein. Der Papst musste also die Ablehnung der Kardinäle überwinden und das Geld für das beispiellose Projekt besorgen. Nicht, dass die Kardinäle den bejammernswerten Bauzustand der über tausendjährigen Basilika übersehen hätten; auch empfanden sie für den wild gewachsenen, in Stil und Baumaterial völlig unharmonischen Gebäudekomplex, der sich in den Jahrhunderten um das Petrusgrab gebildet hatte, keinerlei Sympathie. Entscheidend für die Ablehnung der Kardinäle war die unbestreitbare Tatsache, dass die Basilika aus der Zeit der ersten Christen stammte.

Erinnerungen und Geschichte gerieten zur geistigen Statik der Basilika und schließlich auch der Kirche. Hier war das Petrusgrab, hier befanden sich aber auch die Gräber vieler Märtyrer und Heiliger. Nach offizieller Lehre beruhte ja die Gnadenvollmacht der Kirche darauf, dass durch die Werke Christi, der Märtyrer und der Heiligen wie ein riesiger Schatz ein Gnadenvorrat angehäuft worden war, auf dem die katholische Kirche beruhte und den sie verteilen durfte, eben im Spenden von Sakramenten und in der Gabe von Ablässen. Manchem Zeitgenossen kam es so vor, als würde mit dem Abriss von Alt Sankt Peter das Evangelium selbst zerlegt.

Die Grundsteinlegung selbst erfolgte in größter Eile. Der 18. April 1506 fiel auf einen Sonnabend. Vom Vatikanpalast trug Papst Julius II. ein Kreuz voran, Kardinäle und Bischöfe folgten ihm. Die erste Baugrube, die noch außerhalb der alten Basilika lag, war 7,60 Meter tief und sollte das Fundament eines Pfeilers der neuen Vierung des Domes, des Veronikapfeilers, werden. Mit zwei Kardinaldiakonen und einigen Maurern kletterte der dreiundsechzigjährige Papst über Leitern zum Grund der Baugrube hinab, um den Grundstein zu segnen, den man aus weißem Marmor gefertigt hatte und auf dem die Inschrift eingemeißelt war: »Papst Julius II. aus Ligurien hat 1506 im dritten Jahr seiner Regierung diese sehr verfallene Basilika wiederherstellen lassen.« Nach dem Segen richtete der Papst den Stein, und die Maurer stellten einen Krug mit Münzen auf den Marmor, die der berühmte Goldschmied Caradosso geprägt hatte. Julius II. sprach ein Gebet, erklomm die Leitern und schritt zügig zurück in den Vatikan, denn er befand sich in Kriegsvorbereitungen gegen Bologna.

Dort hatte Giovanni II. Bentivoglio als starker Mann die Signoria, die Herrschaft, inne. Unter Nichteinmischung der Päpste hatte er das ehemalige päpstliche Lehen Bologna an sich gerissen. Julius II., der die Absicht hatte, den Kirchenstaat in seinem Bestand zu festigen, konnte und wollte das nicht dulden. Eigentlich war der Papst vollauf mit schwerwiegenden politischen Problemen beschäftigt, als er den Neubau des Petersdoms beschloss und in die Wege leitete. Am 30. August 1506, einem Sonntag, marschierte Julius wegen der großen Hitze bereits vor Sonnenaufgang an der Spitze von fünfhundert Rittern gen Norden. Durch Sondergesandte informierte er den französischen König darüber, dass er sich auf dem Weg nach Bologna befand, um Bentivoglio niederzuwerfen. Vor Bologna erwarte er die französischen Hilfstruppen. Die gleiche Botschaft ging an Venedig mit dem einen Unterschied, dass der Papst vom Dogen lediglich wünschte, sich in der Angelegenheit neutral zu verhalten.

Julius hatte entschieden, alles auf eine Karte zu setzen und Fakten zu schaffen. Die Rechnung ging auf: Die französischen Truppen erschienen pünktlich vor Bologna, um den Papst zu unterstützen, Venedig blieb neutral. So konnte Julius II. am 1. November 1506 siegreich in Bologna einziehen. Zuvor hatte er schon das widerstrebende Perugia niedergerungen. Als oberster Baumeister des Papstes und Spezialist für Festungsanlagen musste Donato Bramante seinen Herrn auf den Kriegszügen begleiten – so dicht lagen Baukunst und Kriegskunst in diesen Tagen beieinander.

Nicht im Krieg, sondern beim Umbau des Petersdoms handelte sich Bramante den Spottnamen »ruinante« – der Zerstörende – ein. Um sein Werk unumkehrbar voranzutreiben, hielt er es wie sein päpstlicher Herr: Er schuf Fakten, indem er schneller, radikaler und mehr von der alten Basilika abreißen ließ, als notwendig gewesen wäre, um mit dem Neubau voranzukommen. Skrupellos und selbstgefällig nahm er weder auf Kunstschätze, noch auf Zeugnisse der Geschichte in der nunmehr zwölfhundert Jahre alten Basilika Rücksicht. Wertvolles stein- und bildgewordenes Wissen, das uns wichtige Auskünfte über das frühe Christentum und die Anfänge der Kirche hätte geben können, fiel bildlich gesprochen seiner Spitzhacke zum Opfer.

Den Höhepunkt erreichte Bramantes Wahn, als er schließlich vorschlug, das Grab des Apostels Petrus zu verlegen, weil er die Achse des Domes drehen wollte. Der Haupteingang zum Dom sollte nun statt im Osten im Süden liegen, sodass die gewaltige Cäsarsäule auf den Eingang des Domes hinweisen würde, seines Domes, des Domes des Donato Bramantes. Dieser Idee folgte sogar Julius nicht mehr. Das beachtliche Überredungstalent des Baumeisters versagte vor dem Frevel. Julius beschied ihn, dass das Heidnische sich nach dem Christlichen und nicht das Christliche sich nach dem Heidnischen zu richten habe. Er solle die Cäsarsäule umstellen. Schwierigkeiten mit dem komplizierten Baugrund, Geldnöte und Feldzüge brachten die Bauarbeiten zeitweilig zum Erliegen.

Inzwischen hatte der französische König Ludwig XII. Kardinal d'Amboise ermuntert, für 1511 mit den oppositionellen spanischen und französischen Kardinälen, deren Ziel es war, den Papst abzusetzen, ein Konzil in Pisa anzuberaumen. Das brachte den Pontifex in große Bedrängnis, denn auch der deutsche Kaiser Maximilian, dem die fixe Idee kam, selbst Papst werden zu wollen, unterstützte stillschweigend, doch wirkungsvoll das Absetzungskonzil. Julius II. unterlief diesen brandgefährlichen Versuch energisch, indem er noch im gleichen Jahr ein rechtmäßiges Konzil in den Lateran einberief und die Pisaner als Schismatiker verurteilte. Denn wie konnte es ein rechtmäßiges Konzil in Pisa geben, wo doch in Rom das Konzil der Kirche stattfand? Damit hatte er dem gefährlichen Angriff seiner Feinde von vornherein den Stachel genommen.

All das beeinträchtigte die Bauarbeiten am Petersdom mittelbar und unmittelbar. Vom Abriss und, außerhalb der Basilika, den Arbeiten an der Veronikasäule abgesehen, hatte sich noch nicht allzu viel getan, als Julius II. am 20. Januar 1513 das Sterbesakrament erhielt. Er versammelte die Kardinäle um sein Sterbelager und teilte ihnen auf Latein sein Vermächtnis mit. Er schärfte ihnen ein, die Kardinäle des pisanischen Konzils, die er, weil sie eine Kirchenspaltung provozierten, nur »die schismatischen Kardinäle« nannte, nach kanonischem Recht vom nächsten Konklave, von der Papstwahl auszuschließen. In der Nacht vom 20. zum 21. Januar starb Julius II. Die Festlegung aber, die schismatischen Kardinäle vom Konklave auszuschließen, führte letztendlich zur Wahl des Giovanni de' Medici zu Papst Leo X.

Von Leo X. ist der Satz überliefert, dass er, da er nun einmal zum Papst erhoben worden sei, das Pontifikat auch in vollen Zügen zu genießen gedenke. Zur Erlangung der Annehmlichkeiten musste er allerdings beträchtliche Anstrengungen unternehmen, denn ohne es zu verstehen oder auch nur annähernd zu begreifen, befand er sich plötzlich in hoher Position in einer sich gründlich verändernden Welt: Die wachsenden Kanzleien entwickelten sich zu Vorstufen von Ministerien. Die Naturalwirtschaft war von der Waren-Geld-Beziehung verdrängt worden, was die Anhäufung und den Austausch von Reichtümern erleichterte.

Leo X. nahm diese grundsätzlichen Veränderungen nur als diplomatische Schwierigkeiten in der Auseinandersetzung mit den immer selbstbewusster agierenden Königen und deutschen Fürsten wahr. Der Medicipapst, der sich eigentlich mit prunkvollen Prozessionen, kulinarischen Höhepunkten und reizvollen Jagden beschäftigen und Malerei und Architektur fördern wollte, musste ständig gegen Versuche ankämpfen, dem Kirchenstaat Herzogtümer zu entreißen oder Pfründe zu entfremden. Seine Liebe zum Geldausgeben, die Verpflichtung, seinen Wählern im Kardinalspurpur durch Geldgeschenke Dankbarkeit zu erweisen, und der Beschluss, den Petersdom weiterzubauen, beförderten die päpstlichen Finanzen von einer bedenklichen in eine katastrophale Lage.

In dieser Situation verwundert es nicht, dass Leo X. wenig Verständnis aufbrachte für die Appellation eines Juristen aus Stuttgart, der aus Pforzheim stammte, als Rat für den Landgrafen von Württemberg, für den Schwäbischen Bund, aber auch für den Kaiser tätig war und privat ausgedehnte Studien in Latein, Griechisch und Hebräisch betrieb. Der Papst entnahm der Beschwerde des Johannes Reuchlin, dass seine Schrift »Der Augenspiegel« vom Mainzer Erzbischof verboten worden war und sich der Autor auf Betreiben des Kölner Dominikaners und Inquisitors Jakob von Hoogstraten in Mainz vor Gericht verantworten sollte.

Der ganze Streit hatte eine längere Vorgeschichte, die Leo nicht kannte: Alles hatte damit begonnen, dass der Kölner Jude Johannes Pfefferkorn zum Katholizismus übertrat. Fortan verdammte er den jüdischen Glauben und versuchte, wenn auch mit geringem Erfolg, seine ehemaligen Glaubensbrüder zu missionieren. Die Schuld daran gab er den jüdischen Büchern, die seiner Ansicht nach zur Verstocktheit der Juden gegenüber dem christlichen Glauben führten, und verlangte deshalb in mehreren Schriften, dass sie ihre Bücher herausgeben sollten. Durch die Fürsprache der Kölner Dominikaner, Leuten wie Jakob von Hoogstraten und Otwin Gratius, dem Professor und berühmtesten Theologen der Kölner Hochschule, erhielt Pfefferkorn am 19. August 1509 den kaiserlichen Auftrag, die Bücher der Juden einzuziehen und zu vernichten. Zwei Monate später übertrug der Kaiser Erzbischof Uriel von Mainz die Oberaufsicht über die Angelegenheit. Dieser holte von den Universitäten Köln, Mainz, Heidelberg und Erfurt, außerdem von Hoogstraten, von dem zum Katholizismus übergetretenen Juden Viktor von Carben und von Johannes Reuchlin, dem berühmtesten Hebräisten der Zeit, Gutachten darüber ein, ob die Einziehung der Bücher rechtmäßig sei.

Der Mann, der sich wie kein Zweiter um eine wissenschaftliche Hebräistik bemühte, konnte dieses barbarische und primitive Vorgehen unmöglich billigen, und so fiel sein Gutachten grundsätzlich anders aus als die übrigen. Reuchlin unterschied zwischen jüdischen Propagandaschriften gegen das Christentum, die man einziehen und vernichten dürfe, und dem Talmud, den Kommentaren und den Büchern, in denen es Hinweise auf Jesus gab; darunter befanden sich eine große Gruppe von Schriften der wichtigen jüdischen Mystik. Er setzte sich dafür ein, dass diese zweite Gruppe von Büchern den Juden ebenso wie die hebräische Bibel auf jeden Fall gelassen werden sollte. Außerdem wandte er sich als Jurist gegen die Bezeichnung Ketzer oder ketzerisch, weil unter Ketzertum rechtlich der Abfall vom christlichen Glauben verstanden würde. Da aber die Juden zu keinem Zeitpunkt Christen gewesen seien, könnten sie folglich nicht vom christlichen Glauben abgefallen, mithin keine Ketzer und ihre Bücher keine ketzerischen sein. In seinem Gutachten stellte Reuchlin die fachliche Eignung des Johannes Pfefferkorn völlig zu Recht in Frage.

Hoogstraten machte Pfefferkorn die Gutachten zugänglich, der, erbost über Reuchlins Einschätzung, im Jahr 1511 unter dem Titel »Handspiegel« eine Polemik gegen diesen veröffentlichte. Noch im selben Jahr antwortete Reuchlin mit seinem »Augenspiegel«. Der Frankfurter Stadtpfarrer Petrus Meyer, der als guter Soldat Christi die Frankfurter Buchmesse kontrollierte, schickte Reuchlins soeben erschienenes Buch mit dem Hinweis auf seinen ketzerischen Inhalt umgehend an Hoogstraten. Dieser beauftragte zwei Kollegen von Gratius mit einem Gutachten, nämlich Konrad Köllin und Arnold von Tungern.

Was wollte man von Leuten erwarten, die in der Tradition derjenigen standen, die bereits anderthalb Jahrhunderte zuvor das Häresieverfahren gegen einen der bedeutendsten deutschen Theologen und Philosophen seiner Zeit und ihres Ordens, gegen den Dominikaner Meister Eckhart, vom Zaun gebrochen hatten? Für die Kölner Theologen war Reuchlins Philologie ketzerisch, und sie intrigierten beim Kaiser hinter den Kulissen gegen den Schwaben.

Reuchlin war voller Zorn über die Borniertheit, die freche Dummheit und wissenschaftliche Haltlosigkeit der Pfefferkornschen Aussagen, die die Vernichtung der jüdischen Bücher zum Endziel hatten, und so traf ihn das Verbot seines »Augenspiegels« durch Kaiser Maximilian am 7. Oktober 1512 hart. Die dominikanischen Intriganten hatten ganze Arbeit geleistet. Reuchlin, der maßvolle Mann, dessen Naturell eigentlich im wissenschaftlich konzentrierten Arbeiten in der Zurückgezogenheit von den

Händeln der Welt aufging, veröffentlichte daraufhin ein feuriges Pamphlet, das im Juli 1513 ebenfalls vom Kaiser verboten wurde. In Köln rieb man sich die Hände. Von den theologischen Fakultäten der Universitäten Löwen, Köln, Paris, Erfurt und Mainz trafen die erwünschten Gutachten gegen den Reuchlinschen »Augenspiegel« ein.

Aber was waren diese Gefälligkeitsgutachten, bei Lichte besehen, wert? Es waren bestellte Gutachten von Vertretern einer Theologie, die sich an den Universitäten festgesetzt und sich eigentlich längst überlebt hatten. Eine neue Wissenschaft, ein neues Denken blies von allen Seiten bereits zum Sturm dagegen, nicht nur in Deutschland, auch in Italien, auch in der Schweiz. Namen wie Marsilio Ficino, Giovanni Pico della Mirandola und Erasmus von Rotterdam standen dafür, beeindruckende Vertreter einer Bewegung, die man später Humanismus nennen würde.

Doch einstweilen frohlockte der üble Hoogstraten. Im September 1513 forderte er – nun als Inquisitor – Johannes Reuchlin auf, sich dem Tribunal von Mainz zu stellen. Ebenso gut hätte Reuchlin auch in Stuttgart widerrufen oder sich gleich selbst verbrennen können. Er unternahm nichts von beidem, sondern beschwerte sich beim Papst, wissend, dass sein Name in Rom einen guten Klang hatte.

Und der Papst? Er übertrug die Angelegenheit dem Bischof von Speyer, der Hoogstratens Vorgehen für null und nichtig erklärte und keinen Grund sah, Reuchlins »Augenspiegel« zu verbieten. Das bischöfliche Gericht in Speyer sprach Johannes Reuchlin am 29. März 1514 frei, hob das Verbot des Buches auf, verurteilte Hoogstraten zur Zahlung der Prozesskosten und gebot ihm ewiges Stillschweigen. Doch der Inquisitor ließ nicht locker. Er beschwerte sich nun seinerseits beim Papst, und der, von der unvergnüglichen Angelegenheit leicht entnervt, bestimmte Kardinal Vincenzo Grimani zum Richter im deutschen Streit.

Im sinnenfrohen Rom, in dem die Humanisten in gutem Ansehen standen, wie man eben auch die Skulpturen und Bilder

Michelangelos und Raffaels liebte, jener Künstler, die das Bildprogramm des Humanismus schufen, mochte man Reuchlin mehr als Hoogstraten, den unappetitlichen Fanatiker. Alles ging seinen behördlichen Gang, die Gegner wurden nach Rom zitiert. Reuchlin ließ sich durch einen Beauftragten vertreten, Hoogstraten kam selbst und blieb über drei Jahre in der Ewigen Stadt, um den Prozess voranzutreiben. Vergebens, denn man hatte beschlossen, die Sache im Sande verlaufen zu lassen. Hoogstraten intrigierte noch ein Jahr in Rom, musste dann aber unverrichteter Dinge nach Köln zurückkehren. Inzwischen lachte ganz Deutschland über ihn und seine Kölner Kumpane, denn die Humanisten hatte eine scharfe Waffe gegen die Kölner Dominikaner angewandt: den Spott, den sie in ihren »Dunkelmännerbriefen« genüsslich über Gratius, Hoogstraten und Tungern ausgossen. In der Abwehr des scholastischen Angriffs auf die Denk- und Wissenschaftsfreiheit stand die geistige Elite – die Humanisten, Erasmus von Rotterdam, Martin Luther, Willibald Pirckheimer – auf der Seite Reuchlins.

DIE OPERATION ABLASS

Seit mindestens einem Jahrhundert gab es Klagen aus Deutschland, dass man vom römischen Klerus dreist ausgebeutet werde. Das Große Schisma, die Existenz von zwei bzw. drei Päpsten, hatte den Primatsanspruch des Papstes in den Augen der Menschen schwer beschädigt. Die Geistlichkeit im Reich und in Rom verweltlichte von Tag zu Tag stärker und benötigte für ihren ausschweifenden Lebenswandel immer mehr Geld. Hinzu kamen Kriege, die Unsummen verschlangen, der Neubau von Sankt Peter, der immer kostspieliger geriet, und die Verpflichtung der Päpste als Herren von Rom, die Brotpreise in der Stadt zu subventionieren und ein Viertel der römischen Bevölkerung, die schlicht erwerbslos waren, zu unterstützen.

Außerdem hatten die Türken im Jahr 1453 Konstantinopel erobert und stießen auf dem Balkan nach Europa vor. Griechenland, Serbien, das Kosovo, Kroatien und Makedonien wurden bereits von der Hohen Pforte regiert. Die Gefahr für das christliche Europa, von den Muslimen erobert zu werden, wuchs von Jahr zu Jahr. Die christlichen Herrscher Europas aber, die heillos in die Kämpfe um die Vorherrschaft verstrickt waren, nahmen die Türken lediglich als Größe in ihrem Intrigenspiel wahr, nicht aber als ernsthafte Gefahr. Einzig die Päpste, vor allem Julius II. und Leo X., begriffen, wie ernst der osmanische Vormarsch zu nehmen war. Deshalb bemühten sie sich darum, einen Türkenkreuzzug zu führen, die europäischen Fürsten hinter der Fahne des Kreuzes zu versammeln und die Türken wieder über den Bosporus zu jagen. Dieses Projekt erforderte zuallererst eines: Geld. Spanien, England und Frankreich gelang es als Nationalstaaten zunehmend, den päpstlichen Finanzwünschen einen Riegel vorzuschieben. Blieb Deutschland als Zahlmeister übrig.

Seit dem 14. Jahrhundert hatte sich der Ablasshandel zu einer beliebten Einnahmequelle entwickelt. Er wurde es umso mehr, als durch die sich durchsetzende Waren-Geld-Beziehung, die Entstehung der Banken und des modernen Finanzsystems größere Summen problemlos über weite Entfernungen zu versenden waren. Zehn Kühe konnte man schlecht nach Rom schicken, zehn Dukaten, die noch dazu mithilfe von Bankwechseln überwiesen wurden, dagegen sehr leicht.

Schon Julius II. hatte den Ablassverkauf als Mittel zur Geldbeschaffung zum Ausbau des Kirchenstaates und des Petersdoms angekurbelt. Ohne ein Gefühl für die schwerwiegenden Folgen ließ Leo X. ihn in noch weit größerem Stil vorantreiben. Er wies einen Verwaltungsmann, Giannangelo Arcimboldi, an, den Handel mit den Ablässen in Deutschland zu organisieren, und dieser beauftragte damit die Dominikaner. Im mitteldeutschen Raum übernahm diese Aufgabe der beliebte Volksprediger und Dominikaner Johannes Tetzel.

Nicht nur für den Papst, sondern auch für den brandenburgischen Markgrafen bedeutete dieser Handel eine wichtige Einnahmequelle. Albrecht II., Erzbischof von Magdeburg und Herr der wichtigen Diözese Halberstadt, wollte Erzbischof von Mainz werden, ohne jedoch die Bistümer Magdeburg und Halberstadt aufzugeben. Dazu bedurfte er der Genehmigung des Papstes. Leo X. gestattete die bedenkliche Ämterhäufung, aber nur gegen Zahlung erheblicher Summen. Die Fugger erklärten sich bereit, das Geld vorzustrecken, und Leo X. schloss mit Albrecht einen Handel: Der Erzbischof würde in seinen Kirchenprovinzen den Ablasshandel vorantreiben, dafür durfte er die Hälfte des Geldes behalten und davon seine Schulden bezahlen.

Nicht nur die lebenden Sünder, nein, auch die Angehörigen konnten für die Sündenstrafen ihrer verstorbenen Verwandten, die womöglich im Fegefeuer schmorten, Vergebung erlangen, wenn sie alle Ablassforderungen erfüllten, wie Reue zeigen, zur Kirche gehen, beten – vor allem aber Geld spenden. Langsam entwickelte sich auch ein gewisses Tarifsystem für den Ablass. Bei schweren Sünden berechnete man die Kosten, die entstehen würden, wenn der Sünder sich nach Rom begeben und dort in den Wallfahrtskirchen opfern würde. Ein interessantes Geschäftsmodell: Die Kirche verdiente an nicht unternommenen Pilgerreisen. Wenn man davon ausgeht, dass viele Zeitgenossen von der Realität der Bestrafung für die Sünden überzeugt waren – und gute Bußprediger wie Tetzel malten sie in schaurigen Farben –, versteht man, was diese Ablässe für die verängstigten Menschen bedeuteten. Man lese Dantes »Inferno« oder schaue sich die Bilder von Hieronymus Bosch an und stelle sich vor, das sei Wirklichkeit, sozusagen eine wahrheitsgetreue Darstellung der Höllenstrafen, dann versteht man, dass Menschen ihren letzten Groschen gaben, um sich dieses Schicksal zu ersparen oder geliebte Angehörige aus dieser Qual zu erlösen.

Im Januar 1517 jedenfalls lief die Operation Ablass im großen Stil an. Was der sächsische Kurfürst Friedrich der Weise vom Sünden tilgenden Aspekt der Ablässe hielt, weiß man nicht. Sicher ist nur, dass er es lieber sah, wenn das Geld im Lande blieb und nicht nach Rom floss, wo es seine Konkurrenten, die Hohenzollern, reich machte. Denn Erzbischof Albrecht war der Bruder des brandenburgischen Kurfürsten Joachim, des Gegenspielers Friedrichs des Weisen.

Giannangelo Arcimboldi koordinierte die Aktionen in den deutschen Landen und hatte das Geschäft zwischen Leo X. und Erzbischof Albrecht vermittelt. Johannes Tetzel war als Generalsubkommissar Albrechts Mann für seine Diözesen. In anderen Diözesen wirkten andere »Tetzels« – uns soll nur dieser interessieren, weil er zum Stein des Anstoßes wurde.

Im Januar 1517 predigte Tetzel in Eisleben, das zum Bistum Halberstadt gehörte, und erfreute sich eines großen Zulaufs. Auf der alten Heerstraße zog er über Aschersleben und Egeln weiter nach Magdeburg. Überall jagte er den Menschen einen gehörigen Schrecken vor den Höllenstrafen ein und kassierte gewaltig für die Rettung durch die gewährten Ablässe. Spötter dichteten damals: »Wenn das Geld im Kasten klingt, die Seele in den Himmel springt.«

Im Frühjahr kam Tetzel in Jüterbog an. Sein Ruf war ihm vorausgeeilt, und nicht wenige Menschen waren aus dem benachbarten Wittenberg gekommen. Dort durfte Tetzel nicht predigen, denn Wittenberg gehörte zu Kursachsen, und Friedrich der Weise hatte den Ablasshandel untersagt. Mehr noch als den Kurfürsten verdross es den Theologieprofessor seiner jungen Reformuniversität Wittenberg, dass die Menschen nach Jüterbog zu Tetzel strömten. Dieser ärgerte sich nicht, wie Friedrich, darüber, dass das gute kursächsische Geld in die Kassen Leos und Albrechts floss, nein, den Augustiner-Eremiten erzürnte der Betrug. Schließlich hatte er sich mit den Fragen der Rechtfertigung der Sünder – denn der Mensch war von Geburt an sündig – ausgiebig herumgeschlagen und im Jahr 1513 die Lösung für all seine Fragen gefunden. Nun, vier Jahre später, war seine Theologie, die er auf dem Primat des Glaubens errichtet hatte, bereits sehr weit gediehen. Diesen Ablass-Schabernack, diesen Volksbetrug, diesen Hohn, den man mit Christus und den Menschen trieb, die, arg und gewissenlos getäuscht, alles für eine Schimäre gaben, wollte er nicht hinnehmen. Er stammte selbst aus einer armen Familie, aus sehr bescheidenen Verhältnissen, und musste nun hilflos mit ansehen, wie den Menschen rücksichtslos die Existenz abgepresst wurde. Und wofür? Für eine Lehre, die, bei Lichte besehen, ketzerisch war.

Papst Leo im fernen Rom ahnte nicht, was sich in der deutschen Provinz zusammenbraute, wie heiß der »Furor teutonicus«, der deutsche Zorn, in Martin Luther brodelte. Der Papst schlug sich mit viel näherliegenden, existenzbedrohenden Problemen herum. Das Herzogtum Urbino hatte er an seinen Erzrivalen Francesco Maria aus der Familie der Della Rovere, aus der sein Vorgänger stammte, verloren. In den Städten der Toscana und des Kirchenstaates gärte es. Die Unruhen hatten sogar den Vatikan erreicht. Alfonso, der Heiligen Römischen Kirche Kardinal Petrucci, hegte einen tödlichen Hass gegen den Papst, weil der im Vorjahr seinem Bruder Borghese Petrucci das toskanische Siena weggenommen und ihn aus der Stadt verbannt hatte. Der Kardinal plante, den Papst zu vergiften. Im März 1517 wurde das Komplott aufgedeckt, und Leo X. ließ neben Petrucci weitere Kardinäle aus seiner nächsten Umgebung verhaften. Bis heute ist ungeklärt, ob sie nur Mitwisser oder auch Mitverschworene, Mittäter waren – die Vernehmungsprotokolle verschwanden spurlos. Petrucci jedenfalls steckte man in das tiefste Verlies der Engelsburg, das man »marocco« nannte, bevor er am 3. Juli im Castel Sant' Angelo erdrosselt wurde.

Papst Leo war zutiefst erschrocken über den Abgrund, der sich plötzlich vor ihm aufgetan hatte, und verließ die nächsten Wochen nicht mehr den Vatikan. Er begnadigte jedoch einige Kardinäle, weil er den Volkszorn fürchtete, wenn er die beliebtesten kirchlichen Würdenträger Roms hinrichten ließ. Außerdem bestand die Gefahr, dass diese Hinrichtungen noch tieferen Hass hervorriefen, weil sich die Anhänger der Kardinäle in der Toscana mit den Aufständischen und Unzufriedenen zusammentun würden. Deshalb verzichtete Leo X. auf die körperliche Hinrichtung zugunsten der politischen: Die der Verschwörung angeklagten Kardinäle mussten eine solch hohe Summe entrichten, dass sie ruiniert waren, durften den Vatikan nicht mehr verlassen und büßten das aktive und passive Wahlrecht ein. Da sich die Beliebtheit von Kardinälen in Rom nach ihrer Freigebigkeit bemaß, verloren sie mit ihren Finanzen die Mittel, sich Roms Volk gewogen zu halten. Dann gestaltete Leo X. das Kardinalskollegium um, in dem er einige Kleriker zu neuen Kardinälen erhob, unter ihnen den General der Dominikaner, Thomas de Vio, genannt Cajetan, der Mann aus Gaeta. Unter diesem Namen – Cajetan – sollte er in die Geschichte eingehen.

Vom Typ war Cajetan ein zarter, kleiner Mann mit stechenden, dunklen Augen, ein Asket, einer, der aus seinen mittelmäßigen Talenten mithilfe seiner größten Begabung, die in einem schier unermüdlichen Arbeitseifer bestand, alles machte, was irgend möglich war. Der Mann – sieht man sein theologisches Werk und rechnet man die Verwaltungsaufgaben, die er für seinen Orden zu erledigen hatte, hinzu – bestand nur aus Fleiß. Seine wissenschaftliche Liebe gehörte dem Werk des Thomas von Aquin, das gerade etwas aus der Mode gekommen war und das er wieder in die Diskussion zurückbrachte.

Am 1. Juli 1517 hatte Leo X. Thomas de Vio zum Kardinal erhoben. Am 31. Oktober schlug Martin Luther seine Thesen über den Ablass an die Tür der Wittenberger Schlosskirche, dort, wo ein Professor der Universität üblicherweise die Thesen veröffentlichte, wenn er zu einer Disputation, einem Streitgespräch, einlud. Dann schickte Luther seine Thesen an Erzbischof Albrecht von Magdeburg, den Dienstherrn Tetzels. Fast zeitgleich veröffentlichte am 8. Dezember in Rom Kardinal Cajetan sein Traktat über den Ablass und widmete es dem Vizekanzler und Cousin des Papstes, Giulio de' Medici. Von Luthers Thesen konnte er noch nichts wissen – fast parallel hatten sie zum gleichen Thema gearbeitet.

Erzbischof Albrecht allerdings, Luthers Thesen in den Händen haltend, begriff sofort – und wahrscheinlich klarer als Luther selbst – die Brisanz der Aussagen. Für den Erzbischof ging es nicht um eine theologische Frage, die war ihm eigentlich gleichgültig, nein, Luther hatte die Axt an eine seiner wirtschaftlichen Wurzeln gelegt. Dass in den Thesen in letzter, hier noch nicht gezogener Konsequenz zudem ein Angriff auf das Papsttum steckte, ahnten zu diesem Zeitpunkt weder der Empfänger der Thesen noch ihr Verfasser. Mit der Bitte um ein Gutachten schickte Albrecht die Thesen den Theologen seiner Mainzer Universität.

Wie immer arbeiteten diese langsam, denn die Thesen mussten in jede erdenkliche Richtung gedreht und gewendet und jede Drehung und Wendung mit Belegstellen der Bibel und der Kirchenväter abgesichert werden. Albrecht barst schier vor Ungeduld – nur zu genau spürte er, was er in Händen hielt. In Aschaffenburg beriet sich der siebenundzwanzigjährige Erzbischof intensiv mit seinen Räten. Dann schickte er, noch bevor das Gutachten der Mainzer Theologen eintraf, die Thesen nach Rom und bat den Papst um eine Untersuchung. Bereits im Januar 1518 lag die Angelegenheit Leo X. vor.

Diese massive Anschuldigung, die von einem wichtigen Kirchenfürsten ausging, konnte in Rom nicht unbeachtet bleiben. Leo X. musste sich mit den Überlegungen eines kleinen Mönchs aus der deutschen Provinz befassen, von dem er noch nie etwas gehört hatte. Verzwickt an der Angelegenheit war nur, dass der aufmüpfige Mönch Untertan des einflussreichen sächsischen Kurfürsten war, den Leo X. für die Umsetzung seiner Pläne bezüglich des Türkenkreuzzugs und zur Verhinderung des Erzherzogs Karl als Kaiser dringend brauchte. Kaiser Maximilian wollte seinen Enkel zum Mitregenten und damit zu seinem Nachfolger machen. Da Karl aber gleichzeitig Regent von Neapel war, würde der neue Kaiser wirkungsvoll den Papst in die Zange nehmen und ihn schließlich erpressen können. Erinnerungen an die »staufische Zange« stiegen wieder auf. Leo X. musste Erzherzog Karl als deutschen Kaiser unbedingt verhindern.

Streit mit Friedrich dem Weisen wegen eines vorlauten Mönchleins lag also ganz und gar nicht im Interesse des Papstes. Da der Medicipapst für seine Politik im Reich genauso auf die Hilfe des brandenburgischen Kurfürsten angewiesen war wie auf die Unterstützung Friedrichs, konnte er es sich nicht leisten, einen der beiden mächtigen weltlichen Herrscher zu verprellen. Unwillig übergab er die Angelegenheit deshalb seinem Hoftheologen, dem »magister sacri palatii«. Noch heute führt der päpstliche Hof- und Cheftheologe diesen klangvollen Titel: Meister des heiligen Palastes.

Diesen Posten bekleidete damals der Dominikaner Sylvester Prierias. Teils, weil er Luthers Ton und Gegenstandswahl anmaßend fand, teils, weil sich der Angriff des Augustiners gegen Angehörige seines Ordens richtete, verurteilte Prierias Luthers Thesen mit derber Argumentation und ließ das Ganze gedruckt verbreiten. Er, der Meister des heiligen Palastes, wollte dem Hinterwäldler eine Lektion erteilen. Er informierte Leo X. über die umstürzlerischen Gedanken des deutschen Mönchs, der nicht nur drauf und dran war, eine Geldquelle des Papstes zum Versiegen zu bringen, sondern auch – wie Prierias bei allem Dünkel richtig erkannte – letztendlich den Primat des Papstes infrage stellte. Daraufhin forderte Leo X. am 3. Februar 1518 Gabriel della Volta, den Generalvikar des Ordens der Augustiner-Eremiten in Venedig, auf, geeignete Maßnahmen zu treffen, um einen deutschen Ordensbruder zum Schweigen zu bringen, der Martin Luther heiße und neue Glaubenssätze unter den Christen verbreite. Der Orden hatte nun vier Monate Zeit, die Angelegenheit intern zu regeln. Mit Prierias' Veröffentlichung, die Luther theologisch in Verruf bringen sollte, und der strikten Weisung an seinen Orden,

den aufmüpfigen Mönch zum Schweigen zu bringen, war die Sache für den Medicipapst, wie er glaubte, erledigt.

Dass Tetzel bei einem Provinzialkapitel seines Ordens die Brüder zum Vorgehen gegen Luther verpflichtete und man eine Kampagne vom Zaun brach, musste auf Luther wirken, als hätte sich der ganze Orden der Predigerbrüder gegen ihn verschworen. Tetzel war Dominikaner, Prierias war Dominikaner. Und der Mann, den der Papst zum Sondergesandten in Sachen Luther machen würde, war, bevor er Kardinal wurde, sogar Chef-Dominikaner: Cajetan nämlich, der als Theologe hohes Ansehen genoss und sich durch sein zufällig zur gleichen Zeit wie Luthers Thesen entstandenes Traktat zur Ablassfrage wie kein Zweiter ungewollt für diese Mission empfohlen hatte.

Doch Leo X., der gerade damit beschäftigt war, das Herzogtum Urbino zurückzugewinnen und die Toscana zu befrieden, irrte, wenn er glaubte, die Luthersache wäre damit erledigt. Während Tetzels Anhang in Deutschland gegen Luther wütete, saß dieser klaftertief in seiner Entgegnungsschrift »Eyn Sermon von dem Ablass und der Gnade«.

Der Papst wiederum wandte sich von den politischen Unerfreulichkeiten nur allzu gern den neuen Entwürfen Raffaels für den Umbau des Petersdoms zu. Der berühmte Maler und Baumeister hatte nach Donato Bramantes Tod am 11. März 1514 die Bauleitung übernommen. Wer konnte es Raffael verdenken, dass er in seiner künstlerischen Fantasie schwelgte, wo ihm Leo X. doch jährlich 60 000 Dukaten zur Verfügung stellen wollte und er die größte und bedeutendste Baustelle der gesamten Christenheit unter sich hatte? Nur allzu menschlich war es, dass weder der Künstler noch der Papst das Unheil zur Kenntnis nahmen, das sich zusammenbraute. Dieses Unheil hatte in einem gewissen Maße mit dem Traum zu tun, den Leo und Raffael ausgiebig träumten und der auch mit abgepresstem Geld aus Deutschland finanziert wurde, von Menschen, die darüber ihre Existenz verloren, einfachen Christen, für die der Mann in Wittenberg schrieb und zornig eintrat. Nein, Leo täuschte sich, die Sache war nicht auf dem kleinen Dienstweg zu erledigen.

EIN PAPST IN PANIK – LEO X. UND LUTHER

Wider Erwarten verschärfte sich die Angelegenheit. Der unbedeutende Mönch weigerte sich, der Aufforderung Leos X. nachzukommen und in Rom zu erscheinen. Und verwundert musste der Papst zur Kenntnis nehmen, dass der Kurfürst seinen Untertan schützte. Also wurde ein Gespräch zwischen Kardinal Cajetan und Luther in Augsburg vereinbart. Im Oktober 1518 traf sich Luther dreimal mit Cajetan im Fuggerhaus in Augsburg. Es ging aus wie das Hornberger Schießen: Als fleißiger und gründlicher Mann hatte sich Cajetan in Luthers Schriften eingelesen und empfing ihn mit väterlicher Freundlichkeit. Dann streifte er kurz die Themen und versuchte, Luther zum Widerruf zu bewegen. Dieser beklagte sich jedoch darüber, dass man wild in den Themen hin und her gesprungen sei, und bat darum, seine Ansichten am nächsten Tag konzentrierter zu besprechen.

Eigentlich hatte Cajetan weder den Auftrag noch das Interesse, mit Luther zu diskutieren. Er sollte nur eines erwirken, Luthers Widerruf. Doch als Gelehrter, der er war, ließ er sich zum Streitgespräch verleiten und berief sich dabei auf die Bulle »Unigenitus«, die 1343 vom Avignoner Papst Clemens VI. erlassen worden war. Dort hieße es deutlich, so erklärte er, dass die Verdienste Christi und der Heiligen der Schatz der Ablässe seien, die die Kirche deshalb frei gewähren könne.

Doch Luther fiel ihm schroff ins Wort: In der Bulle stehe nicht, dass die Verdienste Christi und der Heiligen der Schatz seien, sondern dass diese den Schatz erwerben würden. Und was man erwerben will, kann man nicht verteilen. Cajetan, der seine Argumentation zusammenbrechen sah, schwanden die Sinne. In höchster Panik griff er zur Bulle und las tatsächlich an der Stelle, an der er ein »est« (lat., ist) vermutete, ein »acquisivit« (erworben hat).

Nachdem ihm die Argumentationsbasis weggebrochen war, blieb Cajetan nur noch, Luther erneut väterlich dazu zu ermahnen, seine Ansichten zu widerrufen. Von dieser Stunde an ging es nicht mehr – wenn es je darum gegangen sein sollte – um Recht oder Unrecht, um Lehre oder Irrlehre, sondern nur noch um Macht. Luther forderte, man solle ihn anhand der Heiligen Schrift widerlegen, während Leo X. Luthers Unterordnung verlangte und jedes Gespräch darüber verweigerte.

Vielleicht hätten Leo X. und Cajetan nach einem Kompromiss gesucht, denn noch immer war man an keiner ernstlichen Auseinandersetzung interessiert, zumal Cajetan wusste, dass die Ablasstheologie nicht auf ganz sicherem Boden stand. Wenn er Luther für einen Ketzer hielt, dann wegen seiner fehlenden Demut. Doch bevor es zu einem Kompromiss kommen konnte, wurde der Streit von einer dritten Seite, der niedersten von allen, angeheizt.

Es kam zu einem öffentlichen Streitgespräch an der Leipziger Universität, und zwar zwischen dem Ingolstädter Gelehrten Johannes Eck und Martin Luther. Eck konnte Luther weder besiegen noch widerlegen, vermied aber geschickt die eigene, sich abzeichnende Niederlage. Doch dass die Veranstaltung in Leipzig für den eitlen Mann kein Triumph wurde, verzieh er Luther nicht. Nach der Leipziger Disputation schrieb er an den berüchtigten Kölner Inquisitor Jakob von Hoogstraten und drängte ihn, gegen den Ketzer vorzugehen. Dann begab er sich nach Rom, um an der Bannandrohungsbulle gegen Luther mitzuarbeiten, die Leo X. nun von Kardinal Cajetan, Sylvester Prierias und anderen erarbeiten ließ.

In Wittenberg entband der Ordensobere, Johann von Staupitz, Luther derweil von der Gehorsamspflicht gegenüber dem Orden. So konnte nicht mehr vom Generalvikar über den Mönch verfügt werden, und Kurfürst Friedrich der Weise stellte sich weiter schützend vor seinen Professor.

Während in Rom an der Bannandrohungs- und an der Bannbulle gearbeitet wurde und man sich trefflich stritt, ob nur einzelne Lehren Luthers als ketzerisch zu brandmarken seien oder der ganze Luther, verfasste dieser die drei großen Schriften der Reformation, die 1520 erschienen. Es waren dies: »An den christlichen Adel deutscher Nation von des christlichen Standes Besserung«, in der er darstellte, dass durch die Taufe jeder Christ zum Hüter des Glaubens berufen sei und der geistliche Stand, einschließlich dem Papst, keinen Vorrang habe. Der Papst dürfe nicht behaupten, dass er unfehlbar sei und auch nicht, dass nur er ein Konzil einberufen dürfe. Da der Papst nicht über dem Kaiser stehe und der geistliche nicht über dem weltlichen Stand, sei es Aufgabe der Fürsten, in ihren Ländern für den rechten Glauben Sorge zu tragen. Die zweite Schrift hieß »De Captivitate Babylonica Ecclesiae Praeludium« (Von der babylonischen Gefangenschaft der Kirche). So wie die Juden im babylonischen Exil gefangen waren, befanden sich die Christen in der Gefangenschaft der römischen Kirche. Die römische Kirche verwaltete die Gnadengaben, die Ablässe und Sakramente, aber die Bibel kannte statt der sieben nur drei Sakramente, nämlich Taufe, Buße und Abendmahl. Die anderen, nämlich Kommunion, Ehe, Priesterweihe und Letzte Ölung, habe die Kirche eigenmächtig hinzugefügt, und sie seien deshalb abzuschaffen. Damit legte Luther die Axt an die Wurzel der seit Jahrhunderten gewachsenen kirchlichen Macht, nämlich der geistlichen Macht der Sakramente. In seiner dritten Schrift schließlich, »Von der Freiheit eines Christenmenschen«, erklärte Luther, dass der Christ sein persönliches Verhältnis aus dem Glauben und im Glauben zu und an Gott zu gestalten habe.

Zur gleichen Zeit, als Luther die Schriften veröffentlichte, stellte man in Rom die Bullen fertig. »Exsurge domine« wurde Leo X. auf seinem Lustschloss Magliana vorgelegt, während der Papst gerade der Saujagd beiwohnte, und danach klang die Bulle auch: »Erhebe dich, Herr, und richte deine Sache! … Neige dein Ohr zu unserer Bitte, denn Füchse haben sich erhoben, die danach trachten, den Weinberg zu vernichten, dessen Kelter du allein getreten hast; und als du zum Vater im Himmel aufsteigen wolltest, hast du die Sorge, die Leitung und die Verwaltung deines Weinberges dem Petrus gleichsam als Haupt und deinem Stellvertreter und seinen Nachfolgern als triumphierende Kirche anvertraut; ein Wildschwein trachtet danach, ihn zu zerwühlen.« Im Sommer 1520 beauftragte Leo X. seinen Nuntius Hieronymus Aleander und den eifrig-eitlen Eck, die Bannandrohungsbulle in Deutschland zu veröffentlichen. Doch die Publikation ging nur mühsam voran. Dort, wo sie konnten, ließen Eck und Aleander die Schriften Luthers verbrennen.

Luther hielt die Bulle am 10. Dezember 1520 hinter dem Hospital in Wittenberg in der Hand. Bürger der Stadt, Professoren und Studenten der Universität hatten sich versammelt, und die Studenten entzündeten ein Feuer. Luther sah in die Gesichter der Menschen, es gab kein Zurück für ihn. Laut sprach er, auf die Bulle weisend: »Weil du den Heiligen des Herrn betrübt hast, deshalb betrübe dich das ewige Feuer.« Der kleine Mönch verbrannte die Bulle des großen und mächtigen Papstes. Die Studenten stimmten das »Te deum« an, während die Bannandrohungsbulle in Flammen aufging. Leo X. und Luther – sie hatten sich gegenseitig der Ketzerei bezichtigt.

Die Nachrichten aus Deutschland begannen nun auch den Papst zu beunruhigen. Bisher hatte er den Mönch nicht für voll genommen, doch der wagte es, ihn als Antichristen hinzustellen! Die Unterstützung für Luther in Deutschland wuchs zusehends und in einem so erschreckenden Maße, dass man es sogar in Rom spürte. Leo X. bekam immer mehr den Verdacht – ein wesentlicher Grund für seine aufsteigende Panik –, dass Karl V. Luther wachsen lassen könnte, um den Vatikan politisch zu erpressen. Nahrung fand aber der Verdacht weniger im Kalkül des Kaisers als in der Machtpolitik des Papstes selbst: Er unterstellte dem Kaiser schlicht das eigene politische Handlungsmuster.

Hinzu kam allerdings, und darin bestand der eigentliche Grund für den Verdacht, dass Karl sich bereitgefunden hatte, Luther auf dem Reichstag zu Worms anzuhören, und er hatte ihm freies Geleit zugesichert. Das durfte aus Sicht des Vatikan keinesfalls geschehen, weil erstens der Reichstag Luther ein Forum geboten hätte, das ihm als vom Papst gebannten Ketzer nicht mehr zustand, und zweitens die Anhörung Leos Rechtsspruch in Frage stellte. Aus dem ketzerischen Mönch, der der Inquisition zu überstellen war, wurde ein Angeklagter, der gleichzeitig als Kläger auftrat. Und der Richter, der Papst, verwandelte sich in einen Ankläger, der schnell zum Angeklagten werden konnte. Vor dem Reichstag wurde der Kaiser zum Richter über Luther, aber auch des Papstes. Der alte Hass auf den Kaiser ließ den Papst in die Irre laufen.

Doch Leo X. hatte unverschämtes Glück, das sprichwörtliche Glück der Medici, denn Karl V. war ein theologischer Gimpel, kreuzbrav und katholischer als selbst der Papst. Das, was Leo argwöhnte, fiel Karl nicht einmal im Traume ein. Eine Entscheidung aus Unerfahrenheit, die er sein ganzes Leben bereuen sollte, ließ ihn auf die Forderung der Stände und einiger mächtiger Fürsten eingehen und Luther vor den Reichstag laden. Am Ende seines Lebens entsagte Karl der Krone, zog sich in ein spanisches Klosters zurück und quälte sich tagaus, tagein damit, dass er den Erzketzer Luther nicht gleich verbrannt hatte.

So standen die Dinge, als Luther am 18. April 1521 am späten Nachmittag zum zweiten Mal den Saal des Reichstages zu Worms betrat, der diesmal schier vor Menschen barst. Alle wollten den kleinen Mönch sehen, die einen beim Widerruf, die anderen, wie er dem Papst trotzte.

Und der Papst? Der saß in Rom, hoffte, von seinem Gesandten Aleander auf dem Laufenden gehalten, in fieberhafter Anspannung auf einen günstigen Ausgang. Am 28. März hatte Leo X. Luther in der Bulle »In coena Domini« allen Christen noch einmal mit deutlichen Worten als Häretiker und Exkom-

Luther 1521 auf dem Reichstag zu Worms: »… weil es weder gefahrlos noch heilsam ist, gegen das Gewissen zu handeln. Ich kann nicht anders, hier stehe ich, Gott helfe mir«.

munizierten vor Augen geführt. Jeder, der ihn unterstützte, würde gleichfalls dem Bann verfallen und Gebiete, in denen er Unterschlupf fand, dem Interdikt, dem Verbot kirchlicher Amtshandlungen. Dass Luther vom Kaiser einen Geleitbrief erhielt, empörte den Vatikan, und Kardinal Giovanni de' Medici, der Onkel des Papstes, machte dem Kaiser darob arge Vorwürfe.

Nun stand Luther inmitten der vielen Menschen, den Großen des Heiligen Römischen Reiches Deutscher Nation, die Tonsur sauber geschnitten, kurz das übrige Haar, hager, die Kutte von einem Ledergürtel geschnürt. Ob er ruhig war, ob das Herz schneller schlug? Die Stunde der Entscheidung war gekommen, es ging um Leben und Tod, aber auch um Leben und Tod in der Ewigkeit, um den Glauben. Anders als am Vortag, wo er sich leise und für manche enttäuschend demutsvoll und ausweichend verhalten hatte, begann Luther, nachdem man ihm das Wort erteilt hatte, mit fester Stimme eine längere Rede, die er sowohl auf Deutsch als auch auf Lateinisch hielt.

Zuerst entschuldigte er sich bei den Anwesenden, dass man ihm, wenn er sich gegen die »höfischen Sitten und Gebärden vergehen sollte«, zugutehalten möge, dass er »nicht am Hofe, sondern in den Winkeln der Klöster« verkehre. Dann erklärte er, dass seine Schriften, die er allesamt widerrufen sollte, so hatte man am Vortage gefordert, nicht von der gleichen Art seien. Es befänden sich Bücher darunter, die nach guter evangelischer Tradition von Glauben und Frömmigkeit handelten und die nicht vom Papst beanstandet wurden. Diese könne er nicht widerrufen, weil er damit das Bekenntnis all jener, die damit übereinstimmten, in Frage stellte.

Eine zweite Art von Büchern kritisiere das Papsttum und die schlechten Lehren und Beispiele. Es sei allen offenbar, »dass die Gewissen der Gläubigen durch die päpstlichen Gesetze und die menschlichen Lehren ganz jämmerlich verstrickt, geplagt und gemartert werden«. Wenn er die Schriften, die das anprangerten, widerriefe, dann bedeute dies, dass er »eine Stütze für die Tyrannei aufrichten und dieser großen Gottlosigkeit nicht nur die Fenster, sondern auch die Tore auftun würde«.

Schließlich existiere noch eine dritte Gruppe von Schriften, die er gegen einzelne Personen verfasst habe. Aber auch diese könne er nicht widerrufen, denn er stritte in ihnen nicht für seine Person, sondern für Christus. Und da habe er »keine freie Hand« zu widerrufen, denn es ginge ja nicht um ihn, sondern um Gott. Weil aber er, Luther, nur ein sterblicher Mensch sei und irren könne, fordere er seine Gegner auf, ihn anhand der Heiligen Schrift zu widerlegen. Würde er anhand des Neuen Testaments des Irrtums überführt, wäre er der Erste, der seine Schriften ins Feuer werfen wolle.

Obwohl Luther klar und deutlich sprach, verstanden manche die Feinheiten seiner Rede nicht. Kaiser Karl, dem gedolmetscht wurde – er sprach kein Deutsch –, bekam nur einen ungefähren Eindruck von Luthers Worten. Doch die Ankündigung des Wittenbergers, in der er Jesus zitierte, musste Karl und den Gesandten des Papstes bedrohlich in den Ohren klingen: »Ich bin nicht gekommen, den Frieden zu bringen, sondern das Schwert. Denn ich bin gekommen, den Menschen wider seinen Vater zu erregen.« Luther rief den Kaiser auf, den wahren Glauben zu schützen und die Gläubigen aus der »babylonischen Gefangenschaft« zu erretten.

So klar die Rede auch war, man bestand weiterhin auf dem Widerruf, um jeden Preis. Auf ein Streitgespräch ließ man sich nicht ein. Johann von der Ecken, Kanzler des Trierer Erzbischofs und ausersehen, die Sache des Papstes zu führen, befahl Luther: »Martin, lass dein Gewissen fahren, wie du verpflichtet bist.« Nun war der Punkt erreicht: Es ging nur um ein schlichtes Ja oder Nein, kein Inhalt und keine Gründe zählten mehr, im Raum stand nur noch die kalte Forderung der Macht, die sich ihrer Macht nur allzu bewusst war.

Luther erklärte, dass er eine Antwort geben wolle »ohne Zähne und Hörner«: »Wenn ich nicht überwunden werde durch die Zeugnisse der Schrift oder durch die evidenten Vernunftgründe (denn ich glaube weder dem Papst noch den Konzilien allein, weil feststeht, dass sie sich oft geirrt und selbst widersprochen haben), bin ich durch die von mir angezogenen Schriftstellen besiegt, und das Gewissen ist im Wort Gottes gefangen, und ich kann und will nicht irgendetwas widerrufen, weil es weder gefahrlos noch heilsam ist, gegen das Gewissen zu handeln. Ich kann nicht anders, hier stehe ich, Gott helfe mir, amen.«

Das war unerhört. Der kleine Mönch hatte allen getrotzt. Luther verließ den Reichstag und sagte beim Betreten seiner Unterkunft froh und erleichtert: »Ich bin hindurch. Ich bin hindurch.« Eine Umkehr gab es nimmermehr. Er hatte den Bruch mit Rom vollzogen, die letzten Skrupel überwunden. Der Christenmensch hatte sich befreit, er war hindurch, und die Christenheit Europas war zerbrochen und zerfiel in viele Christentümer. Der Kaiser verhängte über den Erzketzer die Reichsacht, hielt aber sein Wort, dass Luther mit kaiserlichem Geleit Worms Ende April frei verlassen konnte.

Möglicherweise steckte hinter diesem Edelmut auch ein ganz klein wenig Machtlosigkeit, vielleicht auch Feigheit, denn Worms glich einem Pulverfass. Die versammelte Reichsritterschaft hätte die zahlenmäßig unterlegenen und verhassten spanischen Reiter auch gegen heldenhafte Gegenwehr erbarmungslos zusammengehauen. Schließlich konnte Karl es sich erlauben, Luther gehen zu lassen, er hatte ihn ja in die Reichsacht getan, und der Papst hatte ihn gebannt. Luther war vogelfrei, jeder durfte ihn schlagen, foltern, töten. Karl war sich sicher, dass der Mann brennen würde, wenn nicht heute, so morgen. Doch er stand vor der Geschichte als der Mann da, der Wort gehalten hatte. Karls Ritterlichkeit war also auf Nutzen berechnet.

Wie dem auch sei, Kurfürst Friedrich nahm den Geächteten, um Zeit zu gewinnen, erst einmal aus der Schusslinie und versteckte ihn als Junker Jörg auf der Wartburg. Dort begann Luther mit der Übersetzung des Neuen Testaments ins Deutsche. Denn die Schrift, auf die er sich berief, sollte allen Menschen zugänglich sein, Thesenanschlag, theologische Schriften, Widerstand in Worms und Übersetzung der Bibel gehören zusammen. Er hatte den Papst am empfindlichsten Punkt, am Quell seiner Macht getroffen, am Dogma der Lehrautorität nämlich. Das Monopol der Bibelauslegung durch die Priester und des Spendens von Sakramenten war dahin. Doch in Rom herrschte eine völlige Fehleinschätzung der Bewegung, die sich als Reformation erheben sollte und dazu noch der bittere Ersatz wäre für die Reform, um die sich die Päpste seit einem Jahrhundert herumdrückten.

Nachdem Aleanders Berichte über den Reichstag zu Worms mit der Nachricht in Rom eingetroffen waren, dass Kaiser Karl V. über Luther die Reichsacht verhängt hatte, brach im Vatikan Jubel aus. Leo X. dankte Gott für den großen Sieg, der indes eine Niederlage war, was sich in allernächster Zukunft zeigen sollte. Doch das erlebte Leo X. nicht mehr. Im Dezember des gleichen Jahres ging er, sechsundvierzigjährig, an der Malaria zugrunde.

Das päpstlich-kaiserliche Heer operierte in Norditalien siegreich. Der Kirchenstaat war gefestigt und, was Leo X. auch nicht mehr erlebte, pleite. Das Auseinanderbrechen der Christenheit setzte erst nach seinem Tod ein. Er hatte die Gefahr, die von der Unzufriedenheit in Deutschland ausging, sträflich unterschätzt, zu spät gehandelt und schließlich die Niederlage für einen Sieg gehalten. Dunkle Wolken zogen herauf.

UNTERGANG ODER REFORM? DER VATIKAN IN NOT

In den frühen Morgenstunden des 7. Juni 1560 eilten die Kardinäle aus ihren Palazzi über die Tiberbrücke in den Vatikan. Papst Pius IV. (1559–1565), der noch kein halbes Jahr regierte, hatte sie zu einem geheimen Konsistorium gebeten. Auf einer solchen Versammlung, die man sich als eine Art Senat oder Regierungssitzung vorstellen kann, wurden alle wichtigen Belange besprochen, von politischen Aktivitäten über kirchliche Angelegenheiten und Kardinalserhebungen bis hin zu Gesetzesänderungen. Da die Kardinäle bei diesen Zusammenkünften versuchten, ihre Macht geltend zu machen, verlagerten die Päpste des 16. Jahrhunderts die Arbeit – und damit die Macht – zunehmend in Kongregationen (lat. Vereinigungen). Dazu berief der Papst einige Kardinäle, Prälaten und Ordensleute in eine Kongregation und erteilte ihr den Auftrag, ein bestimmtes Problem zu bearbeiten und ihm Lösungsvorschläge zu unterbreiten. Wenn es um langfristig zu behandelnde Fragen ging, wie etwa die Einhaltung der Glaubenslehre, die überwacht werden muss, wurde eine dauerhafte Kongregation eingerichtet. Ein Beispiel dafür ist die »Kongregation für römische und weltweite Inquisition«, die 1542 auf der Grundlage der Bulle »Licet ab initio« von Paul III. (1534–1549) errichtet worden war. Sonst wurden die Kongregationen geschlossen, sobald ihre Aufgabe erfüllt war.

Im Vergleich zu den früheren Beratungen in den Konsistorien, in denen die Kardinäle ein viel größeres Selbstbewusstsein an den Tag legen konnten, nahm der Papst bei den Kongregationen eine deutlich höhere Stellung ein. Er prüfte die Vorschläge, die die Kardinäle in den zuweilen mehrmals die Woche tagenden

Kongregationen erarbeitet hatten, und nahm sie an oder gab sie zur Überarbeitung zurück. Die Konsistorien verwandelten sich derweil in reine Informationsveranstaltungen.

Dieser Prozess war im Juni 1560 in vollem Gange und wurde mit der Konstitution »Immensa aeterni die« am 22. Januar 1588 von Papst Sixtus V. (1585–1590) abgeschlossen, wodurch nun die Kongregationen zu festen Einrichtungen der Kurie wurden. Die Struktur, die Sixtus der Kurie durch die Einrichtung der Kongregationen gab, sollte bis 1870, dem Ende des Kirchenstaates und bis zur großen Kurienreform von 1908, gültig bleiben.

Die Kardinäle warteten mit Spannung auf das Erscheinen des Papstes, denn kaum einer von ihnen kannte die Pläne des neuen Stellvertreters Christi. Kardinal Carlo Carafa, der sein Amt der Verwandtschaft mit dem vorherigen Papst Paul IV. (1555–1559) verdankte, mochte noch in angenehmen Erinnerungen an das fröhliche Fest mit Wein, Weib und Gesang in seinem Palazzo auf der Piazza Navona schwelgen, als der Kämmerer des Kardinals Borromeo, Aurelio Spina, den Saal betrat und Carafa mit halblauter Stimme mitteilte, dass Pius IV. ihn zu sprechen wünsche. Der Kardinal frohlockte, seine Stunde sei gekommen: Dass sich Pius IV. vor dem Konsistorium mit ihm beraten wollte, wertete er als Zeichen der Aufnahme in den inneren Kreis um den Papst. So folgte er dem Kämmerer über eine geheime Treppe in den Audienzsaal, wo dieser ihn zu warten bat.

Es sollte in der Tat Carlo Carafas Stunde werden, nur anders, als er sich das gedacht hatte. Kurz nachdem auch sein Bruder, Kardinal Alfonso Carafa, im Audienzsaal eingetroffen war, erschien Hauptmann Gabrio Serbelloni an der Spitze einiger päpstlicher Gardisten und teilte den Brüdern mit, dass sie verhaftet seien. Rasch wurden die beiden durch den Geheimgang, der vom Vatikan zur Engelsburg führte, den »passeto«, in den Kerker gebracht.

Derweil informierte der Papst in dem geheimen Konsistorium die Kardinäle über die Verhaftungen und das eingeleitete

Untersuchungsverfahren. Unruhe entstand im Kardinalskollegium, nicht, weil man Mitleid mit den Carafabrüdern empfand, sondern weil das Vorgehen des Papstes allen vor Augen führte, wozu dieser fähig war. Anders als sein Vorgänger war Pius IV. literarisch gebildet und folgte dem Geist der Mäßigung, doch in dieser Affäre ging er mit so großer Strenge vor, dass selbst die Römer erschreckt waren. Ein glühender Hass war es, der Pius IV. gegen die Carafa vorgehen ließ, und dazu ein doppelter Hass: Er richtete sich nicht nur gegen Carlo Carafa, sondern äußerte sich auch in einer leidenschaftlichen Ablehnung des Nepotismus. Dass er Carlo Carafa hatte hinrichten lassen, sollte ihm bis zum Ende seiner Tage auf der Seele liegen.

Mit allen Fasern seines Herzens spürte Pius IV., dass der Vatikan vor dem Untergang stand, wenn nicht endlich die dringende Reform begonnen wurde, auch wenn er selbst nicht zum entschlossenen Kreis der Reformer zählte. Die Reformation hatte ihren Siegeszug angetreten, und die Päpstlichen hatten sich immer noch nicht zum Gegenangriff formiert. Im Gegenteil, sie schwankten zwischen Erschrecken und Verdrängen.

In England hatte sich König Heinrich VIII. 1534 von Rom losgesagt, weil Papst Clemens VII. (1523–1534) ihm das Einverständnis zur Scheidung seiner Ehe mit Katharina von Aragón verweigerte, und in Frankreich breitete sich der Calvinismus aus – überall bröckelte die Macht des Vatikan. Die Nationalstaaten und, damit verbunden, die Staatskirchen bildeten sich heraus, hinzu kam die Reformation – all das bedeutete ungeheure Herausforderungen, auf die der Vatikan immer noch keine Antwort gefunden hatte. Guter Rat war teuer, denn die Einheit der Kirche stellte ein hohes Gut dar, das man nicht leichtfertig aufs Spiel setzen durfte. Die Einheit stellte nicht nur die Grundlage der Macht des Vatikan dar, sie bildete zugleich das Fundament der Kirche. Verzichtete man auf die Einheit, so zerfiel die Christenheit in Sekten und Zirkel. Obwohl der Protestantismus sich auf dem Vormarsch befand, kämpfte er gegen den Zerfall in Sonderkirchen. Nicht umsonst arbeiteten die Reformatoren emsig und zuweilen auch mit brachialen Methoden an der Aufrichtung neuer Kirchen, besonders die Calvinisten und die lutherische Orthodoxie. Im Grunde verriet die lutherische Orthodoxie Luthers Programm »Von der Freiheit eines Christenmenschen«, als sie sich der Notwendigkeit stellte, eine neue Kirche zu gründen. Auch hier suchte man nach einer neuen Einheit.

Im Vatikan kam es zum Streit zwischen den Vertretern einer harten, kämpferischen Linie mit denen, die eine Verständigung mit den ketzerischen Brüdern suchten. In Religionsgesprächen mit den Reformatoren sollte herausgefunden werden, ob nicht doch eine Einigung erzielt werden konnte. Hinzu kam, dass es rund um den Heiligen Stuhl Kardinäle gab, die in der Reformation lediglich eine über das Ziel hinausgeschossene Reform sahen. Der Riss ging noch nicht durch die Generationen, er hatte sich noch nicht gefestigt, und in allen lebte die Erinnerung, dass man ursprünglich einer Kirche angehört hatte.

In der Zwangslage zwischen der Bedrohung durch die Türken, die vom Balkan aus vorstießen, und dem teils mit kriegerischen Mitteln geführten Dauerkonflikt mit dem französischen König benötigte der Kaiser die Hilfe der protestantischen Reichsstände zu oft und zu dringend, als dass er so konsequent gegen die lutherische Ketzerei hätte vorgehen können, wie es ihm lieb gewesen wäre.

So richteten sich alle Hoffnungen auf ein Allgemeines Konzil, das auch von den Vertretern der Reformation besucht werden sollte. Zu Zugeständnissen fand sich die katholische Kirche bereit. Ein neues Konzil hätte zwei Aufgaben: erstens, eine Union mit den protestantischen Christen herzustellen, und zweitens, die Reform der Kirche in Angriff zu nehmen. Auch auf theologischem Gebiet war durch Luthers Thesen ein kircheninterner Klärungsbedarf darüber entstanden, wie man es nun gut katholisch hielt mit den Sakramenten, der Gnade und der Rechtfertigung. Die reformatorische Theologie zwang den Vatikan dazu, die eigene Lehre konkreter zu fassen und klarzustellen. Wie weit durfte man bei Kompromissen gehen, wo musste das Entgegenkommen enden?

Die erste Einberufung des Konzils scheiterte daran, dass Franz I. von Frankreich Kaiser Karl V. den Krieg erklärte. Dann geriet der Kaiser in den militärischen Konflikt mit dem Verteidigungsbündnis der deutschen Fürsten und Reichsstände, die den reformatorischen Glauben angenommen hatten. Das Bündnis wurde nach der thüringischen Stadt benannt, wo es geschlossen worden war – der Schmalkaldische Bund. Zwischen Papst Paul III. und Kaiser Karl V. wurde ausgemacht, dass zuerst der Krieg zu gewinnen und danach das Konzil zu eröffnen sei. Als es so weit war, erteilten die Reformatoren dem päpstlichen Legaten Commedone in Naumburg eine Absage, und so wurde die Kirchenversammlung am 13. Dezember 1545 in Trient eröffnet.

Die Schilderung der dramatischen Szenen, die den wechselvollen Verlauf dieses Konzils begleiteten, würde ein eigenes Buch erfordern. Es wurde auf allen Seiten diskutiert und gekämpft: Italiener gegen Kaiserliche, Kaiserliche gegen Franzosen, Reformwillige gegen Reformunwillige, nationale gegen kuriale Interessen, und das Ganze wurde noch erschwert durch die Frage, inwieweit und auf welcher Grundlage die Union mit den Protestanten möglich sei. Zur allgemeinen Verwirrung gingen die Frontlinien durch die verschiedenen Lager hindurch.

Als in Trient der Fleckfiebertyphus ausbrach, wurde das Konzil nach Bologna verlegt und kehrte schließlich wieder nach Trient zurück. Hinter diesem Hin und Her standen letztlich machtpolitische Interessen: Der Kaiser bestand darauf, dass das Konzil in einer Stadt tagte, die wie Trient unter seiner Herrschaft stand. Einige italienische Kardinäle sprachen sich für Bologna aus, eine Stadt des Kirchenstaates. Der französische König schließlich hätte einen französischen Konzilsort vorgezogen. Insgesamt fanden bei dem Konzil in drei Tagungsperioden fünfundzwanzig Sitzungen statt. Paul III. hatte das Konzil einberufen, seine Nachfolger Julius III. (1550–1555) und Marcellus II. (1555) hatten es vorangetrieben. Mit der Wahl des Großinquisitors Gian Pietro Carafa zum Papst kam das Projekt am 23. Mai 1555 zum Stehen.

DIE STUNDE DER INQUISITION

Paul IV., wie sich dieser als Papst nannte, war ein Greis von fast achtzig Jahren, streng und asketisch in der Lebenshaltung. Der Papst hatte sich sein ganzes Leben lang mit großem Eifer für die Reform der Kirche geschlagen. Man kann sich leicht vorstellen, wie verbittert dieser Mann war, der über Jahrzehnte gegen Windmühlen gekämpft und den man wohl öfter noch verraten als ausgelacht hatte. Wo er schon nicht an die Menschen glaubte, verwundert es nicht, dass er auch von einem Konzil nichts erwartete. Er wollte die wichtige Aufgabe der Reform der Kirche nicht einer irgendwo tagenden Versammlung höchst unsicherer Kantonisten anvertrauen, sondern sie selbst auf einem Laterankonzil in Rom durchsetzen. Also beschäftigte er sich mit den dazu notwendigen Erlassen. Daneben förderte er mit Eifer eine neue Behörde.

Als erste ständige Kardinalskongregation hatte Papst Paul III. 1542 die römische Inquisition gegründet, die zur wichtigsten Behörde der Kurie, zur beherrschenden Kongregation werden sollte, die man bald schon in scheuer Ehrfurcht die »Suprema«, die Höchste nannte. Inquisitionen gab es schon seit dem 13. Jahrhundert, die entweder spezielle Untersuchungen im Auftrag der Bischöfe durchzuführen hatten oder vom Papst für bestimmte, klar umrissene Ermittlungen eingesetzt wurden, wie beispielsweise gegen die Katharer.

Mit der Reconquista, der Wiedereroberung Spaniens durch die Katholischen Könige, und dem Sieg über die muslimischen Mauren bildete sich die spanische Nation, zu deren verbindendem Grundwert ein starker und frommer Katholizismus wurde. Um diesen als Staatsreligion und dazu den königlichen Zentralismus durchzusetzen, wurde die spanische Inquisition gegründet, die dem König von Spanien unterstand.

Viele Klischees, die heute verbreitet sind, stammen von dieser spanischen Inquisition, die jedoch einen Sonderfall darstellt. Mit besonderer Grausamkeit ging sie gegen Häretiker, vermeintliche und echte, gegen getaufte Juden (Maranen) und getaufte Muslime (Moriscos) vor, wenn es Anzeichen dafür gab, dass sie nach der Taufe rückfällig geworden waren. Die grausame Behandlung dieser bemitleidenswerten Menschen, die pompös-schaurige Art der Verbrennungen, die man Autodafé nannte, und die große Zahl der Hingerichteten bilden den realen Hintergrund des Klischees – bezeichnenderweise wählte Dostojewski als Vorbild für den Großinquisitor in seinem Roman »Die Brüder Karamasow« den spanischen Kardinal Torquemada und keinen Inquisitor aus Rom. Allerdings darf man auch in diesem Fall nicht das Klischee für die Wahrheit halten, sondern nur für ein Indiz derselben. Die Gräueltaten wuchsen in der Vorstellung der Menschen, weil die Aufklärung, jene große gesellschaftliche Bewegung, die Europa im 18. Jahrhundert grundsätzlich verändern sollte und ihren Hauptfeind in der katholischen Kirche, vor allem aber in der Inquisition und den Jesuiten erblickte, aus einem verständlichen Interesse das Zerrbild der Inquisition mit allen bekannten Klischees erst schuf. Historische Wahrheit und Propagandacoup stehen hier in einer noch aufzulösenden Spannung.

Für Paul IV. wurde die Inquisition zur Waffe gegen die Ketzer, zum Mittel der Maßregelung der Kirche und zum Motor der Reform. Dabei ging er ohne alle Rücksichten vor: Als die päpstlichen Finanzen neu geordnet wurden, verlor der Vatikan zwei Drittel seiner Einkünfte, was der Papst, der Reform zuliebe, billigend in Kauf nahm. Auf der Suche nach Häretikern, nach Zauberern, nach vom Teufel Besessenen, nach Verbrechern oder Gegnern im Spiel um die Macht zogen die Inquisitoren durch

Rom und beschnüffelten selbst den kleinsten Haushalt – in alle Bereiche des Lebens sollten sie nach dem Willen des Papstes eindringen. Sie verhafteten sogar wegen absurder Denunziationen den besten Diplomaten der Kurie, Kardinal Morone. Im Prozess konnte ihm nichts Nachteiliges nachgewiesen werden, doch verblieb er unter verschärfter Haft in der Engelsburg. Erst als Paul IV. starb, öffneten sich für Morone die Kerkertüren.

Kurz vor seinem Tod war es dem unerbittlichen Papst gelungen, ein altes Projekt zu verwirklichen. Die Erfindung des Buchdrucks hatte es möglich gemacht, Schriften in großen Auflagen herzustellen. Dadurch war das erste Massenmedium entstanden, was nicht wenig zum Siegeszug der Reformation beitrug. Bücher, durch die sich ketzerisches Gedankengut schneller verbreitete, als ein Inquisitionsbeamter Untersuchungen anstellen konnte, waren Paul IV., einem geistfernen Mann, ein Gräuel. Deshalb beauftragte er seinen Großinquisitor damit, eine Liste der verbotenen Bücher zu erstellen. Als der erste Index im Todesjahr des Papstes erschien, stellte ihr die Inquisition eine Einleitung voran, in der es hieß: Wer die aufgeführten Bücher lese, sie weiterverbreite, drucke, bei sich zu Hause aufbewahre, weitergebe, kaufe, verkaufe oder den Inhalt darstelle, werde exkommuniziert. Drucker, die ein verbotenes Buch hergestellt hatten, erschienen selbst auf dem Index, man wollte den Leser und den Hersteller treffen. Von manchen Autoren wurden nur bestimmte Schriften, von anderen das ganze Werk gebannt. Dass sich die Schriften Martin Luthers auf der Liste der verbotenen Bücher finden, erstaunt nicht. Aber auch die »Jugendwerke« des Humanisten Enea Silvio Piccolomini wurden verboten, immerhin die Bücher eines Mannes, der als Pius II. ein bedeutender Papst gewesen war.

Später maßte man sich an, Bücher reinigen zu wollen. Gut katholische Schriften mit einigen bedenklichen Stellen sollten erlaubt sein, nachdem die beanstandeten Zeilen geschwärzt worden waren. Hier zeigten sich allerdings die Grenzen der Möglichkeiten einer solchen Liste. Von Anfang an hatte es zu wenig geeignetes Personal gegeben, um eine wirksame Kontrolle der Druckerzeugnisse vorzunehmen. Wie wollte man es da auch noch zuwegebringen, Bücher zu »reinigen«? In allen Listen verbotener Bücher, die von der kleinen, aber feinen Indexkommission bis in die Zeit von Papst Pius XII. (1939–1958) herausgegeben wurden, obwaltet deshalb ein großes Moment des Zufalls. Man war angewiesen auf Anzeigen und auf die eigene Lektüre, also auf das, was einem in die Hände fiel oder zugeflüstert wurde. Der Index der verbotenen Bücher wurde erst 1967 außer Kraft gesetzt.

Inquisition und Indexkommission hatten ein und dasselbe Ziel, nämlich die Lehrautorität des Papstes, die Erklärungshoheit über das Katholische als wichtigen Quell päpstlicher Macht durchzusetzen. Dieser moralische, wissenschaftliche, geistige und geistliche Herrschaftsanspruch geriet immer stärker in Widerspruch zur Eigenständigkeit der Philosophie, Naturwissenschaft und Medizin und zum Individuum als Bürger der entstehenden modernen Staaten. Der Vatikan machte sich keinen Begriff von dieser vollständigen Veränderung der Welt in den Stürmen der Neuzeit. Aber vielleicht lag darin ja auch eine Gnade, denn langfristig gesehen sicherte dieses Unverständnis dem Vatikan die Macht.

Als die Römer vom Tod Pauls IV. erfuhren, entzündeten sie Freudenfeuer. Sie stürmten den Palast der Inquisition, der nur wenige hundert Meter links vom Petersdom liegt, verwüsteten ihn und legten Feuer. So sehr hassten sie diesen Papst und seine Inquisition. Dass bei diesen Ausbrüchen des Volkswillens die Hände der kommunalen Verwaltungen im Spiel waren, wird der Forschung immer mehr zur Gewissheit. Den blinden Volkszorn lenkten die städtischen Eliten, die am schlimmsten unter dem Terrorregime des Papstes gelitten hatten.

WIDER DEN ZEITGEIST – DAS KONZIL VON TRIENT

Mit Pius IV. bestieg ein Gegner Pauls IV. den Papstthron. Dieser befreite seinen besten Diplomaten, Kardinal Morone, umgehend aus der Engelsburg und schickte ihn nach Trient, um das Konzil, das sich in den Interessenkonflikten festgefahren hatte, zu einem würdigen und guten Abschluss zu bringen. Die Kirche brauchte als Grundlage für die Kämpfe der kommenden Zeit, für den Kampf ums eigene Überleben eine Grundlage.

Nachdem Kardinal Morone in Vorverhandlungen die Möglichkeiten für Kompromisse ausgelotet hatte, brachte er das Konzil entschlossen zu Ende. In Dekreten legte die Kirchenversammlung bündig die katholische Lehre über den Ablass, die Gnade, die Sakramente, die Eucharistie fest. Der Laienkelch wurde ausgeschlossen – die Verwandlung finde wirklich statt durch den geweihten Priester. Zum ersten Mal in der Geschichte wurde die katholische Vorstellung, dass die Heilige Schrift und die Tradition der Kirche als geoffenbartes Handeln Gottes der Maßstab der Rechtgläubigkeit sei, gegen Luthers Grundsatz »sola scriptura« – die Schrift allein – zum Gesetz erhoben. Für die innerkirchliche Reform legte das Konzil die Normen für das Leben und die Pflichten der Kardinäle und Bischöfe fest.

Das Konzil von Trient regelte das katholische Leben auf der Grundlage einer reformierten Kirche, die sich als die einzige Kirche, als die allein selig machende inmitten der protestantischen Ketzerei verstand. Ihre Aufgabe bestand in der Mission und im Kampf um die Seelen gegen Unglauben und Häresie. Damit waren die geistige Basis und die Grundlagen der Verwaltung für die Gegenreformation geschaffen.

Im Vatikan hatte sich die Erkenntnis durchgesetzt, dass man gegen den Zeitgeist und gegen den Machtverlust einschreiten müsse. Die Kirche wurde kämpferisch – nichts Geringeres erhob sie zum Ziel all ihrer Anstrengungen als die Rettung der

Seelen vor der ewigen Verdammnis. Das war zwar von den ersten Tagen an die ureigenste Aufgabe der Kirche gewesen, aber sie schien es zwischenzeitlich vergessen zu haben.

Doch nun stellte die katholische Kirche klar, dass sie die einzige Institution war, die zum Heil der Menschen zu wirken vermochte, dass das Heil nur vom Vatikan ausgehen konnte. Damit bestimmte dieser seinen Machtanspruch in der veränderten Welt neu. Seine stärkste Waffe und Verteidigung war nicht die Schweizergarde, sondern die Binde- und Lösegewalt der Päpste und ihr Anspruch auf die nur ihnen gewährte Beratung durch den Heiligen Geist, mit anderen Worten auf das universelle Richteramt.

In diesen Tagen des katholischen Gegenangriffs entstand eine Privatarmee des Stellvertreters Christi, die sich folgerichtig Societas Jesu, Gesellschaft Jesu nannte, die Jesuiten. Gegründet wurden sie von Ignatius von Loyola, einem Spanier. Das war kein Zufall, gingen doch von Spanien die stärksten Impulse für die Rekatholisierung aus. Der Orden wurde schon bald zu einer berüchtigten Kampfgruppe des Papstes. Die zahlreichen Gegner der Jesuiten haben es oft behauptet, aber die Societas Jesu war nicht die erste Vereinigung, die nach dem äußerst fragwürdigen Motto lebte, dass der Zweck die Mittel heilige – sie war es nur, die dieses Motto am konsequentesten umsetzte.

Die Jesuiten unterstellten sich direkt dem Papst und schworen ihm Gehorsam, ihm allein. Da ihnen kein Mittel im Kampf um die gute Sache verpönt schien, traute man ihnen auch alles zu. Als Beichtväter von Königen, Königinnen, Fürsten und Fürstinnen verstanden sie es, in zentrale Bereiche der weltlichen Macht vorzudringen. In den Augen der Menschen dehnte sich ihre Macht ins Gespenstische aus, sodass sie im 18. Jahrhundert immer mehr in den Ruf einer großen Verschwörung kamen und man sie zunächst fürchtete und später verfolgte. In Portugal, in Frankreich und Österreich wurde der Orden der Jesuiten von den Katholischen Königen verboten und für ihre Länder aufgehoben. Die Besitztümer wurden nach Belieben verteilt.

Der Hauptgrund für das Verbot der Truppe des Papstes lag nicht in der Angst vor einer jesuitischen Weltverschwörung – wiewohl ihnen das offiziell zur Last gelegt wurde –, sondern darin, dass sie geschworen hatten, zuerst dem Papst und dann erst dem König zu folgen. Weder der König noch der Kaiser duldete in seinem absolutistisch regierten Reich Vereinigungen, die zuallererst einer ausländischen Macht dienten. Und der Papst als Oberhaupt der Katholiken stellte für Könige und Kaiser zugleich auch eine ausländische Macht dar, trat selbst als Herrscher eines Staates, nämlich des Kirchenstaates, auf. Der Papst betrieb neben allen religiösen Bemühungen auch Politik, Machtpolitik. Kein europäischer Herrscher, ob protestantisch oder gut katholisch, täuschte sich auch nur eine Sekunde darüber hinweg.

Vor allem die Jesuiten, aber nicht nur sie, bescherten dem Vatikan einen unverhofften, aber bis heute wirkenden Machtzuwachs, indem sie mit den spanischen und portugiesischen Eroberern nach Süd- und Mittelamerika zogen und den Kontinent katholisch missionierten. Mochte durch die Reformation halb Europa verloren sein – hier wuchs dem Vatikan eine neue Welt zu. Und es gehört zum Ruhmesblatt der Jesuiten, aber auch der Franziskaner und Dominikaner, dass sie versuchten, die Indios vor der brutalen Ausbeutung und Versklavung durch die Kolonialherren, durch die Portugiesen und Spanier, zu schützen. Der Dominikaner Bartolomé de Las Casas reiste zwischen 1543 und 1551 mehrmals vom mexikanischen Chiapas nach Spanien, um den König dazu zu bringen, etwas gegen die Ausbeutung der Indios zu unternehmen. Im Jahr 1537 verbot Papst Paul III. bei Strafe der Exkommunikation die Sklaverei, weil die Indios wie die Weißen über eine unsterbliche Seele verfügten.

Anfang des 17. Jahrhunderts gründeten die Jesuiten über dreißig Dorfgemeinschaften, in denen die Ureinwohner Paraguays, die Guarani-Indianer wohnten und zu denen weiße Siedler und

Mestizen keinen Zugang hatten, um die Kultur und das Leben der Indianer zu schützen. Der »Jesuitenstaat« wuchs und gedieh im Herzen Lateinamerikas – zum Ärger der spanischen Kolonialherren, die die jesuitischen Niederlassungen immer wieder angriffen. Aber noch standen die Jesuiten unter päpstlichem Schutz.

Im Jahr 1622 gründete Papst Gregor XV. (1621–1623) dann die »Congregatio de Propaganda fide«, die »Kongregation zur Verbreitung des Glaubens«, die mit der Leitung und Koordination der Mission in der ganzen Welt betraut wurde. Diese Mission ging von den Ordensleuten des 15., 16. und 17. Jahrhunderts aus. Sie wäre kaum so erfolgreich verlaufen, wenn sie allein auf die Waffengewalt der Eroberer gestellt gewesen wäre. Die Missionare bemühten sich um die Kultur der zu Missionierenden, um darüber die Brücke zur Annahme des Christentums zu schlagen. Sie traten für menschliche und soziale Grundwerte ein, was sie einerseits häufig mit den Herrschenden in einen zuweilen auch tödlichen Konflikt brachte; andererseits verschafften sie dem Katholizismus mit ihrem christlichen Engagement ein hohes Ansehen. Wenn sich Ordensleute und Priester nicht auch als Anwälte ihrer Gemeinden empfunden hätten, hätten sie nicht so erfolgreich missioniert.

Wurde mit der Mission der Herrschaftsbereich weltweit vergrößert, so hatten die Päpste die Inquisition dazu berufen, die spirituelle Macht innerhalb des katholischen Gebietes zu sichern und keine Häresien und keinen Abfall zu dulden. Wie ihre weltlichen Kollegen entwickelten sich die Päpste zu absolutistischen Herrschern, wobei ihre Macht auf der Lehrautorität beruhte.

MITTELMASS ALS PRINZIP: DAS HEILIGE OFFICIUM

Die Inquisition hat die in sie gesetzten Erwartungen als Speerspitze der Gegenreformation, wozu sie 1542 gegründet worden war, nicht erfüllt. Im Gegenteil, auf lange Sicht schnitt sie die Kirche von der intellektuellen Entwicklung ab und trieb die Aufklärung ins Lager der Protestanten oder gleich zum Atheismus, wiewohl das Verhältnis zwischen Protestantismus und Aufklärung sich alles andere als ungetrübt entwickeln sollte. Sicher bewahrte die Inquisition den Vatikan auch davor, jeder Modetorheit zu folgen, aber um den Preis der Erstarrung, der Unbeweglichkeit.

Dabei standen zuweilen, aber auch zu selten dem Vatikan als Inquisitoren Männer mit seltenen Geistesgaben zur Verfügung, darunter der Jesuit Robert Bellarmin und der Kleriker Prospero Lambertini, der spätere Papst Benedikt XIV. Doch es waren nicht sie, die die Inquisition prägten, sondern Gestalten wie Bellarmins Zeitgenosse Giulio Antonio Santorio, der in seiner Mittelmäßigkeit wie kein Zweiter diese Institution verkörperte.

Santorio, ein junger Geistlicher aus der Gegend von Neapel, kämpfte als Vikar des Bischofs des süditalienschen Caserta fanatisch und mit allen denkbaren Mitteln gegen die Protestanten, die er fälschlicherweise Lutheraner nannte – dieser Name war zum Schreckens- und Sammelbegriff für alle reformatorischen Bestrebungen geworden. Die »Lutheraner« verteidigten sich und griffen den jungen Vikar an. Seines Lebens nicht mehr sicher, nahm Santorio das Angebot des Erzbischofs von Neapel, Alfonso Kardinal Carafa, an, ihm als Geistlicher zu dienen. Er ahnte nicht, dass er dadurch in noch größere Gefahr geriet, denn gegen den Erzbischof, den Bruder des hingerichteten Carlo Carafa, liefen erneut geheime Untersuchungen. Er wurde verdächtigt, die Vergiftung des Papstes geplant zu haben.

Kaum in Neapel angekommen, wurde Santorio nach Rom beordert. Vor Papst und Inquisition musste er sich gegen die Anschuldigung verteidigen, am Giftmordkomplott des Erzbischofs von Neapel gegen den Papst beteiligt gewesen zu sein. Zitternd gelang es Santorio, die Ankläger von seiner Unschuld zu überzeugen. Als er wenige Tage später den Heimweg antreten durfte, überkamen ihn weder Jubel noch Frohlocken, sondern größte

Niedergeschlagenheit. Nur allzu kurz und im ungünstigsten Moment hatte er nämlich seine große Liebe erblickt, die er sogleich wieder verlassen musste: die Suprema, die Inquisition, die für einen Glaubenskämpfer wie Giulio Antonio Santorio den idealen Arbeitsplatz und der Rang eines Inquisitors einen Traumjob darstellte.

Doch in Rom sollte man sich bald an den arbeitswilligen Geistlichen erinnern. Am 7. Januar 1566 wurde der Dominikaner Michele Ghislieri zum Papst gewählt und nannte sich Pius V. (1566–1572). Der neue Stellvertreter Christi war ein Mann, der die Inquisition nicht weniger liebte als Giulio Antonio Santorio. Kaum gewählt, wies der Pontifex seinen Geheimsekretär Rusticucci an, Santorio nach Rom zu beordern und ihn zum Konsultor, zum Berater der »Kongregation für die römische und weltweite Inquisition« zu berufen.

Als die Nachricht in Neapel eintraf, hing der Himmel für Santorio voller Geigen. Zum einen hatte er gerade seinen Chef und damit seine Stellung verloren, weil Erzbischof Carafa aus Gram über die erneuten Untersuchungen verstorben war. Zum anderen würde er sich nun der großen Liebe seines Lebens widmen können. Und da der junge Mann von etwas leben musste, denn die Inquisition bezahlte ihre Konsultoren nicht, ernannte ihn der Papst am 6. März 1566 zum Erzbischof von Santa Servina im Königreich Neapel, entband ihn von der Residenzpflicht – ein Vikar nahm Santorios bischöfliche Pflichten wahr, während ihm die Einkünfte ausgezahlt wurden – und wies dem frischgebackenen Inquisitor eine Wohnung im Vatikanpalast zu.

So segensreich der Ghislieripapst für Santorios Karriere sorgte, so stümperhaft bewegte sich der Glaubenskämpfer auf dem glatten Parkett der europäischen Politik. Als die europäischen Staaten zu Großmächten aufstiegen, sank der Kirchenstaat und mit ihm sein Oberhaupt, der Papst, immer mehr zu einer Mittelmacht herab. Pius V. blamierte sich in der Geschichte hinlänglich, als er Elisabeth I. von England exkommunizierte, alle Untertanen vom Treueid entband und die Königin für abgesetzt erklärte. Außer dass er damit unnötigerweise eine Welle von Zwangsmaßnahmen gegen englische Katholiken entfesselte und eine Stärkung der sich gründenden anglikanischen Kirche erreichte, verhallte der Bannspruch des Papstes ohne Folgen. Auch das Unternehmen, die spanische Armada, die Flotte Philipps II., gegen England zu schicken, verfehlte sein Ziel: Statt in England einzumarschieren, wurden die Spanier besiegt – so wurde der Papst wider Willen zum Geburtshelfer der englischen Seemacht.

In diesen Jahren diente sich Santorio in der Inquisition zum Kardinal und Großinquisitor hoch und hatte maßgeblichen Anteil an vielen, auch äußerst spektakulären Prozessen und nicht wenigen Hinrichtungen. Sein Fleiß, seine Bedürfnislosigkeit, seine Zähigkeit und sein langes Leben machten ihn mit der Zeit zu einer der mächtigsten Personen der Kurie. Auf seine Kollegen wirkte er von Jahr zu Jahr nur unheimlicher, weil er die Stärken und Schwächen eines jeden kannte und darüber Tagebuch führte. Santorio war ein Menschenbuchhalter, pedantisch genau, dazu gefühllos im Inquisitionsverfahren, doch nicht roh und nicht ohne Anteilnahme für den armen Sünder, den es leider hinzurichten galt, kurz: der ideale Charakter für eine geheime Glaubenspolizei, einen politischen Geheimdienst.

Für den kraftvollen Papst Sixtus V. (1585–1590), der den Kirchenstaat durch Aufsehen erregende Maßnahmen von den zahllosen Räuberbanden befreite und die Kuppel des Petersdomes nach Michelangelos Plänen vollenden ließ, wurde Santorio zum wichtigsten Mitarbeiter, zum wichtigsten Kardinal und zum verhasstesten Mitglied der Kurie: Sixtus V. hasste den Großinquisitor ebenso sehr, wie er ihn leider auch brauchte.

Nach drei Kurzzeitpäpsten in der Nachfolge von Sixtus V. galt Giulio Antonio Kardinal Santorio als aussichtsreichster Bewerber. Er wollte endlich Papst werden, er konnte Papst werden, er hatte alles dafür getan und sah sich bereits mit der Tiara gekrönt. Schließlich galt der Kardinalgroßinquisitor zu Recht als der mächtigste Mann im Vatikan. Und das wurde ihm zum Verhängnis, denn seine Gegner versuchten inzwischen insgeheim, seine Mehrheit zu erschüttern. Als er sich am 11. Januar mit seinen Getreuen in die Capella Paolina im Vatikan begab, in dem schönen und vor allem sicheren Vorgefühl, gewählt zu werden, wartete man vergebens auf einige Kardinäle. Sechzehn Kardinäle hatten sich entschlossen, seine Wahl zu verhindern, und deshalb zum Wahlboykott in der Sixtinischen Kapelle versammelt. Ihre Abwesenheit wäre indes folgenlos geblieben, weil die wahlbereiten Kardinäle ihren Kandidaten mit einer Stimme Mehrheit per Akklamation – also durch Zuruf – zum Papst hätten wählen können, wenn sich nicht im entscheidenden Moment der junge Kardinal Ascanio Colonna gegen Santorio erklärt hätte. Seinem Abfall folgten weitere. Die Wahl des Großinquisitors war gescheitert.

Noch zu Lebzeiten Santorios und nicht ohne sein Zutun wurde am 27. Februar 1600 Giordano Bruno zum Campo di Fiore gebracht, wo bereits eine große Menschenmenge wartete. Auf Befehl zog sich der verurteilte Ketzer nackt aus und bestieg den Scheiterhaufen, wo er bei lebendigem Leib verbrannt wurde. Die Hinrichtung erregte viel Aufsehen in Rom. In seinem kurz darauf entstandenen Gemälde »Das Martyrium des Matthäus« ließ sich der berühmte Maler Michelangelo Merisi, genannt Caravaggio, von dem Geschehen auf dem Campo di Fiore anregen, dessen Zeuge er gewesen war. Caravaggio malte Matthäus in der Kutte eines Dominikaners – Bruno war Dominikaner gewesen. Die Anspielung konnte nicht übersehen werden.

Jahrelang hatten die Inquisitoren versucht, Giordano Bruno zum Widerruf zu bewegen. Doch der verlangte, dass erst der Papst seine Irrtümer bekennen müsse, bevor er selbst auch nur daran denke, denn er sah seine Lehren nicht im Widerspruch zur Bibel. Nicht er, sondern Papst Clemens VIII. (1592–1605) und die Inquisitoren hätten eine kleinliche, eine falsche, eine häretische Vorstellung von Gott. Unter jenen befand sich ein Mann, der zur Zierde des Ordens der Jesuiten gehörte und als großer und bewunderungswürdiger Theologe galt, ein Mann, der heiliggesprochen und zum Kirchenlehrer erhoben wurde: Robert Bellarmin.

Das Feuer, das die Inquisition auf dem Campo di Fiore eher widerwillig, doch den eigenen Regeln verpflichtet entzündete, sollte niemals in der Geschichte verlöschen, als ein loderndes Symbol dafür, wie es eine angeblich finstere Kirche mit der Freiheit des menschlichen Denkens hielt. Der Imageschaden war gewaltig, und das Klischee ist ebenso falsch wie unzerstörbar. Dabei bewies die Inquisition in dieser Affäre eher ihre Ohnmacht als ihre Macht, das Ganze missriet zum Zeichen ihrer Unfähigkeit. Giordano Bruno hatte sich bei Katholiken und Protestanten gleichermaßen unbeliebt gemacht – was nicht gegen den Mann sprechen muss –, und sein Stern befand sich bereits im Sinken, als die römische Inquisition ihm ihre Aufmerksamkeit angedeihen ließ. Hätte die Suprema den Mönch ignoriert, wäre er wohl in das Schweigen der Zeit eingegangen. Doch als Mönch gehörte er der Kirche an. Dieser einfache Umstand zwang die Inquisitoren zum Handeln. Und einige unter ihnen wussten um den Fehler, den zu begehen sie fast gezwungen waren. Eine zweite, noch viel größere Fehlleistung sollte wenige Jahre später folgen.

DAS ZENTRUM DER WELT – DER VATIKAN UND GALILEO GALILEI

Nachdem die Thesen des 1543 in Thorn verstorbenen Klerikers und Astronomen Nikolaus Kopernikus fünfzig Jahre lang ohne größere Wirkung durch die gelehrte Welt Europas gegeistert waren, veröffentlichte der Karmelitermönch Paolo Antonio Foscarini, der als Theologe einen untadeligen Ruf genoss, 1615

Kein Unschuldslamm und auch kein Märtyrer, dennoch Opfer des Vatikan: Galileo Galilei begründete die moderne Naturwissenschaft mit gelegentlich falschen Annahmen und richtigen Schlüssen. In zahlreichen Werken wie dem »Dialogus de systemate mundi« von 1635 verbreitete er seine neue Welterkenntnis.

eine Schrift, in der er die Lehre des Kopernikus theologisch verteidigte. Da die neuen wissenschaftlichen Erkenntnisse und Hypothesen im Widerspruch zu den Aussagen der biblischen

Astronomie standen, schlug er vor, die traditionelle Auslegung der Bibel im Sinne der Kirchenväter für den Bereich der Naturwissenschaften aufzugeben. Mit anderen Worten, Foscarini regte an, die traditionelle Bibelauslegung auf den Glauben zu beschränken und die Aussagen über die Naturwissenschaften der natürlichen Vernunft anheimzustellen.

In dieser Zeit versuchte Galileo Galilei, das heliozentrische System, in dem die Sonne, nicht die Erde im Mittelpunkt des Kosmos stand, auch theologisch zu begründen. Die beiden Briefe, die er dazu schrieb, zirkulierten in Abschriften. Nun musste die Inquisition im Jahr 1615 aufgrund der Denunziation durch einen Florentiner Dominikaner einen Prozess gegen Galilei eröffnen. Doch bevor sie in der Sache Galilei weiterkommen konnten, mussten sich die Inquisitoren mit Kopernikus und Foscarini beschäftigen.

Der Generalinquisitor Robert Bellarmin stellte geradezu dogmatisch fest, dass erstens von der Auslegung der Kirchenväter nicht abgegangen werden dürfe und dass zweitens eine niedere Wissenschaft nicht eine höhere Wissenschaft widerlegen könne, die Theologie also als Königin der Wissenschaften nicht von einer weit unter ihr stehenden Wissenschaft wie der Astronomie angezweifelt werden dürfe. Damit setzte Bellarmin aus voller Überzeugung die Beschlüsse des Konzils von Trient um, in denen unter anderem festgelegt worden war, dass die Heilige Schrift und die Tradition der Kirche, also auch die Darstellungen der Kirchenväter als Maßstab dienen sollten. Zum anderen war Robert Bellarmin von Aristoteles und Thomas von Aquin beeinflusst, deren Ansichten von den neuen Entwicklungen in der Philosophie und in den Naturwissenschaften wie alter Plunder rücksichtslos beiseitegeschoben wurden. Und zum Dritten widersprach die Bewegung der Sonne auch der Bibel.

Die Grundfragen für die folgenden Auseinandersetzungen zwischen den Kirchen und den Wissenschaften waren damit gestellt: Wie steht es mit der Autorität der Bibel? Wie wörtlich gelten die Aussagen der Bibel für alle Bereiche des Lebens, der Natur und der Wissenschaft? Muss die Wissenschaft innerhalb der Grenzen einer wortwörtlich ausgelegten Bibel bleiben, oder gilt sie nur wörtlich für den Glauben, außerhalb desselben aber nur gleichnishaft?

Solange das System Galileis mit der Sonne als Weltmittelpunkt nur als unverbindliche These diskutiert wurde, war das Ganze relativ unproblematisch. Doch jetzt ging es um mehr. Verkürzt gesagt stand plötzlich die unangenehme Frage im Raum, wer das letzte Wort hatte, wer die Lehrautorität besaß – die katholische Kirche oder die Wissenschaft? In den Wintertagen des Jahres 1616 eröffnete der Vatikan, ohne es auch nur im Mindesten zu ahnen, den großen und aussichtslosen Kampf gegen die Naturwissenschaften, einen Kampf, der ihm bis auf den heutigen Tag zum Schaden gereicht, weil sich ein in drei Jahrhunderten aufgerichtetes Klischee nicht plötzlich außer Kraft setzen lässt.

Was die Situation noch komplizierter machte, war das Kirchenrecht. Um die Anschauungen von Galileo Galilei und Paolo Antonio Foscarini zu verbieten, mussten die Inquisitoren zunächst das auf den Index setzen, worauf sich alle bezogen, nämlich das Weltbild des Kopernikus. Um verbotenes Tun nachzuweisen, sahen sie sich also gezwungen, im Nachhinein ein Verbot aufzurichten. Am 25. Februar 1616 wurde die kopernikanische Lehre durch die Inquisition für ketzerisch erklärt und verboten. Anschließend setzte man Foscarinis Buch auf die Liste der verbotenen Bücher. Dann suchte Robert Bellarmin Galilei persönlich auf, setzte ihn von dem anstehenden Prozess und von der Verurteilung der kopernikanischen Lehre in Kenntnis. Der Wissenschaftler akzeptierte den Entscheid und versprach, über die kopernikanische Lehre zu schweigen. Daraufhin wurde der Prozess eingestellt. Nach dieser Komödie jedoch kam es zur Farce.

Im Jahr 1623 wurde Maffeo Baberini als Urban VIII. (1623–1644) zum neuen Papst gewählt. Mit ihm, dem Schöpfer des barocken Rom und Mäzen von Gianlorenzo Bernini, schien ein Frühling der Toleranz anzubrechen. Galileo Galilei wurde mehrmals vom Papst empfangen und gewann in den Gesprächen den Eindruck, Urban VIII. sei offen gegenüber den Wissenschaften, auch gegenüber dem sonnenzentrierten Weltbild.

Weder Urban VIII. noch Galilei zeigten in der nun folgenden Geschichte ein fehlerfreies Verhalten. Bei beiden war letztlich zu viel Eitelkeit, vor allem verletzte Eitelkeit, im Spiel. Urban VIII. verlangte, dass Galilei das kopernikanische System lediglich als Denkmodell darstelle. Doch Galilei behauptete, dass die Gezeiten auf der Bewegung der Erde beruhten. Und da das Meer für alle sichtbar hin- und zurückflutete, war damit natürlich die Bewegung der Erde bewiesen. Aus dem Denkmodell war eine wahre Aussage geworden. Dass sich der Beweis später als falsch herausstellte, macht diese an ungewollter Komik gewiss nicht arme Geschichte noch unterhaltsamer. Der überaus eitle Papst fühlte sich obendrein beleidigt, weil Galilei in seinem berühmten Werk »Dialog über die beiden Weltsysteme« die Argumente gegen Kopernikus einem mäßigen Denker in den Mund legte und damit den Vatikan lächerlich machte. Urban VIII. fühlte sich also hintergangen und obendrein dem Spott preisgegeben, was die zahlreichen Ränkeschmiede an seinem Hof zu nutzen wussten.

Also eröffnete die Inquisition erneut den Prozess gegen Galilei, der nun als rückfälliger Ketzer galt, denn er hatte sich ja dem Spruch von 1616 unterworfen und geschworen, die kopernikanische Lehre weder darzustellen noch zu lehren. Formal gesehen war die Inquisition völlig im Recht. Leider trat in dem Verfahren der hochgebildete Kardinal Guido Bentivoglio als Ankläger auf, der sich in der wissenschaftlichen Welt mit exzellenten historischen und landeskundlichen Beschreibungen einen Namen gemacht hatte. Dass sich im Verfahren wissenschaftlicher Fortschritt und katholisches Dunkelmännertum gegenüberstanden, wie die Legende es will, entspricht also nicht den Tatsachen. Auch das zeigt, wie komplex die Geschichte des Galileiprozesses letztlich ist.

Als sich die Kardinalsinquisitoren am 22. Juni 1633 in einem Saal des Klosters Santa Maria sopra Minerva in Rom zur Mittwochssitzung versammelten, kniete ein alter Mann im Büßergewand vor ihnen, in der linken Hand eine Kerze und die rechte auf die Bibel gelegt. Leicht fielen ihm die Worte nicht: »Ich, Galileo, Sohn des Vincenzo Galilei aus Florenz, siebzig Jahre alt, ... bin ... der Ketzerei in hohem Maße verdächtig befunden worden, darin bestehend, dass ich die Meinung vertreten und geglaubt habe, dass die Sonne Mittelpunkt der Welt und unbeweglich ist und dass die Erde nicht Mittelpunkt ist und sich bewegt.« In der Schlussphase des Prozesses bot man Galileo Galilei einen Kuhhandel an: keine Folter, kein Feuertod, dafür ein öffentlichkeitswirksamer Widerruf und lebenslänglicher Hausarrest. Sein Buch aber, der »Dialogo sopra i due massimi sistemi« (Florenz 1632; deutsch: Dialog über die beiden hauptsächlichen Weltsysteme), das die Inquisitoren auf die Liste der verbotenen Bücher setzten, stellt nichts Geringeres dar als die Geburtsurkunde der modernen Wissenschaften.

PRACHT OHNE MACHT – DIE PÄPSTE IM BAROCK

Seit dem Epochenbruch im 16. Jahrhundert vollzog sich nicht nur in Europa mit rasanter Geschwindigkeit ein grundlegender Wandel. Die ganze Welt veränderte sich durch die koloniale Politik der europäischen Großmächte Frankreich, England und Spanien, aber auch einer Mittelmacht wie Portugal. Die Religion wurde zunächst zu einem Teilbereich des Lebens, später zur Privatsache. Im 17. und im 18. Jahrhundert beschränkte sich die Macht des Vatikan immer stärker auf einen Wirrwarr von Interessen, die sich häufig durchkreuzten und einander in der Summe aufhoben. Von einer zentralisierten Kirche war man weiter entfernt denn je.

Als sich die modernen Staaten herausbildeten und zu neuen europäischen Großmächten aufstiegen, sank die Bedeutung des Kirchenstaates auf die einer Mittelmacht herab. Es wurde immer deutlicher, dass der Vatikan in seinem Gespanntsein zwischen Himmel und Erde in eine unglückliche Lage geraten war. Der Papst galt als Oberhaupt aller (katholischen) Christen und befand sich gleichzeitig als Regent des mittelitalienischen Kirchenstaates als Territorialfürst politisch gesehen auf der Bedeutungsebene der Fürsten von Bayern oder Sachsen. Dadurch verlor er seine Exklusivität und durch den Verlust der Besonderheit auch seine Würde.

In der Katastrophe des Dreißigjährigen Krieges zeigte sich das besonders deutlich. Auf der einen Seite mussten die vier Päpste, die zwischen 1618 und 1648 amtierten, als Oberhäupter der allein selig machenden Kirche die protestantischen Ketzer bekämpfen und folglich Kaiser und katholische Liga unterstützen. Auf der anderen Seite durfte der Papst als mittlerer italienischer Fürst, der sich im Griff der spanischen und der österreichischen Habsburger befand – in der alten »Stauferzange« –, dem Kaiser nicht helfen, um die Macht des Vatikan nicht zu gefährden. Als Stellvertreter Christi stand er an der Seite des Kaisers, als Chef des Kirchenstaates war er mit dem katholischen Frankreich verbündet, das an der Seite der protestantischen Fürsten und Reichsstände gegen die katholische Liga kämpfte. Die Ablösung des erfolgreichen Feldherrn Wallenstein auf der katholischen Seite geht auf die Intrigen Urbans VIII. zurück. Die Zwickmühle der Interessen ließ nur eine Schaukelpolitik zu, wie sie in der Folgezeit zum Markenzeichen päpstlicher Politik werden sollte.

Die Macht des mittelalterlichen Papsttums, der Gottesstaat eines Innozenz III. und Innozenz IV., die sich selbst überhoben hatten, waren seit der »Ohrfeige von Anagni«, dem Exil in Avignon und dem Großen Abendländischen Schisma zusehends zerfallen. Geistliche und weltliche Macht ließen sich in der Neuzeit nicht mehr in einer Hand vereinen. Die in der Aufklärung und durch sie fortschreitende Trennung von Kirche und Staat, die im Grunde bei Luther ihren Anfang genommen hatte, besiegelte die Trennung.

Im Vatikan klammerte man sich an den Kirchenstaat in der Hoffnung, er werde zur Keimzelle der Wiedergeburt der universellen Macht der Päpste. Bis ins beginnende 18. Jahrhundert diente er auch als Versorgungsreservoir der jeweiligen Papstfamilie. Zugleich glaubten die Päpste, dass sie auf den Kirchenstaat als wirtschaftliche und politische Basis angewiesen waren. Das war ein schwerer Fehler, denn das Leichengift der dahinsiechenden weltlichen Macht sollte die geistliche Macht allmählich zerstören. Ein mutiger und kluger Papst, ein Genie hätte in dieser Situation eine Amputation vorgenommen, um das Gesunde vor dem Kranken zu schützen. Doch es musste noch viel geschehen, ehe es dazu kam. Dabei wuchs dem Vatikan in diesen Jahren eine neue – wenngleich alte – Macht zu, die ihm seine heutige wichtige Stellung garantiert: Für eine Milliarde Menschen in der ganzen Welt ist der Papst das Oberhaupt der Kirche. Richtig eingesetzt kann diese geistliche Macht ungleich stärker wirken als weltliche Kräfte.

Über den Verlust an Einfluss in der europäischen Politik träumten sich die Päpste seit Urban VIII. derweil hinweg, indem sie ihre Macht und Herrlichkeit aus Stein erschaffen ließen. In der Architektur der Stadt Rom verwirklichte sich der Herrschaftsanspruch der Päpste in einem erstaunlichen Spiel von Geistlichem und Weltlichem. In der Kunst zumindest konnten sie ihren Anspruch umsetzen, Erben des Römischen Reiches, der Antike und Nachfolger des Apostels Petrus zu sein. Architektur, Bildhauerei, Musik, alle Künste – einschließlich der überbordenden Kunst der Intrige am Hof des Papstes, zu dem der Vatikan nun wurde – erzeugten ebenso spielerisch wie nachhaltig den Eindruck, Rom sei das Haupt der Welt. Geistlich blieb es das auch. Sein Einfluss erstreckte sich inzwischen auf alle bewohnten Kontinente der Erde. Nur die weltliche Herrschaft endete hundert Kilometer südlich und hundert Kilometer nördlich der Stadt. Noch flüchtete sich der Vatikan vor der tristen Realität in den gloriosen Traum des Barock.

In der Renaissance hatte im Plan des Papstes Nikolaus V. (1447–1455) zum ersten Mal der Umbau Roms zur Welthauptstadt architektonische und städtebauliche Gestalt angenommen. Päpste des 15., 16. und 17. Jahrhunderts wie Sixtus IV., Alexander VI., Julius II., Leo X., Sixtus V., Paul V., der Schöpfer des vatikanischen Geheimarchivs, und endlich Urban VIII., Innozenz X. und Alexander VIII. schufen das Rom der Päpste, die geistliche Kapitale der Welt. Während die Renaissancepäpste als Machtpolitiker wirkten, entfalteten die Barockpäpste nur noch den Traum von der Macht in städtebaulichen und künstlerischen Triumphen, die, verständlich genug, kaum auf musikalischem und literarischem, sondern auf dem Gebiet der Bildenden Kunst – die Architektur eingeschlossen – gelangen. Literatur und Musik sollten die Domänen der Aufklärung und des weltlichen Absolutismus werden.

Den Plan Nikolaus V. von Rom als »caput mundi«, als Hauptstadt der Welt und Sitz eines absoluten Fürsten, noch in bester Renaissancemanier großzügig entworfen, konnten die Barockpäpste trotz aller staunenswerten Leistungen auf künstlerischem und städtebaulichem Gebiet nicht in seiner ganzen Dimension verwirklichen. Doch waren sie noch mächtig und finanzkräftig genug, um Rom zum Mittelpunkt der zeitgenössischen Kunst zu machen. In den Jahren des Galileiprozesses galt die Stadt als Motor und Werkstatt der Kunst zugleich, wonach sich ganz Europa richtete.

Im 18. Jahrhundert verlor Rom diese Stellung und verwandelte sich vom Atelier Europas zum Museum des Kontinents.

War man im 17. Jahrhundert nach Rom gereist, um von den großen Meistern der Malerei, der Bildhauerei und der Baukunst zu lernen, so pilgerte man im folgenden Säkulum in die Ewige Stadt, um die Antike zu studieren und eine große Vergangenheit zu bestaunen. Allein daran wird der Bedeutungswandel des Vatikan hinreichend deutlich.

DER PAPST ALS ZAUNGAST – EUROPA IM 18. JAHRHUNDERT

In der Welt des 18. Jahrhunderts gingen vom Vatikan nur noch museale Impulse aus. Da zeitgenössischer Städtebau und große Architektur immer eine sichtbare Seite von Macht in Szene setzen, zeigt sich in dieser Veränderung der Machtverlust des Vatikan. Und er verlor dramatisch – auf allen Gebieten. Im Jahr 1497 hatten die Könige von Portugal und Spanien Papst Alexander VI., der den Vertrag von Tordesillas ausgehandelt hatte, noch als Vermittler bei der Aufteilung der kolonialen Welt akzeptiert. Urban VIII. (1623–1644) dagegen wurde sowohl von den Franzosen als auch von den rivalisierenden Spaniern als Mittler im Dreißigjährigen Krieg abgelehnt, obwohl der Römer Giulio Mazzarini als Kardinal Jules Mazarin in der Nachfolge des berühmt-berüchtigten Kardinals Richelieu die französische Politik bestimmte. Die Friedensverhandlungen zum Spanischen Erbfolgekrieg ein knappes Jahrhundert später erlebten die Päpste nur noch als Zaungäste. Erst als der deutsche Reichskanzler Otto von Bismarck 1885 Papst Leo XIII. (1878–1903) bat, im Streit um die Karolineninseln zwischen Deutschland und Italien zu vermitteln, kehrte der Vatikan zaghaft auf die Bühne der internationalen Politik und Diplomatie zurück.

Bis 1789 standen die Päpste zwischen dem römisch-deutschen Kaiser und dem französischen König. Mit einem von beiden waren die Beziehungen immer gespannt. Zum großen Konflikt mit Frankreich kam es, als mit Ludwig XIV. ein selbst für diese Zeit außergewöhnlich skrupelloser König an die Macht kam. Für die Ausdehnung seiner Macht war der Allerchristlichste König bereit, den muslimischen Türken halb Europa zu überlassen, wenn er dabei die andere Hälfte gewann. Dem bedrängten Kaiser Leopold I. sprang in der Stunde höchster Not Papst Innozenz XI. (1676–1689) bei. Wie sah für Innozenz XI. die Welt aus, wenn er aus dem Vatikan schaute und seinen Blick weit über die Aurelianische Stadtmauer nach Norden richtete? Unerfreulich genug.

Um die Mittagszeit des 13. Juli 1683 erreichte der höchste Beamte des türkischen Reiches, der Großwesir Kara Mustafa Pascha, mit 10 000 Reitern die Festung Wien, die bereits von seinen Truppen belagert wurde. Niemals zuvor und nie wieder sollte der Islam so mächtig sein wie in diesem welthistorischen Moment. In Nordafrika und in Ägypten, in Arabien, in der Türkei, im Irak, in Iran herrschten islamische Regenten, und die meisten von ihnen unterstanden dem türkischen Sultan. Diese Großmacht nannte sich Osmanisches Reich. Es war nur eine Frage der Zeit, bis Wien fiel, und dann war für die »Streiterscharen des Islam« der Weg frei bis nach Mitteleuropa. Dann konnte ihnen auch Italien wie eine reife Frucht in den Schoß fallen.

Man hatte Innozenz XI. hinterbracht, dass Kara Mustafa schon davon träumte, aus dem Vatikan einen Pferdestall für die Rosse der Streiter des Islam zu machen. Die eingeschlossenen Wiener stellte Kara Mustafa zunächst einmal vor die Wahl: »Entweder Islam oder Tribut!« Noch lehnten es die von der Ruhr geschwächten Verteidiger der Stadt unter dem klugen Oberbefehlshaber Ernst-Rüdiger von Starhemberg ab, sich zu ergeben. Doch Anfang September musste sich auch Graf Starhemberg eingestehen, dass es nur noch Stunden dauern konnte, bis die Belagerer die Stadt erstürmen würden.

Mit viel Geld, wohl anderthalb Millionen Gulden, und versierten Predigern unterstützte der Papst Kaiser Leopold I. bei der Befreiung Wiens von der Belagerung durch die Türken. Die päpstliche Diplomatie und der persönliche Einsatz des Papstes vermochten sogar den polnischen König Jan Sobieski davon zu überzeugen, an der Seite seines Feindes, Leopold I., in den Kampf einzugreifen – ursprünglich war Jan Sobieski mit Ludwig XIV.

verbündet gewesen. So kam es, dass der kühne polnische König an der Spitze seiner Reiter den Kampf entschied und mit Wien zugleich Europa rettete.

In der Stunde der größten Verzweiflung verkündeten die vom Kahlenberg bei Wien abgeschossenen Kanonenkugeln den Wienern die Ankunft des Entsatzheeres. Der Hall der Kanonen war kaum in der Nacht verklungen, da feierte im ersten Morgengrauen des 12. September der Beauftragte des Papstes, Marco d'Aviano, für das christliche Heer die heilige Messe. Anschließend wurden die Türken vernichtend geschlagen. Für einen kurzen welthistorischen Moment hatte es so ausgesehen, als sollte ein islamisches Europa entstehen, in dem der Koran die Bibel ablösen würde.

Im 18. Jahrhundert empfanden sich die geistlichen Fürsten – die Erzbischöfe, Fürstbischöfe und Bischöfe in den deutschen Ländern, in Österreich, Frankreich, Spanien und Portugal –, die aktive Machtpositionen des Papstes in Europa hätten darstellen können, zunächst als souveräne Herrscher oder als Untertanen des französischen, des spanischen und des portugiesischen Königs und des Kaisers und erst in zweiter Linie als dem Vatikan untergeordnet. Da sie häufig genug ihre eigenen Interessen in den Vordergrund stellten, musste der Papst in Rom außerdem Sorge tragen, dass sie ihn nicht für ihre Zwecke einspannten. Zwar gab es an jedem wichtigen Hof in Europa einen Nuntius, einen päpstlichen Botschafter, aber aus der einstigen Machtstellung des Papstes war nur noch eine Ehrenstellung geworden. Kein Konklave zur Papstwahl fand mehr statt, auf dem nicht der französische, der spanische und der Botschafter des Kaisers kräftig Einfluss ausübten. Auch wenn dem Papst in der weltlichen Politik kaum mehr eine Rolle zugestanden wurde, so wollte man doch einen der jeweiligen Seite genehmen Kandidaten auf dem Heiligen Stuhl sehen. Beim Kampf um die Vorherrschaft in Europa ging es zuweilen um Millimetergewinne, wobei die

Unterstützung aus Rom vielleicht nicht hilfreich, aber eine Gegnerschaft im ungünstigen Moment hinderlich sein konnte. Was sich im 18. Jahrhundert herausbildete, war die Frühform unserer heutigen Politik, die bis zur Französischen Revolution und dann noch einmal in einer kurzen Spanne zum Leben erweckter Wiedergängerei auf dem Wiener Kongress von allen betrieben und Kabinettspolitik genannt wurde.

INNOZENZ XI. UND DER SONNENKÖNIG

Bereits ein paar Jahre vor der Wiener Türkenbelagerung hatte der französische König Ludwig XIV. Papst Innozenz XI. mitgeteilt, dass er seine kirchlichen Privilegien, die er für ein Viertel der französischen Bistümer besaß, nun auf alle Bistümer in seinem Herrschaftsbereich ausweite. Als Innozenz XI. sich dem 1671 widersetzte, rief der Sonnenkönig eine Generalversammlung des französischen Klerus ein. Dort überzeugte der mächtige Bischof von Meaux, Jacques-Bénigne Bossuet, der Erzieher des Kronprinzen, die versammelten Geistlichen davon, die von ihm verfasste »Declaratio cleri Gallicani«, die als »Gallikanische Artikel« oder »Deklaration der vier Artikel der Freiheit der gallikanischen Kirche« in die Geschichte eingingen, einstimmig anzunehmen, in denen die Macht des Papstes praktisch aufgelöst wurde. Im vierten Kapitel wird die Unfehlbarkeit des Papstes in Frage gestellt. Die ganze spätere Diskussion um die Unfehlbarkeit des Papstes, die auf dem Ersten Vatikanischen Konzil 1869/70 beschlossen wurde, hat in dieser Auseinandersetzung mit dem Gallikanismus und den vier Artikeln ihren Ursprung.

Innozenz XI. reagierte auf die Proklamation mit der Verweigerung der Ernennungsbullen für Geistliche, die an der Generalversammlung teilgenommen hatten. Das bedeutete in der Praxis, dass bis zu einer Einigung fünfunddreißig der einhundertzwanzig Bischofsstühle Frankreichs unbesetzt blieben, weil der Papst die von Ludwig XIV. eingesetzten Bischöfe zu Recht nicht anerkannte und bestätigte. Der König antwortete damit, dass er von seinen Kirchenjuristen und Vertretern der hohen Geistlichkeit eine Appellation gegen den Papst erarbeiten ließ, in der es um die Einberufung eines Generalkonzils ging. Im Klartext hieß das, Ludwig XIV. drohte Innozenz XI. mit der Absetzung.

Hier stand nicht nur König gegen Papst, hier standen auch französische Bischöfe gegen den römischen Bischof, wie sie ihn in der Folgezeit herabwürdigend nannten. Die Gefahr, dass ein Allgemeines Konzil zustande kam, war indes gering, der Kaiser und der spanische König hätten kaum ihr Einverständnis dazu gegeben. Weitaus schlimmere Folgen konnte allerdings ein französisches Generalkonzil zeitigen. Daraus hätte sich, wie das englische Beispiel lehrte, sehr schnell eine reformierte oder protestantische Staatskirche in Frankreich entwickeln können.

Verschärft wurde die Auseinandersetzung durch den absurden sogenannten Quartierstreit. In Rom hatte sich der Brauch eingeschlichen, dass ausländische Gesandte völlige Freiheit in ihrem Quartier genossen. Dieses war sozusagen exterritoriales Gebiet, wie heute die Botschaften. Die päpstliche Polizei durfte die Gesandtschaften nicht betreten, was dazu führte, das Gauner, Mörder und zwielichtige Gestalten in den Quartieren der Gesandten Zuflucht suchten und für das Asyl auch mit Blutgeld zahlten. Innozenz XI. schaffte die Quartierfreiheit ab, und nach einigem Hin und Her widersetzten sich nur noch die Franzosen dieser Regelung. Der französische Gesandte, Bischof Philibert de Lavardin, trat derart anmaßend und provozierend auf, dass Innozenz XI. schließlich das Interdikt, die Kirchenstrafe mit dem Verbot der Amtshandlungen, über ihn verhängte.

Schließlich kam ein handfester Konflikt hinzu, bei dem es um die Besetzung des frei gewordenen Bischofsstuhls des Erzbistums Köln ging. Innozenz XI. hatte sich gegen den französischen und für den habsburgischen Kandidaten, den bayrischen Prinzen Joseph Clemens, entschieden. Um den Papst einzuschüchtern, drohten die Franzosen ihm mit Krieg. Sie annektierten Avignon und das umliegende Comtat Venaissin. Avignon hatten die Päpste im 14. Jahrhundert einmal für viel Geld gekauft, und auch das Comtat Venaissin gehörte damals noch zum Kirchenstaat. Zudem wurde der päpstliche Nuntius, Kardinal Angelo Ranuzzi, in Paris in seiner eigenen Wohnung wie ein Gefangener gehalten.

Die Auseinandersetzungen brachten weder dem König noch dem Papst Gewinn, sondern nur Verdruss, sodass man auf beiden Seiten nach einem Ausweg unter Wahrung des Gesichts suchte. Ludwig XIV. rechnete dabei nicht damit, dass er Kräfte stärkte, die sich eines Tages auch gegen die Monarchie richten würden, nachdem sie in der Auseinandersetzung mit der anderen Autorität, mit dem Papst, gelernt und trainiert hatten. Ironie der Geschichte. Aus den Freiheiten der gallikanischen (französischen) Kirche entwickelten sich die Freiheiten der Gallikaner gegen die Kirche und gegen den König, die Menschenrechte.

Schließlich einigten sich Papst und König darauf, die vier Artikel fallen zu lassen. Die französischen Geistlichen mussten nicht mehr auf die Artikel schwören, wenngleich sie an den Hochschulen noch gelehrt werden durften. Bis zur Revolution wurden also alle französischen Geistlichen nach den vier Artikeln ausgebildet, was ihre Geisteshaltung den Päpsten gegenüber prägte. Zum Hauptfeind entwickelten sich folgerichtig die Jesuiten, weil sie im Gegensatz zu allen anderen französischen Geistlichen dem Papst und nicht dem König die Treue und den Gehorsam geschworen hatten. Wenn die Geliebte des französischen Königs Ludwig XV., die Marquise de Pompadour, schrieb: »Die Religion ist gut, nur ihre Diener sind oft böse. Es wird, wie man sagt, bald lächerlich, ein Christ zu sein.«, so gelang ihr damit ein unfreiwilliger Akt von Selbstkritik, denn es waren französische Könige und Kardinäle, die diese vom Papst immer unabhängiger werdende Staatskirche schufen. Was man allerdings von den französischen Geistlichen erwartete, drückte die illegitime, aber faktische First Lady gebieterisch in einem Brief an den Erzbischof von Paris so aus: »Bedenken Sie erst, dass Sie ein Untertan sind, ehe Sie daran denken, dass Sie Bischof sind.« Die Kurfürstin Charlotte-Elisabeth von Bayern berichtete in diesen Jahren: »In Frankreich kümmert man sich kaum um Rom oder den Papst; man ist davon überzeugt, dass man das Seelenheil auch ohne ihn erlangen kann.«

In diesen Jahren entstand die zunächst von gallikanischen Geistlichen, später von Aufklärern und kämpferischen Atheisten entwickelte und kolorierte Verschwörungstheorie, wonach Frankreich von einem schrecklichen Geheimbund unterwandert würde, nämlich den Jesuiten, die im Auftrag einer fremden Macht, des Papstes, handelten. Den Plot dieser wirkungsvollen Verschwörungstheorie muss man sich in etwa wie in Dan Browns »Illuminati« vorstellen. Die Angst, die diese Verschwörungstheorie vor den Jesuiten allseits erzeugte, ließ sich ausgezeichnet als Kampf- und Erpressungsmittel gegen den Vatikan benutzen. Über Wahrheit und Legende des Wirkens und der Gründung des Geheimbundes der Illuminaten als antijesuitischen Kampfbund wie auch über die Aktivitäten der Jesuiten selbst habe ich in meinem Buch »Geheimbünde. Macht, Mythos und Wirklichkeit« berichtet.

Das Ganze wurde noch komplizierter, als innerhalb des französischen Klerus eine theologische Richtung entstand, die zu heftigen Spannungen innerhalb der französischen Kirche selbst führte. Ohne das Verständnis des Jansenismus lassen sich die Vorgänge, Kämpfe und geistigen Strömungen nicht begreifen, die unter der allzu unscharfen Sammelbezeichnung Aufklärung gefasst werden.

Der Namensgeber der neuen theologischen Richtung in Frankreich, der niederländische Theologe und Bischof Cornelius Jansen, hatte in Paris studiert und ein aus intensiven Studien hervorgegangenes Werk über Augustinus verfasst, das 1640 posthum veröffentlicht wurde. Seine Darstellung wurde von einigen Geistlichen, darunter Jean Duvergier de Hauranne und Antoine

Arnauld, die sich dem Zentrum des Jansenismus, dem Kloster Port Royal nahe Versailles, auf unterschiedliche Weise verbunden fühlten, genutzt, um eine rigorose Glaubensvorstellung zu entwickeln: Danach bedarf der Mensch der göttlichen Gnade, die ihn erst zum Glauben befähigt. Dann hat er sich, auf diese Weise befähigt und begnadet, ganz dem Gottesdienst zu öffnen und zu widmen. Allerdings besitzt er auf die Gnade kein Anrecht, sie ist ein freies Geschenk Gottes. Da aber Gott nicht zwischen großen und kleinen Geschenken unterscheidet und es keine erstklassig und zweitklassig Beschenkten gibt, interessierten sich die Jansenisten praktisch für die Kirchenreform, vor allem für die Mitwirkung der Laien an der Leitung der Kirche, die Erhöhung des Ansehens und die Möglichkeiten der Frauen in der Kirche und schließlich die Lektüre der Bibel in der betreffenden Volkssprache. Deshalb verfassten sie – wie Pasquier Quesnel – auch Kommentare zum Neuen Testament.

Die Vorgänger von Papst Innozenz XI., Innozenz X. (1644 bis 1655) und Alexander VII. (1655–1667), hatten fünf Sätze verurteilt, die Jansen zugeschrieben wurden. In der Reserve gegenüber Rom und dem Bestreben, die Rolle des Ortspriesters im Gefüge der Gesamtkirche zu stärken, waren anfangs gallikanische und jansenistische Standpunkte miteinander verbunden. Doch dem stets misstrauischen Ludwig XIV. verursachte vor allem die geistige Unabhängigkeit der Jansenisten Unbehagen. Der Sonnenkönig sah in der Kirche eine Säule seines Gottesgnadentums, nicht der Gleichheit. Christen, die sich nur Gott allein verpflichtet fühlten, mussten ihm als unbotmäßig und als Unruhepotenzial erscheinen, war er doch die Sonne, um die sich alles drehte. Zudem war dem König die Zurückhaltung, die Innozenz XI. den Jansenisten gegenüber an den Tag legte, höchst verdächtig. Doch der Papst erblickte in den Jansenisten nicht seine Truppen, die unter der Parole »Gnade und Gewissen« die Autorität des Königs zu untergraben trachteten. Vielmehr dürften diese dem asketischen und fast heilig lebenden Greis im Vatikan allenfalls in ihrem ernsthaften Glauben sympathisch, vielleicht sogar ein wenig glaubensverwandt erschienen sein. Natürlich konnte und wollte er die Maßregelungen seiner Vorgänger nicht rückgängig machen. So legte er ein respektvolles Schweigen an den Tag.

Die Kehrseite der Medaille zeigte sich bald: Jede Vorstellung, die – ausgehend vom Gnadengeschenk über die Behauptung des Gewissens bis hin zu den Rechten der Menschen – neue ethische und staatsphilosophische Gedanken auf den wachen geistigen Markt des beginnenden 18. Jahrhunderts warf, geriet von nun an unter den Verdacht des Jansenismus. Und Ludwig XIV. erkannte rasch, wie wichtig das gute Verhältnis zum Papst – inzwischen war es Clemens XI. (1700–1721) –, für die eigene Autorität war. Die Propaganda gegen den Vatikan konnte sich schnell gegen den König und andere traditionelle Autoritäten wenden. Als Hort und Symbol des Aufruhrs machte Ludwig XIV. die wie zum Hohn nur wenige Kilometer von Versailles entfernte Abtei Port Royal aus, ein Frauenkloster, das geistiger Mittelpunkt und zeitweilig Wirkungsstätte der Jansenisten war, und ergriff Maßnahmen. Am 29. Januar 1709 wurden die letzten Nonnen, die sich weigerten, ein Formular gegen den Jansenismus zu unterzeichnen, von einem Polizeileutnant auf andere Klöster verteilt. Doch nun wurde das Tal der Abtei, die »Heilige Wüste«, zum Pilgerort.

Aus Verärgerung darüber befahl der Kronrat im Auftrag des Königs am 22. Januar 1710, Kirche und Kloster von Port Royal dem Erdboden gleichzumachen. Die sterblichen Überreste von ungefähr 3000 Menschen, die im Laufe der Jahrzehnte auf dem Friedhof der berühmten Abtei beigesetzt worden waren, riss man aus ihren Gräbern und überstellte sie den Familien. In den Fällen, in denen keine Nachfahren ermittelt werden konnten, wurden die Toten in einem anonymen Gemeinschaftsgrab verscharrt. Mit brutaler und ignoranter Rücksichtslosigkeit verstieß man damit auch gegen den Letzten Willen eines der größten Dichter Frankreichs, Jean Racine, der vor seinem Tod 1699 verfügt hatte, in

Port Royal beigesetzt zu werden. Die Gebeine des Nationaldichters wurden ausgegraben und nach Saint-Etienne-du-Mont geschafft. Der Schriftsteller Maximilien-Henry de Saint-Simon berichtete: »Beim Schleifen des Hauses, der Kirche und aller Bauwerke ging man ebenso vor, wie man es mit den Häusern von Königsmördern macht.« Das Jahrhundert, das an seinem Anfang vom König derart entweiht wurde, sollte schreckliche Rache an dessen Nachfahren nehmen: Am 21. Januar 1793 wurde der Königsmord tatsächlich verübt, schickten die Jakobiner, die missratenen Enkel der Jansenisten, König Ludwig XVI. und Königin Marie Antoinette auf die Guillotine. Nach ihrem Versammlungsort, dem Dominikanerkloster Saint-Jacques, wurden die Mitglieder des wichtigsten Klubs während der Französischen Revolution Jakobiner genannt. Sie waren für die Schreckensherrschaft 1793/94 verantwortlich.

Nachdem Port Royal ausgemerzt war, bedrängte Ludwig XIV. Clemens XI., der sich angewidert von der Zerstörung der Abtei abwandte, den Jansenismus zu verurteilen. In der Bulle »Unigenitus« war der schwache Papst dann dem König zu Willen und bannte das Hauptwerk des Jansenismus, Pasquier Quesnels Evangelienkommentar »Réflexions morales« von 1693. Damit spaltete der König ungewollt die gallikanische Kirche, denn nun hatte er selbst gegen ihre Freiheit verstoßen und sie zumindest in dieser Frage dem Papst unterstellt.

DER VATIKAN IM FEGEFEUER DER AUFKLÄRUNG

Doch der Zeitgeist war bereits dabei, sich von der Theologie zu befreien und sich staatsphilosophisch auszuprobieren. Die nächste Generation dachte bei weitem politischer als theologisch und tendierte zum sich bildenden Lager der Aufklärer. Das Grundanliegen der Aufklärung (engl. »age of enlightenment«, franz.

»siècle des lumières«) bestand darin, mit den Mitteln der Vernunft Licht in das Dunkel der christlich-mittelalterlichen Weltsicht zu bringen. Der Königsberger Philosoph Immanuel Kant fand dafür die berühmten Worte: »Aufklärung ist der Ausgang des Menschen aus seiner selbst verschuldeten Unmündigkeit … Habe Mut, dich deines eigenen Verstandes zu bedienen!«

Von großer Wirkung waren in dieser Zeit die Schriften des französischen Genies Blaise Pascal, der zwar selbst kein Jansenist, doch stark von ihren Ideen beeinflusst war. Von ihm nimmt jede Aufklärung ihren Anfang, auch wenn sie ihn in Grund und Boden verdammen musste, weil er sich mit »nichtigen Spekulationen« (Voltaire) über so seltsame Dinge wie Gnade und Sünde beschäftigte. Einerseits begründen Pascals »Pensées« und die »Briefe in die Provinz« die moderne französische Literatur, anderseits entwickelten sie eine Religiosität, die Voltaire, Augustin de Saint-Beuve, Baron d'Holbach und Denise Diderot – um nur einige Aufklärer zu nennen – zutiefst befremdete und abstieß. Pascals Werk fühlte sich an wie ein mächtiger Pfahl in ihrem Fleische. Sie konnten seine Ideen nicht einfach als veraltet, einem vergangenen Jahrhundert und einer abstrusen Frömmigkeit verhaftet beiseiteschieben, wie sie es mit Jansen, Quesnel, Fénelon oder auch Jacques Bossuet vermochten, denn das Unbehagen rührte daher, dass Pascal mit seinem Denken die Ideen der Aufklärer in einem kühnen Satz übersprang und in der Moderne ankam, zu späteren Denkern sich gesellte, zu Kierkegaard, Nietzsche, Heidegger.

Das, was wir allzu kühn mit dem nur zu weit gefassten und beinah nichts mehr aussagenden Sammelbegriff Aufklärung versehen, bezeichnet einen gewaltigen geistigen, wissenschaftlichen und künstlerischen Prozess, in dem das moderne Bewusstsein entsteht. Befreiung und Abstoßung von der Religion gehören notwendig zu diesem Prozess. Die Philosophie emanzipierte sich von der Theologie, deren Magd sie nicht mehr sein wollte. Die alte Metaphysik wurde von der modernen Physik in die

Rumpelkammer verbannt – etwas vorschnell, wie sich zeigen wird. Der Vatikan sah sich nicht nur abweichenden Glaubenslehren gegenüber, hatte es nicht mehr mit Häresien zu tun, wie der Jansenismus noch eine darstellte, sondern inzwischen mit Philosophien und Ideologien, die atheistisch oder zumindest deistisch oder pantheistisch waren, für die, einem Worte des Mathematikers Laplace folgend, Gott nur noch eine Hypothese war, derer sie nicht mehr bedurften.

Und der Papst konnte nur über die Jesuiten versuchen, Einfluss zu nehmen, Könige aufzufordern, gegen die Gottlosigkeit vorzugehen. Außer den Jesuiten, den Mönchen und den Appellen hatte er nicht viel in der Hand. Die Möglichkeit der Einwirkung über die Ortspriester blieb zwar erheblich, doch gab es auch unter ihnen nicht wenige, die den neuen Ideen zuneigten, wie es am Beispiel des Gallikanismus deutlich wurde. Zudem endete ihr Einfluss bereits bei den gebildeten Ständen, die zu den Trägern der Aufklärung wurden. Unter der Hand bildete sich eine neue gesellschaftliche Elite heraus. Ganz zu schweigen vom Einfluss aus den protestantischen Ländern, in die man auch rasch einmal auswandern konnte und wo sich die Aufklärung ungehinderter ausbreitete.

Die Intellektuellen, die Schriftsteller, Musiker, Philosophen, Naturwissenschaftler und Mathematiker debattierten in den entstehenden Zeitschriften, verfassten umfangreiche Korrespondenzen, nutzen die Foren, die die Akademien boten, und schufen sich eine ganz neue Form einer geheimen, sprich geschützten Öffentlichkeit in Form des Geheimbundes der Freimaurer. Nun entstand als eine völlig neuartige Gewalt im Staat eine breit gefächerte Öffentlichkeit, die dem unaufgeklärten absolutistischen Herrscher genauso gefährlich wurde wie dem Papst. Im Jahr 1738 verbot Papst Clemens XII. (1730–1740) in der Bulle »In eminenti« allen Katholiken bei Strafe der Exkommunikation, Freimaurer zu werden. Genutzt hat es indes wenig. Die Freimaurerei entwickelte sich zum Organ der Aufklärung, und sie blühte in London wie in Paris, Wien und Berlin. Der Vatikan versuchte dieser Entwicklung entgegenzuwirken, indem der Einfluss der Jesuiten auf den Lehrkörper der Universitäten und auf die Personalentscheidungen der katholischen Fürsten gestärkt wurde. Das ging nicht ohne Intrige.

Bald schon und von antiklerikalen Kreisen als Argument gegen die Päpste benutzt, entwickelte sich das Bild der Jesuiten als einer geheimen, verschworenen und zu allem bereiten, schlagkräftigen Organisation, die im Untergrund wirkte und das Leben der Menschen manipulierte. Den Jesuiten, die sich sehr stark um das Schulwesen kümmerten, schlug teils zu Recht, teils zu Unrecht immer größeres Misstrauen, bald schon Ablehnung, schließlich abgrundtiefer Hass entgegen. Schauprozesse wurden organisiert, um spektakuläre Attentate auf das Leben ihrer Feinde der Öffentlichkeit zu präsentieren.

Am wirkungsvollsten war wohl der gegen den armen, geistig verwirrten Königsattentäter Damiens. Der Mann hatte sich am Eingang des Palastes postiert, um den König zu ohrfeigen, wurde aber, noch bevor er sich Ludwig XV. tatsächlich nähern konnte, verhaftet und so lange gefoltert, bis er endlich unter Schmerzen lallte, dass die Jesuiten ihn angestiftet hätten, den Souverän zu töten. Ein weiterer Anlass für das Verbot war die Auffindung der geheimen Verfassung des Ordens, nach der die Gesellschaft Jesu keinem weltlichen Herrn, keinem Landesfürsten, sondern ausschließlich und direkt dem Papst unterstand, und das war den absolutistischen Fürsten ein Dorn im Auge. Als eine Finanzaffäre hinzukam, der man ein wenig nachhalf, wurde der Orden 1764 verboten. Von den katholischen Majestäten Österreichs, Spaniens, Portugals und Frankreichs in seltener Einigkeit hart bedrängt, verriet Papst Clemens XIV. (1769–1774) schließlich – wenn auch schweren Herzens – die Jesuiten, die dem Vatikan ohne Widerspruch und mit der allergrößten Hingabe gedient hatten, und löste 1772 die Societas Jesu auf.

Diese Charakterlosigkeiten ereigneten sich nicht zufällig an einem Punkt, an dem die Macht die Päpste verlassen hatte. Sie waren Figuren in einem Bild, das die sich emanzipierende Öffentlichkeit von ihnen malte. Doch die Päpste im Vatikan trugen das Ihrige zu diesem verheerenden Bild bei, indem sie immer mehr preisgaben und dabei zu Gefangenen des Kirchenstaates wurden. Die politischen und diplomatischen Intrigen der Habsburger, der Spanier, Franzosen, aber auch italienischer Mittelmächte wie Florenz, Venedig und Neapel führten dazu, dass die Papstwahlen zum Jahrmarkt der Machtrangeleien wurden. Starke Päpste, dynamische, jüngere Kardinäle mussten verhindert werden. Man wollte keinen Pontifex, der die eigenen Pläne in den Herrschaftsgebieten störte. Der Vorgang um die Auflösung der Societas Jesu ist hierbei nur ein besonders deutliches Beispiel.

Nur ein einziger Papst bemühte sich, Anschluss an die Zeit zu gewinnen. Benedikt XIV. (1740–1758) war literarisch gebildet und ein Wissenschaftler von hohen Graden. Er reformierte den Index der verbotenen Bücher und suchte für den Vatikan eine neue Position. Seine Motto lautete: »Ich werde nicht warten, bis die Wahrheit zu mir kommt, sondern ich gehe, um sie aufzusuchen; sie hat einen so hohen Rang, dass man sie nicht im Vorzimmer warten lassen darf.« Die gern übernommene Vorstellung von den kühnen Aufklärern auf der einen und dem hinterhältigen, Inquisitoren in die Welt schickenden Vatikan auf der anderen Seite stimmt nicht einmal im Ansatz. Eine Episode mit illustren Handelnden, die dennoch typisch ist, verdeutlicht den weitaus komplexeren Sachverhalt.

Der französische Staraufklärer Voltaire, der berühmteste Mann Europas, begehrte, in die »Académie française«, die Gesellschaft der vierzig herausragenden französischen Gelehrten, aufgenommen zu werden, was klerikale Kreise zu verhindern suchten. So musste sich Voltaire um das Wohlwollen des als tolerant geltenden Papstes Benedikt XIV. bemühen, und damit nahm die Schmierenkomödie ihren Lauf. Über einen Freund konnte Voltaire den französischen Gesandten im Vatikan, Abbé de Carnilhac, dazu bewegen, dem Papst gegenüber einige Lobesworte über Voltaire zu äußern. Kurz darauf überredete Voltaire seine Bewunderin Mademoiselle du Thil, ihren Freund, den Abbé de Toligny, nach Rom zu schicken. Während einer Audienz beim Papst pries auch dieser Voltaires Verdienste und überreichte ihm ein gewidmetes und nummeriertes Exemplar des voltaireschen Stückes »Mahomet« mit ein paar Versen, die der Autor eigens für Papst Benedikt XIV. verfasst hatte. Voltaire erbat vom Papst ein Porträt, unter das die Inschrift graviert werden sollte: »Ich gehöre zu seinen Bewunderern und zu den Schäflein seiner Herde.« Voltaire bat um eine Medaille Seiner Heiligkeit.

Benedikt XIV., der nun innerhalb weniger Tage zweimal dem gewaltigen und überdies übereinstimmenden Loblied Voltaires aus zwei Männerkehlen gelauscht hatte, durchschaute den Salonlöwen der Pariser Aufklärung und lächelte nur weise. Er ließ Voltaire in einer großmütigen Geste zwei Medaillen mit seinem Konterfei zukommen. Kaum in Besitz des Geschenks, setzte Voltaire die Akademie von dem Ansehen in Kenntnis, das er im Vatikan genoss. Schließlich bat er den Papst in einem Brief um den Schutz seines Stückes »Mahomet«, weil es in Frankreich wegen seiner antireligiösen Tendenz kritisiert wurde. Voltaire widmete das Stück Benedikt XIV., »dem Oberhaupt der wahren Religion«, das gegen »den Gründer einer falschen und barbarischen Religion« verfasst worden sei. Das schrieb der Mann, der im nächsten Moment auszurufen imstande war: »Écrasez l'infame!« (Zermalmt die Unverschämte!) – und damit die katholische Kirche meinte. Dass Benedikt XIV. die Widmung annahm, sicherte das Stück vor der Zensur und ebnete Voltaire den Weg in die Akademie. Dafür schienen ihm die tiefen Kniefälle vor dem Oberhaupt einer Kirche, die für ihn der Hort aller Verbrechen war, erlaubt.

Der Pontifex machte sich keine Minute Illusionen über die Wahrhaftigkeit Voltaires, doch suchte er als einziger Stellvertreter Christi nach Wegen, Aufklärung und Kirche zu versöhnen.

Das misslang schon aus dem einfachen Grund, weil in diesem Bunde die Kirche viel zu gewinnen, die Aufklärung aber alles zu verlieren hatte.

ABSAGE AN ROM – DIE KIRCHEN IN ÖSTERREICH, DEUTSCHLAND UND FRANKREICH

In der zweiten Hälfte des 18. Jahrhunderts hatten sich einige absolute Monarchen zu aufgeklärten Fürsten entwickelt, die es vortrefflich verstanden, die Vorzüge der Aufklärung für das Gedeihen ihrer Staaten zu nutzen. Dazu gehörten der Protestant Friedrich der Große von Preußen oder die katholischen Kaiser Joseph II. und Leopold II. von Österreich. Bereits Maria Theresia, die Mutter Josephs II., hatte damit begonnen, die habsburgischen Länder zu einem modernen, zentralisierten Beamtenstaat umzugestalten. In dieses entstehende System der Verwaltung musste die Kirche eingegliedert werden, was zunehmend zu einer vom Papst weitgehend unabhängigen österreichischen Staatskirche führte.

Pius VI. (1775–1799) konnte von Rom aus nur hilflos mit ansehen, wie Kaiser Joseph II. den Josephinismus vorantrieb: Er verbot das Theologiestudium im Ausland, vor allem in Rom, behielt sich seit 1781 die Entscheidung über die Veröffentlichung päpstlicher Erlasse in den habsburgischen Landen vor und baute ab 1782 den »Consensus« als geistliche Hofkommission mit Filialen in den einzelnen habsburgischen Ländern zu einer staatlichen Religionsbehörde aus. Im gleichen Jahr hob er per Patent die Klöster auf, wodurch in Österreich etwa siebenhundert Klöster geschlossen und jene, die bestehen blieben, der staatlichen Aufsicht unterstellt wurden. Das dadurch gewonnene Vermögen und das von den bestehenden Klöstern erwirtschaftete Gut wurden einem Religionsfonds zugeführt, aus dem die Pfarrer, die man staatlich kontrollierte, bezahlt wurden. Das Netz der Pfarreien und durch eine Bistumsreform die Verwaltung der Kirche wurden der Landesverwaltung angepasst. Das 1783 erlassene Ehepatent regelte die Unterscheidung zwischen Ehevertrag und Sakrament, zwischen bürgerlicher und kirchlicher Heirat und gestattete Nichtkatholiken Scheidung und Wiederverheiratung.

Im Vatikan verfolgte man mit Schrecken, was sich in den habsburgischen Besitzungen tat, die tief nach Italien hineinreichten. Schließlich entschloss sich der über sechzigjährige Papst zu einem unerhörten Schritt, der deutlich zeigt, wie machtlos die Päpste inzwischen waren. Ende Februar 1782 reiste Pius VI. persönlich nach Wien, um Kaiser Joseph II. zu bitten, nein, anzuflehen, mit den Reformen innezuhalten. Doch vergebens. Zwar empfing man ihn mit allen Ehren, doch erfüllte der Kaiser keine seiner inständigen Bitten. In der praktischen Politik spielte der Papst keine Rolle mehr.

Zu einer anderen Form der Lösung von Rom kam es in der deutschen Reichskirche. Der französische Gallikanismus und der österreichische Josephinismus strebten danach, die Kirche in die Struktur des Staates einzubauen und dem Kaiser oder König als Staatskirche unterzuordnen. Das hing auch mit Reformen zusammen, die aus den Ländern zentral regierte und straff verwaltete Staaten machte. In der Praxis entzogen diese Reformen dem Vatikan immer mehr Herrschaftsrecht, Einnahmequellen und Einflussmöglichkeiten.

Deutschland existierte nur als bunter Flickenteppich geistlicher und weltlicher Fürstentümer. Die regierenden Bischöfe als Territorialfürsten wie der Erzbischof von Köln oder von Trier fanden es zunehmend unerträglich, dass es in ihren Herrschaften Bereiche gab, die dem Papst direkt unterstanden, so die Besetzung der Lehrkräfte einiger theologischer Fakultäten oder exemte Klöster, die von allgemeinen Lasten oder bestimmten Pflichten befreit und direkt dem Papst unterstellt waren. Wenn die Verantwortlichkeit für die Seelsorge und der Nutzen aus der Bewirtschaftung dieser Pfründe noch dazu dem Papst zukam, übertraf das schnell das Maß dessen, was die deutschen Bischöfe dulden wollten. 1763 veröffentlichte der Trierer Weihbischof Johann Nikolaus von Hontheim unter dem Pseudonym Justinus Febronius eine Schrift, in der er, ausgehend von der Alten Kirche, eine Verfassung forderte, die den Primat des Papstes auf einen Ehrenvorrang vor den anderen Bischöfen reduzierte und ihn zum Richter in strittigen Angelegenheiten bestellte, aber darüber hinaus die Bischöfe zu den Verantwortlichen ihrer Diözesen machte, in die der Papst nicht hineinregieren durfte.

Im Grunde beruhte und beruht die Kirche auf der Spannung zwischen Episkopalismus, Konziliarismus und Papalismus. Wer hat die Macht? Die Bischöfe, die Konzile oder der Papst? Das Gleichgewicht hatte sich im Laufe der Geschichte des öfteren verschoben. Einmal geboten die Päpste über die Machtfülle, dann befanden sie sich in Abhängigkeit vom Konzil, und in der Frühzeit agierten sie bestenfalls als Primus inter pares, als Erster unter Gleichen der Bischöfe. Die Franzosen und die Österreicher bevorzugten Staatskirchensysteme, weil sie über einen Staat verfügten. Eine ähnliche Tendenz zu großer Unabhängigkeit vom Vatikan drückte sich in Deutschland in dieser Zeit – bedingt durch das Fehlen eines Staates und der damit verbundenen Rolle von Bischöfen als regierende Fürsten – in der Bevorzugung des Episkopalismus, dem System der Fürstbischöfe, aus. Das Tauziehen zwischen den deutschen Bischöfen und dem Vatikan zog sich bis in die Zeit der Französischen Revolution hinein, die ein inzwischen machtloses, von den gesellschaftlichen, geistlichen und wissenschaftlichen Entwicklungen heillos abgeschnittenes Papsttum zu beerdigen half.

Im Jahr 1789 begann mit dem Sturm auf die Bastille und dem Zusammentreten der Nationalversammlung die Revolution in Frankreich. Dass große Teile vor allem des niederen Klerus die

Revolution unterstützten, hinderte sie nicht daran, die Kirche als Teil des Ancien Régime darzustellen, als Stützen der absolutistischen Herrschaft, die es zu überwinden galt. Voltaire hatte ja vorgelebt, wie man zum eigenen Nutzen zweigleisig fahren konnte. Der Bischof von Autun, Charles-Maurice de Talleyrand, der eines Tages Napoleons Außenminister werden sollte, beantragte, dass die reiche französische Kirche enteignet und das Gut der Nation zur Verfügung gestellt werden sollte. Am 2. November 1789 nahm die Nationalversammlung Talleyrands Antrag an.

Wenig später, am 13. Februar 1790, wurde die Auflösung der religiösen Orden und Kongregationen beschlossen. Im Juli 1790 wurden die einhundertfünfunddreißig Diözesen Frankreichs auf dreiundachtzig reduziert und verfügt, dass die Bischöfe und Pfarrer von allen Bürgern, auch den nichtkatholischen, zu wählen und vom Metropoliten von Frankreich kanonisch einzusetzen seien, was bisher und seit alters dem Papst vorbehalten war. Mochte der französische König auch die Bischöfe bestimmen, der Papst allein durfte sie kirchenrechtlich einsetzen. Erst nach der päpstlichen Investitur besaßen sie das Recht, ihr Amt auszuüben und beispielsweise Sakramente als Bischöfe zu spenden.

Mit diesen Beschlüssen erreichte der Gallikanismus seinen Höhepunkt: Nun war die Kirche Frankreichs völlig unabhängig vom Papst und wurde zu einer reinen Staatsdienerkirche erniedrigt. Es wundert nicht, dass wenige Monate später auch der Treueid der Geistlichen auf die Nationalversammlung zum Gesetz erhoben wurde. Dieses Gesetz spaltete die französische Kirche in Kleriker, die den Treueid leisteten, und solche, die ihn verweigerten. Wer ihn verweigerte, wurde mit unbeschränkten staatsterroristischen Mitteln verfolgt. Über 40 000 Priester wurden ins Exil getrieben, Tausende verloren in den Verfolgungen ihr Leben, in Deportationen oder bei Massenhinrichtungen. Die Revolution entwickelte sich zum blutrünstigen Ungeheuer.

Im November 1793 setzten die Jakobiner schließlich den lächerlichen Kult des höchsten Wesens durch und schafften per

Dekret das Christentum ab. Und der Papst im Vatikan blieb nichts, als in Breve auf Breve, einem Erlass nach dem anderen, die Staatskirche der Revolution als häretisch zu verurteilen. Doch das scherte die Revolutionäre naturgemäß wenig. Schließlich besetzte Napoleon Bonaparte den Kirchenstaat, und nach einigen Versuchen des Exports der Revolution wurde in Rom am 15. Dezember 1798 die Republik ausgerufen und der Papst für abgesetzt erklärt. Als Pius VI., inzwischen ein Greis von achtzig Jahren, sich weigerte, den Vatikan zu verlassen, verschleppte man ihn gewaltsam erst nach Siena, dann nach Florenz, schließlich in das französische Valence an der Rhône.

Das ungeheure Ausmaß an Gewalt und Gemeinheit, das zum Lebenselixier der Revolution geworden war und von dem die französischen Emigranten in ganz Europa Zeugnis ablegten, hatte die anfänglichen Sympathien der Gebildeten für die Revolution erfrieren lassen. Auch mancher alte Gegner der Kirche hatte ihr den Zustand der Auflösung, in dem sie sich nun befand, nun doch nicht gewünscht. Und schließlich stimmte das Martyrium des alten, harmlosen Mannes, den man über die Alpen geschleppt hatte und der nun unter Bewachung im Kreise engster Vertrauter in einer schlichten Kammer am 29. August 1799 starb, doch viele Zeitgenossen nachdenklich. Das wenige, was der Papst mit sich führen konnte, wurde zugunsten der französischen Staatskasse verkauft. Durfte eine alte und wichtige, für viele auch heilige Institution so unwürdig untergehen? Folgte dem Papst nicht die Kirche ins Grab?

DIE WIEDERGEBURT DER RÖMISCHEN KIRCHE

Es liest sich fast wie ein Thriller, wie eine Episode aus den frühen Tagen, in denen die Kirche entstand. Am 1. Dezember 1799 versammelten sich unter dem Schutz der Österreicher fünfunddreißig Kardinäle im Inselkloster S. Giorgio Maggiore, einer Benediktinerabtei, die zu Venedig gehörte, um einen neuen Papst zu wählen. In seinen letzten Monaten hatte Pius VI. bereits vorgesorgt und durch zwei Wahlbullen Erleichterungen geschaffen, die auch unter den schwierigen Bedingungen der Verfolgung eine Papstwahl ermöglichten. Im Wesentlichen gestatteten die Bullen, das Konklave an dem Ort durchzuführen, den die meisten Kardinäle erreichen konnten. Auch wenn viele von ihnen am Kommen gehindert würden, sollte die Wahl gelten.

So wählten die Kardinäle am 14. März 1800 in dem venezianischen Kloster Barnabà Chiaramonti einen Benediktinermönch aus Monte Cassino, der sich Pius VII. (1800–1823) nannte. Einen anderen Namen hätte er in diesem Moment, als es galt, der kirchenfeindlichen Revolution zu trotzen, nicht wählen können. An diesem 14. März setzte die Wiedergeburt der römischen Kirche ein, die offenbar den Niedergang des vergangenen Jahrhunderts benötigt hatte, um sich zu erneuern. Nun erst entstand vieles von dem, was die gegenwärtige katholische Kirche ausmacht: der strenge römische Zentralismus und die Papstverehrung. Nun erst zerfielen die Reichs- und Staatskirchen, die zu Gliedern der allgemeinen römischen Kirche wurden. Und – fast – all das verdankte der Vatikan der Revolution.

Mit dem Frieden von Lunéville 1801, in dem das Heilige Römische Reich Deutscher Nation die linksrheinischen Gebiete an die Franzosen abtreten musste, weitete Napoleon seinen Herrschaftsbereich nach Osten aus. Eine Kommission, eine Reichsdeputation vom Reichstag, der als Vertretung der Reichsstände und -fürsten heute eher mit dem Bundesrat als mit dem Bundestag zu vergleichen ist, wurde damit beauftragt, ein Entschädigungsgesetz für die deutschen Fürsten zu erarbeiten. Dieser Beschluss, der sogenannte Reichsdeputationshauptschluss, der 1803 vom Reichstag angenommen und bald darauf vom Kaiser ratifiziert wurde, regelte diese Entschädigungen und ordnete die Landesherrschaften neu. Die geistlichen Reichsfürsten verloren dabei ihre Fürstentümer, die nun als Entschädigungen an die weltlichen Fürsten gingen. Nur für den Erzbischof von Mainz als Primas des Reiches, eine Art Bundesratspräsident, wurde das kurzlebige Großherzogtum Frankfurt geschaffen.

Damit ereilte die deutschen Reichsfürsten ein Schicksal, das ein gutes halbes Jahrhundert später der Papst mit ihnen teilen sollte: Sie verloren ihre weltliche Herrschaft, was den Weg eröffnete zu einer universalen geistlichen Herrschaft. Durch den Verlust der Herrschaft schwanden die weltlichen und landesherrschaftlich motivierten politischen Interessen. Mit einem Wort, die landesherrschaftlich bedingten Konflikte zwischen Papst und Bischöfen entfielen fortan. Mehr noch, die Bischöfe neigten sich stärker Rom zu und wurden auch abhängiger vom Papst, da sie keine eigene Machtbasis mehr besaßen. Mit dem Wegfall der Rechte und Besitztümer erlosch auch der weltliche Einfluss auf die Diözesen. War der Papst einstweilen noch eine machtlose Figur, wuchsen ihm doch allmählich von allen Seiten neue Kräfte und eine neue Bedeutung zu. Letztlich stärkte der Reichsdeputationshauptschluss den Vatikan und den römischen Zentralismus, indem er die deutschen Bischöfe schwächte.

DAS HEIL LIEGT JENSEITS DER BERGE – DER ULTRAMONTANISMUS

Hinzu trat eine mächtige Bewegung in den katholischen Ländern, vor allem in Frankreich, Österreich und Bayern, die unter dem Sammelbegriff Ultramontanismus in die Geschichte einging. Die Revolution war in den Augen vieler in Misskredit geraten, und Napoleon nutzte die Sehnsucht der Menschen nach rechtlich geordneten Zuständen, indem er sich selbst als Bürger-Kaiser an der Spitze des Staates setzte. Mit Pius VII. schloss er ein Konkordat: Kirchliche Güter, die im Zuge der Säkularisation in den Jahren nach der Revolution von weltlichen Herrschern eingezogen worden waren, sollten säkularisiert bleiben. Der nicht veräußerte Besitz der Kirche jedoch sollte zurückerstattet werden. Fortan würde der Staat die Bischöfe und Priester bezahlen.

Ein Teil der Exilanten, die durch die Revolution aus ihren Kirchen und Klöstern vertrieben worden oder geflüchtet waren, kehrte zurück. Andere folgten erst nach 1815, nachdem auch Napoleon verjagt worden war. Der Niedergang der Kirche hatte sie geprägt und das Martyrium Pius' VI. beeindruckt.

Manche machten die Wurzel des Übels, das in den vergangenen beiden Jahrzehnten gewuchert hatte, in der Kritik der Aufklärer und der Gallikaner am Papst fest, und sie verkündeten nun das Gegenteil: Alles Gute käme vom Papst, aus dem Land jenseits der Berge. Darauf geht der Name der Bewegung zurück: Ultramontanismus. Der Papst habe Europa kultiviert, so argumentierten die Ultramontanen, er habe die Fürsten erzogen und dem Volk einen Glauben vermittelt, der es selig und zufrieden machte. Was habe die Revolution gebracht außer Terror, Not, Verfolgung, Neid und Missgunst, weil der Mensch, der geistlichen Führung beraubt, unzufrieden und brutal wurde, alle Fesseln der Kultur zerriss und sich als Bestie zeigte? Es gab genügend Schicksale, die sich zum Beweis anführen ließen.

Die Philosophen des Ultramontanismus wie Louis de Bonald oder Joseph de Maistre waren keine Theologen oder Kleriker. Im Gegenteil, sie waren durch die Schule der Aufklärung gegangen – de Maistre hatte den Freimaurern angehört –, und sie beherrschten trefflich die Kunst der Logik wie das Skalpell der rationalen Analyse. Brillant kehrten sie die These der Aufklärung um, nach der der Mensch nur seinen Verstand gebrauchen müsse, um glücklich zu werden, indem sie die Voraussetzung in Frage stellten. Wie, wenn der Gebrauch des Verstandes gar nicht möglich wäre, weil Verstand nicht zur Grund-, sondern zur Sonderausstattung des Menschen gehörte? Dann entpuppte sich die Losung der Aufklärung »sapere aude – habe Mut, dich deines Verstandes zu bedienen« als leere Forderung. In den Augen der Ultramontanen hatte man den Menschen dort Freiheit gegeben, wo sie einer fürsorglichen Führung bedurft hätten, so als hätten die Aufklärer bürgerliche Freiheit mit sittlicher Verwahrlosung verwechselt. Anstelle des erhofften Verstandes regten sich nur die alten Instinkte. Da die Ultramontanen die Revolution nicht als Entgleisung der Aufklärung werteten wie viele andere europäische Intellektuelle, sondern als ihre notwendige Folge, mussten sie sie ablehnen.

Den Beginn der Aufklärung, den Zerfall der guten Welt machten sie in der Reformation ausfindig. Deshalb erkannten sie ihr Vorbild in den Päpsten, allen voran in Innozenz III., dem Machtpapst, dem Oberherrscher und vor allem dem guten Vater der Menschen, dem Stellvertreter Christi: »Unsterbliche Wohltäter des Menschengeschlechts, kämpften sie gleichzeitig sowohl für die göttliche Würde als für die rechtmäßige Freiheit der Menschen.« Aus diesem Denken entsteht die neue Bewegung, die Europas Zukunft in der Einigung der Christen unter Führung des Papstes sieht. Ähnliche Gedanken vertreten in Europa die Romantiker, und einer von ihnen, Novalis, verfasst eine der schillerndsten unter den Programmschriften – »Die Christenheit Oder Europa« –, die durch die Hinwendung zu einer idealisierten, gleichsam erdichteten Vergangenheit dem platten Fortschrittsglauben ihrer Zeitgenossen zu entgehen suchen.

Nun erst entsteht die römische Kirche, wie wir sie kennen, jetzt wird zum ersten Mal dieser straffe Zentralismus in der Kirche durchgesetzt, dem der Vatikan als Zentrale, als Denk-, Glaubens- und Verwaltungsmittelpunkt gilt. Die päpstlichen Nuntien nahmen immer stärkeren Einfluss auf die Diözesen, die in ihrem Verantwortungsbereich lagen, um den Willen des Vatikan durchzusetzen und vor allem stärker Einfluss auf Personalentscheidungen nehmen zu können. Gleichzeitig wurden unter Pius VII. die theologischen Ausbildungsstätten für Kleriker und Ordensleute aus aller Welt geöffnet. In ihre Heimat zurückgekehrt, vertraten diese zumeist römische Positionen und wurden von den Nuntien tüchtig in der Karriere unterstützt, sodass sich in diesen Jahren die Weltkirche im modernen Sinne bildete. Einmal mehr gesagt, sie konnte indes auch erst auf den Trümmern der Reichskirche in Deutschland, des Gallikanismus und des Josephinismus entstehen. In Frankreich und Österreich wurden nun die Kleriker vom Staat bezahlt, der auch die Kirchensteuer einzog und an die Kirche überwies. Die Diözesen überwiesen nach ihren Möglichkeiten Gelder nach Rom. Das stellt bis heute eine Säule der vatikanischen Finanzen dar. Der Vatikan schloss mit Österreich, mit Frankreich, mit Preußen und anderen Ländern Verträge, die das Verhältnis zwischen Staat und Kirche rechtlich regelten. Es ist faszinierend zu sehen, dass bereits in den ersten Überlegungen der Ultramontanen der Primat des Papstes in schwindelnde Höhen entführt wurde – in seinem Buch »Vom Papst« verfügte de Maistre die Unfehlbarkeit als Attribut des Papstes. Der Gedanke sollte bald schon konkrete Gestalt annehmen.

UNFEHLBAR – DAS ERSTE VATIKANISCHE KONZIL

Dreihundert Jahre nach dem Konzil von Trient berief Pius IX. anlässlich der 1800-Jahr-Feier der Märtyrertode von Petrus und Paulus 1867 das Erste Vatikanische Konzil (Vaticanum I) ein. So viel Zeit war in der ganzen Kirchengeschichte noch nie zwischen zwei Konzilen verstrichen. In diesen dreihundert Jahren hatte sich die Welt gründlich verändert, und auch die Kirche bedurfte einer Neuorientierung.

Hatte der Vatikan schon keine Antworten auf die Staatsform des Absolutismus, in der die Regenten mit unumschränkter Macht auch über die Staatskirchen herrschten, gefunden, so wusste er dem Sturm, der sich über Europa und der Welt zusammenbraute, als 1789 die empörten Massen in Paris die Bastille stürmten, erst recht nichts entgegenzusetzen. Die Päpste reagierten auf die Französische Revolution wie auf alle Zumutungen der letzten Jahrzehnte – mit einem trotzigen Beharrungsvermögen.

Papst Pius IX., der den Bemühungen um die nationalstaatliche Einigung Italiens gewisse Sympathien entgegenbrachte, wurde im Verlauf der Revolution von 1848 aus Rom vertrieben und konnte nur unter dem Schutz französischer Truppen in den Vatikan zurückkehren. Durch diese Erfahrung belehrt, begann er, Reformen zu fürchten. Er bannte die »Irrtümer der Zeit« – unter anderem den Rationalismus, den Liberalismus, den Sozialismus –, was ihm zu Unrecht den Vorwurf eintrug, ein Reaktionär zu sein, der an unzeitgemäßen Vorstellungen festhielt. Der Vatikan musste auf dem Gebiet der Glaubenslehre, der Beurteilung des Zeitgeistes und der sich verändernden Moral die Defensive verlassen und endlich offensiv Stellung beziehen. Nichts anderes hatte bereits de Maistre gefordert.

Inzwischen war die Aufklärung zu einem Abschluss gekommen. Das Zeitalter der weltlichen, der atheistischen Religionen brach an, das Zeitalter des Positivismus, der an die Stelle Gottes die Wissenschaft setzte, und des Marxismus, dem das Paradies auf Erden errichtbar schien und der seinen Messias in der Arbeiterklasse ausgemacht hatte. Positivismus, Marxismus und auch Liberalismus verband der feste Glaube an den Fortschritt, den sie unterschiedlich definierten. In der Anbetung des Fortschritts hatte Gott allenfalls noch Platz als aparte Privatangelegenheit bei den Liberalen.

Die neue Kirche, die nun entstand, unterschied sich deshalb in einem wichtigen Punkt von der Kirche des Mittelalters: Sie war nicht mehr die Gesellschaft, sondern sie musste ihren Platz in der Gesellschaft behaupten. Der Kampf um die Macht gestaltete sich als eine harte, weil ums Überleben geführte Auseinandersetzung um die Meinungsführerschaft, um die Durchsetzung der eigenen Glaubensinhalte.

Die Einberufung des Konzils war unter machtpolitischen Gesichtspunkten genial. In einer Zeit, als der Vatikan in der Öffentlichkeit immer weniger zur Kenntnis genommen wurde, gab Pius IX. einem Instinkt nach, nämlich der Welt zu demonstrieren, wo die wahre Macht der Päpste in Zukunft liege. Pius IX. baute auf eine neue geistliche und universale Herrschaft.

Am 8. Dezember 1869 war es endlich so weit. Weit über sechshundert Prälaten zogen in feierlicher Kleidung, die Bischöfe in silberdurchwirkte Chorhemden gewandet unter der weißen Mitra, in den Petersdom ein, dessen rechtes Querschiff zur Konzilsaula umgestaltet worden war. Das Konzil beschäftigte sich mit Fragen der Seelsorge, der Stellung der Kirche zu den Entwicklungen der Zeit, den Haltungen der Glaubenslehre und der Verfassung der Kirche. Am 16. Juli 1870 wurde das Kapitel über die Unfehlbarkeit des Papstes beschlossen: »... dass der römische Papst, wenn er vom Lehrstuhl aus (›ex cathedra‹) spricht ... er aufgrund des göttlichen Beistandes, der ihm im heiligen Petrus verheißen ist, sich jener Unfehlbarkeit erfreut, mit welcher der göttliche Erlöser seine Kirche bei der endgültigen Bestimmung über eine Lehre in Sachen des Glaubens und der Sitten ausgerüstet haben wollte«. (Jedin, Kleine Konziliengeschichte, S. 120f.)

Das war nur konsequent gedacht und verlagerte die Vollgewalt der Macht vom weltlichen auf den geistlichen Bereich, um von diesem Gebiet aus konzentriert die Welt beeinflussen zu können. Der Papst hatte seine wahren Streitkräfte erkannt und den Weg frei gemacht, um die neue alte Macht des Vatikan einsetzen zu können – die Zukunft sollte ihm Recht geben. Während der letzten und beschließenden Sitzung des Konzils am 18. Juli 1870 tobte anderthalb Stunden lang ein schweres Gewitter über dem Vatikan. Die Welt schien zu versinken, und künftiges Unheil kündigte sich an.

Am 19. Juli brach der deutsch-französische Krieg aus, und am 21. September besetzten piemontesische Truppen Rom. Der französische Kaiser Napoleon III. benötigte das Korps, das er dem Papst zu seinem Schutz überlassen hatte, nun selbst im Krieg gegen Deutschland und zog ab. Das kleine Söldnerheer konnte den Freiheitskämpfer Guiseppe Garibaldi nicht aufhalten. Die Italiener wollten den Kirchenstaat, der verknöchert und kraftlos von Priestern in allen Verwaltungen beherrscht dahindümpelte, nicht länger ertragen. Italien wurde vereint und Rom zur Hauptstadt des italienischen Nationalstaates erklärt. Der Kirchenstaat war Geschichte und verschwand von der Landkarte.

Und Pius IX. saß im Vatikan und weigerte sich, ihn zu verlassen. Auf dem Campo di Fiori wurde ein Denkmal für den Ketzer Giordano Bruno aufgestellt, und der Papst konnte es nicht verhindern. Bis zum Jahr 1929, bis zu den Lateranverträgen mit dem italienischen Diktator Benito Mussolini, sollte die rechtliche Lage des Vatikan ungeklärt bleiben.

Aus dem deutsch-französischen Krieg ging das Deutsche Reich hervor, das Fürst Bismarck mit Blut und Eisen errichtet hatte. Die deutsche Einigung stand wie die italienische Einigung unwiderruflich auf der Tagesordnung. In Deutschland gab es zwei Optionen: die kleindeutsche Lösung ohne Österreich oder die großdeutsche Lösung mit Österreich. Preußen hatte Österreich und dessen Verbündete, zu denen Bayern gehörte, im Krieg 1866 besiegt und damit den Weg für die von Reichskanzler Otto von Bismarck bevorzugte kleindeutsche Lösung frei gemacht. Damit konnte ein protestantisch regiertes Preußen-Deutschland errichtet werden.

KULTURKAMPF ZWISCHEN DEM VATIKAN UND PREUSSEN

In den Siebzigerjahren des 19. Jahrhunderts kam es in Deutschland zu einer Auseinandersetzung zwischen Staat und katholischer Kirche. In Preußen – und hier besonders im katholischen Rheinland, das seit 1815 zu Preußen gehörte – wurde der sogenannte Kulturkampf zwischen Bismarck und Papst Pius IX. (1846–1878) mit erbitterter Schärfe geführt. Im katholischen Rheinland wurden fünf von elf Bischöfen verhaftet und über Monate eingesperrt.

Der Reichskanzler sah in dem vom Ersten Vatikanischen Konzil errichteten Unfehlbarkeitsdogma des Papstes einen unerhörten Eingriff in die staatliche Souveränität, den er zumindest in Preußen nicht dulden wollte. Nach der Gründung des Deutschen Reiches 1871 verstärkte sich das Problem, da sich inzwischen auch eine politische Vertretung der deutschen Katholiken gebildet hatte, die Zentrumspartei. Für Bismarck waren die deutschen Katholiken, vor allem die in der Zentrumspartei organisierten, Anhänger des Ultramontanismus, Agenten des Papstes also. Unter gewissen Aspekten ist diese Sicht sogar nachvollziehbar, denn die Auseinandersetzung mit dem »ultramontanen« Österreich um die Führung im Reich, die dann zur kleindeutschen Lösung führte, war gerade mit viel Glück und kalter Leidenschaft zugunsten Preußens entschieden worden.

Bei dem Versuch des Reichskanzlers, den katholischen Einfluss zu brechen, ging es Schlag auf Schlag: Im Juli 1871 hob er die katholische Abteilung im Kultusministerium auf und nahm damit der katholischen Kirche den regierungsamtlichen Ansprechpartner zur Klärung der anfallenden Probleme. Der sogenannte Kanzelparagraph wurde ins Strafgesetzbuch eingefügt, der untersagte, dass Geistliche in ihren Predigten oder anderen Äußerungen staatliches Handeln »in einer den öffentlichen Frieden gefährdenden Weise« kommentieren durften. Im März 1872 schloss man in Preußen im Schulaufsichtsgesetz Ordensangehörige vom Lehrberuf an öffentlichen Schulen aus, die geistliche Schulaufsicht wurde generell abgeschafft. Im Juli des gleichen Jahres löste Bismarck den Jesuitenorden auf, der in Preußen niemals verboten worden war, weil hier der Grundsatz Friedrichs des Großen galt, dass man die Leute »nach ihrer Fasson selig werden lassen« sollte. Im Mai 1873 schließlich wurde in Anwendung der vier Maigesetze in Preußen ein königlicher Gerichtshof für kirchliche Angelegenheiten eingerichtet und die Einsetzung in ein kirchliches Amt, von Pfarrer bis Bischof, von der staatlichen Zustimmung abhängig gemacht. Außerdem führte man ein staatliches Kulturexamen für Geistliche ein. 1874 schrieb der Gesetzgeber die Zivilehe verbindlich vor.

Der Papst reagierte mit gleicher Härte. Im Jahr 1875 erklärte Pius IX. die preußischen Gesetze für ungültig und belegte alle, die sich an deren Durchführung beteiligten, mit der Exkommunikation. Daraufhin stellte der Staat mit dem sogenannten Brotkorbgesetz alle finanziellen Leistungen an die Kirche ein. Im Mai verbot Preußen die Zulassung neuer Orden und Kongregationen, und die bestehenden mussten binnen vier Jahren aufgelöst werden. Fast dreihundert Ordensniederlassungen, in denen ungefähr viertausend Mitglieder lebten, wurde aufgehoben.

Die Folgen des Kulturkampfes bekamen vor allem die preußischen Katholiken zu spüren: Bis 1881 blieb ein Viertel der Pfarreien unbesetzt, das heißt, dass dort keine Sakramente gespendet wurden und kein Abendmahl stattfand, keine Ehe wurde kirchlich geschlossen, kein Kind getauft, kein Sterbender erhielt die Letzte Ölung.

Inzwischen arbeiteten die Führer der Zentrumspartei und katholische Intellektuelle daran, einen Konsens mit dem Staat zu finden. Das führte dazu, dass sich in Deutschland ein modernes Verhältnis zwischen Kirche und Staat herausbildete. Der Staat blieb neutral, garantierte aber die freie Religionsausübung. Der Gläubige sah sich dem Staat gegenüber zuallererst als Staatsbürger, der die Gesetze des Staates respektierte und einhielt. Gleichzeitig erfolgte eine Anpassung der katholischen Theologie, damit die Bürger nicht durch Forderungen der Kirche in Widerspruch zu den Gesetzen gerieten.

Für Bismarck wuchs das Erfordernis, mit katholischen Mächten wie Österreich zu Bündnissen zu kommen. Außerdem entwickelte sich die Arbeiterbewegung aus seiner Sicht zu einer größeren Bedrohung, sodass er sich schließlich mit den Katholiken arrangierte. Allerdings versetzte er der Zentrumspartei noch einen unfairen Hieb, indem er nicht mit ihren Vertretern, sondern mit Papst Leo XIII. (1878–1903) direkt verhandelte. Damit hatte der Kulturkampf seinen Höhepunkt überschritten. Ab 1878 wurden die erlassenen Gesetze zum Teil rückgängig gemacht.

Aber auch in Frankreich kam es seit 1871 in der Dritten Republik zu antikirchlichen Gesetzen und Bestimmungen. Kirchliche Universitäten durften beispielsweise keine akademischen Grade mehr verteilen. Die Auseinandersetzungen zogen sich bis in das Jahr 1905, in dem das Parlament die Trennung von Staat und Kirche verfügte und Frankreich damit zum laizistischen Staat machte.

Nicht minder schwierig gestaltete sich das Verhältnis zu den Wissenschaften, die mit Darwins Abstammungslehre die biblische Aussage von der Erschaffung des Menschen durch Gott infrage stellte. Darauf antwortete Leo XIII. nur mit Ablehnung, während er in der sozialen Frage das Kernproblem der neuen Zeit erkannte. Mit der Bulle »Rerum novarum«, die einen Ausgleich zwischen Reichen und Armen forderte und an das zuweilen vergessene Grundanliegen der Kirche anknüpfte, sich um die Menschen, vor allem um die Armen zu kümmern, begründete Leo XIII. die katholische Soziallehre.

DER HEILIGE STUHL IM 20. JAHRHUNDERT

Am Ende des 19. Jahrhunderts hatte sich nun eine vom Vatikan zentral und straff regierte Weltkirche gebildet. Auf die politische Bühne zurückgekehrt, wurde der Papst aus der Befürchtung, der Vatikan könne Italien vertreten, vom italienischen Staat bekämpft. Doch als Oberhaupt aller Katholiken, als Heiliger Stuhl wuchs seine internationale Bedeutung zusehends.

In der Katastrophe des Ersten Weltenkriegs war es dann Papst Benedikt XV. (1914–1922), der zum ersten Mal die neue politische Rolle ausfüllte und eine große Friedensinitiative startete, wenngleich sie fehlschlug. Doch beginnend mit diesem Engagement entfaltete der Vatikan zunehmend eine eigene und auf anderen Vorgaben beruhende Weltpolitik, die streng auf Überparteilichkeit und Unabhängigkeit achtete. Von keiner Macht der Welt durfte und darf sich der Papst vor den Karren spannen lassen, sei er auch noch so einig mit ihr, denn die Kraft der vatikanischen Politik beruht nicht auf ökonomischen oder militärischen Grundlagen, sondern allein auf dieser im wahrsten Sinne des Wortes Selbstständigkeit. Diese neue Macht sollte bald schon in der größten Katastrophe des 20. Jahrhunderts aufs Äußerste gefordert werden und ihre Bewährungsprobe erleben. Ob sie diese bestanden hat, darüber gehen die Meinungen bis heute auseinander.

DER PAPST UND DER TEUFEL

Darf ein Papst mit dem Teufel verhandeln? Gar mit ihm einen Vertrag schließen? Als am 30. Januar 1933 Adolf Hitler deutscher

Reichskanzler wurde, täuschten sich weder Papst Pius XI. noch dessen Kardinalstaatssekretär Eugenio Pacelli eine Sekunde darüber, dass der Leibhaftige mit seinen Heerscharen die Herrschaft an sich gerissen hatte. Was man im Vatikan allerdings nicht absehen konnte, war, wie lange er sich an der Regierung halten und zu welchen Exzessen der Gewalt es kommen würde. Aber mit dieser Unsicherheit in der Einschätzung befand man sich in Übereinstimmung mit vielen Politikern, Politikwissenschaftlern und Journalisten auf der Welt. Im Gegenteil, die Bewertung des neuen Regimes in Deutschland fiel im Vatikan weit realistischer und ablehnender aus als im Élysée-Palast in Paris und in der Londoner Downing Street. Namhafte Politiker der westlichen Demokratien sahen in Hitler anfangs einen Faktor der Stabilität, jemanden, der im krisengeschüttelten Deutschland die Ordnung aufrechterhielt und das Land vor den Kommunisten rettete. Für diese Stabilität waren sie gern bereit, gewisse Eigenheiten des Reichskanzlers zu übersehen oder zu verharmlosen.

Eugenio Pacelli, der seit 1917 als Nuntius zuerst in München, dann in Berlin arbeitete, sah 1929 in Hitler eine ernsthafte Bedrohung und die Quelle außerordentlicher Übel. Dennoch vereinbarte er am 20. Juli 1933 mit der Reichsregierung einen Vertrag, der die Rechte und Möglichkeiten der katholischen Kirche in Deutschland festschrieb, das Reichskonkordat. Konkordate sind Verträge zwischen einzelnen Staaten und dem Vatikan. Als Architekt des Konkordats gab sich Pacelli nicht der Illusion hin, dass Hitler es einhalten werde, täuschte sich allerdings in der Ansicht, dass er wohl nicht alle Vereinbarungen missachten werde – Hitler brach sie alle. Die intellektuellen Möglichkeiten Hitlers wurden ebenso oft überschätzt, wie seine Dreistigkeit unterschätzt wurde. Warum aber hatte der Vatikan überhaupt einen Vertrag mit dem angehenden Diktator geschlossen?

Es gab eine ganze Reihe von Konkordaten des Vatikan mit verschiedenen Staaten. Das ergab sich aus der doppelten Existenz der katholischen Kirche, die in Diözesen und Landeskir-

Der moderne Staat der Vatikanstadt entstand 1929. Der faschistische Diktator Italiens, Benito Mussolini (re.), und der Kardinalstaatssekretär des Papstes Pius XI., Kardinal Gasparri, (Mitte) unterzeichnen die Lateranverträge.

chen organisiert und dennoch universell war. Der Papst war nicht nur das Oberhaupt aller Katholiken, sondern seit 1929 auch der Souverän eines Staates und zugleich ein Völkerrechtssubjekt. In diesem Jahr schloss Pius XI. mit Mussolini die Lateranverträge, durch die der Heilige Stuhl zum Völkerrechtssubjekt erklärt und der Staat der Vatikanstadt begründet wurde, mit dem Papst als Souverän. Zu diesem Staat gehörten noch das Castel Gandolfo, die Sommerresidenz des Papstes, und die Bischofskirche des Pontifex, der Lateran. In den Lateranverträgen verzichtete der Papst auf den ehemaligen Kirchenstaat, das längst verlorene Herrschaftsgebiet. Im Gegenzug erhielt er neben dem Gebiet der Vatikanstadt Zahlungen von der Italienischen Republik sowie Wasser- und Stromlieferungen.

Durch den Verlust des Kirchenstaates hatte der Heilige Stuhl letztlich an Macht gewonnen. Genaugenommen gab es den Vatikan, so wie wir ihn kennen, erst von diesem Zeitpunkt an. Nun waren die Päpste keine politischen Herrscher mehr. Deshalb konnten sie unabhängig und überparteilich im göttlichen Auftrag universell auf der ganzen Welt wirken. Der Vatikan eroberte die wahre Macht, die von politischen Umständen und Parteiungen unabhängig ist und sich dem einzigen Todfeind der Macht elegant entzog: der Zeit.

In Deutschland gab es Konkordate mit Preußen und Bayern. Mit Hitlers Machtübernahme veränderte sich die Situation von Grund auf – nun ging es ums Überleben. Der Vatikan musste versuchen, einen Vertrag zustande zu bringen, der zum einen ihn selbst rechtlich als Vertragspartner und zum anderen die Gläubigen vor einem neuen Kulturkampf schützte. Die Prälaten, mit denen der Nuntius Pacelli in Deutschland in Berührung kam, hatten den Kulturkampf des Reichskanzlers Otto von Bismarck gegen die katholische Kirche am Ende des 19. Jahrhunderts noch erlebt. Anlass des Kulturkampfes war zum einen die päpstliche Veröffentlichung, in der die »Irrtümer der Zeit« im Namen der Kirche abgelehnt wurden, und zum anderen das Dogma der Unfehlbarkeit des Papstes, wie sie das Erste Vatikanische Konzil definiert hatte. Besonders im deutschsprachigen Raum gab es dagegen Proteste. Die Folgen des Kulturkampfes trugen die Gläubigen, denn in jenen Jahren blieben im Deutschen Reich Pfarreien unbesetzt, fielen Gottesdienste aus, und damit auch die Eucharistie und die Spende der Sakramente. Kinder wurden nicht getauft, Ehen nicht durch die Kirche geschlossen.

Für die kommenden Jahre prägte diese Erfahrung das Handeln des verantwortlichen Personals in Deutschland und auch im Vatikan. Denn die katholische Kirche ist zuallererst Kirche, die eine vorrangig seelsorgerische Verantwortung trägt, nicht für die Muslime, nicht für die Protestanten, nicht für die Juden, sondern zuallererst für die Katholiken. Und häufig sind es genau diejenigen, die dem Vatikan vorwerfen, sich in alles einzumischen, die ihn zugleich in hochtrabender Empörung moralisch beschuldigen, im Dritten Reich geschwiegen und sich nicht eingemischt zu haben. Das ist unredlich, beides zugleich kann man nicht haben.

Viel wichtiger – für unsere Zeit und für die Zukunft – ist jedoch die Frage, ob der Vatikan in der Auseinandersetzung mit dem Dritten Reich und dem Holocaust versagt hat, und wenn ja, wo er seiner Verantwortung konkret nicht gerecht geworden ist. Doch man kann über die Verantwortung des Vatikan nicht reden, wenn man nicht weiß, worin sie eigentlich besteht.

Zunächst und zuallererst ist der Papst für die Katholiken zuständig, für die Leitung der Kirche, für die Gewährleistung der Seelsorge, des religiösen Lebens der römisch-katholisch Glaubenden. Als Stellvertreter Christi, als Nachfolger des Apostels Petrus, der von Christus die Frohe Botschaft für die Menschen, für ihre Erlösung erhalten hat, wird er zu einer religiösen und moralischen Autorität für alle Menschen. Er hat in der Welt nicht Partei- oder Staatspolitik zu betreiben, sondern die menschlichen Werte zu vertreten, wie sie sich aus dem Judentum und dem Christentum, beispielsweise aus den Zehn Geboten, ergeben. Er hat die Herrschenden zu mahnen und alles zu tun, was in seiner Macht steht, um den Menschen zu helfen, sie zu schützen, ihnen ins Gewissen zu reden, und er muss, wenn man so will, das Kreuz auf sich zu nehmen.

Sind die Päpste, die in den Dreißiger- und Vierzigerjahren amtierten, Pius XI. und Pius XII. (1939–1958), dieser Verantwortung gerecht geworden? Ohne diese Frage zu diskutieren, erübrigt sich jedes Nachdenken über die Rolle des Vatikan in unserer Zeit. Domine, quo vadis? Herr, wohin gehst Du? Sind die Stellvertreter Christi der beschriebenen Verantwortung gerecht geworden, dieser hohen Verantwortung, die die Kraft eines Menschen bei weitem überschreitet?

DER VATIKAN UND DIE JUDEN

Um den Vatikan in das dunkelste Verlies der Schuld sperren zu können, wird gern, doch leider fälschlicherweise behauptet, Pius XI., vor allem aber Pius XII., seien Antisemiten gewesen. Dafür gibt es keinen Beweis. In der Not, einen Beleg dafür zu finden, wird oft – in aus dem Zusammenhang gerissenen Auszügen und in subjektiv gefärbter Übersetzung – ein Brief angeführt, den Eugenio Pacelli, der spätere Papst Pius XII., noch als Nuntius aus München an den Papst schrieb. Darin charakterisierte er Max Levien, den Führer der Kommunisten in der Münchener Räterepublik. Dieser Brief lässt sich, kennt man ihn zur Gänze, nur schwer als Dokument des Antisemitismus bezeichnen, und die Beschreibung Leviens ähnelt in interessanter Weise jener von Viktor Klemperer in seinen Tagebuchaufzeichnungen. Mit anderen Worten: Der einzige Beweis entpuppt sich als nicht aussagekräftig. Bei einem eingefleischten Antisemiten sollte sich doch zumindest ein zweiter Beweis – ein weiterer Brief, eine Tagebuchnotiz, ein Artikel oder etwas Ähnliches – finden.

Pius XI. hatte den Antisemitismus bereits 1928 verurteilt, wenngleich die Umstände etwas seltsam waren, aber beispielhaft für die Kurie. Mochte der Vatikan nach außen auch eine einheitliche Fassade präsentieren – dahinter stritten und kämpften Fraktionen und Gruppen gegeneinander.

Die ganze widersprüchliche, fast absurde Geschichte begann damit, dass Franziska van Leer, eine holländische Jüdin, die zum Katholizismus konvertiert war, und der Generalprokurator des Ordens vom heiligen Kreuz, Anton van Asseldonk, im Jahr 1926 eine Vereinigung gründeten, die den Namen »Amici Israel« – Freunde Israels erhielt. Deren Hauptanliegen bestand darin, den Umgang der katholischen Kirche mit dem Judentum theologisch zu klären, ihn über das veraltete Konzept der doppelten Schutzherrschaft zu heben und letztlich für Juden die Schwelle zu senken, zum Christentum überzutreten. Präsident der Vereinigung wurde der hoch angesehene Abt der Benediktinerabtei von Subiaco nahe Rom, Pater Benedikt Gariador. Die Vereinsmitteilungen trugen den Titel »Pax super Israel« (Friede über Israel) und wurden von neunzehn Kardinälen, zweihundertachtundsiebzig Erzbischöfen und Bischöfen sowie dreitausend Priestern gelesen. Männer wie der Münchener Erzbischof Michael Kardinal Faulhaber standen der Vereinigung nahe und unterstützten sie. Jeder Kleriker wurde auf seine positiven Ansichten über die Juden hin überprüft – im Licht der nachfolgenden Ereignisse von »Kristallnacht« und Holocaust gewinnt diese Forderung besonderes Gewicht. Das Verständnis für die Juden und ihren Glauben sollte geweckt werden. Die Mitglieder der Vereinigung sollten sich kränkender Worte gegenüber den Juden, wie »Gottesmörder« und »Ritualmörder«, enthalten.

Am 2. Januar 1928 reichte Abt Gariador bei der Ritenkongregation in Rom die Bitte ein, die Begriffe »perfidis« (unredlich, wortbrüchig, treulos) und »perfidiam« (Unredlichkeit) im Zusammenhang mit den Juden in der Karfreitagsfürbitte zu streichen. Der mit der Prüfung der Eingabe beauftragte Kardinal Ildefons Schuster sprach sich für den Vorschlag aus. Er argumentierte korrekt auf einer sprachwissenschaftlichen Ebene, denn in den Zeiten, als die Fürbitte entstand, bezeichnete »perfidis« schlicht die Ungläubigen, die ohne Glaube sind. Über die Jahrhunderte hatte sich der Begriff zu einem Adjektiv entwickelt, das nicht mehr für ungläubig stand, sondern für unredlich, wortbrüchig, treulos. Durch diesen Bedeutungswandel des Wortes, so Schuster, sei der Sinn der Fürbitte entstellt.

Nachdem die Ritenkongregation die Streichung befürwortet

hatte, ging die Sache an die Suprema – wie immer hatte die Inquisition verfahrenstechnisch das letzte Wort –, und sie lehnte die Eingabe ab. Ihr Konsultator Francesco Sales widersprach zwar nicht den Argumenten der Ritenkongregation, hebelte sie aber über die Tradition aus. Man könne nicht einfach, so argumentierte er, eine alte Liturgie ändern, das habe unabsehbare Folgen. Dann könne ja auch ein anderer Verein das Wort Pontius Pilatus streichen und so weiter und so fort. Schließlich hätten die Juden mit der Bemerkung »Sein Blut komme über uns und unsere Kinder« (Mt, 27, 25) die Verantwortung für den Kreuzestod Jesu Christi selbst übernommen. Deshalb bestimmte er: »Nihil esse innovandum« (Nichts soll geändert werden).

Nun wurde der römische Kardinal und Inquisitor Rafael Merry del Val aktiV. Er schrieb: »Ich möchte nicht, dass diese ‚Amici d'Israele unbemerkt in eine Falle gehen, gestellt von denselben Juden, die überall in die moderne Gesellschaft eindringen und mit allen Mitteln versuchen, die Erinnerungen an ihre Geschichte zu vernebeln und die Christen in ihrer Gutgläubigkeit überrumpeln.« (Zit. nach Brechenmacher, S. 158.) Diese Argumentation zeigte eine gefährliche Nähe zu dem antisemitischen Pamphlet »Protokolle der Weisen von Zion«, das die Weltverschwörung der Juden behauptete und das ich in meinem Buch über die Geheimbünde in Entstehung und Wirkungsweise dargestellt habe.

Papst Pius XI. verpasste die Chance, eine neue Theologie des Judentums ins Leben zu rufen. Das gelang erst viel später, als das Zweite Vatikanische Konzil (1963–1965) die Juden als ältere Brüder im Glauben bezeichnete. Bis dahin hatte der Vatikan seine Aufgabe in der doppelten Schutzherrschaft gesehen, nämlich darin, dass der Vatikan die Juden vor den Christen und die Christen vor den Juden zu schützen habe, ein Konzept, das sich mit dem Beginn der Neuzeit gründlich überlebt hatte. Dass der Vatikan nicht die Kraft gefunden hatte, sich mit dem theologischen

Problem auseinanderzusetzen, war in gewisser Weise tragisch. Eine neue Theologie den Juden gegenüber hätte dem Vatikan in den kommenden Verfolgungen viel deutlicher gemacht, dass die katholische Kirche mit jenen in einem Boot saß.

Mit der Ablehnung der Änderung der Karfreitagsfürbitte veröffentlichte Pius XI. zugleich die Erklärung, dass die katholische Kirche den Antisemitismus ablehnte. Manche wollten darin ein Alibi sehen, doch in Wahrheit zeigte es nur, wie weit man dem Erfordernis, das Verhältnis des Vatikan zu den Juden theologisch und grundsätzlich zu klären, hinterherhinkte. Dass aber der Antisemitismus – Alibi oder nicht – bereits zu einem so frühen Zeitpunkt vom Papst verurteilt wurde, ist eine Tatsache, und es sollte sich in der Folgezeit zu einer unverhandelbaren Grundposition der Päpste entwickeln. Abt Gariador und Ildefons Schuster wurden indes nach Rom einbestellt und vermahnt. Sie hatten kniend Abbitte zu leisten und ihre Irrtümer zu widerrufen. – Im Jahr 1959 ließ Papst Johannes XXIII. das Wort »perfidis« in der Karfreitagsfürbitte streichen.

Als das Reichskonkordat 1933 abgeschlossen wurde, war Eugenio Pacelli Kardinalstaatssekretär unter Papst Pius XI. Die deutschen Bischöfe hatten ihre Verlautbarung, nach der ein Katholik nicht Mitglied der NSDAP, der SA, der SS oder einer anderen nationalsozialistischen Bewegung sein könne, zurückgenommen, um dazu beizutragen, den Weg für das Konkordat zu ebnen. Inwieweit das Konkordat sein Ziel erfüllte, bleibt der Spekulation anheimgestellt, denn wir können nicht wissen, wie die Geschichte ohne diesen Vertrag verlaufen wäre.

Daran, dass man mit dem Teufel verhandelte, zweifelte niemand im Vatikan. Über viele verschiedene Kanäle erfuhr der Papst, was sich seit dem 30. Januar 1933 in Deutschland tat. Die Nuntiaturen berichteten nach Rom, die Bischöfe und Ordensleute und selbst Privatleute schrieben mutige Briefe, wie die Philosophin und Ordensfrau Edith Stein.

Die Pogrome und antisemitischen Exzesse nahmen immer größere Ausmaße an, Ausmaße, zu denen der Vatikan nicht schweigen konnte. Andererseits saß er mit dem Konkordat in der Falle. Mit dem »Gesetz zur Wiederherstellung des Berufsbeamtentums«, das Juden und politische Gegner aus dem öffentlichen Dienst ausschloss, hatte die staatliche Gewalt gegen die Juden nun noch gesetzgeberische Gestalt angenommen. Somit hätte jeder Protest eine »Einmischung in die inneren Angelegenheiten« bedeutet und die Handhabe zur Kündigung des Konkordats geliefert. Zu fürchten stand weiterhin, dass dieses Schandgesetz auf die Katholiken ausgeweitet wurde. Und man stand politisch allein, denn die Westmächte, die nicht wie der Vatikan das Schicksal von Millionen von Katholiken mit bedenken mussten und deshalb zu keinerlei Rücksichten genötigt waren, sollten bis ins Jahr 1939 hinein eine verräterische Appeasement-Politik bevorzugen, eine Beschwichtigungspolitik, die man Friedenspolitik nannte.

Alle Bewertungen der vatikanischen Politik dürfen nicht moralisch isoliert, sondern nur in Zusammenhang mit dem politischen Handeln der großen Mächte der Zeit getroffen werden. Außerdem arbeitete der Vatikan mit einer nicht zu unterschätzenden Langsamkeit – nun erst begann man, sich mit der Ideologie des Nationalsozialismus lehramtlich auseinanderzusetzen. Als Erstes wurde »Der Mythus des 20. Jahrhunderts«, das unsägliche Machwerk von Alfred Rosenberg, dem Chefideologen der Nazis, auf den Index, die Liste der verurteilten Bücher, gesetzt, das heißt, es wurde allen Katholiken verboten, dieses Buch zu lesen. Als Nächstes stand die Indizierung von Hitlers »Mein Kampf« an, die aber schließlich nicht durchgeführt wurde.

Nuntius Pacelli, der die Bischöfe in Deutschland kannte, besprach mit ihnen alle Aktivitäten des Heiligen Stuhls, weil immer die Lage der Katholiken in Deutschland mit zu bedenken war. Der Druck auf die Handelnden war ungeheuer groß, denn sie standen zwischen den beiden Verantwortungen, die Katholiken zu schützen und jede Unmenschlichkeit, so auch die den Juden gegenüber verübte, zu bekämpfen, die sich oftmals gegenseitig ausschlossen.

Am 19. März 1937 veröffentlichte der Papst Pius XI. die Enzyklika »Divini redemptoris«, die den Nationalsozialismus und den Kommunismus verurteilte. Am darauf folgenden Palmsonntag, dem 21. März 1937, wurde von allen Kanzeln in Deutschland der Hirtenbrief des Papstes »Mit brennender Sorge« verlesen, in dem er Rassismus und Antisemitismus verurteilte: »Nur oberflächliche Geister können der Irrlehre verfallen, von einem nationalen Gott, von einer nationalen Religion zu sprechen; können den Wahnversuch unternehmen, Gott, den Schöpfer aller Welt, den König und Gesetzgeber aller Völker, vor Dessen Größe die Nationen klein sind wie Tropfen am Wassereimer (Is 40, 15.), in die Grenze eines einzelnen Volkes, in die blutmäßige Enge einer einzelnen Rasse einkerkern zu wollen.«

Als das faschistische Italien im September 1938 die Rassengesetzgebung des Dritten Reiches zu übernehmen begann, verkündete Pius XI. bei einem Besuch belgischer Pilger öffentlich und für alle hörbar: »Antisemitismus ist unvertretbar. In geistigem Sinne sind wir alle Semiten.«

Diese Erklärungen hatten aber keine Folgen, außer, dass die Verfolgungen der Priester verschärft wurden. Das ging von der Schließung katholischer Schulen bis zu Scheinprozessen gegen Priester wegen angeblicher Sittlichkeitsdelikte oder Devisenvergehen. Also machten sich Eugenio Pacelli und ein junger Priester namens Giovanni Battista Montini, der drei Jahrzehnte später als Paul VI. den Papstthron besteigen sollte, daran, über das Netz der Orden, Pfarreien und Diözesen die praktische Hilfe für die Juden zu organisieren. Man kümmerte sich vor allem darum, für die gefährdeten Juden Visa und Ausreisemöglichkeiten in Drittländer zu erhalten. Im Nachhinein lässt sich angesichts der Masse der Ermordeten leicht die Nase rümpfen über die geringe

Zahl der Geretteten. Doch das ist zynisch, denn jeder einzelne gerettete Mensch bedeutet ein gerettetes Leben.

Die Aktivitäten des Vatikan hielten sich allerdings im Rahmen seiner überschaubaren Möglichkeiten. Gemäß den Lateranverträgen erhielt er Wasser und Strom sowie Zahlungen vom italienischen Staat, der ein Bundesgenosse des Dritten Reiches war. Und der Heilige Stuhl befand sich inmitten des faschistischen Italien. Wie viel mehr hätten die westlichen Demokratien schon zu diesem Zeitpunkt ausrichten können, wenn sie denn gewollt hätten?

Nach dem Tod Pius XI. 1939 wählten die Kardinale zügig Eugenio Pacelli zum neuen Papst – Pius XII. (1939–1958) – und bürdeten ihm eine schwere Aufgabe auf, vielleicht die schwierigste, die je ein Mensch zu tragen hatte. Wie sollte er gegen diesen Gegner vorgehen?

Pius XII. entschied sich für eine Strategie, die ebenso realistisch wie fragwürdig war. Dass päpstliche Erklärungen und Hirtenbriefe nichts ausrichteten, hatte er miterlebt. Zur gleichen Zeit, als sich die katholische Kirche öffentlich erklärte und in »Divini redemptoris« und »Mit brennender Sorge« verurteilend Stellung bezog, eilten die Führer der Westmächte – der französische Premierminister Édouard Daladier und sein britischer Amtskollege Arthur Neville Chamberlain – nach München und verkauften in einem Vertrag mit Hitler die Tschechoslowakei an den deutschen Diktator und den italienischen Duce, an Mussolini. Umjubelt kehrte Chamberlain als angeblicher Botschafter des Friedens nach London zurück. Er verschwieg, dass er ihn erkauft hatte, indem er Millionen Menschen verriet. Und eigentlich hat er auch nicht den Frieden gebracht, sondern den Krieg. Aber daran dachten die meisten nicht, die nur das Wort Frieden vernahmen und die Gewissheit genossen, dass das Leid weit, weit entfernt stattfand.

All das vor Augen, beschloss Pius XII., auf Taten statt auf Erklärungen zu setzen. Er fuhr zweigleisig: Unter den deutschen

Bischöfen förderte er diejenigen, die ausdrücklich gegen Hitler eintraten und denen Taten und klare Worte lieber waren als Eingaben, die lautlos im Papierkorb verschwanden – Männer wie Clemens August Graf von Galen oder Konrad Graf von Preysing, den der Papst gegen erhebliche Widerstände in Berlin als Bischof durchsetzte. Damit hatte er einen bekennenden Antinazi in der Hauptstadt der Nazis eingesetzt. Der Heilige Stuhl blieb unparteiische Instanz – der Papst wollte die wenigen Mittel, die ihm verblieben waren, nicht gefährden. Ganz hielt aber auch Pius diese Politik nicht durch.

DER PÄPSTLICHE VERSCHWÖRER

Ende 1939 erfuhr Pius XII. zu seinem Erstaunen von dem deutschen Prälaten Ludwig Kaas und von seinem Privatsekretär, dem deutschen Jesuitenpater Robert Leiber, dass eine Gruppe deutscher Generäle in Verhandlung mit den Briten zu treten wünschte. Sie wollten die Friedensbedingungen für Deutschland aushandeln, die in Kraft treten würden, wenn man Hitler gestürzt hatte. Die Verschwörer, die der Wehrmacht und der Abwehr angehörten, benötigten endgültige Zusagen Großbritanniens. Nur dann konnten sie genügend wichtige Generäle davon überzeugen, an dem Putsch mitzuwirken.

Diese Männer ersuchten den Papst um Hilfe und diskrete Vermittlung. Wäre Pius XII. jener Papst gewesen, den Rolf Hochhuth in seinem Stück »Der Stellvertreter« und John Cornwell in seinem Buch »Hitlers Papst« karikierten, hätte er dieses Anliegen abgewiesen mit dem korrekten Hinweis, dass der Vatikan nicht zum Mittler werden dürfe zwischen Verschwörern aus einem Staat, mit dem er einen Vertrag unterhielt, und einer ausländischen Macht. Unvorstellbar, wenn Hitlers Sicherheitsdienst davon Wind bekommen hätte! Die Verschwörung wäre von der Propaganda ausgeschlachtet und der empörte Volkszorn auf die Kirchen und Klöster wie auf die Synagogen gelenkt worden. Mussolini hätte nur eine kleine Truppe benötigt, um den Vatikan zu stürmen. Pius dufte sich also darauf nicht einlassen. Das Risiko, dass der Putsch misslingen würde, war ungleich höher als die Chance des Erfolgs. Und dennoch, welch einmalige Gelegenheit, den Verbrecher und seinen ganzen Anhang hinter Schloß und Riegel zu bekommen, welche Chance, Deutschland und die Welt vor der Katastrophe, die sich deutlich anbahnte, zu erlösen! Durfte der Papst die Chance ungenutzt vorbeiziehen lassen?

Pius XII. entschied sich zu helfen und ging dabei unvermeidlich hohe Risiken ein. Inzwischen musste jeder wissen, mit wem man es bei Hitler zu tun hatte. Die »Kristallnacht« hatte stattgefunden, Österreich, die Tschechoslowakei und Polen standen unter deutscher Besatzung. Wer sich in dieser Situation noch Illusionen machte, war nicht bei Verstand – sollte man denken, denn die Regierungen der westlichen Welt hielten sich weiterhin zurück.

Der Papst handelte unter strengster Geheimhaltung. Niemand erfuhr von der Vermittlung, nicht einmal der Kardinalstaatssekretär Luigi Maglione. Im Vatikan wussten nur der Prälat Kaas, der Jesuitenpater Leiber und Pius XII. selbst von dem hochheiklen Vabanquespiel, auf das er sich eingelassen hatte. Kaas informierte Francis d'Arcy Osborne, den britischen Gesandten beim Papst, bei einem privaten Essen über die geplante Verschwörung. Am 12. Januar 1940 traf sich dieser heimlich mit Pius XII.

Die führende Figur innerhalb der Verschwörung war Generaloberst Ludwig Beck, der 1944 im Zusammenhang mit dem missglückten Attentat auf Hitler durch den Kreis um Claus Schenk Graf von Stauffenberg von den Nazis hingerichtet wurde. Die organisatorische Seele der Aktion war der mutige und verdienstvolle Abwehrgeneral Hans Oster. Er und Admiral Wilhelm Canaris hatten den Münchener Rechtsanwalt Joseph Müller nach Berlin gebeten, weil sie über ihn wussten, dass er die Nazis hasste und über exzellente Kontakte zum Vatikan verfügte. Als Einziger aus der Gruppe der Verschwörer überlebte Müller das Dritte Reich und gründete nach dem Krieg die CSU.

Um seine Hilfe vor den misstrauischen Blicken von Hitlers Sicherheitsdienst in Anspruch nehmen zu können, machte man Müller kurzerhand zum Mitarbeiter der Abwehr und tarnte ihn mit der Legende, dass er für die Abwehr und für Hitler den Vatikan auskundschaften würde, während er in Wirklichkeit zum Mittelsmann der Verhandlungsachse zwischen Generaloberst Beck, General Oster, Rechtsanwalt Müller, Prälat Kaas, Pius XII., d'Arcy Osborne und dem britischen Außenminister Edward Halifax wurde.

Obwohl sich der Papst engagierte, kamen die Verhandlungen nicht vom Fleck, weil die Briten eine Falle mutmaßten. Zudem hielten sie sich nicht an die strengen Regeln der Geheimhaltung und gefährdeten auf diese Weise ebenso leichtsinnig wie überheblich nicht nur die deutschen Verschwörer, sondern schließlich auch Pius XII.

Resigniert musste der Papst einsehen, dass die Westmächte nicht zur Zusammenarbeit bereit waren, allenfalls dazu, den Vatikan zu benutzen. Verlassen konnte er sich nur auf sich selbst sowie auf die Hilfe des Heiligen Geistes und des heiligen Petrus, nach dessen Gebeinen Ludwig Kaas in diesen Wochen und Monaten in den Grüften des Vatikan suchte. Der oftmals als kühl beschriebene Papst wollte sich des göttlichen Beistands versichern, weil Menschen nicht mehr helfen konnten. Pius XII. befand sich in einer Situation, in der er nur Fehler machen konnte. Die Frage war nur noch, welches der schlimmere Fehlgriff wäre.

Als Kompass wählte der Papst schließlich den quälenden Grundsatz, nach dem das Schlimmste zu verhindern sei. Mit anderen Worten, er suchte zwischen den beiden grausamen Alternativen nach der weniger schlimmen Möglichkeit. »Wo der Papst laut rufen möchte, ist ihm leider manchmal abwartendes Schweigen, wo er handeln und helfen möchte, geduldiges Harren geboten«, gestand er 1941 dem Würzburger Bischof Ehrenfried.

Die Formel vom »Papst, der geschwiegen hat« greift auch deshalb zu kurz, weil sie den wesentlichen Aspekt außer Acht lässt. Denn die eigentliche Frage lautet, inwieweit hat der Papst geschwiegen, inwieweit hat er gehandelt? Zuweilen verhindert das Reden auch das Handeln. Die Historiker müssen entscheiden, ob Pius XII. im Rahmen seiner Möglichkeiten alles getan hat, wozu er unter den gegebenen Umständen in der Lage war. Dass diese Frage jemals abschließend und hinreichend beantwortet werden kann, bleibt angesichts der Ungeheuerlichkeit der Situation freilich zweifelhaft.

Am klarsten gesprochen hatte der Papst in seiner Radiobotschaft Weihnachten 1942. Obwohl seine Verurteilung von Krieg, Rassismus und Antisemitismus angesichts der Gräueltaten, die SS und Wehrmacht in Polen verübten, manchen zu abstrakt, zu undeutlich schien, hatte der Reichsführer-SS Heinrich Himmler die päpstliche Botschaft genau verstanden. Die Nazis begriffen sehr gut, dass der Papst den Nationalsozialismus verurteilte und sich zum Anwalt für die Juden und die Polen machte. Die Abrechnung mit Pius XII. und den Katholiken wurde auf die Zeit nach dem »Endsieg« verschoben.

Viel wichtiger aber als die Appelle sind die Taten des Vatikan zu werten. Bereits 1939 richtete Pius XII. ein Informationsbüro für Kriegsgefangene ein. Der Heilige Stuhl arbeitete eng mit dem Roten Kreuz zusammen. Unter der Leitung von Giovanni Battista Montini wurde das gesamte kirchliche Netz für die Informationsbeschaffung eingesetzt.

Sehr früh erhielt der Vatikan Informationen über die Wannseekonferenz, auf der unter der Leitung von Reinhard Heydrich, dem Chef des Reichssicherheitshauptamtes, die berüchtigte »Endlösung der Judenfrage« beschlossen wurde. Der Vatikan versuchte nun, in den von Deutschland besetzten Ländern so viele Juden wie möglich zu retten. Dabei sammelte man zweierlei Erfahrungen, die für die Beurteilung des Handelns des Papstes gleichermaßen wichtig sind.

In den Niederlanden ergriffen die evangelischen und katholischen Geistlichen und Bischöfe mutig und feurig das Wort gegen die angekündigte Deportation der Juden und verurteilten die braune Barbarei. Daraufhin verlegten die Barbaren den Tag der Festnahmen und Deportationen vor und verhafteten noch viel mehr Juden, als ursprünglich geplant war. Bei dieser Aktion wurde auch die Ordensfrau Edith Stein, eine getaufte Jüdin und Philosophin, nach Auschwitz verschleppt und dort ermordet. In Dänemark dagegen schwieg man zu der geplanten Aktion, versteckte die Juden aber oder schmuggelte sie über die Ostsee nach Schweden. So konnten viele dänische Juden gerettet werden. Man mag zu Recht einwenden, dass die Situation in den Niederlanden sich von der dänischen unterschied. Dennoch zeigten diese Erfahrungen Wirkung auf die Verantwortlichen im Vatikan.

In Ungarn, Rumänien und der Slowakei konnte man zeitweilig Erfolge erzielen, bis der Sturz des Regierungschefs in Ungarn, Miklós Horthy, und deutscher Druck auf Ion Antonescu in Rumänien und auf Jozef Tizo in der Slowakei die Deportationen wieder antrieben. Doch die gewonnenen Atempausen retteten Leben. In Istanbul gelang es dem päpstlichen Nuntius Angelo Roncalli, dem späteren Papst Johannes XXIII., mehr als tausend Juden über den Balkan und die Türkei nach Palästina zu schleusen. In Deutschland entwickelte der St. Raphaels-Verein – heute Raphaels-Werk – unter dem Patronat des Berliner Bischofs Konrad von Preysing höchst gefahrvolle Aktivitäten. Ihr Leiter, der mutige Priester Bernhard Lichtenberg, wurde von der Gestapo verhaftet und hingerichtet, was eine unverhohlene Drohung an die Adresse des Bischofs darstellte. Himmler wollte ihm demonstrieren, dass er der Nächste sein könnte.

Schließlich kam es zu der dramatischen Situation, dass die

Deportationen und Tötungen unter den Augen des Papstes stattfinden sollten. Nachdem Mussolini 1943 durch Marschall Pietro Badoglio gestürzt worden war, besetzten die Deutschen Norditalien und Rom. Damit befand sich Pius XII. unmittelbar in den Händen seiner Feinde, denn Hitlers SS und die Wehrmacht kontrollierten die Zu- und Ausgänge des Vatikan. Als die Verhaftungen der römischen Juden begannen, spielte Pius XII. ein zähes, ein doppeltes Spiel.

Am Morgen des 16. Oktober 1943 informierte die junge römische Adlige Enza Pignatelli Aragona Cortés, die über freien Zugang zum Papst verfügte, Pius XII. über die wenige Stunden zuvor von der SS durchgeführte Razzia und die Verhaftungen im Getto. Daraufhin sandte Pius XII. Giovanni Battista Montini und den Kardinalstaatssekretär Luigi Maglione zu Ernst von Weizsäcker, dem deutschen Botschafter in Rom. Der Vatikan werde es nicht hinnehmen, dass die jüdischen Mitbürger unter seinen Augen verhaftet und ermordet würden, ließ er ihn wissen. Von Weizsäcker bat den Vatikan, auf einen offiziellen Protest zu verzichten, da sonst für den Heiligen Stuhl das Schlimmste zu befürchten sei. Das hieß im Klartext: Sollte der Vatikan protestieren, würde er von deutschen Truppen gestürmt. Kardinalstaatssekretär Maglione erklärte dem Botschafter, ohne einen Zweifel daran aufkommen zu lassen, dass Pius bereit sei, den Kreuzweg zu beschreiten und dies in Kauf zu nehmen. Es gäbe Situationen, sagte er, in denen der Kirche nur das Martyrium bliebe. Botschafter von Weizsäcker versprach, Mittel und Wege zu finden, um zu helfen. Im Gegenzug stellte Maglione ihm frei zu entscheiden, ob und in welcher Weise er den Protest des Papstes weitergab.

Dann startete Pius eine zweite Initiative: Über seinen Neffen Carlo Pacelli beauftragte er Alois Hudal, den umstrittenen Rektor des deutschen Priesterkollegs Santa Maria dell'Anima in Rom, seine Beziehungen in den Dienst der Rettung der römischen Juden zu stellen. Hudal, der als nazifreundlich galt, bat in einem Brief an General Rainer Stahel, den verantwortlichen Befehlshaber der Wehrmacht, die Verhaftungen der Juden auszusetzen, weil sie dem deutschen Ansehen schadeten. Das entscheidende Argument lieferte er zwischen den Zeilen: Wenn die Verhaftungen fortgeführt würden, könnte im Rücken der kämpfenden Truppe in Rom ein Volksaufstand ausbrechen. Der General verstand und setzte sich mit Himmler in Verbindung, dem er die Gefahr drastisch schilderte. Der Reichsführer-SS begriff zumindest so viel, dass ein Aufstand in Rom die militärische Situation erheblich verkomplizieren würde, und ordnete an, die Verhaftungen einzustellen.

Aber noch ein Drittes geschah: Im Vatikan, in den Klöstern in und um Rom und anderen kirchlichen Einrichtungen wurden Juden versteckt. Pius XII. hob dazu Verbote auf, sodass auch jüdische Männer in katholischen Nonnenklöstern Zuflucht finden konnten. Glücklicherweise hatte General Stahel – außerordentlich großzügig – den vatikanischen Schutzbereich ein wenig erweitert, indem er einige Gebäude in Rom und Umgebung als dem Heiligen Stuhl unterstehend erklärte, womit der Wehrmacht und der SS der Zutritt untersagt war. Die eintausendzweihundertfünfzig jüdischen Bürger, die am 16. Oktober 1943 verhaftet wurden – dem Tag, als der Papst durch Enza Pignatelli Aragona Cortés von der bevorstehenden Gefahr unterrichtet wurde –, konnten nicht mehr gerettet werden; sie wurden von der SS ermordet. Man hat ausgerechnet, dass wohl eintausendsiebenhundert der achttausend römischen Juden deportiert und ermordet wurden – die anderen müssten demnach gerettet worden sein, nicht zuletzt durch die Aktionen, die der Papst, der angeblich geschwiegen hat, in die Wege leitete.

Weshalb ist die Beurteilung der Rolle, die der Vatikan während des Dritten Reiches gespielt hat, so wichtig? Vor allem doch aus einem Grund: Das Naziregime steht neben dem Stalinismus für den tiefsten Fall der menschlichen Zivilisation und Moral in der europäischen Geschichte. Für den Papst ergab sich daraus – aus zwingenden theologischen und moralischen Gründen, die ein Großteil der Legitimation seiner Macht bilden – die unmittelbare Verpflichtung zum Handeln. Er musste gegen die Barbarei vorgehen. Aber wie hatte der andere Diktator, Stalin, zynisch und überheblich gefragt: »Wie viele Divisionen hat der Papst?« Die Frage ist falsch gestellt, so falsch, wie sie Gewaltpolitiker immer stellen. Sie hätte lauten müssen: »Über welche Divisionen verfügt der Papst?«

Jüdische Politiker haben Pius XII. unmittelbar nach dem Krieg bescheinigt, dass er viel getan und sich engagiert habe. Doch bleibt in der Tat die Frage offen, ob er alles unternommen hat, was in seiner Macht stand. Mehr noch: Hätte der Papst in dieser Situation das Kreuz nehmen sollen, hätte er das Martyrium auf sich nehmen müssen? In gewisser Weise befand er sich im Feuer eines ganz eigenen, eines seelischen Martyriums, und die Unnahbarkeit, die Kühle, die Enthobenheit und Vergeistigung, die immer wieder als charakteristisch für seine Person beschrieben wurde, war möglicherweise ein äußerer Schutz, eine Fassade, die umso notwendiger wurde, um dem Aufschrei des Gewissens zu wehren, um handlungsfähig zu bleiben, um zu schweigen, als er hätte schreien mögen. Hätte der Papst 1942 das Martyrium gewählt, wären 1943 keine römischen Juden mehr gerettet worden. Spätestens dann wären fast alle Juden Roms ihren Mördern in die Hände gefallen.

Dem ist von der Vernunft her nur zuzustimmen. Dennoch bleibt die Frage, ob in Situationen wie der »Kristallnacht« oder nach Bekanntwerden der Pläne der Wannseekonferenz nicht doch eine »unvernünftige« Reaktion geboten gewesen wäre. Hätte der Papst nicht ein Zeichen setzen müssen? Doch ein solches Zeichen hätte er nicht nur für sich und ein paar Kardinäle gesetzt, sondern für Millionen deutscher, österreichischer, tschechischer und polnischer Katholiken, die dadurch in Gefahr geraten wären. Lagen nicht auch hier Verantwortungen? Niemand kann sich wünschen, zu dieser Zeit auf dem Heiligen Stuhl gesessen zu haben – bewaffnet nur mit dem Wort und der Macht des Glaubens sowie ein wenig mehr als hundert Schweizer Gardisten. Je tiefer man eindringt in die Möglichkeiten und Gegebenheiten der vatikanischen Macht in dieser Zeit, umso näher rückt bei jeder neuen Erkenntnis die Unlösbarkeit der Frage – es gab nur falsche Entscheidungen.

Der Vatikan geriet nach dem Zweiten Weltkrieg beträchtlich unter Druck und spürte, wie er dem sich stürmisch entwickelnden Zeitgeist hoffnungslos hinterherhinkte. Es musste etwas geschehen, man musste aus der Defensive herauskommen. Auf Pius XII. folgte Johannes XXIII. (1958–1963). Dem energischen und bauernschlauen Angelo Guiseppe Roncalli, wie er mit bürgerlichem Namen hieß, ist es vielleicht in Wahrheit zu verdanken, dass 1962 aus der Kubakrise und den Spannungen zwischen den USA und der Sowjetunion nicht ein Weltenbrand entstand. Er war auch der Papst, der durch einen großen Sprung mit der Kirche mitten im Heute landen wollte, der Mann, der das Zweite Vatikanische Konzil einberief.

AUF DEM SPRUNG INS HEUTE – DAS VATICANUM II

Wenn der Vatikan Einfluss und Macht behalten wollte auf der Welt, dann musste er sich wieder einmal verändern, sich den Zeitumständen anpassen und dennoch derselbe bleiben. Macht hatte für ihn nichts mehr mit Herrschaft zu tun, ja war von der Herrschaft befreit, konnte nun zur reinen Macht werden, denn die Achillesferse der Macht war zu allen Zeiten der Zwang zur Herrschaft. Um in der Moderne anzukommen, durfte der Heilige Stuhl aber nicht seine Truppen in Gestalt der frommen Katholiken an einen sich liberal dünkenden Zeitgeist verlieren, sondern musste durch seine Lehrautorität als Autorität an-

Das größte Konzil der Christenheit wurde am 11. Oktober 1962 als Vaticanum II eröffnet. Zweitausend Bischöfe und Kardinäle berieten über die Zukunft der Kirche und schafften die Inquisition ab.

erkannt werden. Das konnte nur geschehen, indem die Macht innerhalb der Kirche reformiert und auf eine breitere Grundlage gestellt wurde. Der Vatikan bedurfte der Transfusion des Lebens. Johannes XXIII. hatte das erkannt und das Zweite Vatikanische Konzil einberufen – gegen den Widerstand der römischen Kurie.

Über zweitausend Kardinäle, Erzbischöfe, Bischöfe und Ordensobere aus der ganzen Welt zogen im feierlichen Habit als Konzilsväter am 11. Oktober 1962 in den Petersdom ein, um mit einem Festgottesdienst das große Konzil zu eröffnen, das jenes erste abgebrochene Vaticanum vollenden und den Sprung der katholischen Kirche mitten in die Moderne hinein bewirken sollte. Das Konzil selbst begann am 11. Oktober 1962.

Es war mit Händen zu greifen, wie die katholische Kirche in

den Fünfziger- und Sechzigerjahren des 20. Jahrhunderts immer rascher an Akzeptanz und Einfluss verlor. Große katholische Gebiete Osteuropas gerieten unter die Herrschaft eines sich damals kämpferisch gebenden Atheismus. Erstmals gab es einen Mangel an Priestern, weil sich zu wenige junge Katholiken zu dieser Aufgabe berufen fühlten. Johannes XXIII. wollte die katholische Kirche mit der Entwicklung der Gesellschaften in Einklang bringen und machte deshalb den Begriff »Aggiornamento« (deutsch etwa: Anpassung an die aktuellen Verhältnisse, Modernisierung) zum Motto des Konzils. Der geplante Sprung ins Heute gab die wichtigen Themen der Beratungen vor: Der Papst und die römische Kurie sollten nicht länger zentralistisch in die Obliegenheiten der Ortsbischöfe, die die Verhältnisse in ihren Diözesen wesentlich besser kannten, hineinregieren. Den Ortsbischöfen sollte ein größeres Mitspracherecht eingeräumt werden. Die Formel, die sich schließlich durchsetzte, lautete: der Papst mit den Bischöfen. Dass das einer vatikanischen Bürokratie, die sich Gott näher dünkte als die Christen an anderen Orten, ein Dorn im Auge sein musste, verstand sich, deshalb hintertrieben die Mitglieder der Kurie das Konzil, so gut sie konnten. Doch keine Winkelzüge fruchteten, Johannes XXIII. blieb unbeirrbar.

In Deutschland hatte der Kirchenhistoriker Hubert Jedin den international hoch geachteten Josef Kardinal Frings und seine beiden jungen Berater, Hubert Luthe und Joseph Ratzinger, auf das Konzil vorbereitet. Jedin riet Kardinal Frings und seinen beiden Beratern, vor allem auf die Zusammensetzung der Kommissionen zu achten, denn diese entscheide über Verlauf und Beschlüsse des Konzils. Mit einer gründlichen Einsicht in die politische Eigenart der Konzile fuhr der Kardinal mit seiner Begleitung nach Rom. Auf die Rolle, die Kardinal Frings und Joseph Ratzinger auf dem Zweiten Vatikanischen Konzil spielten, bin ich in meiner Biografie Benedikts XVI. näher eingegangen.

Die Generalberatungen des Konzils begannen im umgebauten Petersdom, den links und rechts zwei lange Podeste mit Sitzen zierten, mit einem unerwarteten Paukenschlag: Pericle Kardinal Felici, der Generalsekretär des Konzils, schlug vor, die Kommissionen sofort zu wählen. Die Listen lägen den Anwesenden ja vor. Doch Achille Kardinal Liénart erhob geistesgegenwärtig sogleich Einspruch gegen das Eilverfahren, ebenso Kardinal Frings. Neue Vorschlagslisten mussten erarbeitet und das Einverständnis der Vorgeschlagenen zur Kandidatur eingeholt werden. In der Nacht vom 15. auf den 16. Oktober wurden die neuen Listen fertiggestellt und vervielfältigt, sodass sie pünktlich zur Fortsetzung des Konzils vorlagen.

Damit hatten die Konzilsskeptiker die erste Schlacht verloren. Der Versuch, sich an die Spitze der Versammlung zu setzen und es in eine der Kurie genehme Richtung zu lenken, war gescheitert – dank der Warnungen Hubert Jedins und der Entschlossenheit der Konzilsväter, keine Alibiveranstaltung, sondern ein wirkliches Konzil durchzuführen. Die Skeptiker hatten eine Schlacht verloren, aber noch längst nicht den Krieg. Zäh und im unerhörten Kleinkampf setzten die Konzilsväter und die Berater ihre Arbeit fort.

Ende Oktober 1963 gab es eine Sensation: Schon seit Tagen machten Gerüchte die Runde, dass die Kurie die mühselig beschlossene Textfassung über die kollegiale Leitung der Kirche für ungültig erklären wolle, weil die Frage angeblich nicht korrekt abgefasst sei. Nur dürftig hinter kirchenrechtlichen und theologischen Argumenten verborgen ging es um die pure Machtfrage, darüber, wer in der Kirche das Sagen hatte – der Papst mit der Kurie oder der Papst mit den Bischöfen. Am 8. November kam es in der Generalversammlung zum Eklat. Kardinal Frings, der zur geachteten moralischen Autorität des Konzils geworden war, erhob sich von seinem Platz, was ihm sofort die ungeteilte Aufmerksamkeit aller einbrachte, und sagte in tadellosem Latein laut und vernehmlich: »Nach meinem bescheidenen Urteil haben die Konzilskommissionen nicht die Aufgabe, nach der Diskussion in der Aula ein neues Konzept vorzulegen, so als ob sie allein im

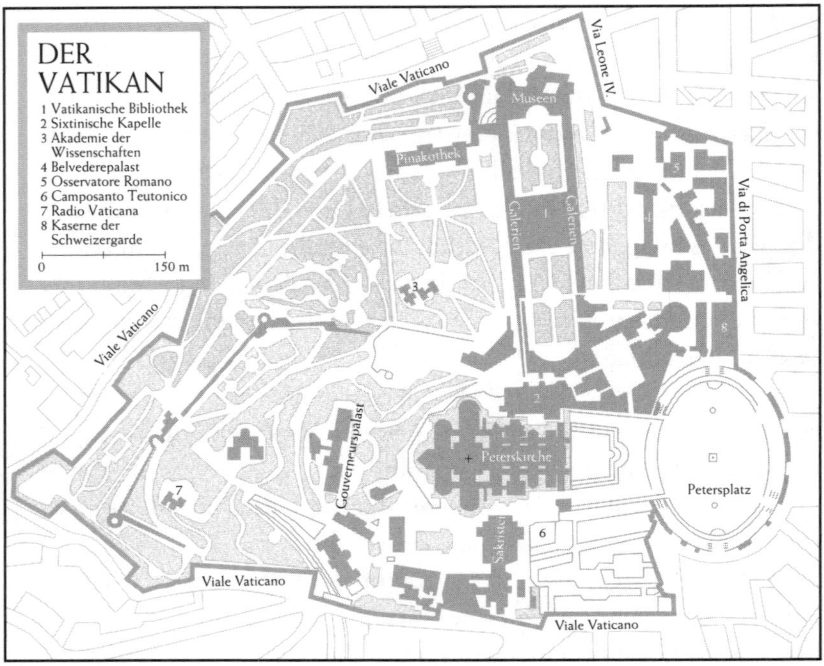

Besitz der Wahrheit wären, die den anderen verborgen ist; sondern, da die Kommissionen Instrumente der Generalkongregation sind, besteht ihre Aufgabe meines Erachtens darin, die Meinung und den Willen der Konzilsväter zu erforschen und durchzuführen.« Das war zwar eine klare Kampfansage, ein Zurechtrücken der Regeln, aber es war auch gut theologisch abgesichert. Mit den Worten, es sei die Aufgabe der Kommission, den Willen der Konzilsväter zu erforschen, spielte Frings auf die Apostelgeschichte an, in der die Jünger und Apostel den Bischöfen das Vorbild in der Nachfolge lieferten, denn wenn der Papst der Stellvertreter Christi auf Erden war, dann bildete sich im Bischofskollegium die Gemeinschaft der Jünger ab. Die Kurie aber hatte in diesem Bild keinen Platz, und das muss die Kurienkardinäle zutiefst verstört und verängstigt haben.

Bis jetzt hatte Kardinal Frings nur die Grundlagen zurechtgerückt und erklärt, nun zog er daraus die Schlussfolgerungen: »Von besonderer Wichtigkeit scheint mir, dass diese Vorschriften – vor allem die über die klare Unterscheidung zwischen Verwaltungs- und Gerichtsweg – auf alle Kongregationen ausgedehnt werden, auch auf die Oberste Kongregation des Heiligen Offiziums, deren Verfahrensweisen in vielen Fällen nicht mehr unserer Zeit entspricht, der Kirche zum Schaden gereicht und bei vielen Anstoß erregt.«

Die Generalversammlung hielt den Atem an. Der Hauptstoß galt der Inquisition. Mit seiner Rede hatte Kardinal Frings Alfredo Kardinal Ottaviani, den Chef des Heiligen Offiziums und mächtigen Drahtzieher der Kurie, auf offenem Felde herausgefordert. Dieser Mann, von dem es hieß, er sei das »Maschinengewehr Gottes«, war ein Bilderbuchdoktrinär und besaß in dieser Art eindrucksvolle Größe. Halb erblindet, schleuderte er dem Gegner sein leidenschaftliches »Protestor!« (Ich trete als Zeuge auf!) entgegen. Und der Papst? Der lud gelassen am Nachmittag Kardinal Frings zu sich ein und gratulierte ihm zu seiner Rede. Damit war die Entscheidung gefallen.

Johannes XXIII. starb 1963, als das Konzil noch tagte. Unter seinem Nachfolger Paul VI. (1953–1978) wurde es 1965 geschlossen und die Verwaltung der Kurie neu geordnet. Die Dikasterien, die »Ministerien«, wurden zu gleichberechtigten Kongregationen, die dem Kardinalstaatssekretär, dem »Ministerpräsidenten«, unterstanden. Aus dem Heiligen Offizium und der heiligen Inquisition wurde die Kongregation für die Glaubenslehre, die ihre Stellung als Suprema verloren hatte.

Sowohl Joseph Ratzinger als auch Kardinal Frings hatten »Gaudium et spes« (Pastoralkonstitution über die Kirche in der Welt dieser Zeit), eines der letzten Dekrete des Konzils, abgelehnt. Sie kritisierten, dass darin ohne erkennbare Konturen eine recht oberflächlich geratene Analyse der Welt dargeboten wurde, statt das Verhalten der Kirche in Beziehung zur gesellschaftlichen Entwicklung auszuloten. Ihrer Ansicht nach war es ein misslungener Versuch der katholischen Kirche, der Entwicklung hinterherzulaufen.

Die Konturlosigkeit war auch das Problem des Zweiten Vatikanischen Konzils, von dem die einen meinen, es sei noch nicht richtig ausgewertet, während andere die Anklage erheben, der Vatikan sei ängstlich hinter den mutigen Aufbruch des Konzils zurückgefallen. Beide Anschauungen wurden in den kommenden Jahren durch Joseph Ratzinger auf der einen und den schweizerischen Theologen Hans Küng auf der anderen Seite vertreten.

Das Vaticanum II hatte allerdings derart uneinheitliche Beschlüsse hervorgebracht, dass beide Standpunkte ihre Berechtigung besaßen. Noch etwas kam hinzu, was niemand ahnen konnte, als das Konzil einberufen wurde: Es sollte ins Heute, in die Gegenwart springen. Und es war gesprungen. Doch als es landete, war die Gesellschaft bereits weitergezogen. Die kühnen Beschlüsse des Konzils schienen nur noch Makulatur zu sein angesichts der neuen Forderungen, die im Großen und Ganzen darauf hinausliefen, alles zu verändern und aus der katholischen Kirche zu entfernen, was katholisch war. Die Aufhebung des Zölibats, die Wahl der Priester und Bischöfe, die Frauenordination und das Verbot der Ohrenbeichte standen auf dem Forderungskatalog weit oben. Wer das wollte, stand mit seinen Forderungen im Jahr 1521. Da hatte Luther auf dem Reichstag zu Worms den Bruch mit der katholischen Kirche bewirkt, und damit begann die Reformation, die zu protestantischen Kirchen führte. Mit anderen Worten, wenn man sich das wünschte, brauchte man nicht die katholische Kirche zu verändern, sondern nur einfach Protestant zu werden.

In den Siebzigerjahren tobte innerhalb der katholischen Kirche ein Machtkampf, der zum Überlebenskampf des Vatikan werden sollte, denn die erhobene Forderung nach Reform hätte in der Verwirklichung zur Lähmung geführt. Der Heilige Stuhl musste den Mut zum Widerstand gegen den Zeitgeist aufbringen, denn er konnte in der Moderne nur überleben, wenn er nicht modern war. Es war ein wenig wie zu den Zeiten, als Papst Leo X. im Vatikan saß und mit einer gefährlichen Entwicklung rang, die als Unbotmäßigkeit des deutschen Mönchs Martin Luther begann und sich schließlich zu einer Katastrophe für die allein selig machende römisch-katholische Kirche entwickeln sollte.

DAS PAPSTTUM UM DIE JAHRTAUSENDWENDE

Das dritte Jahrtausend für den Vatikan begann an dem Tag, als in einem Aufsehen erregenden Konklave 1978 ein damals außerhalb der katholischen Welt nahezu unbekannter polnischer Kardinal namens Karol Wojtyła zum Papst gewählt wurde. Im Gedenken an seinen allzu rasch verstorbenen Amtsvorgänger Johannes Paul I. nannte er sich Johannes Paul II. Damals ahnte niemand, dass sein Pontifikat zum längsten des Jahrhunderts werden und weit über Jahrhundert und Jahrtausend hinausweisen sollte. Hatten noch Johannes XXIII. und Paul VI. versucht, in der Moderne anzukommen, setzte sich Johannes Paul II. mit einem kühnen Sprung darüber hinweg und ließ die Moderne hinter sich. Seine Erfahrungen als polnischer Kirchenfürst, der täglich mit dem kommunistisch-atheistischen Regime in einem Überlebenskampf stand, hatten ihm gezeigt, dass die Kirche nur überlebte, wenn sie nicht gefällig, politisch korrekt und dem Zeitgeist huldigend wurde, sondern ihre eigene Aufgabe erfüllte. Diese bestand und besteht darin, die Botschaft des Evangeliums den Menschen der Zeit nahezubringen und diese Botschaft in Analyse der Gegenwart und den aktuellen Erfordernissen entsprechend offensiv zu buchstabieren. Nicht um Zeitgeist ging es, sondern darum, die Fragen der Zeit aus dem Geist der Evangelien zu beantworten.

Darin wurde der polnische Priester auf dem Heiligen Stuhl zum Meister. Man hat ihn oft einen Medienpapst genannt, doch stellte seine große mediale Präsenz nichts anderes dar als die aktuelle Interpretation der uralten Tradition der Kirche, nämlich zu missionieren und dabei alle Mittel zu nutzen – Predigt,

Architektur, Malerei, Musik, Liturgie –, die geeignet sind, den Menschen Gott zu vermitteln. Denn nichts anderes bedeutet das Wort medial: jemandem etwas über ein Mittel nahezubringen.

Wenn wir von den Medien sprechen, so haben wir immer Rundfunk und vor allem Fernsehen im Sinn, weil sie neben dem Internet die am häufigsten genutzten Mittel zur Übertragung von Inhalten sind. So hat auch Johannes Paul II. diese Medien bewusst genutzt, um seine Botschaft zu den Menschen zu bringen. Früher als alle anderen katholischen Priester begriff er, dass die Medien noch eine zweite Chance bieten, nämlich eine Form von gefühlter Nähe zu erzeugen. Sie gaukeln dem Zuschauer das Gefühl vor, persönlich dabei zu sein. Wenn die Kameras diese Nähe herstellen, dann erzielt man die größte Wirkung, wenn man sich zwanglos gibt, das heißt »authentisch« erscheint. Johannes Paul II. beeindruckte die Menschen durch diese Authentizität, diese Echtheit. Man musste mit dem Mann nicht übereinstimmen, aber man kann nicht daran zweifeln, dass er das, was er sagte, auch meinte und vor allem auch lebte.

Damit nicht genug, er zwang den Medien auch seinen Kalender, seine Tagesplanung auf, indem er immer wieder »Events« schuf. Da die Medien ständig auf der Jagd nach Inhalten sind, konnte er sie bei der Stange halten, indem er beständig Inhalte produzierte – große Reisen, Weltjugendtreffen oder das Gebetstreffen der Religionen in Assisi. Um nicht missverstanden zu werden, Johannes Paul II. unternahm nicht die großen Reisen oder rief nicht zu den großen Veranstaltungen und Begegnungen, um die Medien zu beliefern, aber er wusste, dass diese Ereignisse zu großartigen, den Glauben fördernden Erlebnissen wurden, die wegen ihrer außergewöhnlichen Bedeutsamkeit sofort auch zu »Medienereignissen« wurden und dadurch ihre Wirkung vervielfachten.

Eine Rolle spielte dabei die Herkunft des Papstes aus dem polnischen Katholizismus, in dem große Andachten und Gottesdienste im Freien zur Normalität und Tradition gehören. Dadurch aber, dass er von der Höhe des Papsttums zu den Menschen herabkam, indem er als Stellvertreter Christi zu den Menschen ging, brachte er den Menschen den Himmel näher. Dabei tat er nichts anderes, als Jesus zu folgen, als der Messias zu den Menschen ging als Menschensohn. Und dabei ließ sich Johannes Paul II. vom Zeitgeist nichts abhandeln, sondern vertrat Ansichten, die provozierten und Begeisterung oder Ablehnung hervorriefen. Wenn er für den Frieden stritt, erreichte die Verehrung und Akzeptanz Einhelligkeit, sprach er gegen Schwangerschaftsabbrüche und für den Schutz des ungeborenen Lebens, so stach er geradezu in ein Wespennest. Doch gehörte beides zu seinem katholischen Weltbild, zum Bild eines Verkünders von Gottes Wort und Angebot in den Evangelien – und das stärkte den Vatikan ungemein, weil es dem Heiligen Stuhl eine so große internationale Aufmerksamkeit bescherte, dass man sie mit Fug und Recht ein Mittel der Macht nennen kann.

Als Johannes Paul II. 1978 als Hausherr in den Vatikan einzog, harrten in der Weltkirche große Probleme einer Lösung, die teils gefährliches Potenzial bargen. In dem Münchener Erzbischof Joseph Kardinal Ratzinger fand der Papst einen brillanten Mitstreiter, den er zum Präfekten der Glaubenskongregation machte. Kardinal Ratzinger sollte eines der größten und für die Kirche bedrohlichsten Probleme entschärfen.

HERAUSFORDERUNG FÜR DEN VATIKAN: DIE BEFREIUNGSTHEOLOGIE

Seit den frühen Siebzigerjahren hatte die marxistisch gefärbte Befreiungstheologie in Südamerika als mächtige antirömische Bewegung immer mehr an Macht und Einfluss gewonnen. Die Gallionsfiguren der Befreiungstheologie hatten Ende der Sechzigerjahre in Europa studiert, der Peruaner Gustavo Gutiérrez in Frankreich und der Brasilianer Leonardo Boff in Deutschland.

Die Theologie der Befreiung als Bewegung nahm im kolumbianischen Medellín ihren zunächst noch unspektakulären Anfang. In dieser Stadt versammelten sich 1968 die lateinamerikanischen Bischöfe zu einer Konferenz. Ausgehend von »Gaudium et spes«, jenem in seiner Unschärfe und Verquastheit etwas unglückseligen Dokument des Zweiten Vatikanischen Konzils, beschloss die Bischofskonferenz, dass die katholische Kirche eine »bevorzugte Option für die Armen« sei. Auf dieser Basis veröffentlichte einer der theologischen Berater des Konzils, der Peruaner Gustavo Gutiérrez, 1971 sein Buch »Theologie der Befreiung«.

Nun war der Impuls, auf schlimmes Unrecht zu reagieren, durchaus verständlich, denn Armut und Unterdrückung schrien in Lateinamerika in der Tat zum Himmel. Vertreter der katholischen Kirche und Leute des 1928 durch den Priester Josemaría Escrivá in Madrid gegründeten Opus Dei (Werk Gottes) hatten sich mit den korrupten Machteliten verbündet. Sie gingen den Weg der weltlichen Macht, obwohl Christus doch gesagt hatte, sein Reich sei nicht von dieser Welt und die Letzten würden die Ersten sein. Wer das Evangelium ernst nehmen und den Beruf des Priesters mit christlichem Engagement ausfüllen wollte, musste für die Armen und Unterdrückten eintreten, für die unvorstellbar vielen Menschen, die in den Slums vegetierten. Und Rom schien nur allzu fern, ohne Verständnis für die Nöte und Sorgen der Armen Lateinamerikas.

Das Engagement einiger Priester brachte notwendigerweise eine Politisierung mit sich, die dazu führte, dass die Theologie plötzlich politisch interpretiert wurde. Dadurch kam es zu einer Annäherung an kommunistische Kräfte. Die revolutionäre Gewalt wurde von diesen Priestern sozusagen getauft, denn es war ja nur die Gewalt, die gegen die andere, gegen die tägliche Gewalt gegen die Armen aufstand. Der rechte Glaube wurde verdrängt vom Zwang zum richtigen Handeln. Und schließlich definierte man das Ungetüm einer »strukturellen Sünde«, die, wenn man sie voraussetzt, den Menschen entmündigt, weil man ihm die individuelle Verantwortung entzieht, denn es ist ja nicht mehr er, der da sündigt, sondern die gesellschaftlichen Verhältnisse sind es, die in ihm sündigen. Die Sünde lässt sich folglich abschaffen, indem man – notfalls mit Gewalt – die Verhältnisse abschafft, die diese Sünde erzeugen. Mit diesen Ansichten hatten die Befreiungstheologen die Position des marxistischen Klassenkämpfers eingenommen, für den das Sein das Bewusstsein bestimmte. Die Klasse, der der Mensch sozial angehörte, programmierte ihn zugleich, was der katholischen Vorstellung gänzlich widerspricht. Einige unter den Befreiungstheologen verweigerten Menschen, die über ein gewisses Vermögen oder Einkommen verfügten, die Sakramente, ja sogar das Recht, ihre Kirchen zu betreten, die den Armen vorbehalten blieben. Für die Befreiungstheologie ist die wirkliche Bibel die soziale Bibel: Nicht, was geschrieben steht, ist ausschlaggebend, sondern das, was sich im Leben der Armen vollzieht. Die einzige Wahrheit ist jene, die der Befreiung nutzt.

In Frontstellung zu den wirklich blutigen Diktatoren wie den argentinischen Militärs, Chiles Pinochet, Uruguays Stroessner, Nicaraguas Somoza und so weiter näherten sich die Befreiungstheologen rasant den Kommunisten an und wurden auch von ihnen umarmt. Achtzig chilenische Priester hatten vor dem Pinochet-Putsch 1972 noch ein Komitee gegründet, um Salvador Allende beim Aufbau des Sozialismus zu unterstützen. Als Fidel Castro Chile besuchte, traf er sich mit hundertvierzig Priestern, die er als strategische Verbündete für die Befreiung Lateinamerikas und den Aufbau des Kommunismus ansah. Die Priester fühlten sich geadelt. Dass Castro sie im Sinne Lenins nur als »nützliche Idioten« sah, steht zu vermuten. Die Kommunisten langten auch kräftig in die Klassenkampfkasse, um die Verbündeten mit beachtlichen finanziellen Transfers zu unterstützen. In einem rasanten Prozess verbreitete sich die Befreiungstheologie immer stärker in den mittleren Funktionsebenen der lateinamerikanischen Kirche. Anfang der Achtzigerjahre war deutlich abzusehen, wann diese neuen Theologen die Führung der Kirche in Lateinamerika übernehmen würden.

Und der Vatikan? Die Maßnahmen, die Franjo Kardinal Seper, der Präfekt der Glaubenskongregation, gegen die sich ausbreitende Bewegung ergriff, waren ein Zeugnis seiner Hilflosigkeit. Tatsächlich trug er durch sein Ungeschick eher zu ihrer Ausdehnung bei, als dass er sie eindämmte. Dennoch wusste der Vatikan, dass er für eine Weltkirche stand mit einer Milliarde Gläubigen, die nach Katholizismus und nicht nach Marxismus, die nach Glauben und nicht nach Politik verlangten.

Joseph Ratzinger, der aus Deutschland kam, dem Land der Reformation, sah sich im Jahr 1982 vor der Aufgabe, den katholischen Glauben zu retten, ohne die Kirche zu spalten, denn die lateinamerikanische Kirche nahm in der Weltkirche ihrer Größe gemäß den vorderen Platz ein. Ratzinger fand sich sogar als Hauptdarsteller im entscheidenden dritten Akt eines Schauspiels wieder, von dem man noch nicht wusste, ob es sich zur Tragödie entwickeln würde. Stand ihm in dem charismatischen Priester Leonardo Boff, einem Franziskaner, ein neuer Luther gegenüber?

Mit Geschick und Klugheit wehrte der Präfekt auf der einen Seite den Machtgewinn der Befreiungstheologen innerhalb der katholischen Kirche Lateinamerikas ab und vermied anderseits eine Spaltung. Über ein Jahrzehnt schleppte sich der Kampf dahin. Zwei Ereignisse sollten dieses äußerst riskante Ringen entscheiden: Zum einen verloren die Befreiungstheologen die Akzeptanz der Gläubigen, weil diese in der Kirche nicht Politik, sondern Glauben, nicht Marx, sondern Jesus zu begegnen wünschten, und zum anderen beschädigte der Zusammenbruch des Kommunismus 1989 dessen Ansehen und kappte die Kanäle der finanziellen Unterstützung. Die unrühmliche Beteiligung von Priestern an kommunistischen Diktaturen in Lateinamerika wie die des Priesters Ernesto Cardenal in Nicaragua trugen zum moralischen Bankrott der Bewegung bei.

Auf dem Weg ins neue, ins dritte Jahrtausend der Kirche: Papst Johannes Paul II. mit Joseph Kardinal Ratzinger, der als Benedikt XVI. sein Nachfolger auf der Cathedra Petri wird.

Das entscheidende Ereignis aber stellte der Zusammenbruch des Kommunismus dar, an dem der Vatikan unter Johannes Paul II. im größeren Ausmaß, als es gemeinhin vermutet wird, mitgewirkt hatte. Denn dieser Papst war ein Virtuose der Macht, weil er zuallererst ein zutiefst spiritueller Mensch war.

DAS ATTENTAT AUF JOHANNES PAUL II.

Als Papst Johannes Paul II. am späten Nachmittag des 13. Mai 1981 auf dem Petersplatz durch die Reihe der abertausend Gläubigen fährt, immer wieder anhalten lässt, Hände schüttelt und Kinder segnet, hört man plötzlich Schüsse. Der Papst stürzt, und Schweizer Gardisten werfen sich zum Schutz auf ihn. Wenig später nimmt die Polizei zwei junge Türken fest, einem von ihnen, Ali Agca, wird das Attentat zur Last gelegt. Der schwer verletzte Pontifex wird in einem Jeep zur Gemelli-Klinik gefahren. Es grenzt fast an ein Wunder, dass es den Ärzten gelingt, das Leben Johannes Pauls II. zu retten.

Über die Hintermänner des Attentats kursieren viele Gerüchte, so viele, wie es Spuren gibt. Amerikanische Serien wie CSI erzeugen falsche Vorstellungen, weil sie uns dramaturgisch durchaus richtig, aber sachlich falsch den Eindruck vermitteln, es käme darauf an, eine Spur zu finden. Dabei haben Ermittler an Tatorten zumeist das Problem, die eine richtige unter den vielen anderen, zufälligen auszuwählen. So auch im Fall des Papst-Attentats. Johannes Paul II. besuchte seinen Attentäter im Gefängnis. Möglich, dass er die Wahrheit erfuhr, doch hielt der Papst es für richtig, sie der Welt nicht mitzuteilen. Nicht weniger wahrscheinlich, dass ihn Agca belogen hat, denn der Türke hatte im Laufe der Zeit, wenn er nicht gerade mal wieder schwieg, immer neue Spekulationen angeheizt. Betrachtet man die zeithistorischen Umstände und stellt die Frage: »Cui bono« – Wem nutzt es? –, dann weist die Antwort in Richtung Osten.

In Polen erstarkte die Solidarność-Bewegung durch den Mut der Menschen, aber nicht minder durch den katholischen Glauben und die moralische und finanzielle Unterstützung des Papstes. Johannes Paul II. wusste, dass der russische Kolonialismus, dem man den Namen sozialistische Staatengemeinschaft gegeben hatte, wie ein Kartenhaus zusammenbrechen würde, wenn man einen Staat im Herzen des Imperiums aus dem Machtbereich Moskaus herausbrechen könnte. Also nutzte der Papst die Möglichkeit, die sich in Polen ergab, in dem Staat, der das schwächste Glied im Warschauer Pakt war. Katholizismus, Nationalismus und eine Abneigung den Russen gegenüber hatten sich in breiten Teilen der Bevölkerung zur Mentalität verwoben. Glaube bedeutete Widerstand und Hoffnung zugleich. Die Polenreisen des Papstes gerieten zu Massenkundgebungen, die der isolierten Opposition, den sich allein und vereinzelt fühlenden Menschen ihre Macht und ihre Menge vor Augen führte.

Der sowjetische Parteichef Leonid Breschnew hatte seinen Warschauer Statthalter Edward Gierek davor gewarnt, den Papst ins Land zu lassen. Er ahnte zumindest einen Teil der Wirkung, die von diesem Mann ausging. Für Breschnew wurde der Papst zum Staatsfeind Nummer eins in Polen, zu dem Mann, der zur ernstesten Bedrohung des Sowjetimperiums wurde. Von Moskau aus konnte er den Machtverfall Giereks und den gleichzeitigen Machtgewinn der Solidarność – die für Breschnew verkürzt den Machtzuwachs des Papstes darstellte – zuschauen. Diesen Mann, der Papst bleiben würde bis an sein Lebensende, der sich keinerlei Wahl mehr zu stellen hatte, den kein Politbüro absetzen konnte und der auch auf keine Wähler Rücksicht nehmen musste, dieser Mann, der weder käuflich noch erpressbar war, blieb ein Gegner, solange er lebte. Und aus sowjetischer Sicht musste er ausgeschaltet werden – anders war Polen kaum zu halten. Da Ali Agca sich in der Zeit vor dem Attentat im Zugriffsbereich Breschnews aufhielt, in Bulgarien, könnte die Rekrutierung ein Leichtes gewesen sein. Der Tod Papst Johannes Pauls II., der ein so wirkungsvoller und mächtiger Gegner der Kommunisten war, wäre den Sowjets so sehr gelegen gekommen, dass diese These als die wahrscheinlichste von allen gelten kann. Allerdings hatte Ali Agca, entweder um die Wahrheit anzudeuten oder um Spuren zu verwischen, orakelt: »Sucht die Hintermänner im Vatikan!« Ereignisse, die nicht lange zurückliegen, seltsame Geschehnisse, hindern uns daran, diesen Hinweis ins Reich der Märchen zu verdammen – zumindest nicht sofort.

Wie kein Zweiter prägte dieser Karol Wojtyła, der sich als Pontifex Johannes Paul II. nannte, das Bild des Papstes in der Postmoderne. In einer Welt des Anything goes, in der alle Werte zur Verhandlungssache geworden waren, stand der konservative Mann aus Polen plötzlich – in der Tat wie ein Fels – in der Brandung der Beliebigkeit und verkündete seine Botschaften sowohl mit staunenswerter Gleichgültigkeit gegenüber dem Zeitgeist als auch mit einem beeindruckenden Gespür für die schöne, neue Welt der Medien, die er als Mittler für seine Mitteilungen zu nutzen wusste.

Doch nun lag dieser Mann, der gegen den Kommunismus gekämpft und den Untergang dieses Herrschaftssystems erlebt hatte, im Sterben. Obwohl die Menschen auf dem Petersplatz stündlich mit dem Ableben von Johannes Paul II. rechneten, waren sie doch erschüttert, als am 2. April 2005 um 21.40 Uhr bekannt gegeben wurde: »Il Papa è morto«, der Papst ist tot.

Nur wenig später wurde ein Ruf laut: »Santo subito« – Heiligsprechung, sofort. Einmal aufgekommen, nahm er an Intensität zu und wurde zur ersten nachdrücklichen Forderung der Katholiken an ihren neuen Papst, sodass Papst Benedikt XVI. schon am 13. Mai das Verfahren zur Seligsprechung seines Vorgängers einleitete. Eigentlich darf dieses Verfahren erst fünf Jahre nach dem Tod des Betreffenden eröffnet werden. Doch Johannes Paul II. selbst hatte diese Regelung bei der Seligsprechung Mutter Teresas bereits übergangen. Vor allem aber hatte er für eine Expresskanonisation beim Gründer des Opus Dei, dem spanischen Priester Josemaría Escrivá de Balaguer, gesorgt.

PER EXPRESS IN DEN HIMMEL – ESCRIVÁ UND DAS WERK GOTTES

Nur allzu gern hätte Benedikt XVI. dem ungeduldigen »subito« entsprochen. Doch seit Papst Benedikt XIV. im 18. Jahrhundert die Heiligsprechungsverfahren juristisch geordnet und Pius XI. sie im 20. Jahrhundert überarbeitet hatte, stehen die Regularien für die Heilig- und Seligsprechungen fest, und sie benötigen ihre Zeit, von Ausnahmen abgesehen. Schließlich bilden die Heiligen neben den Aposteln und nach Jesus Christus das Gnadenfundament der katholischen Kirche, in deren Glaubensbekenntnis es am Schluss heißt: »Ich glaube an den Heiligen Geist,/ die heilige katholische Kirche, / Gemeinschaft der Heiligen, / Vergebung der Sünden, / Auferstehung der Toten / und das ewige Leben.« Bereits aus dem Glaubensbekenntnis wird deutlich, dass die Kirche als eine Gemeinschaft der Heiligen das Heilige und die Heiligen als ihre lebendige Wurzel versteht. Ohne Heiligenverehrung keine katholische Kirche.

Obwohl diese Feststellung wie eine Binsenweisheit klingt, erzeugt jede neue Heiligsprechung eine ungeheure Unruhe in der Welt. Als Papst Johannes Paul II. im Oktober 2002 vor fast einer halben Million Menschen Josemaría Escrivá de Balaguer heiligsprach, brandeten nicht nur in der katholischen Kirche gleichzeitig enthusiastische Zustimmung und entsetzte Ablehnung auf. Für die einen war er ein Heiliger, für die anderen der Teufel!

Der Papst sprach Escrivá bereits siebzehn Jahre nach seinem Tod selig. Noch im gleichen Jahr ordnete Johannes Paul II. das Verfahren zur Heiligsprechung des spanischen Ordensgründers an. Mindestens ebenso wie die Art und Weise des päpstlichen

Vorgehens flößt Escrivás Person allen, die ihm kritisch bis ablehnend gegenüberstehen, Grauen ein. Viele sehen in ihm die Verkörperung der dunklen Seite des Katholizismus. Und nicht einmal die größten Optimisten hätten geglaubt, dass der ganze Prozess von der Selig- zur Heiligsprechung nur zehn Jahre in Anspruch nehmen würde – wahrscheinlich ist die Nachricht von seiner Heiligsprechung noch vor ihm im Himmel angekommen. Nur siebenundzwanzig Jahre nach seinem Tod war Escrivá bereits heiliggesprochen, schneller als jeder andere, seit im Jahr 1588 ein geordnetes Verfahren zur Kanonisation eingerichtet worden war.

Selig- und Heiligsprechungen enthalten immer auch eine Richtungsentscheidung und sind weder von politischen Erwägungen frei, noch von wirtschaftlichen. Denn mit dem Kanonisierten wird auch verdeutlicht, wen und was man konkret als vorbildhaft, als außergewöhnlich, als heilig betrachtet und verstanden wissen will. Jede Selig- oder Heiligsprechung stellt auch ein Bekenntnis dar.

Und sie hat weit reichende finanzielle Folgen: Für eine Gemeinde, die das Grab eines Heiligen besitzt, kann das auch einen Wirtschaftsfaktor bedeuten, wenn der Ort dadurch zum Wallfahrtsort für Gläubige wird. Auch für den Vatikan bietet ein Kanonisationsverfahren eine Einnahmequelle, denn das Verfahren kostet 250000 Euro, die der Antragsteller aufzubringen hat. Im Jahr 1997 beispielsweise arbeitete die entsprechende Kongregation an eintausendfünfhundert Verfahren, was im Ganzen einem Volumen von 375 Millionen Euro entspricht.

Wurden in den Tagen der ersten Christen die Heiligen noch vom gläubigen Volk bestimmt, so zogen die Päpste ab dem 10. Jahrhundert schrittweise das Recht zur Heiligsprechung an sich. Das Recht zur Seligsprechung verblieb vorerst bei den Bischöfen. Papst Sixtus V. errichtete 1588 die Heilige Kongregation für die Riten, die sich mit der Kanonisation befasste. Rund hundertfünfzig Jahre später, im Jahr 1735, verfasste Kardinal

Prospero Lambertini, der spätere Papst Benedikt XIV., in Bologna ein vierbändiges kirchenrechtliches Werk, das die Frage der Selig- und Heiligsprechungsverfahren regelte. Unter Paul VI. und Johannes Paul II. wurden diese Regelungen überarbeitet.

Das Kanonisationsverfahren besteht aus zwei Teilen: der Seligsprechung und der Heiligsprechung. Der Heiligsprechung muss die Seligsprechung vorausgehen. Das Verfahren ist einem Gerichtsverfahren nachgebildet. Der heilige und untadelige Lebensweg des Seligzusprechenden muss zweifelsfrei nachgewiesen werden. Um heiliggesprochen zu werden, muss der Selige Wunder vollbracht haben bzw. müssen durch seine Anrufung Wunder geschehen sein. Oftmals wird das Wunder in einer medizinisch nicht zu erklärenden Heilung eines Menschen gesehen.

Der Kongregation, die sich mit den Verfahren zur Heilig- und Seligsprechung befasst, gehören dreiundzwanzig Mitglieder an: Kardinäle, Erzbischöfe und Bischöfe, dazu sechs Beigeordnete und einundsiebzig Berater. Seit 1984 wird die Arbeit der Kongregation durch eine Studienabteilung unterstützt. Zur Gruppe, die einen Fall untersucht, gehören der Präfekt, der Sekretär, der Untersekretär, fünf Relatoren und der Glaubenspromotor. Die Gruppe stützt sich auf einen Kreis von dreiundachtzig Theologen und Historikern als Gutachter. Wenn es sich um eine Wunderheilung handelte, werden medizinische Gutachten eingeholt. Bei nichtmedizinischen Wundern werden Naturwissenschaftler, deren Fachgebiet das Wunder tangiert, um ihre Einschätzung gebeten. Durch zweifelsfreie Prüfung soll jede naturwissenschaftliche Erklärung von vornherein ausgeschlossen werden. Darin ist man in der Regel ebenso penibel wie heikel. Erst wenn das Wunder über jeden Zweifel erhaben ist, wird es anerkannt. Um heiliggesprochen zu werden, müssen drei zweifelsfreie und beglaubigte Wunder vorliegen.

Im Fall Escrivás war eines davon die wunderbare Heilung des Arztes Manuel Nevado Rey, welche die Tür zur Heiligsprechung öffnete. Nevado Rey litt an chronischer Radiodermitis, einer

Berufskrankheit, und hatte sich mit der Bitte um Heilung an Josemaría Escrivá gewandt. Dass der heilige Josemaría hier ein Wunder bewirkte, unterlag keinem Zweifel.

Josemaría Escrivá de Balaguer wurde 1902 im spanischen Saragossa geboren. Durch den Bankrott des Vaters, eines Textilfabrikanten, verarmte die Familie und zog nach Logrono um. Zwischen Weihnachten 1917 und Epiphanias 1918 will der fromme Josemaría eine Reihe von mystischen Erscheinungen gehabt haben, beispielsweise fand er angeblich die Fußspuren eines barfüßigen Karmelitermönchs im Schnee. Diese Erlebnisse gab Escrivá im Nachhinein als Grund dafür an, dass er sich entschloss, Gott von ganzen Herzen und mit seinem ganzen Leben zu dienen. Doch zunächst schwankte er, sich quälend, zwischen der empfundenen Verpflichtung den Eltern gegenüber, sie im Alter zu versorgen, und dem Wunsch, Priester zu werden. Mit der Geburt seines Bruders Santiago fühlte er sich endlich von der Verpflichtung befreit und ging an die Päpstliche Universität von Saragossa. Auch das kann man als Wink Gottes interpretieren, wenn man es braucht.

Der fleißige und geschickte Junge fiel im Priesterseminar auf, wurde bereits 1922 zum Oberen des Seminars und pflegte einen engen Kontakt zu seinem Erzbischof, Kardinal Juan Soldevila y Romero, der am 4. Juni 1923 von Anarchisten ermordet wurde. Der Mord erschütterte Escrivá und bestärkte den jungen Mann in seinem Hass auf aufklärerisch-liberale und linke Positionen. 1925 wurde er zum Priester geweiht und ging 1927 nach Madrid. Dort hatte er dann, laut eigenen Angaben, als junger Priester während der Exerzitien im Vinzentinerinnenkloster am 2. Oktober 1928 die entscheidende Vision: Während des Glockengeläuts zu Ehren des heiligen Vinzenz offenbarte ihm der Herr die Gestalt und die Aufgabe des Opus Dei und beauftragte ihn, die Vision mit Leben zu erfüllen. Von diesem Tag an widmete sich der junge Priester dem Aufbau seiner Laienorganisation.

Der Grundgedanke des Opus Dei besteht darin, dass der Mensch Gott am tatkräftigsten in der Arbeit ehrt, die er verrichtet. Nach der Arbeit kehren die Mitglieder in die Opus-Dei-Zentren zurück, um dort ihr spirituelles Leben zu führen. Fragwürdig daran ist, wie wir noch sehen werden, dass Angehörige einer Sekte, die kontrolliert und beeinflusst werden, im Alltagsleben wirken, ohne dass man weiß, wie ihr »Privatleben« aussieht. Im August 1930 wurde das erste Laienmitglied aufgenommen, 1933 richtete Escrivá in Madrid das erste Opus-Dei-Zentrum ein, bezeichnenderweise eine Studentenwohnung – machtbewusst, wie er war, hatte er es von Anfang an auf die Eliten abgesehen.

Wahrscheinlich wäre das Werk des machthungrigen Priesters aber bei allem Bemühen eine Sekte von vielen innerhalb der allein selig Machenden geblieben, hätte es nicht am 17. Juli 1936 einen Militäraufstand in Melilla gegeben, das auf einer Halbinsel Marokkos liegt und zu Spanien gehört. Zwei Tage später traf General Franco dort ein. Er kam mit seinem Privatflugzeug von Teneriffa, wo er als Militärgouverneur der spanischen Kanaren residierte, um den Oberbefehl über die spanische Afrika-Armee zu übernehmen. Der Militärputsch stürzte das Land in einen blutigen, drei Jahre dauernden Bürgerkrieg, dessen Wunden bis heute nicht ganz vernarbt sind. Dieses Gemetzel wurde zum entscheidenden Katalysator für Escrivás Organisation, die selbstredend auf Francos Seite stand.

In diesem Klima der Gewalt, des Unrechts, der Orientierungslosigkeit wurde das Opus Dei groß. Es war im Krieg entstanden und durch Blut getauft. Nach dem Sieg Francos gewann Escrivá in Spanien auch deshalb an Zulauf, weil er von jenem begünstigt wurde. In der Folgezeit sollten sogar Supernumerarier – Mitglieder des Opus Dei, die nicht in Ordenseinrichtungen, sondern bei und mit ihren Familien leben – Ämter in Francos Regierung übernehmen. Die Verbindungen wuchsen im großen Maß in die spanischen Führungsschichten hinein und breiteten sich von dort in die spanisch sprechende Welt aus. Dann setzte Escrivá zum Sprung auf die Eroberung des Vatikan an. Im Jahr 1946 siedelte er nach Rom über. Von Anfang an hatte er die Weltkirche im Blick gehabt – knapp achtzehn Jahre nach Gründung des Ordens war er seinen globalen Zielen wesentlich näher gekommen.

Das Problematische am Opus Dei ist vor allem die Priestervereinigung zum Kreuz, der neben den im Orden wirkenden Priester auch Priester angehören, die sich ihren Bischöfen und der Öffentlichkeit nicht als Opus-Dei-Mitglieder zu erkennen geben. Das eröffnet neben den offiziellen Kanälen auch inoffizielle Möglichkeiten der Einflussnahme und Durchsetzung der Politik dieser Gemeinschaft. Die offiziellen Mitglieder sind aber ohnehin der Kontrolle der Ortsbischöfe entzogen, weil das Opus Dei eine Personalprälatur darstellt, das heißt, alle Mitglieder unterstehen nur dem Oberen und dem Papst. Hinzu kommt, dass in der Priestervereinigung auch Priester offiziell Mitglied sind, die nur in Opus-Dei-Zentren wirken, oder umgekehrt gesagt: In Opus-Dei-Zentren wirken nur Opus-Dei-Priester. Damit wird gewährleistet, dass niemand erfährt, was in den Zentren geschieht.

Wenn man nun bedenkt, dass innerhalb der katholischen Kirche Priester tätig sind, die dem Opus Dei angehören, ohne dass man über ihre Mitgliedschaft Bescheid weiß, und dass an den Schaltstellen der Gesellschaft und des Finanzwesens Menschen in verantwortlichen Positionen arbeiten, die zu bedingungslosem Gehorsam gegenüber dem Orden verpflichtet sind, braucht man nicht viel Fantasie, um sich vorzustellen, welche Macht das Opus Dei dort entfalten kann, wo es ihm wichtig ist. Bei geeigneter Strategie kann man ganze Diözesen kontrollieren … und eines Tages auch den Papst stellen.

DAS OPUS DEI UND DIE VATIKANISCHEN FINANZEN

Durch die Calvi-Affäre, die ich in meinem Geheimbündebuch geschildert habe, ist das Opus Dei bereits im Vatikan angekommen. Der italienische Banker Roberto Calvi hatte aus Banken und Finanzinstituten ein Netz von gespenstischem Ausmaß errichtet. Calvis Beziehungen zum Vatikan waren vorzüglich. Umberto Ortolani, ein persönlicher Freund von Papst Paul VI., gehörte der Freimaurerloge Propaganda Due (P2) an, aus der er wiederum seinen Logenbruder Roberto Calvi kannte. Als der frühere Finanzier des Vatikan, Michele Sindona, in einem veritablen Finanzskandal versank und sich nach Amerika absetzte, sprang Calvi mit dem Banco Ambrosiano ein und baute das Geschäft mit der Vatikanbank, dem Istituto per le Opere di Religione (Institut für religiöse Werke, IOR), aus. Deren Chef war damals Erzbischof Paulus Marcinkus, der aus Chicago in den Vatikan gekommen war. In Zusammenarbeit mit ihm hatte Calvi rasch über zweihundert Scheinfirmen gegründet, ein unentwirrbares Dickicht, ein Schattenreich aus Fiktion und Halbwahrheiten, das kaum ein Prüfer der italienischen Bankenaufsicht oder des Finanzministeriums überblickte. Im Grunde funktionierte das System Calvi nach der Methode, eine neue Firma zu gründen, wenn die alte bankrott war, um der alten Firma mit der neuen wieder aufzuhelfen. Das kann man eine Weile so fortsetzen.

Calvis Imperium stützte sich auf der einen Seite auf den Geheimbund P2, der über Kontakte in die höchsten Kreise von Politik, Wirtschaft und Geheimdienste verfügte, und auf der anderen Seite auf die moralische Autorität der katholischen Kirche. Als Gegenleistung forderte der Vatikan von Roberto Calvi Geld, das er aus dem geschäftlichen Kreislauf nehmen musste. Dass einem Unternehmen, dem ständig Geld entnommen wird und das selbst kein Stammkapital besitzt, irgendwann die Luft ausgeht, verwundert nicht. Den drohenden Zusammenbruch seines

Imperiums vor Augen, wandte sich Roberto Calvi um Hilfe an den Vatikan. Marcinkus erkannte, dass sich Calvi im freien Fall befand. Er musste um jeden Preis verhindern, dass dieser den Vatikan mit in den finanziellen Abgrund riss – der Heilige Stuhl bürgte für alle Kredite und Verbindlichkeiten von Calvis Finanzimperium. Einerseits leugnete der Vatikan jede Mitschuld an Calvis Bankrott, anderseits verpflichtete er sich in den Verhandlungen mit den hundertneunzehn Gläubigerbanken zu einer als »freiwillig« bezeichneten einmaligen Zahlung von 240 Millionen US-Dollar. Im Gegenzug verzichteten die Gläubigerbanken darauf, die Angelegenheit weiter juristisch zu verfolgen.

In diesem Finanzskandal größten Ausmaßes, der den Vatikan an den Rand des Bankrotts trieb, bot sich das Opus Dei als Retter an. Dank seiner Verbindungen zur Finanzwelt gelang es, die päpstlichen Finanzen zu sanieren. Doch das Opus Dei handelt nicht uneigennützig. Der Preis für die Unterstützung war der Einlass in den Vatikan, ins Zentrum der Macht.

Inzwischen wird die Vatikanbank von fünf internationalen Wirtschafts- und Finanzexperten geleitet. Über diesem Gremium steht eine Kardinalskommission, die vom Kardinalstaatssekretär geleitet wird. Hinzu kommen eine Gruppe von drei Finanzprüfern und ein »Consiglio di Cardinali«, eine Kommission von fünfzehn Kardinälen, die nicht der römischen Kurie angehören und halbjährlich die Finanzen prüfen. Den Grundstock des vatikanischen Vermögens bildet die Kompensationszahlung des italienischen Staates für den Verlust des Kirchenstaates, wie es die Lateranverträge festlegten. Eine weitere starke Säule bilden die freiwilligen Spenden. Bedenkt man, dass Organisationen wie das Opus Dei über exzellente Kontakte in die Wirtschafts- und Finanzwelt verfügen, und fügt man der Überlegung hinzu, dass es eine Vielzahl von Organisationen gibt, so darf man die Summe der Spendengelder keineswegs zu tief veranschlagen. Zudem existieren feste Spendeneinrichtungen wie der traditionelle Peterspfennig, der zu 30 Prozent von den US-amerikanischen

Katholiken aufgebracht wird. Hinzu kommen Zuschüsse aus reichen Diözesen wie Köln oder Chicago. Schließlich dürfen nicht die Einnahmen übersehen werden, die die vatikanischen Museen mit ihren außergewöhnlichen Kunstschätzen und einem nicht versiegenden starken Besucherstrom jedes Jahr erwirtschaften.

Die Kirchensteuer, die in westlichen Staaten vom Staat erhoben wird, geht an die Diözesen. Wie viel davon nach Rom fließt, ist unterschiedlich und richtet sich nach den Möglichkeiten der Diözese. Die Einnahmen werden für die Kurie und das weltweite und kostspielige Netz der Nuntiaturen verwandt. Allerdings muss man hinzufügen, dass jeder Steuerzahler über die ausgesprochen schlanke vatikanische Verwaltung glücklich wäre. Die gesamte Kurie hat ein Personalvolumen wie bei uns ein einzelnes Ministerium. Aber Geld wird auch benötigt für die vielfältigen caritativen, missionarischen und seelsorgerischen Aktivitäten auf der ganzen Welt.

Die Macht des Vatikan, die der finanziellen Absicherung bedarf, beruht aber vor allem auf der Breite des Katholizismus, die von linken Katholiken bis zum Opus Dei reicht. Nur wenn der Heilige Stuhl es versteht, diese Breite, diesen enormen Raum aufrechtzuerhalten – bei allen Spannungen, die sich daraus ergeben müssen –, wird der Vatikan eine Weltmacht bleiben. Sie realisiert sich im aktiven Mitwirken der Katholiken als Bürger in den Staaten, aber auch über gesetzlich gesicherten institutionellen Einfluss der Kirche in verschiedenen Bereichen der Gesellschaft. In Deutschland beispielsweise gehören Vertreter der katholischen Kirche, aber auch der evangelischen, den Aufsichtsgremien der öffentlich-rechtlichen Sender an, dem Fernsehrat des ZDF und den Rundfunkräten der einzelnen ARD-Anstalten.

Über die Mitarbeit in den Gremien und Räten, über das Engagement der Katholiken, schließlich über die gewachsene internationale Autorität übt der Vatikan eine nicht zu unterschätzende Macht in der Welt aus. Die Kanäle sind oftmals sehr diskret. Wird der Vatikan diese Macht künftig aufrechterhalten können?

DIE SPANNUNG ZWISCHEN GLAUBEN UND VERNUNFT – BENEDIKT XVI.

Auf der Grundlage der Zehn Gebote, deren soziale Aspekte so universell, so menschlich sind, dass sie jeder Mensch jeden Glaubens teilen kann, weil sie eine »conditio humana«, eine Bedingung für menschliches Zusammenleben schlechthin darstellen, kann der Vatikan zum Mittler in politischen und religiösen Konflikten werden. Wie es unter Johannes Paul II. und vor allem unter Benedikt XVI. zu beobachten ist, nimmt der Vatikan eine immer wichtigere Funktion als Mahner und Widerstand gegen den Zeitgeist ein. Das Neue zu prüfen und der Versuchung zu widerstehen, alles, was machbar ist, auch umzusetzen, dabei das menschliche Maß nicht zu verlieren, Vernunft und Glauben in eine produktive Spannung zu bringen – dazu kann der Vatikan vielleicht den entscheidenden Beitrag liefern.

Eine wesentliche und von Benedikt XVI. deutlich gesehene Aufgabe besteht darin, das nach wie vor große spirituelle oder metaphysische Bedürfnis der Menschen aufzunehmen und der vereinzelten menschlichen Existenz in ihrer für viele bedrückenden Endlichkeit einen Glauben zu erschließen, den Jesus in seiner zutiefst humanen Botschaft in die Welt gebracht hat. Den Glauben und die Formen des Glaubens zu stärken, ist für Benedikt XVI. wichtiger Inhalt seines Pontifikats. Von dem Grundsatz ausgehend lieber weniger, aber dafür besser, sorgt sich Papst Benedikt XVI. um die innere Qualität der Kirche, um die Festigkeit der alten Institution. Nur eine innerlich gefestigte Kirche wird in der stürmischen See der kommenden Zeiten sicher navigieren. Als junger Theologe hatte er bereits einen Eklat provoziert, als er sich in dem Aufsatz »Die Kirche und die neuen Heiden« gegen Lippenbekenntnisse und Sonntagskatholizismus wandte. Nicht die Quantität ihrer Mitglieder, sondern die Qualität des Glaubens wird die Kirche ausmachen. Deshalb kümmert er sich um die Liturgie als eine Form katholischen Lebens, deshalb beschäftigen sich seine beiden ersten Enzykliken mit den Grunddaten des menschlichen Lebens, mit Glaube, Liebe, Hoffnung, wie sie Paulus im Korintherbrief so eindrucksvoll und gültig beschrieben hat. »Deus est caritas« hieß die erste Enzyklika Benedikts XVI., Gott ist Liebe.

Die zweite nun: »Spes salvi« – »Auf Hoffnung hin gerettet«. In dieser Enzyklika schlägt der hochgebildete Papst den Bogen von der Alten Kirche in die Gegenwart, untersucht auf dem Wege die Antworten, die auf die Frage nach dem Leben, nach dem Glück, nach der Hoffnung gegeben werden, von der Aufklärung, vom Marxismus, und zeigt schließlich, dass die christliche Hoffnung nicht Wunsch, nicht Projektion, nicht Traum, sondern Bestandteil des Lebens selbst ist und dadurch die Dimension der Ewigkeit eröffnet und eine Antwort auf die älteste und wichtigste aller philosophischen Fragen gibt: Wie soll man leben und sterben, und was bedeuten Existenz und Tod?

Zwar wird allerorten eine Wertedebatte gefordert und erkennt man Werte inzwischen als wichtig an, doch ersetzt die Forderung nach der Debatte inzwischen die Debatte selbst, weil kaum jemand wagt, Werte zu benennen und sich dazu zu bekennen. Durch ein Bekenntnis wird man natürlich angreifbar und übernimmt Verantwortung. Aber das will niemand, ist doch Verantwortung die Antwort, die wir jemandem geben mit unserer ganzen Person.

In dieses gewaltige Vakuum in unserer geistigen Diskussion tritt der Papst, indem er sich als verantwortlich zeigt, ganz konkret Werte benennt, mögen sie nun Beifall finden oder nicht. Und auch das ist ein großer Machtfaktor des Vatikan: zu bekennen, Verantwortung zu übernehmen, Werte zu benennen und zu verteidigen. In diese gesellschaftliche Leere stößt der Vatikan mit ganzer Energie, weil er weiß, dass die Leere eines Tages ausgefüllt werden wird, entweder vom religiösen Fundamentalismus oder von totalitären Ideologien. In der Geschichte des Vatikan ereignet sich etwas völlig Neues, er erkennt die Kraft der Sinnstiftung und sich selbst als Sinnschöpfer aus der Konfrontation der Gegenwart mit der eigenen geistlichen Geschichte, er erklärt den Menschen nicht mehr, was sie glauben sollen, sondern eröffnet ihnen wie in der Alten Kirche, was sie glauben können.

Denkt man an die mittelalterliche Philosophie, an Abälard und an Anselm von Canterbury, so versteht man, dass die Vernunft aus dem Glauben erwachsen ist, sich dann aber von ihm emanzipiert hat. Sowohl der Glaube hat schlimme Fehlleistungen produziert, wie die Vernunft Monster geboren hat. Ketzerverbrennungen und Atombombenexplosionen mögen dafür als Beispiele stehen, die beliebig ergänzt werden können. Der Fall Galilei hatte Vernunft und Glauben entzweit.

Papst Benedikt XVI. geht mit großer Geste auf die Vernunft zu, indem er die Chance, aber vor allem die Notwendigkeit eines Bündnisses sieht. Vernunft kommt ohne den Glauben nicht aus, der Glaube aber auch nicht ohne die Vernunft. So lehrte es Joseph Ratzinger. In dem produktiven Spannungsverhältnis von Glauben und Vernunft wird der Vatikan immer wichtiger, vorausgesetzt, dass auch er auf der Höhe des Glaubens ist und bleibt. Dass der eine oder andere das Spannungsverhältnis nicht sieht, weil er entweder dem Glauben oder der Vernunft nicht traut, schafft es nicht aus der Welt. Auch wenn man die Augen schließt, verlieren die Tatsachen nicht ihre Existenz.

DIE EWIGKEIT DES VATIKAN. EIN AUSBLICK

Die Geschichte des Vatikan kann auch gelesen werden als ein Versuch über die Erscheinungsformen der Macht. In einer mehr als zweitausendjährigen Geschichte haben die Stellvertreter Christi fast alle Arten von Macht ausprobiert, verändert und sich einverleibt.

Entstanden aus dem Martyrium, aus der Verfolgung wuchs dem Vatikan die spirituelle Macht des Glaubens zu. Glaubensbekenntnisse kann man den Menschen abpressen, nicht aber den tiefen, inneren Glauben. Er bedeutet für viele Freiheit, möglicherweise die größte Freiheit, die es geben kann. Wer von dieser Freiheit profitiert, ist wahrhaft mächtig. Wer die Glaubensinhalte bestimmt, übt die absolute Herrschaft aus. Wer die grundlegenden Stationen des Lebens kontrolliert und begleitet – Geburt, Pubertät, Heirat, die Geburt der Kinder und den Tod –, der hat seine Hand am Herz des Menschenlebens überhaupt. Alle Religionen haben deshalb diese Grundtatsachen des menschlichen Daseins in ihrem Zentrum, genauer, sie existieren nur, weil es diese Grundtatsachen gibt, die so bedeutsam sind, dass kein Mensch an ihnen vorbeikommt.

Der Vatikan hat es frühzeitig verstanden, dieses Bedürfnis humaner Existenz in eine gesellschaftliche Rechtsform und eine historische Institution zu verwandeln. Seine Macht speist sich aus dem Streben nach Glauben, aus der sittlich-moralischen Kontrolle, die Institution und Regel geworden ist, einer Fortdauer bietenden Behörde. Der Verlust an weltlicher Herrschaft stärkte die Macht des Vatikan, weil seine Universalität nicht länger durch die kleinpolitischen Aufgaben und Erfordernisse eines mittleren weltlichen Fürsten, eines Oberhaupts eines Kirchenstaates begrenzt wurde. Er hat sich eine eigene Welt geschaffen, eine eigene Herrschaft errichtet, die kompliziert ist und schier undurchschaubar funktioniert, weil eine unendlich verfeinerte Bürokratie in den Bahnen einer einzigartig ausbalancierten und erprobten Kirchengesetzgebung direkt das Leben von über einer Milliarde Menschen bestimmt.

Es scheint, dass die Macht eine Seinsweise des Vatikan ist, auf die er nicht verzichten kann. Die Frage lautet, ob diese alte Institution in der Zukunft noch einen Platz hat. Zweitausend Jahre sind ein schönes Alter. Keine andere Institution hat so lange überlebt. Könnte es jetzt nicht genug sein? Braucht man diese Weltmacht im Zwielicht überhaupt noch?

Zwei Fragen sind zu unterscheiden, und doch ist die eine nicht ohne die andere zu denken: Brauchen wir den Vatikan heute noch? Und: Brauchen wir noch die Macht des Vatikan? Der Vatikan kann ohne die beschriebene Macht nicht existieren, sonst könnte er nicht als Kirche auf das Leben von so vielen Menschen weltweit Einfluss nehmen. Wenn wir also über die Notwendigkeit der Existenz des Vatikan reden, müssen wir die beschriebene Macht voraussetzen.

Das außerordentlich lange Bestehen des Vatikan ist verblüffend. Aber niemals schien es notwendiger, dass es ihn gibt. Muslime, Protestanten, Atheisten, Hindus, Juden, gläubige und nichtgläubige Menschen sollten sich zweierlei wünschen: erstens, dass er machtvoll bleibt, und zweitens, dass er seiner wachsenden Verantwortung gerecht wird und sich nicht als zu schwach erweist für die Aufgaben der Zukunft. In dieser Welt, in der alles, was möglich ist, auch tatsächlich geschieht, in der man begonnen hat, auch Menschen zu klonen, in der gewaltige und erbarmungslos geführte Verteilungskämpfe wetterleuchten, in denen religiös-fundamentalistische Weltanschauungen, die sich teils weltlich geben oder sich verkleiden, vor nichts mehr zurückschrecken, um Herrschaft ausüben zu können, wo umfangreiche

Zuwanderungen religiöse Konflikte erneut in die Länder Europas hineintragen, wo der gute Wille Einzelner zu Verständigungen und Vernunft an Einfluss zu verlieren scheint, wo Feigheit, gewollte Missverständnisse und schrankenloses Machtstreben die Gesellschaften zu zerreißen drohen und auf der anderen Seite Sinnkrisen zu Depression, Drogen und Entmenschlichung führen, wird eine Institution an Bedeutung gewinnen, die auf der ganzen Welt beheimatet ist und auf eine Milliarde Menschen direkt wirken kann, eine Institution, die sowohl mit den weltlichen als auch religiösen Instanzen verhandeln kann, gerade weil sie oft mehr als andere über eine politische Unparteilichkeit verfügt. Vergessen wir nicht, dass sich neben den religiös-fundamentalistischen Herausforderungen still und leise eine Renaissance der großen Ideologien ankündigt. Der Vatikan hat im Kampf mit ihnen eine große Erfahrung gesammelt.

Für Europa kommt dem Vatikan noch eine besondere Bedeutung zu, die einer lebendigen Identität, denn keine andere Institution hat unsere abendländische Kultur – im Altertum beginnend, von den Römern übernommen – in den Jahrhunderten stärker entwickelt, verworfen, angewandt, umgewandelt als der Vatikan. Im Vatikan liegt unser abendländisches Erbe. Unsere Geschichte. Wir müssen sie nicht annehmen. Doch wenn wir das Angebot ausschlagen, verlieren wir unsere Identität. Identität aber ist kein Luxus – wer seine Identität verliert, wird in den Verteilungskämpfen, die längst ausgebrochen sind, zermahlen werden. Menschen und Gesellschaften ohne Identität verlieren die Orientierung. Um das Angebot anzunehmen, das der Vatikan für die Europäer bereithält, muss man nicht Katholik werden. Man muss lediglich die Herausforderung annehmen und ergründen, worin die eigene Identität, die eigenen unerschöpflichen Möglichkeiten in dieser Welt, die sich unwiderruflich verändert, tatsächlich liegen. Unsere Welt befindet sich in einem grundlegenden Wandel, den wir gestalten können oder durch den wir gestaltet werden. Wir haben die Wahl. Einstweilen scheint es, als sei der Papst einer der wenigen, die begriffen haben, wie grundsätzlich dieser Weltenwechsel am Horizont aufscheint. Er begreift es mit einer Weite des Blicks, die sich in zwei Jahrtausenden herausgebildet hat.

Bleibt zum Schluss noch eine hypothetische Frage. Längst ist der Stuhl Petri nicht den Italienern vorbehalten. In dem Konklave, in dem der deutsche Kardinal Joseph Ratzinger gewählt wurde, galten auch lateinamerikanische Kardinäle als papstwürdig. Könnte das nächste Pontifikat eines Lateinamerikaners oder Afrikaners nicht ganz andere Schwerpunkte setzen? Sicher hat jeder Papst seine eigenen Prioritäten, dennoch gibt es die großen übergreifenden Themen.

In den Pontifikaten der Päpste Johannes Paul II. und Benedikt XVI. hat sich für die Kirche des neuen, des dritten Jahrtausends etwas Grundsätzliches verändert. Die auf dem Zweiten Vatikanischen Konzil hart umkämpfte Formulierung, dass die Kirche »vom Papst mit den Bischöfen« geleitet werde, haben beide Päpste mit Leben erfüllt. Die Intensivierung des Meinungsaustausches mit den Ortsbischöfen, die Veranstaltung von Bischofskonferenzen, die Besuche des Papstes haben die Kollegialität der Leitung der Kirche gestärkt. Sie haben auf leise, unspektakuläre Art für die Kontinuität des Denkens innerhalb der Kirche gesorgt, indem sie seit den Tagen der Auseinandersetzung mit der Befreiungstheologie in der Kirche die Einheit und die Macht als Personalpolitik förderten und sicherten. Diese Kontinuität wirkt über ihre Pontifikate hinaus.

Doch der Vatikan ist immer für eine Überraschung gut.

ANHANG

HAUPTZWEIGE DER CHRISTLICHEN KIRCHEN

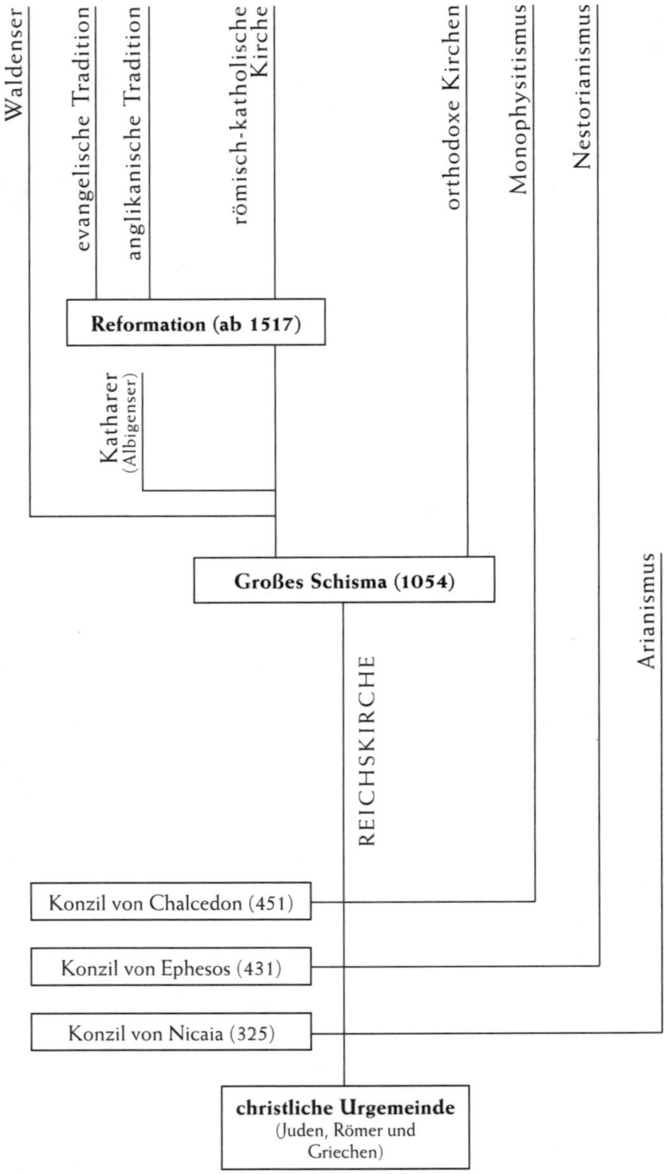

DIE GROSSEN CHRISTLICHEN GLAUBENSRICHTUNGEN

Katholizismus

Lehre: Die römisch-katholische Kirche gründet sich auf die Bibel und die Tradition. Sie kennt sieben Sakramente: Taufe, Firmung, Eucharistie, Beichte, Krankensalbung, Ehe und Priesterweihe. Beim Abendmahl werden Brot und Wein real zu Christi Leib und Blut verwandelt. Die katholische Kirche ist hierarchisch gegliedert (Diakone, Priester, Bischöfe, Papst) und trennt zwischen Priestern und Laien. Der Papst hat die oberste Leitungsbefugnis (Jurisdiktionsprimat). Für Diakone, die Priester werden wollen, und für Priester gilt in der lateinischen Kirche der Zölibat.

Geschichte: Die römisch-katholische Kirche (von griech. »katholikos«: allgemein, allumfassend) entstand aus der christlichen Urgemeinde und bildete bis zur Kirchenspaltung im Großen Morgenländischen Schisma (1054) gemeinsam mit der östlich-orthodoxen Kirche die Reichskirche. Weltweit gehören über 1,1 Mrd. Menschen (2005) der römisch-katholischen Kirche an.

Der orthodoxe Glaube

Lehre: Wie die römisch-katholische Kirche basiert die orthodoxe Kirche auf der Bibel und der Tradition. Es gibt ebenfalls sieben Sakramente. Im Unterschied zur katholischen ist in der orthodoxen Kirche eine Scheidung und – nach einer Buße – die Wiederverheiratung möglich. Auch können Priesteramtskandidaten vor der Weihe zum Diakon heiraten.

Geschichte: Die orthodoxe Kirche (von griech. »orthos«, richtig, und »dókeo«, glauben, oder »doxázo«, lobpreisen) bildete bis zur Kirchenspaltung 1054 mit der römisch-katholischen Kirche die allgemeine Reichskirche. Die Gründe für den Bruch liegen nicht im theologischen Bereich, sondern in einer Entfremdung, die sich über ein halbes Jahrtausend zwischen Rom und Byzanz entwickelt hatte, und in einem beiderseitigen Machtstreben. Weltweit sind heute rund 150 Millionen Menschen orthodoxen Glaubens.

Protestantismus

Lehre: Anders als die römisch-katholische Kirche berufen sich die evangelischen Kirchen ausschließlich auf die Bibel (»sola scriptura«). Sie gehen vom allgemeinen Priestertum der Gläubigen aus, kirchliche Ämter leiten sie aus der Gemeinde ab. Sie erkennen nur zwei heilige Sakramente an: die Taufe und das Abendmahl. Beim Abendmahl wandeln sich Brot und Wein nicht in Leib und Blut Christi, sondern Christus kommt zu den Elementen wirklich hinzu (lutherisch), bzw. diese sind ein Zeichen für Gottes Sohn (reformiert).

Geschichte: Der Begriff geht auf die »Protestation«, den Einspruch der evangelischen Stände (von griech. »eu-angelion«: Frohe Botschaft) auf dem 2. Reichstag zu Speyer (1529) zurück. In der Reformation nach Luthers Thesenanschlag in Wittenberg 1517, in denen er die Missstände in der Kirche (u.a. den Ablasshandel) verurteilte, spaltete sich die protestantische von der katholischen Kirche ab. Weltweit haben die evangelischen Kirchen (Reformierte, Anglikaner, Methodisten, Lutheraner, Baptisten, Pfingstler, traditionelle Freikirchen und unabhängige Kirchen) etwa 600 Millionen (2003) Mitglieder.

Anglikanische Kirche

Lehre: Die anglikanische Kirchengemeinschaft versteht sich als Gemeinschaft von 75 autonomen regionalen Kirchen. Die anglikanische Glaubenslehre enthält sowohl katholische wie evangelische Elemente und bietet ein breites Spektrum: Liturgie und Lehre der »High Church« (Anglo-Katholizismus) sind katholisch geprägt, während die »Low Church« dem Protestantismus nahesteht.

Geschichte: Die anglikanische Kirche (von lat. »anglicanus«, englisch) als eigenständige reformierte englische Kirche löste sich 1534 nach Streitigkeiten zwischen Heinrich VIII. und dem Papst von der römisch-katholischen Kirche. Auslöser waren die Weigerung des Papstes, die Ehe des englischen Königs zu scheiden, und eine allgemeine antiklerikale Stimmung im Land, die reformatorisches Gedankengut aufnahm. Weltweit gibt es heute ca. 80 Millionen anglikanische Gläubige. Ihr geistliches Oberhaupt ist der Erzbischof von Canterbury.

Arianismus

Lehre: Als von Gott begnadeter Mensch steht Jesus über den Menschen, ist aber dem Vater untergeordnet. Er ist Gott wesens*ähnlich*, aber nicht wesens*gleich*. Dies steht im Gegensatz zur katholischen Lehre, nach der Christus »wahrer Gott vom wahren Gott ... wesensgleich mit dem Vater«, also göttlich ist.

Geschichte: Der Begriff Arianismus geht zurück auf den Priester Arius aus Alexandrien (um 256/60–336). Auf dem Konzil von Nicaia wurde der Arianismus 325 als Irrlehre verurteilt. Ausgehend von den Goten (Wulfilas Bibelübersetzung ins Gotische, 4. Jh.) breitete sich der Arianismus mit der Christianisierung unter den meisten Germanenstämmen aus, ging aber mit dem Aufstieg des Frankenreiches im 5. Jh. unter.

Katharer

Lehre: Obwohl es von Anfang an viele Splittergruppen gab, ist den Katharern eines gemeinsam: eine dualistische Form des Christentums, nach der die Materie (Körper) als böse gilt und mit dem Guten im Menschen, der Seele, unvereinbar ist.

Die materielle Welt wird als böse gesehen, das Gute ist nur im Himmel zu finden. Das Leben der Katharer war darauf ausgerichtet, die reine Seele in den Himmel zu bringen. Das Alte Testament lehnten sie ab, weil darin die Schöpfung der bösen Welt durch Gott dargestellt würde.

Geschichte: Vom Rheinland ausgehend breiteten sich die Katharer (von griech. »katharós«, rein), die nach Albi, einem ihrer Zentren, auch Albigenser genannt werden, vor allem nach Südfrankreich und Oberitalien aus. Durch den Albigenserkreuzzug, den ersten Ketzerkreuzzug, und unter intensiver Mitwirkung der Inquisition wurde die katharische Glaubensbewegung zwischen 1209 und 1310 von der römisch-katholischen Kirche vernichtet.

Monophysitismus

Lehre: Jesus Christus hat nur eine Natur, nämlich die göttliche des Fleisch gewordenen Wortes, da seine menschliche Natur von der göttlichen aufgesogen wurde. Dies widerspricht der katholischen Lehre, nach der in Christus »zwei Naturen unvermischt und unverwandelt, ungetrennt und ungesondert« vorhanden sind (Leo I., »Epistola dogmatica«).

Geschichte: Der Monophysitismus entstand im spätantiken Ägypten als Gegenbewegung zum Nestorianismus. Der Name leitet sich von griech. »monos«, einzig, und »physis«, Natur, ab. Nachdem der Monophysitismus auf dem Konzil von Chalcedon 451 als Irrlehre verurteilt worden war, erfolgte die Abspaltung von der Reichskirche und Gründung eigener Kirchen, z. B. der armenischen und koptischen. Erst Ende des 20. Jahrhunderts konnten sich Vertreter der beiden großen christlichen Kirchen (der römisch-katholischen und der orthodoxen) auf ein gemeinsames Verständnis mit den Monophysiten, die heute die Bezeichnung Miaphysiten (von griech. »mios«, Einheit) vorziehen, einigen.

Nestorianismus

Lehre: Anders als die römisch-katholische Kirche sehen die Nestorianer Maria nicht als Gottesgebärerin. Da Gott ewig ist und nicht geboren werden kann, ist Maria »nur« Christusgebärerin. Wegen des Vorwurfs, dadurch werde die göttliche Natur Christi geleugnet, wurde der Nestorianismus 431 vom Konzil in Ephesos als Irrlehre verurteilt. Nach katholischer Auffassung ist Maria Gottesgebärerin, da sie das Mensch gewordene Wort Gottes, nämlich Jesus, geboren hat.

Geschichte: Namensgeber ist Nestorius, Patriarch von Konstantinopel (428–431). Im Jahr 486 erfolgte die Gründung einer eigenständigen Kirche in Persien (Assyrische Kirche des Ostens), die erfolgreich bis Indien, China und Arabien missionierte und bis heute mit Gemeinden in der ganzen Welt existiert.

Waldenser

Lehre: In der Buß- und Armutsbewegung der Waldenser stehen die Bibel und der Auftrag Christi an seine Jünger im Mittelpunkt: »Verkündet das Evangelium allen Geschöpfen« (Mk 16,15), weshalb sie von ihren Anfängen an trotz kirchlichen Verbots die Laienpredigt praktizierten.

Geschichte: Zwischen 1170 und 1176 gründete der Lyoner Kaufmann Petrus Waldes die Bewegung der Waldenser, die auch die »Armen von Lyon« genannt werden. Mehrfach durch päpstliche Edikte als Ketzer verurteilt und von der Inquisition verfolgt, schlossen sich die Waldenser 1532 während der Reformation den reformierten Protestanten an. Heute gibt es weltweit etwa 50 000 Waldenser.

LISTE DER PÄPSTE

Für die Namen einiger vor allem frühmittelalterlicher Päpste gibt es verschiedene Schreibweisen. Einige Jahreszahlen sind unsicher, bei anderen variieren die Angaben.

Abkürzungen und Zeichen:

– Seliggesprochene Päpste sind mit * markiert, heiliggesprochene mit **.
– Die Namen von Gegenpäpsten erscheinen kursiv.

Papstname	Amtszeit	weltlicher Name	Anmerkung
Petrus**	† 64/67(?)		Apostel, erster Bischof von Rom
Linus**	67–76(?)		
Anaklet**	76–88(?)		
Clemens I.**	90/92–101(?)		
Evaristus**	97–105(?)		
Alexander I.**	105–115(?)		
Sixtus I.**	115–125(?)		
Telesphorus**	125–136(?)		
Hyginus**	136–140(?)		
Pius I.**	140–154/155(?)		
Anicetus**	154/155–166 (?)		
Soter**	166–174(?)		
Eleutherus**	174–189(?)		

Papstname	Amtszeit	weltlicher Name	Anmerkung
Viktor I.**	189–198(?)		
Zyphyrinus**	199–217(?)		
Calixtus I.**	217–222		
Hippolyt**	217–235		erster und als Einziger heiliggesprochener Gegenpapst
Urban I.**	222–230		
Pontianus**	230–235		trat als erster Papst von seinem Amt zurück
Anterus**	235–236		
Fabianus**	236–250		
Cornelius**	251–253		
Novatian	251–258(?)		
Lucius I.**	253–254		
Stephan I.**	254–257		
Sixtus II.**	257–258		
Dionysius**	259/260–267/268(?)		
Felix I.**	268/269–273/274(?)		
Eutychianus**	274/275–282(?)		
Cajus**	282/283–296		
Marcellinus**	296–304		
	Sedisvakanz		
Marcellus I.**	307–308(?)		
Eusebius**	309/310		
Miltiades**	311–314(?)		
Silvester I.**	314–335		erster Heiliger, der nicht als Märtyrer starb; **Nikaia I** (325; 1. ökumenisches Konzil): Glaubensbekenntnis von Nikaia
Marcus**	336		
Julius I.**	337–352		

Papstname	Amtszeit	weltlicher Name	Anmerkung
Liberius**	352–366		
Felix II.	355–365		
Damasus I.**	366–384		**Konstantinopel I** (381; 2. ökumenisches Konzil): nicäno-konstantinopolitanisches Glaubensbekenntnis
Ursinus	366–367		
Siricius**	384–399		
Anastasius I.**	399–401		
Innozenz I.**	401–417		vermutl. Sohn von Anastasius I.
Zosimus**	417–418		
Bonifatius I.**	418–422		
Eulalius	418–419		
Coelestin I.**	422–432		**Ephesos** (431; 3. ökumenisches Konzil): Verurteilung d. Nestorianismus, Abspaltung der Assyrischen Kirche des Ostens
Sixtus III.**	432–440		
Leo I., der Große**	440–461		**Chalcedon** (451; 4. ökumenisches Konzil): Monophysitismusstreit, Abspaltung der altorientalischen Kirchen
Hilarus**	461–468		
Simplicius**	468–483		
Felix II.**	483–492		
Gelasius I.**	492–496		
Anastasius II.	496–498		erster, nicht heiliggesprochener legitimer Papst
Symmachus**	498–514		
Laurentius	498–506		
Hormisdas**	514–523		
Johannes I.**	523–526		
Felix III.**	526–530		

Papstname	Amtszeit	weltlicher Name	Anmerkung
Bonifatius II.	530–532		erster germanischer Papst (Ostgote)
Dioskur	530		
Johannes II.	533–535	Mercurius	nahm als erster Papst nach seiner Wahl einen neuen Namen an
Agapet I.**	535–536		
Silverius**	536–537		Sohn von Hormisdas
Vigilius	537–555		**Konstantinopel II** (353; 5. ökumenisches Konzil): Dreikapitelstreit
Pelagius I.	556–561		
Johannes III.	561–574		
Benedikt I.	575–579		
Pelagius II.	579–590		
Gregor I.**	590–604		
Sabinianus	604–606		
Bonifatius III.	607		
Bonifatius IV.**	608–615		
Adeodatus I.**	615–618		
Bonifatius V.	619–625		
Honorius I.	625–638		
Severinus	640		
Johannes IV.	640–642		
Theodor I.	642–649		
Martin I.**	649–653		
Eugen I.**	654–657		
Vitalian**	657–672		
Adeodatus II.	672–676		
Donus	676–678		

Papstname	Amtszeit	weltlicher Name	Anmerkung
Agatho**	678–681		**Konstantinopel III** (680–681; 6. ökumenisches Konzil): monotheletischer Streit
Leo II.**	682–683		
Benedikt II.**	684–685		
Johannes V.	685–686		
Konon	686–687		
Theodor II.	687		
Paschalis	687–692		
Sergius I.**	687–701		
Johannes VI.	701–705		
Johannes VII.	705–707		
Sisinnius	708		
Konstantin I.	708–715		
Gregor II.**	715–731		
Gregor III.**	731–741		
Zacharias**	741–752		krönte 751 den Karolinger Pippin zum Frankenkönig
Stephan (II.)	752		starb nach viertägigem Pontifikat noch vor der Weihe
Stephan II.	752–757		
Paul I.**	757–767		
Konstantin II.	767–768		
Philippus	768		
Stephan III.	768–772		
Hadrian I.	772–795		amtierte fast 24 Jahre; **Nicaia II** (787; 7. ökumenisches Konzil): Byzantinischer Bilderstreit
Leo III.	795–816		krönte 800 Karl in Aachen zum römischen Kaiser;)

Papstname	Amtszeit	weltlicher Name	Anmerkung
Stephan IV.	816–817		
Paschalis I.**	817–824		
Eugen II.	824–827		
Valentin	827		
Gregor IV.	827–844		
Johannes VIII.	844		
Sergius II.	844–847		
Leo IV.**	847–855		
Benedikt III.	855–858		
Anastasius III.	855		
Nikolaus I.**	858–867		
Hadrian II.	867–872		**Konstantinopel IV** (869–870; 8. ökumenisches Konzil): Photius-Schisma
Johannes VIII.	872–882		starb eines gewaltsamen Todes
Marinus I.	882–884		
Hadrian III.**	884–885		
Stephan V.	885–891		
Formosus	891–896		
Bonifatius VI.	896		
Stephan VI.	896–897		
Romanus	897		
Theodor II.	897		
Johannes IX.	898–900		
Benedikt IV	900–903		
Leo V.	903		
Christophorus	903–904		
Sergius III.	904–91[illegible]		

Papstname	Amtszeit	weltlicher Name	Anmerkung
Anastasius III.	911–913		
Lando	913–914		
Johannes X.	914–928		
Leo VI.	928		
Stephan VII.	928–931		
Johannes XI.	931–935		vermutl. Sohn von Sergius III.
Leo VII.	936–939		
Stephan VIII.	939–942		
Marinus II.	942–946		
Agapet II.	946–955		
Johannes XII.	955–964	Octavian von Spoleto	trat minderjährig sein Amt an; krönte 962 den deutschen König Otto zum Kaiser; ermordet
Leo VIII.	963–965		war bei seiner Ernennung zum Papst Laie
Benedikt V.	964		
Johannes XIII.	965–972		
Benedikt VI.	973–974		
Bonifatius VII.	974, 984–985	Franco	ermordet
Benedikt VII.	974–983		
Johannes XIV.	983–984	Petrus Canepanova	
Johannes XV.	985–996		
Gregor V.	996–999	Bruno von Kärnten	krönte Otto III. zum Kaiser
Johannes XVI.	997–998	Johannes Philagathos	
Silvester II.	999–1003	Gerbert von Aurillac	
Johannes XVII.	1003	Giovanni Sicco	
Johannes XVIII.	1004–1009	Johannes Fasanus	
Sergius IV.	1009–1012	Pietro da Albano	

Papstname	Amtszeit	weltlicher Name	Anmerkung
Benedikt VIII.	1012–1024	Theophylakt II. von Tusculum	
Gregor VI.	1012		
Johannes XIX.	1024	Romanus von Tusculum	
Benedikt IX.	1032–1044	Theophylakt III. von Tusculum	
Silvester III.	1045	Giovani di Sabina	
Benedikt IX.	1045	Theophylakt III. von Tusculum	2. Pontifikat Benedikts IX.
Gregor VI.	1045–1046	Johannes Gratianus Pierleoni	
Clemens II.	1046–1047	Suitger, Graf von Morsleben und Hornburg	
Benedikt IX.	1047–1048	Theophylakt III. von Tusculum	3. Pontifikat Benedikts IX.
Damasus II.	1048	Poppo von Brixen	
Leo IX.**	1049–1054	Bruno Graf von Egisheim-Dagsburg	**Morgenländisches Schisma**
Viktor II.	1055–1057	Gebhard von Dollnstein-Hirschberg	
Stephan IX.	1057–1058	Friedrich von Lothringen	
Nikolaus II.	1058–1061	Gerhard von Burgund	
Benedikt X.	1058–1060	Giovanni Mincio von Tusculum	
Alexander II.	1061–1073	Anselmo da Baggio	
Honorius II.	1061–1064	Pietro Cadalus von Parma	
Gregor VII.**	1073–1085	Hildebrand von Sovana	Investiturstreit; belegte Heinrich IV. 1076 mit dem Kirchenbann (Gang nach Canossa 1077)
Clemens III.	1080–1100	Wibert von Ravenna	
Viktor III.*	1086–1087	Dauferius	
Urban II.*	1088–1099	Odo de Châtillon (oder Langray)	Konzil in Clermont (1095); Urban II. rief zum 1. Kreuzzug auf
Paschalis II.	1099–1118	Rainer	

Papstname	Amtszeit	weltlicher Name	Anmerkung
Theoderich	1100	Theoderich	
Albertus	1002	Albert von Sabina	
Silvester IV.	1105–1111	Maginulf	
Gelasius II.	1118–1119	Johannes von Gaeta	
Gregor VIII.	1118–1121	Mauritius Burdinus	
Kalixt II.	1119–1124	Guido Graf von Burgund	Beilegung des Investiturstreits; **1. Laterankonzil** (1123)
Honorius II.	1124–1130	Lamberto Scannabecchi	
Coelestin II.	1124	Tebaldo Buccapecus	
Innozenz II.	1130–1143	Gregorio Papareschi di Guidoni	**2. Laterankonzil** (1139): Arnold von Brescia
Anaklet II.	1130–1138	Pietro Pierleoni	
Viktor IV.	1138	Gregorio Conti von Ceccano	
Coelestin II.	1143–1144	Guido de Castello	
Lucius II.	1144–1145	Gerardo Caccianemici dal Orso	
Eugen III.*	1145–1153	Bernhard Paganelli di Montemagno	
Anastasius IV.	1153–1154	Corrado della Suburra (oder Konrad von Suburra)	
Hadrian IV.	1154–1159	Nikolaus Breakspear	krönte Friedrich Barbarossa zum Kaiser
Alexander III.	1159–1181	Orlando Bandinelli	**3. Laterankonzil** (1179): Albigenser, Waldenser
Viktor IV.	1159–1164	Octaviano de Montecello	
Paschalis III.	1164–1168	Guido von Crema	
Calixtus III.	1168–1178	Johannes von Struma	
Innozenz III.	1179–1180	Lando von Sezze	
Lucius III.	1181–1185	Ubaldo Allucingoli	
Urban III.	1185–1187	Humbert Crivelli	
Gregor VIII.	1187	Albertus de Morra	

Papstname	Amtszeit	weltlicher Name	Anmerkung
Clemens III.	1187–1191	Paolo Scolari	
Coelestin III.	1191–1198	Giacinto Bobone	
Innozenz III.	1198–1216	Lothar Graf von Segni	**4. Laterankonzil** (1215): Transsubstantiation, Stellung zu Häretikern
Honorius III.	1216–1227	Cencio Savelli	
Gregor IX.	1227–1241	Hugo Graf von Segni	
Coelestin IV.	1241	Goffredo Castiglione	
	Sedisvakanz 1241–1243		
Innozenz IV.	1243–1254	Sinibaldo Fieschi	**1. Konzil von Lyon** (1245): Absetzung Kaiser Friedrichs II.
Alexander IV.	1254–1261	Rainald Graf von Segni	
Urban IV.	1261–1264	Jacques Pantaléon	
Clemens IV.	1265–1268	Gui Fulcodi	
	Sedisvakanz 1268–1271		
Gregor X.*	1271–1276	Tebaldo Visconti	**2. Konzil von Lyon** (1274) : Filioque ; Regeln für die Papstwahl; Versuch der Versöhnung mit der orthodoxen Kirche
Innozenz V.*	1276	Pierre de Tarentaise	
Hadrian V.	1276	Ottobono Fieschi	
Johannes XXI.	1276–1277	Pierro Juliani	
Nikolaus III.	1277–1280	Giovanni Gaetano Orsini	
Martin IV.	1281–1285	Simon de Brion	
Honorius IV.	1285–1287	Giacomo Savelli	
Nikolaus IV.	1288–1292	Girolamo Masci	
	Sedisvakanz 1292–1294		

Papstname	Amtszeit	weltlicher Name	Anmerkung
Coelestin V.**	1294	Pietro del Murrone	trat vom Amt zurück und wurde Eremit
Bonifatius VIII.	1294–1303	Benedetto Caetani	
Benedikt XI.*	1303–1304	Niccolò Boccasini	
Clemens V.	1305–1314	Bertrand de Got	wählte 1309 Avignon als Amtssitz; **Konzil von Vienne** (1311–1312): Aufhebung des Templerordens
	Sedisvakanz 1314–1316		
Johannes XXII.	1316–1334	Jacques Duèse	in Avignon; verurteilte Meister Eckhart
Nikolaus V.	1328–1330		
Benedikt XII.	1334–1342	Jacques Fournier	in Avignon
Clemens VI.	1342–1352	Pierre Roger de Beaufort	in Avignon
Innozenz VI.	1352–1362	Etienne Aubert	in Avignon
Urban V.*	1362–1370	Guillaume de Grimoard	in Avignon
Gregor XI.	1370–1378	Pierre Roger de Beaufort	kehrte 13377 nach Rom zurück
Urban VI.	1378–1389	Bartolomeo Prignano	**Beginn des Abendländischen Schismas**
Clemens VII.	1378–1394	Robert Graf von Genf	Gegenpapst in Avignon
Bonifatius IX.	1389–1404	Pietro Tomacelli	
Benedikt XIII.	1394–1423	Pedro Marinez de Luna y Gotor	Gegenpapst in Avignon
Innozenz VII.	1404–1406	Cosimo de' Migliorati	Konzil von Pisa (1409)
Gregor XII.	1406–1415	Angelo Correr	**Konzil von Konstanz** (1414–1418): Jan Hus, Wyclif, Konziliarismus
Alexander V.	1409–1410	Pietro Philargi	Gegenpapst in Pisa
Johannes XXIII.	1410–1415	Baldassare Cossa	Gegenpapst in Pisa
Martin V.	1417–1431	Oddo di Colonna	**Ende des Abendländischen Schismas**
Clemens VIII.	1423–1429	Gil Sánchez Muñoz y Carbón	Gegenpapst in Avignon

Papstname	Amtszeit	weltlicher Name	Anmerkung
Benedikt XIV.	1425–1430	Bernard Garnier	Gegenpapst in Avignon
Eugen IV.	1431–1447	Gabriele Condulmaro	**Konzil von Basel/Ferrara/Florenz** (1431–1449): Versuch der Versöhnung mit der orthodoxen Kirche
Felix V.	1440–1449	Amadeus VIII. Graf von Savoyen	letzter Gegenpapst
Nikolaus V.	1447–1455	Tommaso Parentucelli	
Calixtus III.	1455–1458	Alonso de Borja (Borgia)	
Pius II.	1458–1464	Enea Silvio Piccolomini	
Paul II.	1464–1471	Pietro Barbo	
Sixtus IV.	1464–1484	Francesco Della Rovere	förderte den Bau der nach ihm benannten Sixtinischen Kapelle
Innozenz VIII.	1484–1492	Giovanno Battista Cibo	rief zur Hexenverfolgung auf
Alexander VI.	1492–1503	Rodrigo Borgia	exkommunizierte Savonarola
Pius III.	1503	Francesco Todeschini Piccolomini	
Julius II.	1503–1513	Giuliano Della Rovere	**5. Laterankonzil** (1512–1517): Beginn der Kirchenreform; Konkordat mit Frankreich; Luther
Leo X.	1513–1521	Giovanni de' Medici	exkommunizierte Martin Luther
Hadrian VI.	1522–1523	Adriaan Florisz Boeyens	
Clemens VII.	1523–1534	Giulio de' Medici	
Paul III.	1534–1549	Alessandro Farnese	**Beginn des Konzils von Trient** (1545–1563): Gegenreformation und katholische Reformen
Julius III.	1550–1555	Giovanni Maria Ciocchi del Monte	
Marcellus II.	1555	Marcello Cervini	
Paul IV.	1555–1559	Gian Pietro Carafa	führte die kath. Buchzensur ein
Pius IV.	1559–1565	Giovanni Angelo Medici	**Ende des Konzils von Trient**

Papstname	Amtszeit	weltlicher Name	Anmerkung
Pius V.**	1566–1572	Antonio Michele Ghislieri	
Gregor XIII.	1572–1585	Ugo Buoncompagni	führte 1582 den Gregorianischen Kalender ein
Sixtus V.	1585–1590	Felice Peretti di Montalto	
Urban VII.	1590	Giovanni Battista Castagna	
Gregor XIV.	1590–1591	Niccoló Sfondrati	
Innozenz IX.	1591	Giovanni Antonio Facchinetti	
Clemens VIII.	1592–1605	Ippolito Aldobrandini	
Leo XI.	1605	Allessandro Ottaviano de' Medici	
Paul V.	1605–1621	Camillo Borghese	
Gregor XV.	1621–1623	Allessandro Ludovisi	
Urban VIII.	1623–1644	Maffeo Barberini	
Innozenz X.	1644–1655	Giambattista Pamfili	
Alexander VII.	1655–1667	Fabio Chigi	
Clemens IX.	1667–1669	Giulio Rospigliosi	
Clemens X.	1670–1676	Emilio Altieri	
Innozenz XI.*	1676–1689	Benedetto Odescalchi	
Alexander VIII.	1689–1691	Pietro Ottoboni	
Innozenz XII.	1691–1700	Antonio Pignatelli	
Clemens XI.	1700–1721	Giovanni Francesco Albani	
Innozenz XIII.	1721–1724	Michelangelo dei Conti	
Benedikt XIII.	1724–1730	Pietro Francesco Orsini	
Clemens XII.	1730–1740	Lorenzo Corsini	
Benedikt XIV.	1740–1758	Prospero Lambertini	
Clemens XIII.	1758–1769	Carlo della Torre Rezzonico	

Papstname	Amtszeit	weltlicher Name	Anmerkung
Clemens XIV.	1769–1774	Lorenzo Ganganelli	
Pius VI.	1775–1799	Giovanni Angelo Graf Braschi	1798 von der frz. Besatzung verbannt, nach Frankreich deportiert
Pius VII.	1800–1823	Barnabà Chiaramonti	
Leo XII.	1823–1829	Annibale Sermattei della Genga	
Pius VIII.	1829–1830	Francesco Saverio Castiglioni	
Gregor XVI.	1831–1846	Bartolomeo Alberto Cappellari	
Pius IX.*	1846–1878	Giovanni Maria Mastai-Ferretti	amtierte über 31 Jahre; **Vaticanum I** (1869–1870): Unfehlbarkeit des Papstes
Leo XIII.	1878–1903	Vincenzo Gioacchino Pecci	
Pius X.**	1903–1914	Guiseppe Sarto	
Benedikt XV.	1914–1922	Giacomo della Chiesa	
Pius XI.	1922–1939	Achille Ratti	
Pius XII.	1939–1958	Eugenio Pacelli	
Johannes XXIII.*	1958–1963	Angelo Guiseppe Roncalli	**Beginn des Vaticanum II** (1962): Liturgiereform. Laienapostolat
Paul VI.	1963–1978	Giovanni Battista Montini	**Ende des Vaticanum II** (1965)
Johannes Paul I.	1978	Alberto Luciani	
Johannes Paul II.	1978–2005	Karol Józef Wojtyła	
Benedikt XVI.	seit 2005	Joseph Alois Ratzinger	

LITERATUR IN AUSWAHL

Ein vollständiges Verzeichnis der Quellen und der benutzten oder zur Kenntnis genommene Literatur würde den Rahmen des Buches sprengen, deshalb erscheinen hier nur die wichtigsten Quellen und Werke.

Quellen

Ammianus Marcellinus: Römische Geschichte. 4 Bde. Berlin 1988.

Benedikt XVI.: Glaube und Vernunft. Die Regensburger Vorlesung. Freiburg, Basel, Wien 2006.

Berger, Klaus und Christiane Nord: Das Neue Testament und frühchristliche Schriften. Frankfurt am Main 1999.

Bischof Otto von Freising und Rahewin: Die Taten Friedrichs oder richtiger Cronica. Darmstadt 1965.

Brandmüller, Walter: Papst und Konzil im großen Schisma. Studien und Quellen. Paderborn [u.a.] 1990.

Buchner, Rudolf (Hg.): Gregor von Tours: Zehn Bücher Geschichten. Bd. 1 (8. Aufl.). Bd. 2 (9. Aufl.). Darmstadt 2000.

Cassius Dio: Römische Geschichte. 5 Bde. Düsseldorf 2007.

Escriva de Balaguer, Josémaria: Der Weg. Köln 2002.

Eusebius von Caesarea: Kirchengeschichte. München 1981.

Fiedrowicz, Michael: Christen und Heiden. Quellentexte zu ihrer Auseinandersetzung in der Antike. Darmstadt 2004.

Fontes Christiani. Zweisprachige Neuausgabe christlicher Quellentexte aus Altertum und Mittelalter. Freiburg [u.a.] – Diverse Bde.

Junghans, Helmar (Hg.): Die Reformation in Augenzeugenberichten. 2. Aufl. München 1980.
Kalkoff, Paul: Briefe, Depeschen und Berichte über Luther vom Wormser Reichstag 1521. Halle 1898.
Kautzsch, Emil: Die Apokryphen und Pseudoepigraphen des Alten Testaments. Hildesheim, Zürich, New York 2002.
Magnum Bullarium Romanum. Hg. v. Hieronimus Mainardi und Carolus Cocquelinus. 18 Bde. Rom 1732–1762 (Bullen und Dokumente von Leo I. bis Papst Benedikt XIV.). Fortges. v. Andrea Barbieri [u.a.]. 19 Bde. (bis Pius IX.). Rom 1835–1857.
MGH (Monumenta Germaniae Historica). Constitutiones et acta publica imperatorim et regum. Bd. 1. Hg. v. Ludwig Weiland 1893 (Nachdruck 2003).
Neue Jersualemer Bibel. Einheitsübersetzung. Freiburg, Basel, Wien 1985.
Quellen zum Investiturstreit. Freiherr-vom-Stein-Gedächtnisausgabe. Begr. v. Rudolf Buchner, fortgef. v. Franz-Josef Schmale. Bd. 12 a und b. Darmstadt 1978.
Ratzinger, Joseph und Habermas, Jürgen: Dialektik der Säkularisierung. Über Vernunft und Religion. Freiburg, Basel, Wien 2005.
Schneemelcher, Wilhelm: Neutestamentliche Apokryphen. 2 Bde. Tübingen 1999.
Tacitus: Annalen. Düsseldorf und Zürich 2005.
Thietmar von Merseburg: Chronik. Übertr. und erl. v. Werner Trillmich. 8. Aufl. Darmstadt 2002.

Überblickswerke und Lexika

Angenendt, Arnold: Heilige und Reliquien. Die Geschichte ihres Kultes vom frühen Christentum bis zur Gegenwart. Hamburg 2007.

Bangen, Johann Heinrich: Die römische Curie, ihre gegenwärtige Zusammensetzung und ihr Geschäftsgang [...] Münster 1854.
Brechenmacher, Thomas: Der Vatikan und die Juden. Geschichte einer unheiligen Beziehung vom 16. Jahrhundert bis zur Gegenwart. München 2005.
Bredekamp, Horst und Volker Reinhardt, Volker (Hg): Totenkult und Wille zur Macht. Die unruhigen Ruhestätten der Päpste in St. Peter. Darmstadt 2004.
Bredekamp, Horst: Sankt Peter in Rom und das Prinzip der produktiven Zerstörung. Bau und Abbau von Bramante bis Bernini. Berlin 2000.
Caspar, Erich: Geschichte des Papsttums von den Anfängen bis zur Höhe der Weltherrschaft. 2 Bde. Tübingen 1930 bis 1933.
Christ, Karl: Geschichte der römischen Kaiserzeit. Von Augustus bis zu Konstantin. München 1995.
Demandt, Alexander: Geschichte der Spätantike. Das römische Reich von Diocletian bis Justinian. München 1998.
Ducellier, Alain: Byzanz. Das Reich und die Stadt. Frankfurt, New York, Paris1990.
Franzen, August, Remigius Bäumer: Papstgeschichte. Freiburg i. Br. 1988.
Geschichte des Christentums, Die. Altertum. Religion – Politik – Kultur. Sonderausgabe. 3 Bde. Freiburg 2005.
Geschichte des Christentums, Die. Mittelalter. Religion – Politik – Kultur. Sonderausgabe. 3 Bde. Freiburg 2007.
Greschat, Martin: Gestalten der Kirchengeschichte. 14 Bde. 2. Aufl. Stuttgart [u.a.] 1994.
Grundmann, Herbert: Ketzergeschichte des Mittelalters. 3. durchges. Aufl. Göttingen 1978.
Jedin, Hubert: Die Autobiographie des Kardinals Giulio Antonio Santorio. Mainz 1969.
Jedin, Hubert: Handbuch der Kirchengeschichte. 10 Bde. Freiburg i. Br. 1999.

Jedin, Hubert: Kirche des Glaubens – Kirche der Geschichte. Ausgewählte Aufsätze und Vorträge. Freiburg, Basel, Wien 1966, 2 Bde.

Jedin, Hubert: Kleine Konziliengeschichte. Freiburg 1962.

Krautheimer, Richard: Rom. Schicksal einer Stadt 312–1308. München 2004.

Mai, Klaus-Rüdiger: Benedikt XVI. Joseph Ratzinger: sein Leben, sein Glaube, seine Ziele. Bergisch Gladbach 2005.

Mai, Klaus-Rüdiger: Geheimbünde. Mythos, Macht und Wirklichkeit. Bergisch Gladbach 2006.

Manns, Peter (Hg.): Die Heiligen in ihrer Zeit. 2 Bde. 3. Aufl. Mainz 1967.

Mazal, Otto: Handbuch der Byzantinistik. Graz 1989.

Pastor, Ludwig von: Geschichte der Päpste seit dem Ausgang des Mittelalters. Neuaufl. 16 Bde. Freiburg i. Br. 1955–1961 (zuerst 1886–1933).

Ranke, Leopold von: Die römischen Päpste. Berlin o.J.

Rengstorf, Karl Heinrich und Siegfried von Kortzfleisch (Hg.): Kirche und Synagoge. Handbuch zur Geschichte von Christen und Juden. 2 Bde. Stuttgart 1968.

Ruh, Kurt: Geschichte der abendländischen Mystik. 4 Bde. München 1990.

Schneidemüller, Bernd und Stefan Weinfurter (Hg.): Die deutschen Herrscher des Mittelalters. München 2003.

Schwaiger, Georg: Papsttum und Päpste im 20. Jahrhundert. Von Leo XIII. zu Johannes Paul II. München 1999.

Seppelt, Franz Xaver und Georg Schwaiger: Geschichte der Päpste. Von den Anfängen bis zur Gegenwart. München 1964.

Steimer, Bruno: Lexikon der Päpste und des Papsttums. Freiburg 2001.

Wolf, Hubert: »Pro perfidis Judaeis«. Die »Amici Israel« und ihr Antrag auf eine Reform der Karfreitagsfürbitte (1982). In: Historische Zeitung 279 (2204), S. 611–658.

DANK

Quell fortwährender Ermutigung und gern angenommener Hilfe waren die Lektoren Ulrike Brandt-Schwarze und Helmut R. Feller. Deshalb möchte ich beiden ganz persönlich und sehr herzlich danken!

BILDNACHWEIS

Archiv für Kunst und Geschichte (AKG),
Berlin: 4, 5, 6, 7, 8 ,9, 10, 12, 17, 18, 19
Bridgeman, Berlin: 3
Mai, Klaus-Rüdiger: 2, 13, 16
SV Bilderdienst, München: 15, 20
Ullstein Bild, Berlin: 14
Universitäts- und Stadtbibliothek Köln (USBKöln,
EVA5033): 11
Verlagsgruppe Lübbe, Bergisch Gladbach: 1

REGISTER

NORDAMERIKA
USA
EURO
Rom
AFRIKA
PAZIFISCHER OZEAN
ATLANTISCHER OZEAN
BRASILIEN
SÜDAMERIKA
WELT-
RELIGIONEN
20. JH.
Christen
Muslime
Buddhisten
Hindu
Naturreligionen
Sikh
Juden